前 言

教学设计作为实践性很强的新兴教育学科于20世纪60年代首先在西方发展起来,80年代中期传入我国后,国内的教育学者致力于把教学设计理论与我国的教育、教学实践相结合。在本世纪初基础教育课程改革的推动下,无论是教育研究者还是一线教师,对教学设计给予关注倍多。教育理论研究者将教学设计理论与模式的研究成果应用于相关领域。基础教育一线教师结合教学设计理论,由传统的经验式备课向科学的教学设计转变。这样,教学设计日益受到重视并广泛运用于多学科,使教学设计与学科更为紧密结合,教学设计的优势亦更为彰显。

加涅曾在《教学设计原理》一书中说"教学设计是教育技术的核心"。教学设计是教学中的一个重要环节,也是一项复杂的教学技术,在教学工作中具有特殊而重要的地位。教学设计有利于将教学理论与教学实践相结合,有利于全面提高教师的教学水平与能力,从而增强教学的科学性和有效性。鉴于此,教学设计除受一线教师的青睐外,目前全国高师院校各师范专业均将教学设计作为教师教育必修的核心课程,从而改变了长期以来师范生的"老三门"(教育学、心理学和学科教学法)的课程结构,教学设计受到了前所未有的重视。因此,为适应社会发展和对教育的新要求,探索在现代信息技术条件下教学设计的理论、方法与内容是教学设计研究者的当务之急。

本书立足于基础教育课程改革与中学历史教学的发展需要,从微观角度更清晰地阐述中学历史教学,对中学历史教学设计的相关问题进行了较为系统的研究,从而更好地提高师范生的教育教学能力,增强师范教育的针对性和实效性,实现师范教育的培养目标。本书内容分为:中学历史教学设计的基本理论、史学理论与教学设计、中学历史课程标准与教学设计、中学历史教材与教学设计、高中历史教学设计和初中历史教学设计等六章。该书无论在体系还是在内容上力图创新,欲体现以下特点:

第一,构建历史教学设计的新体系。目前众多教学设计的教材体系基本是按教学设计的要系,即学情分析、教学目标设计、教学方法设计、教学内容设计、教学过程设计、教学评价设计等方面进行构建。本书从影响教学设计的相关因素,即教学设计基本理论、史学理论、课程标准和教材等方面构建教学设计的新体系,以较好地补充原有教学设计教材就此缺失的内容,改变对历史教学设计的认识视角。

第二,理论与实践操作相结合。教学设计是在学习理论、教学理论、系统理论和传播理论指导下将教学原理转化为教学材料和教学活动的计划,因此本书对部分理论进行了简要介绍,以说明理论在教学设计中的重要性。同时就如何运用史学理论、课程标准和教材与教学设计的关系等问题,在理论的阐述上通过大量的典型案例进行剖析,以利于读者理解和掌握教学设计的基本策略,提高其教学设计的能力。

第三，适用面广。本书设置了"学习导言""学习目标""延伸阅读""学者观点""人物介绍""问题探究""异域采风"等栏目，同时配有大量的图表和教学案例，内容丰富，形式多样。既可用于高师院校历史学专业教材，也可作为教育硕士专业用书，还可用于在职教师继续教育的培训用书。

本书的编写提纲由袁从秀（西南大学）拟定。第一章、第二章由曹华清（西南大学）执笔，第三章由袁从秀（西南大学）执笔，第四章第一节由李恩泉（重庆市大渡口区教师进修学校）执笔，第四章第二、三节由邓如刚（重庆市外国语学校）执笔，第五章由王梅（重庆市求精中学）执笔，第六章第一、二、三节由邓志勇（重庆市北碚区教师进修学院）执笔，第六章第四、五节由姜仕菊（重庆市杨家坪中学）执笔。附录中的案例由邓志勇提供。全书由袁从秀负责文字修订和统稿定稿。本书在编写的过程中大量参阅和借鉴了国内外专家学者相关的研究成果和文章著作，同时还较多引用了中学一线优秀教师的教学设计案例，在此一并致以最诚挚的谢意。

由于编者水平有限，本书难免有不当和疏漏，敬请读者批评。

编者

2014 年夏

目 录

第一章　中学历史教学设计的基本理论
第一节　教学设计及其理论基础 …………………………………………… 002
第二节　教学设计的要素分析 ……………………………………………… 013
第三节　当前中学历史教学设计中的问题分析 …………………………… 028

第二章　史学理论与教学设计
第一节　史学理论概述 ……………………………………………………… 042
第二节　中学历史教科书中的史学理论问题 ……………………………… 055
第三节　史学理论与中学历史教学设计 …………………………………… 065

第三章　中学历史课程标准与教学设计
第一节　义务教育《历史课程标准(2011版)》分析 ……………………… 080
第二节　普通高中《历史课程标准(实验)》分析 ………………………… 095
第三节　历史课程标准与教学设计的关系 ………………………………… 109

第四章　中学历史教材与教学设计
第一节　初中历史教材特征分析 …………………………………………… 120
第二节　高中历史教材特征分析 …………………………………………… 132
第三节　历史教材与教学设计的关系 ……………………………………… 144

第五章　高中历史教学设计
第一节　高中历史教学内容分析 …………………………………………… 161
第二节　政治史专题教学设计 ……………………………………………… 177

第三节　经济与社会生活史专题教学设计 …………………………………… 186
第四节　思想文化史专题教学设计 …………………………………………… 195

第六章　初中历史教学设计
第一节　初中历史教学内容分析 ……………………………………………… 210
第二节　中国史教学设计 ……………………………………………………… 217
第三节　世界史教学设计 ……………………………………………………… 232
第四节　历史活动课特点分析及教学设计 …………………………………… 243
第五节　复习课特点分析及教学设计 ………………………………………… 252

教学设计案例附录
《美国南北战争》课堂教学片段设计(人教版九年级上册) ………………… 262
《我评秦始皇、汉武帝》主题活动课实录(川教版七年级上册) …………… 268
《南方的初步开发》学案设计(川教版七年级上册) ………………………… 273
《秦朝中央集权制度的形成》说课设计[人教版高中历史必修(Ⅰ)] ……… 275
《雅典的民主政治》教学设计[岳麓版高中历史必修(Ⅰ)] ………………… 279

第一章 中学历史教学设计的基本理论

学习导言：

教学设计诞生于20世纪60年代末美国斯金纳的程序教学盛行之时，80年代中期介绍到中国，90年代开始受到较多关注。到今天，教学设计已从研究者的"堂前燕"，飞进众多寻常教师家。教育技术研究者、教学论研究者、学科教学研究人员及一线教师都在关注教学设计。理解教学设计的本质，明析教学设计的基本要素，认识教学设计的理论基础，厘清教学设计中的一些有争议的问题，对于深化历史教学改革，提高教学设计质量，并最终提高课堂教学实效，既是必要的，也是重要的。

学习目标：

1.能从关于教学设计的不同定义中，归纳教学设计的本质。

2.了解教学设计的理论基础，认识学习理论、系统理论、传播理论等理论对教学设计的影响。

3.了解学情分析、教学目标分析、教学内容分析、教学环境分析、教学评价分析的主要内容，能以一课为例进行教学设计要素分析。

4.充分认识历史教学设计的逻辑起点和价值取向，理解历史教学设计中的预设与生成关系及历史教学情景设计的注意事项。

5.树立并践行基于课改理念的教材观。

第一节 教学设计及其理论基础

一、教学设计的本质

1.什么是教学设计

教学设计虽已走过半个世纪的历程,但关于教学设计的概念界定仍然处于混沌状态,学术界并没有给出一个明确的多数人认可的定义。这里略举一二。

R.M.加涅在1965年出版的《学习的条件和教学论》一书中即提出了"教学设计(Instructional Design)"的概念。此外,还出版了遑遑巨著《教学设计原理》。书中虽未给出明确的"教学设计"概念定义,但他谈到"我们把教学定义为嵌于有目的活动中的一系列事件……教学设计者运用这些原理(关于学习过程的原理)来设计我们称之为教学的外部事件"。他还提出教学设计就是创建教学系统的过程,而教学系统则是对用于促进学习的资源和程序的安排。[1]

何克抗提出:教学设计是运用系统的方法,将学习理论与教学理论的原理转换成对教学目标(或教学目的)、教学条件、教学方法、教学评价等环节进行具体计划的系统性过程。[2]

还有研究者提出,实际上存在三个层面的教学设计:教学论意义上的教学设计、教育技术学层面上的教学设计和教育心理学层面上的教学设计。[3]

钟志贤在总结了9种定义的基础上,提出了一个"普遍性的客观主义教学设计定义:教学设计是解决教学问题的系统方法。其目的是为了追求教学效果的最优化"。[4]

上述定义虽表述各异,但有明显的共同点:强调"系统"和"规划"。这样,可以将教学设计简要地理解为系统地规划教学的各个要素。

2.教学设计的本质

对教学设计含义的追问,实际上就是对教学设计本质的思考。在哲学意义上,本质是指某一对象或事物本身所必然固有的属性,它使该对象或事物区别于其他对象或事物。这里,基于教学设计与传统教案的关系,可以从以下几方面理解教学设计的本质:

第一,从开放性方面看,传统教案是备课形成的教学方案,表现为一种静态的、比

---

[1] [美]R.M.加涅(著).教学设计原理(第五版).王小明等(译).上海:华东师范大学出版社,2007:15.
[2] 何克抗.也论教学设计与教学论——与李秉德先生商榷.电化教育研究,2001(4):3-10.
[3] 叶丽新."教学设计"研究与实践需要正视的几个问题.全球教育展望,2006(12):17-22.
[4] 钟志贤.论教学设计定义的重构.电化教育研究,2007(7):11-15,20.

较封闭的教学文本,朱煜形象地把它描述为"一幅已完工的图画,留给学生的只能是欣赏"[①];教学设计作为一种对教学要素的系统规划,不是一个确定的教学方案,而是一个动态的、开放的过程,它需要在教学实践中根据学习者的反馈不断修改和完善。

第二,从目的性看,传统教案关注教的过程,而这个教的过程即是对教案的执行过程;教学设计以帮助学习过程为目的,设计指向预期的学习结果,教学过程是对教学设计所预设的学习活动的检验和调整。

第三,在逻辑起点上,传统教案是教师在备教科书、备学生、备教法的基础上完成的,教师关注的中心是教科书内容及如何将这些内容传递给学生,教材分析是备课的重点;教学设计的中心是学习者,学习者的学习需要、学习特点、学习基础是教学设计的逻辑起点之一,教材只是达到学习结果的材料。

第四,教学设计所讨论的"教学"是"Instruction",而不是"Teaching"。前者更关注教师如何通过选择材料、判断学情、管理课堂等而让学习者更有效地参与到学习活动中去,强调师生协作,对学习活动的安排是"Instruction"的重点。后者侧重于教师的"教授",是教师向学习者传授信息或知识,它是一种教与学的单向信息交流。

【延伸阅读】 对教学设计本质的认识不能只围绕怎么"做"教学设计展开。西方教学设计发展的取向和特点中就隐含着相异的哲学观:英美等英语国家主要是受经验主义观念的影响……倾向于将自然科学研究手段运用于学习和教学设计的研究;而欧洲大陆,主要信奉理性主义哲学观。不同的哲学观指导下,教学设计的发展路径是不同的。从教学设计的理论根源和逻辑起点出发,可以这样理解教学设计的本质:是师生主体间为了学生的发展,以指导学习为目的而进行的系统计划过程和活动。

【问题探究】 在实际的教学中,教学设计与教案常常混为一谈。有人甚至认为区分教学设计与教案只是一种概念上的文字游戏,没有多少实际的价值。对此,你怎么看?

3.教学设计的基本特点

教学设计具有以下显著特点:

第一,系统性。教学本身是一个包含复杂要素的系统:从内部规定看,包括教师、学习者、教育影响三大要素;从教学环节看,包括教学目标、教学过程、教后评价等;从外部条件看,包括教法学法、教学手段、教学环境等要素。而每个要素又自成子系统,各要素之间相互联系、相互影响。因此,教学设计必须依据系统论的思想,统筹安排各要素。

第二,动态开放性。课堂的动态、多样、随机等特性决定了没有一个设计者可以预设一个完美的教学方案——至少无法预设具体学习情境中的学习者状况;也没有一个

[①] 朱煜.历史课程与教学论.长春:东北师范大学出版社,2005:148.

教学设计可以适用于所有的学习者。因此,教学设计只可能是一个有待在具体的教学情境中被检验、被修订完善的假设。

第三,过程性。加涅提出,"教学设计本身是一个过程"①,由确定预期的结果、开发将学习者置于真实任务中的活动、设计备用练习形式、评价与反馈等子过程构成。

第四,中介性。教学设计的中介性主要表现在三方面:一是沟通理论与实践,即教学设计在学习理论、系统理论、传播理论等理论指导下展开,落脚点在课堂教学实践;二是沟通预设与生成,它既有预设成分,同时又特别重视具体情境中的生成;三是沟通教师的教学思想、行为与学生的学习活动、结果,作为由教师主持完成的教学设计,除秉承某些科学的方法和标准外,还融入了教师的思想及价值取向,影响学生的学习活动、学习结果。

总之,从本质上讲,教学设计是基于优化学习者学习结果的思想,兼具教与学协调、预设与生成统一、过程与结果互动、理论与实践结合等特点的系统规划教学各要素的过程。

二、中学历史教学设计的理论基础

(一)学习理论

任何一种教学设计都显性或隐性地蕴含着一定的学习理论假设。我们从学习的实质、学习的过程、学习的条件等方面对相关理论做简要介绍。

1.学习的实质

学习理论关注的最核心问题就是学习的实质,即知识(或说经验)是如何获得的。对该问题的不同回答形成了不同的学习理论流派。由于学习是一个非常复杂的现象,因此,不同学习理论流派虽然彼此排斥,但它们关于学习实质的认识都对教学设计有一定的启示。

(1)行为主义的观点

行为主义认为:学习就是在刺激与反应之间建立的"联结",学习的过程就是建立联结的过程。如果刺激和反应总是配对出现,并且对正确反应给予奖励强化,对不正确反应则予以惩罚,就能建立刺激与反应间的联结。

练习和强化是行为主义观点的两个关键概念。就教学设计而言,练习强调的是教师通过设计需要重复的情境,帮助学习者有效保持所获得的知识。强化是对期待行为的奖励(来自他人的奖励或自我激励),实际上涉及怎样设计教学反馈的问题。

联结理论用于指导识记类知识(史实)的获得是有帮助的,但对于更复杂的概念、规则、原理的学习,其价值则有限。

(2)认知派的观点

认知派学习理论的代表是布鲁纳和奥苏伯尔,他们强调学习实质上就是学习者通过新旧知识的相互作用,主动形成认知结构。其中,布鲁纳提倡"发现"式学习,认为知

---

① [美]R.M.加涅.教学设计原理(第五版).王小明等(译).上海:华东师范大学出版社,2007:5.

识的获得是一个积极主动的探索发现过程。在这个过程中,学习者以原有知识和经验构成的认知结构为基础,通过独立的探索发现,运用类别化或概念化等方法将新知识纳入到已有的认知结构中。此外,布鲁纳还强调了掌握学科知识结构的重要性。奥苏伯尔强调直接接受老师精心组织起来的知识内容(结论性知识)才是学生学习的基本方式,不过,"接受"不是被动的,而需要学习者积极主动地联系已知,来同化新知识,获得新知识的意义。

从布鲁纳的"发现"理论出发,教学设计的重点应是为学习者创设有利于发现的问题情境及方法指导;而从奥苏伯尔的观点出发,教学设计的侧重点在于精心编排教学内容、精心安排讲解方式,激活学习者先前经验,有效接受教学内容。

【案例 1-1】 高中"美国联邦政府建立背景"教学设计

(1)教师概述今天的美国的强大,并提示两百多年前刚刚诞生的美国危机四伏、困难重重,甚至可能遭遇灭顶之灾。(2)在概述美国独立战争胜利的基本史实后,设计问题:问题一,新生的美国面临什么问题?问题的根源在哪里?(利用教科书、补充材料创设问题情境)问题二,你是否和我一样有点疑惑:为什么独立后的美国要采用邦联制?问题三,你认为怎样做才能解决这些问题?问题四,当时,华盛顿可能做出怎样的选择?(提示先从已有的相关知识,寻找解决该问题的方案和理论)

【案例评析】 该案例体现的是布鲁纳的"发现学习"理论。"发现学习"的关键是学习者愿意"发现"且能够"发现"。在该教学设计中,利用了美国建立初的严峻形势与今天学习者心目中的美国形象对比而产生的认知冲突,并利用学习者已有的关于中国古代君主制和英国君主立宪制度的相关知识,通过创设问题情境,引导学生层层深入、自主探索解决问题,从而获得自己关于美国联邦政府建立背景的认识。

(3)人本主义的观点

人本主义学习理论代表是马斯洛、罗杰斯等人。在人本主义者眼里,学习实质上就是自我潜能实现的过程。为此,他们既反对行为主义强调反复练习以加强联结的观点,也反对认知派只关注认知结构,忽视情感、态度的价值取向。罗杰斯认为,自我潜能只有在自主、自由、无讥讽的环境中才可能实现。因此,教学设计一方面要为学生创造宽松、自由、无外加压力、无讥讽的学习环境;另一方面,学习的内容是学习者自己认为有价值、有意义的事件、知识或经验——这样的学习内容才能唤起学习者的自我—主动学习,学习效率也更高。

(4)建构主义的观点

建构主义认为:学习在本质上是学习者运用先前已有的知识以自己的方式主动建构事物意义的过程。它特别突出自己的已有经验、自己的方式及个人的理解。

由于知识是个人化的意义建构,因此,知识具有主观性、相对性和情境性。主观性是指每个人的知识都只是个体对世界的一种主观理解、解释,而不是日常所认为的是客观真理。相应地,作为个体对世界解释或假设的知识其实只具有相对正确性。情境性强调个体建构知识依存于具体情境,所有的知识都只是在特定情境下建构,对知识的理解运用也离不开情境。

根据建构主义的学习观和知识观,教学设计应注意:

第一,分析学情——真正了解学习者的经验和需要。

第二,让学习者面临真正的问题。为此需注意:一是教师课堂上提出的问题未必就是学习者认为的问题;二是问题应与学习者的经验相联系;三是所有问题均应是学习者认为有价值(思考价值或实用价值)的问题。

第三,既然知识只是主观的意义建构,那么,不要太拘泥于教材,也不要指望从教科书上获得真正的知识。也可以说,分析教材远不如分析学情重要。

第四,设计针对特定知识建构的教学情境是必要的。教学情境需考虑相关知识所依存的历史文化背景以及学习者所生活的历史文化背景。

第五,由于每个人的经验都是有限的,因此,建立学习共同体、开展合作学习是必要的。

【案例1-2】 一个初一学生关于"北京人的一天"的想象

这是一个初秋的清晨,一个年轻的北京人在睡梦中被外面吵吵闹闹的声音惊醒了,原来是同伴们准备打猎去了。于是这个年轻人跳下床,围上虎皮裙,拿上弓箭,背上箭袋,就和同伴们一起出发了。他一边走一边想,快到冬天了,得努力多打点野兽,准备过冬。正想着时,一只山羊从他面前跑了过去,他忙把这个消息告诉了同伴们。于是大家一起包围了山羊,又吼又叫驱赶山羊,最后将山羊赶到了一个角落里。最后,年轻人和同伴们一起杀死了山羊。后来,他们还捕到了两只野兔、一头野鹿。太阳快下山了,年轻人和同伴们一起回到了居住的山洞。今天收获还真是丰富!

【案例评析】 兽皮裙、弓箭、箭袋,这些是孩子们从影视作品中获得的有关文明早期装备的经验,而床在他们的生活中就是必需品,因此,经验让他选择给北京人一张床,还穿上兽皮裙,带上打猎必须有的弓箭、箭袋。这些不切实际的安排不是孩子的错。让孩子们去合理想象数十万年前的古人类的生活,对一些孩子来说,有点难为他们了。

2.学习的过程

关于学习的过程,这里介绍加涅所建立的学习过程模型,以便对你设计更有针对性的教学有所启发。

【人物介绍】 罗伯特·加涅(Robert M.Gagné),1916年8月21日出生于美国马萨诸塞州,2002年4月28日去世,是美国当代著名的教育心理学家,曾当选为美国心理会教育心理学分会主席、美国教育研究会主席。他从事心理学、教育心理学研究60余年,为科学心理学和教育的结合做出了突出的贡献,是心理学、教学论、教育技术学等多个研究领域公认的大师级人物。在教育心理学领域,他所关注的重点是把学习理论研究的结果运用于教学设计。他的《学习的条件》(The Conditions of Learning)一经出版,即令他饮誉全球,该书被认为是"关于

> 学与教的最重要的著作之一";他与人合作的《教学设计的原理》(Principles of Instructional Design)一书,注重教学实践的改革,倍受心理学界和教育界人士的重视。两书自出版以来,屡经修订,一版再版。他关于学习结果的分类,几成教育心理学研究者的"圣经"。
>
> 研究教学设计,不能不读加涅的《学习的条件》(The Conditions of Learning)和《教学设计的原理》(Principles of Instructional Design)。

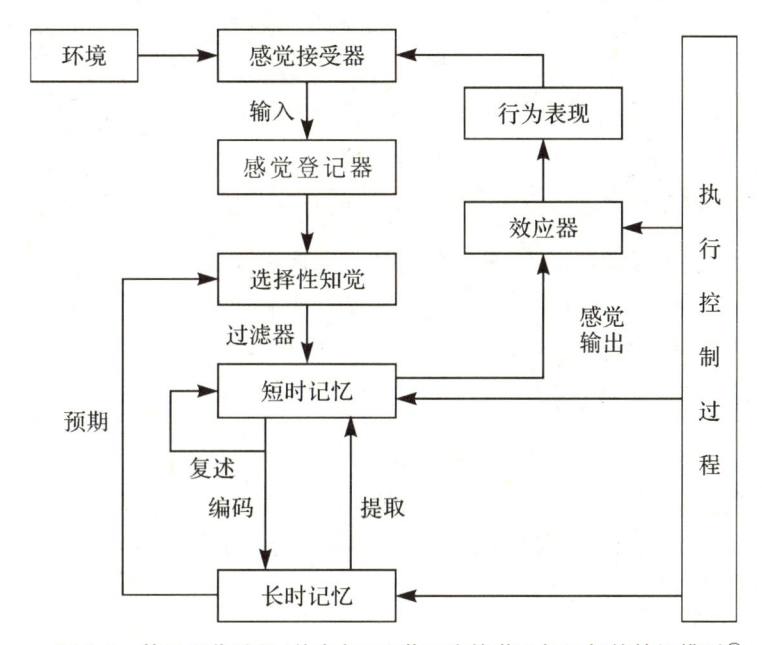

图 1-1 基于现代认知(信息加工)学习论的学习与记忆的精细模型[1]

该模型揭示了学习发生的内部过程。它将学习的内部过程分解为以下步骤:

①控制过程——控制过程包括预期和执行控制。预期是学习者对于学习内容和学习目标的期待,它会影响学习者对信息的选择(预期外的内容被过滤)以及对信息的编码、记忆方式等。执行控制的重点是支配认知策略的运用等。

②通过感受器接受信息并完成感觉登记——感觉器官接触信息并对信息进行了登记。

③选择性知觉——选择性知觉与注意有关。被注意到的信息得到进一步加工,未被注意到的则消失。(如果教师希望所提供的信息得到进一步加工,首先就要引起学习者注意。)

④复述——如果要在短时记忆中暂时保持该信息,最好的方法就是进行复述加工。

⑤编码——即对短时记忆中的信息进行意义加工,以便存入长时记忆,纳入知识结构中。编码环节伴随着从长时记忆中提取相关知识,以便实现新旧知识的联系。

---

[1] [美]R.M.加涅.教学设计原理(第五版).王小明等(译).上海:华东师范大学出版社,2007:9.

⑥反应的生成——即呈现学习的结果,一般表现为完成作业。
⑦反馈——回到学习环境中观察学习者的反应行为,可以及时检验学习行为。

【案例1-3】 某教师的《五十六个民族是一家》(川教版八年级)导课

教师穿着漂亮的维吾尔族服装走进教室,学生们一下子被老师不同寻常的装束给吸引住了。在同学们的惊叹声中,老师问:同学们知道老师穿的是哪个民族的服装吗?(学生顺利作答后)老师再问:同学们还知道维吾尔族的哪些文化习俗呢?(学生随机作答后)老师简要说明自己来自新疆维吾尔族,并利用图片直观呈现了维吾尔族的民族特色。然后开展小游戏:"猜猜,他们是哪个民族的",教师呈现穿着民族服装的人物图片,学生分辨民族。游戏结束后,教师讲述:中华民族是由五十六个民族组成的大家庭,在这个大家庭里,每个民族都以自己独特的习俗文化装扮家的美丽,每个民族都以自己的智慧为家的幸福添砖加瓦。今天我们将通过对《五十六个民族是一家》这一课的学习,进一步认识这个和谐大家庭。

【案例评析】 (课堂在重庆)来自新疆维吾尔族的女教师不同寻常的装束引起了学生的注意,进而引发疑问:老师今天为什么穿得和平时不一样?她想告诉我们什么?这和今天的内容有关吗?小游戏中的图片,学生很感兴趣,"猜"的活动既有一定的挑战性又不太难,学生积极性高。通过小游戏,将学生的注意力引向了对本课内容的关注。

引起注意是学习过程中的关键一步,没有对相关信息的注意,就不会有后续行为的发生。因此,导课设计优劣的标准之一就是是否有效地引起学习者对学习内容的关注。

3.学习的结果与条件

加涅将学习的结果分为五类,如果不做严格区分的话,这五类学习结果与基础教育课程改革提出的三维目标是相通的。

表1-2 三维目标与加涅的学习结果分类

三维目标	加涅学习结果分类	例证(高中"新中国的科技成就")
知识与能力	言语信息	列举新中国建立以来的主要科技成就
	智慧技能	分析取得巨大科技成就的原因
	动作技能	制作示意图
过程与方法	认知策略	用列表的方式对主要科技成就分类
情感态度价值观	态度	敬重为科技进步做出贡献的科学家 认可科学技术是第一生产力

不同学习结果需要设计不同的教学条件,即教学设计必须考虑不同类型的学习结果。

(1)指向言语信息获得的教学设计

言语信息是学习中获得的可以用语言表达的基本信息。它包括三类:一是标志事物的名称,如:三省六部、太尉、内阁;其次是简单的事实,如"张骞出使西域";三是有组织的知识,它是关于某个事实的系统知识,如张骞出使西域的时间、经过、结果、影响等。

言语信息获得的教学设计要领是:提供有关事实的基本信息;提示学习者将新信息与先前相关知识联系起来;设计复习方式,以便知识的保持和迁移。

(2)与智慧技能获得有关的教学设计

智慧技能是居于核心地位的学习结果,包括四个层次:最基本层次是辨别事物间的异同,然后依次为具体概念的习得、规则与原理的习得、问题解决。

智慧技能获得的一般教学设计要领包括:第一,明确要学习的内容,如"比较英美两国代议制民主的异同";第二,呈现刺激——材料、例子或激活已有知识,如,引导回忆已学过的美英两国政治制度;第三,学习者尝试从刺激中通过提取关键信息,获得有关的概念、原则或解决问题;第四,设计反馈环节;第五,设计新情境,检验保持与迁移情况,如借用国际热点问题,讨论英美两国政体下的决策运作方式。

(3)动作技能获得的教学设计

加涅所说的动作技能主要强调的是身体运动的行为表现,如运动速度、精确度、流畅度等。历史教学中偶尔也会涉及动作技能,如绘制历史地图、仿制历史实物等。

习得动作技能的教学设计应是在示范、反复练习及反馈上下功夫。

(4)认知策略习得的教学设计

认知策略既是一种学习成果,又是学习过程中的支持条件,贯穿学习过程始终。如学习者在运用认知图式策略分析历史背景的同时掌握认知图式策略。

认知策略的设计基本要领是:第一,描述即将学习的策略,突出策略的操作步骤;第二,示范策略运用;第三设计情境,引导学习者自己发现策略,因为如果策略是学习者自己发现的,那么,它们更可能被采用;第四,设计练习机会,实现策略运用的自动化。

(5)态度习得的教学设计

态度是一种更多地与情绪、行为而不是知识相联系的学习结果。态度的习得和改变是比较复杂的过程,不是靠言语说教和练习就能解决的。

在历史教学中,下述方法可能有助于态度的习得:首先,以令人喜欢和可信任的方式呈现榜样——让学习者认可;其次,学习者回忆榜样可能的行为选项和结果;再次,榜样表现其个人行为选择(榜样行为);最后,榜样表现出对其行为结果的愉快或满意感,从而实现目标行为的替代强化。

此外,运用角色扮演法,就社会和个人问题进行课堂讨论也都有助于态度的形成或改变。

【案例1-4】 历史阅读及思维策略——"新航路开辟原因"教学设计

师:请同学们阅读课文的第一子目。阅读时请思考两个问题:第一,有关新航路开辟的原因,课文讲到了哪几个层次?你区分层次的依据是什么?第二,你认为根本原因是什么?为什么你认为它是根本原因?

师:提示运用以前学习过的历史原因层次分析法:从内到外可从根本原因、直接原因、诱导因素三个层次上分析;也可从主观原因和客观原因两个层次上分析;还可从政治、经济、思想文化的结构层次上分析。

【案例评析】　因果关系是历史学科中最重要的关系,能在阅读材料中清晰区分材料的层次及所涉及的原因层次,是中学生历史学习必备的能力。案例中的设计,让学习者除了在言语信息方面知道新航路的原因是什么、在智慧技能方面能够完成新航路开辟原因的分析外,学生还在认知策略方面,学习运用层次法阅读教材、分析历史原因。

4.学习理论对教学设计的影响

(1)学习理论催生教学设计的新问题,并引导教学设计的发展进路。教学设计的发展过程与人们对学习实质的认识密不可分。当学习的联结理论盛行时,教学设计重点关注如何设计教学以促进刺激和反应的联结;当认知理论影响日盛时,教学设计转而关注怎样设计教学以有效促进新旧知识的相互作用,并最终形成良好的认知结构;建构主义学习观兴起后,教学设计将关注重点转移到学习者身上,思考怎样帮助学习者实现意义建构。可见,教学设计的发展是沿着学习理论的革新之路在前进。

(2)学习理论为教学设计提供了解决问题的方式。学习理论的研究范式为教学设计提供了解决问题的方式。如早期的教学设计解答问题的方式是依据行为主义的刺激—反应范式,充分运用其三大学习定律(准备律、效果律和练习律)以及条件反射规律。20 世纪 70 年代后期,受认知派信息加工范式的影响,教学设计研究突出了学习者认知特点分析、教学内容分析,教学策略研究。建构主义理论则提供了设计研究的情境范式、生成范式等。

(3)学习理论为教学设计提供了话语方式。学习理论在其发展过程中形成了一套独特的话语方式(概念和术语),教学设计话语中大量吸收了来自学习理论的概念和术语,如反馈、发现学习、认知结构等等。

(4)学习理论促进了教学设计研究方式的转换。教学设计的研究方式深受学习理论研究方法论的影响。早期的教学设计受行为主义的实证方法论影响,力图在实验室情境中研究教学设计。认知学习理论对教学设计产生影响时,教学设计者从严格控制变量的实验室走出来,开始关注真实教育情境中的真实问题。在建构主义影响下,教学设计研究从对教师、教材的关注转向对学习者的关注。

总之,学习理论引发了教学设计的基本问题,影响、引导了教学设计的研究取向。

(二)系统理论

根据系统理论,教学本身即是一个由一定数量的、相互联系的要素有机结合构成的具有特定功能的系统;教学系统下又包括了"教"和"学"两个子系统,每个子系统又由若干要素构成。教学设计即是对系统各要素的整体安排以及对两大子系统的协调,以期达到最优化的教学效果。

系统科学理论经历了从"系统论、控制论、信息论"的"老三论"到"耗散结构论、协同论、突变论"的"新三论"的发展,非常繁杂艰深,在此难以完全阐述,只择要讨论它作为理论基础对教学设计的影响。

1.系统科学的"老三论"与教学设计

"老三论"强调:从系统的观点出发,着重从整体与部分(要素)、系统整体与外部环境之间的相互联系、相互作用的辩证关系中全面、综合、动态地去考察对象,以便最有效地解决现实问题。按照这样的系统方法去解决问题时应符合整体性、层次性、动态性和最优化等要求。

(1)整体性:系统论认为,世界上的各种事物都是由各种要素通过相互联系、相互作用形成的有机整体;而且这种整体性只存在于各个部分(要素)的相互联系、相互作用过程中,并不是各个部分(要素)的简单相加。系统科学的整体性理论要求在教学设计中:第一,认识到教学设计本身就是一个整体,从教学分析到教学策略设计及教学资源的开发,再到教学实施,最后到教学评价,正好是一个教学系统的完整过程;第二,要从整体出发,努力把握教学设计各个阶段上各要素之间的相互联系、相互作用关系。

(2)层次性:指系统内部各组成要素之间又是可区分出若干层次的有机整体,且高层次一定包含着低层次的结构。如教学分析的下一层次由三部分构成:学习环境分析、学习者特征分析、学习任务分析。学习任务分析的下一层次又可分为教学目标分析和教学内容分析。教学目标分析的下一层次又包括认知目标、技能目标、情感目标等要素。教学设计既然是一个系统,设计者就需总体把握要素间的层次关系。

(3)动态性:由于系统内的各要素间的相互联系和相互作用以及系统内外的交互作用常常是不确定的,所以,任何系统都总是处于不断的运动变化之中,具有动态的特点。动态性要求以联系的、发展的观点去看待系统,及时调整解决问题的对策。就教学设计而言,动态性表现为不断根据评价反馈调整教学设计。教师要素和学习者要素本身就是充满活力、变动不居的,因此,教学设计需要根据实际不断调整。

(4)最优化:最优化是系统论始终不渝追求的目标。教学中实现最优化的关键在于教学策略的有效运用和利用各种技术创造最佳的教学环境。如利用动态示意图演示新航路开辟经过的基本史实;利用比较策略辨别西方近代代议制民主的不同形式等。

2.系统科学的"新三论"与教学设计

"新三论"增加了系统的四项重要特征:开放性、非线性、协同性和涨落性。

(1)开放性:开放性强调系统与外部环境之间不断进行的物质、能量或信息的交换,吸收新东西。就教学系统而言,正是有了开放,才有了教学手段的不断更新、教学资源的日益丰富、教学媒体的更加多样。一个最优化的教学设计必定是开放性的,可以吸纳来自系统外的各种信息、能量。

(2)非线性:非线性强调系统内部各要素之间的相互联系、相互作用呈现非线性关系。就教学系统而言,一般有四大要素:教师、学生、教学内容、教学媒体。这四大要素之间并不是简单的线性关系:教师与学生之间存在相互影响,学生的积极性、主动性、创造性在教学中也起着重要作用;在教师、学生与教学内容三者之间彼此关联;教师、学生与教学媒体之间同样是多向互动的关系,而不仅仅是教师以媒体为载体向学生单向地线性传递信息。

(3)协同性:协同性是指使系统由无序变为有序的关键在于系统内部各组成要素

之间非线性相互作用所引起的协同现象。协同的核心思想是系统中一方的属性同化另一方,使另一方的属性与自己相同。教学过程常常出现无序状态,如新知识学习中,由于每个学习者背景知识的不同,而使课堂处于无序状态,但经过教师的启发引导即可达到协同有序状态。

(4)涨落性:系统涨落性强调必须有外界的干扰才能更好地实现系统由不稳定的无序状态走向稳定的有序状态。可以将涨落形象地理解为杠杆作用。就教学设计而言,涨落性对于指导三维目标的达成有现实意义。如通过引起学习者的认知冲突来激发学习动机,从而顺利完成意义建构。这里的认知冲突就相当于"涨落",引起认知冲突的常用策略有设计出乎意料的问题或认知情境、鼓励发散思维、引导自主探究等。教学设计本质上是无序的,通过涨落即可达到有序状态,有效利用涨落性应是教学设计的内在追求。

(三)传播理论

教学实际上是一种信息的传播活动,因此,教学设计要借鉴传播理论的基本思想。传播理论中有关信息通道、信息结构、信息数量等方面的理论都对教学设计具有直接的指导意义。

1.信息通道与教学设计

人们接收信息的通道主要有五种:视觉通道、听觉通道、嗅觉通道、触觉通道和味觉通道。五大信息通道获得信息的比率不同:

表 1-3 信息通道获得的信息比率

感官	视觉	听觉	嗅觉	触觉	味觉
比例	83%	11%	3.5%	1.5%	1%

一般情况下,多种感觉器官都参与了信息的接收,而视觉是我们获取信息的主要渠道。不过,学习内容不同,表中的数据会有一定的变化。如,历史课程"讲"的特点比较突出,那么,通过听觉获取的信息比例应该比表中的数据要大一些。根据多感觉通道参与信息接收的特点,在教学设计中,应尽可能创设多样化的情境以调动学生多感官参与到教学活动中,如观看视频、触摸实物、听老师讲解分析等。

2.信息发送者与教学设计

教学中的信息发送者主要是教师,另外学生也是信息发送者,如课堂讨论活动中的信息发送者就以学生为主。作为信息发送者的教师,通常也是教学设计的主体。作为主要的信息发送者,教师需要精心选择信息进行编码处理、精心选择媒体手段,以多种方式向学习者发送作为教学内容的信息。需要强调的是,教师在发送教学内容的信息时,还同时发送了其他信息,如教师的文化修养、性格、态度、能力等,这些信息同样具有教育价值。因此,对教师这个信息发送者来说,不仅要求具有良好的信息编码和处理能力,而且还应该有良好的综合素质和积极健康的情感取向。

3.传播信息与教学设计

课堂传播的信息（教学信息）从传播载体上看，主要有三类：文本信息、语音信息和附加信息。文本信息是课程知识的主线；语音信息主要是为帮助学生理解文本信息而做的说明；附加信息是表情、手势等所传递的信息。如果教师能精心组织这三类信息，就可能收到更优的教学效果。在这里，信息组织的系统性、有序性尤其重要。只有有序的、结构化的、相互之间密切联系的信息才更容易记忆和提取，而无序的缺乏结构的信息则常被人遗忘。

4.信息数量与教学设计

信息的多少也影响教学效果，过多的信息会形成信息冗余，没有意义，而信息不足，又不利于理解，不利于智力发展。

第二节　教学设计的要素分析

教学设计是一项系统工程，根据系统理论，分析教学设计的基本要素即是开展教学设计的基础性工作。教学设计究竟应包括哪些要素呢？较早的时候，一般认为教学设计包括三大要素：教学目标、教学策略和教学评价[1]；今天，有人提出，不论哪种教学设计模式，都包含了教学对象、教学目标、教学策略、教学评价[2]。今昔对比中，体现的是课程改革背景下对学习者的关注。

根据中学历史教学实际及本书结构，本节主要对学习者、教学环境、教学目标、教学策略、教学内容、教学评价等设计要素予以分析。

一、学习者分析

【案例1-5】 "战时共产主义政策"的教学片断

师：新生的苏维埃政权面临什么样的困境？

生：（根据教科书及教师提供的材料，回答出：外有武装干涉，内有叛乱）

师：为此，苏维埃政府采取了什么政策？

生：战时共产主义政策。

师：很好。注意两个关键词：战时和共产主义。以列宁为首的布尔什维克党在战争环境中开始去追随共产主义理想的召唤。请同学们阅读教材，归纳战时共产主义政策的主要内容。

生：（阅读教科书，完成教师设计的表格）

师：共产主义政策的实施的结果如何？

---

[1] 王宪桂.教学设计三要素.外语电化教学,1992(3):23—24.
[2] 何成刚等.历史教学设计.上海：华东师范大学出版社,2009:23.

生：帮助苏维埃政府赢得了战争的胜利。

师：存在什么问题？（教师出示有关农民抱怨政府从农民手里拿走一切的材料）

生：苏维埃政权出现严重的政治、经济危机。

师：苏维埃政权的政治、经济危机表明——战时共产主义政策只应当在战时实行，战争结束了，就应该适时做出调整。这也正是新经济政策出台的背景。

【案例评析】 在该教学片断中，教师显然忽略了一个重要的事实：现在15岁左右的高中生缺乏基本概念"共产主义"这一背景知识。因此，教师有必要先呈现马克思所设想的共产主义社会的基本特征，弥补学习者背景知识的不足。此外，学习者对该内容的兴趣也并不高，他可能会想，遥远的苏维埃发生的事情和我有什么关系呢？为什么我要学习它？这就直接涉及学习的动机问题了。

因此，教学设计首先要分析学习者。

学习者一般称为学生，一些研究著作中称为"教育对象"。由于学习者是一种在价值上更为中立的概念，因此，本节采用之。学习者分析即是分析处于中学历史教学活动中的学习者的心理发展特点、学习需要、学习兴趣、学习基础等因素。

在课程改革背景下，学习者是教学的中心要素：教学方法的选择、教学内容的组织、教学环境的营造、教学资源的开发……一切的教学活动都为学习者服务；同时，由于学习者智力结构、背景知识、学习动机等存在差异性又会带来学习结果的差异。

(一)学习者心理发展特点分析

1.初中生心理发展特点

第一，初中生心理发展的最突出特点是矛盾。进入青春期的初中生，生理发育迅速且趋于成熟；心理发展相对平稳、缓慢，且显幼稚。生理的成熟让初中生有强烈的成人感，有自己的思想，想独立而不愿顺从；但心理上的幼稚又让他们不得不依赖成人，希望得到成人的理解、支持和保护，希望成人既尊重他们的独立，又能够倾听他们的心声。

第二，在思维发展方面，表现出两个显著特点：一是思维已具有充分的抽象逻辑性，但具体形象性仍在起作用。他们已能进行比较抽象的逻辑推理，但对于抽象水平较高的对象仍需借助具体形象的事物才能理解。二是思维具有矛盾性特点，一方面，思维的创造性和批判性日益明显，所以，他们有强烈的好奇心、探究欲，思想活跃、勇于创新；另一方面，思维的片面性和表面性又仍然存在，常常偏激、极端；抓住一点，不计其余；囿于外部特征，难以深入到本质等现象。

第三，初中生自我意识高涨。初中年龄段的孩子是"自我中心主义者"，他们总想弄清"我到底是个什么样的人"，常将注意力集中于自己的身体和内心。由于过多沉浸于"我"的思考中，容易出现个性上的主观偏执，对别人比较尖刻挑剔。

2.高中生心理发展水平

高中生生理及心理发展均趋于成熟和稳定。

第一，高中生思维发展基本达到成熟水平。他们能够按照提出问题、明确问题、提出假设、检验假设的途径解决问题,运用全面的、运动的、统一的观点分析问题和解决问题的能力不断提高。可以说,高中生思维水平已与成人基本一致,他们缺乏的是阅历和经验。

第二,高中生自我意识走向成熟。他们已能将独立要求建立在与成人和睦相处的基础上;能认识到自我中的"理想"成分和"现实"成分;强烈关心自己的个性成长,对人对己评价侧重于个性;自我评价成熟,在一定程度上达到了主客观的统一;有较强的自尊心,他人肯定或赞赏会让高中生产生强烈满足感,反之,产生挫败感;自我道德意识也高度发展。①

总之,高中生已经开始迈向成人的门槛,思维走向成熟,个性品质基本定性。

(二)学习者的需要分析

教学设计需基于学习者的需要,同时帮助学习者满足需要。

1.全面理解学习者的需要

学习者需要包括两个层面:即主观层面上以"我想要"方式表达的需要和客观层面上以"你应该要"所表达的需要。有研究者提出,教育要将学习者主观的、自发的"我想要"转换成符合一定社会发展规范的客观的、自觉的需要。②

教学设计关注学习者"我想要"层面的需要,有助于激发以掌握知识、解决问题为目标的内在学习动机;但由于学习者阅历、经验的限制,以"我想要"方式表达的需要并不一定能承担起他们的未来发展和社会所要求的责任,所以,关注"应该要"同等重要。

2.学习者需要的内容(基于教学设计)

安全的需要:安全需要是一种远离恐惧和焦虑的信心、信任、自由体验。教学设计在内容选择、教学环境营造、活动安排方面应保证不会对学生造成身体或心理的伤害。

归属——尊重的需要:教学设计的各项内容都需兼顾不同层次的学习者,让每个学习者都能在群体中找到自己的位置,体验到因学习成就而带来的尊重感。

探索——求知的需要:这是课堂上学习者最基本的需要。探索未知世界是人与生俱来的需要。课堂上怎样才能唤起学习者的探索需要呢?这段话会给我们一些启发:"学习可以比喻为从已知世界到未知世界之旅。在这个旅途中,我们同新的世界相遇,同新的他人相遇,同新的自我相遇;在这个旅途中,我们同新的世界对话,同新的他人对话,同新的自我对话。"③可见,提供"新"的经验是关键。

成就需要:指通过努力学习取得以好成绩为标志的学习成就的需要。它是"教师特别感兴趣的一种动机"④。成就需要一般通过两种途径得到满足:一是回避失败,二是取得成功。教学设计需尽量将学习者成就需要的满足引向"取得成功",而不是"回避失败"。

---

①林崇德.发展心理学.北京:人民教育出版社,1997:387~388.
②谭斌.论学生的需要——兼与张华《我国课程与教学的概念重建》演讲的商榷.教育学报,2005(5):32~41.
③钟启泉.对话教育:国际视野与本土行动.上海:华东师范大学出版社,2006:136.
④[新加坡]陈允成等.教育心理学.上海:上海人民出版社,2007:250.

审美需要:它是与自我实现有关的高层次需要。美的课堂带给学习者的是美的享受。

社会需要:与社会需要有关的内容集中体现于课程标准所设定的课程目标中,因此,教学设计要充分考虑课程目标的实现程度。

(三)学习者的历史学习兴趣分析

中学生的历史学习兴趣比较复杂。首先,初、高中生的历史学习兴趣有所不同,初中生主要是对生动的故事、生动的讲解、生动的表现手法感兴趣;高中生如果对历史学习感兴趣,那主要是对历史知识本身感兴趣。其次,中学生对历史课的兴趣有随年级升高而下降的趋势,这一现象可能与考试压力有关。再次,中学生对历史课的兴趣下降并不一定是对历史的兴趣下降。在一份调查中,60.72%的中学生表示对历史知识很感兴趣,但却只有40.39%的学生爱上历史课。[①] 最后,课外历史阅读也可能挑战历史课堂上的学习兴趣。课外作品的"历史"故事性强、生动形象,一般都能激发阅读兴趣;相比而言,课堂上的"历史"要枯燥得多。

如何激发兴趣是中学历史教学中的一个老问题。研究认为,学习内容所具有的新异、独特等特性及其与学习者背景知识的关系,会影响到学习兴趣;学习活动中因为肯定甚至赞扬而获得的积极情感也会增加学习兴趣。

(四)学习者的学科知识能力分析

由于学习者已有知识对新知识的获得、保持、运用都起着支持作用。因此,教学设计还需基于学习者的已有学科基础,主要包括学科知识和学科学习能力。

(1)初、高中学习者历史学习的学科知识起点不同。初中生在进入历史课堂前的历史知识主要来源于影视作品、普及性读物等非正式渠道,它们可能增加学习者的历史学习兴趣,也可能是学习科学的历史知识的陷阱。高中阶段的历史学习无论在知识领域还是能力层面,都已有初中阶段所奠定的基础。因此,高中阶段的教学设计既要利用好已有基础,实现新旧知识的有机联系;又要避免与初中历史的简单重复。

(2)历史学习的基本素养分析。中学生历史学习的基本素养主要包括四个方面:第一,时序意识,它是最基本的学科素养。第二,阅读能力,包括读懂材料、判断材料的可靠程度、抓住关键信息、归纳主要观点、论证观点等。正常情况下,经过小学语文课的练习,多数学习者具备基本的阅读能力。第三,表达能力,包括表达的清晰和通顺、专业语言的运用、陈述历史过程的顺序、表达历史观点的逻辑层次等。第四,历史想象能力,即依据文字、图片等现存资料,将"过去""活现"于头脑中,形成有关史事的加工形象,以便进一步体验、理解历史。

(3)具体内容的知识条件分析。涉及具体课文,需分析学习者已有的相关知识状况,明确学习者已知什么、未知什么、该知什么、有什么疑惑等。

在班级授课制下,一般班额较大,水平参差,为此,学习者分析中应注意兼顾群体与个体、现状与发展,既依据教育教学及心理学的相关研究成果,同时又应深入课堂,从实践中获取认识学习者的第一手资料。

[①] 黄武芬.中学生学习历史的动机之调查及其分析.陕西师范大学继续教育学报(增刊),2004(10):256—259.

【异域采风】 美国心理学会关于学习者特点与学习环境的研究

表1-4 以学习者为中心的心理因素与原理

认知与元认知因素

1. 学习过程的本质

当复杂学科的学习是一个从信息和经验中建构意义的有目的的过程时,其学习最有效。

2. 学习过程的目的

成功的学习者,在存在支持和教学指导的情况下,随着时间的推移,能创设出有意义的连贯的知识表征。

3. 知识的建构

成功的学习者能以有意义的方式把新知识与已有知识联系起来。

4. 策略性思维

成功的学习者能够创设并使用思维与推理策略来达到复杂的学习目的。

5. 对思维的思维

选择与监控心理操作的高级策略能促进创造性与批判性思维。

6. 学习情境

学习受环境因素的影响,包括文化、技术与教学实践。

动机与情感因素

7. 动机与情绪对学习的影响

学习者的习得的内容和数量受其动机的影响。学习动机又受个体的情绪状态、信念、兴趣与目的以及思维习惯的影响。

8. 学习的内部动机

学习者的创造性、高级思维及天生的好奇心都有助于学习动机、个人的选择与控制。

9. 动机对努力的影响

复杂的知识与技能的获得要求学习者长期努力和有指导的练习。如果学习者没有学习动机,那么不对其进行强迫是不可能让他们有付出努力的意愿的。

发展性与社会性因素

10. 发展性因素对学习的影响

随着个体的发展,他们遇到了不同的机会,体验到了对学习的不同限制。当考虑了身体、智力、情绪和社会领域的发展时,学习最有效。

11. 社会性因素对学习的影响

学习受到社会互动、人际关系和与他人交流的影响。

个别差异因素

12. 学习中的个别差异

学习者有不同的学习策略、方法与性能,这些都是原有经验和遗传因素的功能。

13. 学习与多样化

当考虑学习者在语言、文化、社会背景上的差异时,学习最有效。

14. 标准与评价

设置适当高的具有挑战性的标准并评价学习者与学习的进展——包括诊断性的、过程性的和结果性的评价——是学习过程的重要组成部分。

(来源:R.M.加涅《教学设计原理》(第五版)P95)

【问题探究】 皮亚杰强调教学应顺应儿童的现有水平,而维果茨基则认为教学需超越学生的现有水平,创造最近发展区。这两种观点对学情分析有何启示?

二、教学目标分析

这里的教学目标分析侧重于分析教学目标层次、目标制订依据及方法等。

(一)教学目标层次分析

1.宏观—微观层次

在宏观—微观维度,可以将中学历史教学目标分为三个层次:课程目标、单元目标、课时目标。

课程目标是指通过课程教学所要达到的总目标,由教育专家主要依据国家教育目的及历史学科特点综合制订。单元目标指通过单元教学所要达到的标准,需由教师设计制订。课时目标指一个独立的课时教学所要达到的学习标准。由教师综合依据课程标准、学习者特点、学科特点、具体内容等因素制订。

三个层次的目标具有密切关系:上一级目标的实现都有赖于下一级具体目标的实现;因此,教学目标的设计要求同时分析这三个层次的目标,以保证所确定的课时目标能够有利于单元目标和课程目标的实现,确保课时目标方向正确。

2.掌握水平层次

这里依据布卢姆及克拉斯沃尔的目标分类学,来区分教学目标的水平层次。考虑到历史学科的特殊性,对动作技能的水平层次略过。

(1)认知领域目标的层次。

①识记层次:包括对事例、概念、方法等内容的记忆和回忆能力。

②理解层次:要求学习者能用自己的话解释和概述某一内容,能指出其扩展了的外延。

③应用层次:能将抽象概念应用于其他环境中。

④分析层次:能将学习材料分解成各个因素,或者能够阐述材料中多个观念之间的关系,或者对材料的组织结构进行分析。

⑤综合层次:能将各种因素和成分结合在一起,得出一个新的观念或观念系统。

⑥评价层次:能根据一定的准则对学习材料及方法进行价值判断。

(2)情感领域目标的层次。

①接受层次:指学习者注意到或意识到某种情境、现象、事件或信息的存在。

②反应层次:学习者愿意积极参与,对所注意到的信息做出反应,并带有反应的情绪满足体验。

③价值倾向层次:指学习者对该信息所做的价值探索、追求,并在情感上接受该价值。

④价值组织层次:能够联系多种相似的情境,根据其内在联系,形成价值观念或者组织起价值体系。

⑤价值性格化层次:指价值体系内化为个体的性格特征,控制个体的行为。

【案例1-6】 情感领域价值层次——以谭嗣同就义为例

情感层次	情感层次表现
接受层次	注意到谭嗣同在变法失败后,能够逃走却选择束手就擒以至罹难的事实。
反应层次	有兴趣、愿意去关注谭嗣同在今天看来不同于常的选择,进一步思考他为什么做此选择。
价值倾向层次	对谭嗣同的选择进行价值追问、探索:他的选择究竟是一种对生命价值的漠视还是重视,生命的价值究竟应怎样体现。能够认同谭嗣同的价值取向:用生命唤醒千千万万中国人民。
价值组织层次	联系其他情境,如司马迁关于"死有重于泰山、有轻于鸿毛"之说,形成关于生命、信念的价值观念:人应该珍爱生命,但为了更美好、高贵的信念,牺牲生命也是值得的。
价值性格化层次	能够用获得的生命价值观去评判是非,甚至在需要的时候做出自己的选择。

【案例评析】 案例只是为了帮助理解情感态度价值观目标层次而做的示范。对于该案例,需说明三点:一是选择该案例是因为在八年级的课堂上有学生对谭嗣同的死表示不解。教师需引导学生的生命观。第二,情感培育是一个复杂的过程,并不是仅仅通过谭嗣同的事件就能让学生在生命价值观上达到第五层次。价值观念的形成是一个长期的、持之以恒的过程。需要反复的引导。第三,可能并不是所有学生最终都认可谭嗣同的选择。

(二)教学目标制订依据分析

教学目标的制订主要依据以下三方面:

1.学习者的起点水平(现有水平)

学习者起点水平主要包括学习者年龄特点、学科知识和能力基础、学习的情意状态等。它是教学的逻辑起点,也是目标制订的逻辑起点:学习者的发展是在现有水平上的发展,目标应高于现有水平才能发挥激励、引导作用,但应处于最近发展区内。

> **【延伸阅读】 最近发展区**
>
> 最近发展区是苏联教育心理学家维果茨基在阐释教学与发展的关系时提出的重要概念。他认为学习者有两种水平:一种是现有水平,指独立活动时所能达到的解决问题的水平;另一种是可能的发展水平,也就是通过教学帮助所能达到的水平。两者之间的差异就是最近发展区。教学应着眼于学生的最近发展区,为学生提供带有难度的内容,调动学生的积极性,发挥其潜能,超越其最近发展区而达到下一发展阶段的水平,然后在此基础上进行下一个发展区的发展——教学创造最近发展区。

2.学习结果

教学目标是预期的学习结果,依据加涅的理论,将学习结果分为五类:

言语信息:学习者获得的能够用言语陈述的知识,包括事实、概念、原理等。

智慧技能:完成某种智力活动的程序,如比较辨别、归纳分析等。

认知策略:帮助学习者有效运用思维解决问题的策略。

动作技能:有关动作操作方面的能力。

态度:它是学习者从学习中习得的对人对事对物的复杂的情感状态。

教学目标制订应当涵盖这五个方面的学习结果。

3.课程标准

课程标准反映课程领域的国家意志,是社会培养目标的集中体现。在课程标准中,"前言"部分的课程理念和教学基本要求,引领目标制订方向;"课程目标"部分不仅提供了教学目标制订的维度框架,而且呈现了教学目标的宏观要旨,每课教学目标都应围绕课程目标展开,并有助于课程目标的达成;"内容标准"部分则直接呈现了具体内容的学习要求,它是制订教学目标的基础依据。

(三)教学目标分析基本框架

怎样进行教学目标分析呢?我们以一个比较直观的框架图来说明:

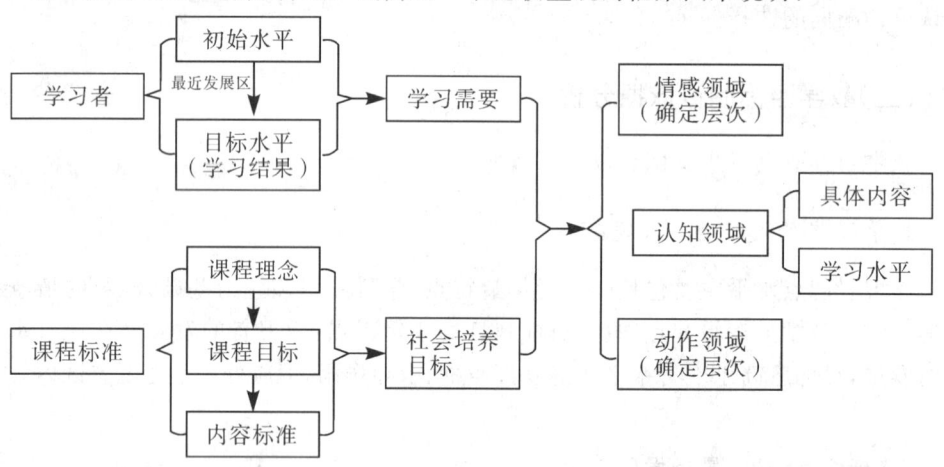

图 1-2 教学目标分析框架

(四)教学目标陈述分析

一个完整、具体、明确的教学目标在陈述时应该包括四大要素:主体、行为动词、目标达成条件、目标达成程度,即通常所说的"ABCD"陈述法。

A(Audience),目标主体,学习者。要求目标描述的应是学习者行为,而不是教师行为,规范陈述应以"学生能……"或"学生会……"开头,而不是"使学生……"。

B(Behavior),目标行为,即以具体行为动词标明通过学习后学习者能够做什么。如"学生能够在地图上标出战国七雄的位置"。

C(Conditions)，即目标行为发生的条件，有两类：限制条件和支持条件。限制条件包括时间、空间、辅助手段等限制，如"在10分钟内，独立完成……"；支持条件指有利于行为发生的环境、信息等，如"根据提供的材料，能分析雅典民主政治的得与失"。

D(Degree)，指达到目标的程度，如"能够准确无误地填写战国七雄图"。

最后强调一点，国外布卢姆的目标分类理论和加涅的学习结果分类理论对教学目标的设计有很大影响，建议进一步深入了解。

三、教学内容分析

教学内容是课堂上师生交流的与课程有关的所有信息。

(一)教学内容分析的基本问题

1.什么是教学内容分析

教学内容分析是依据一定的教育教学理论和学科特点，以教学目标为导向，对教学内容的性质、构成成分、结构关系等进行分析，最后形成整体的教学内容的过程。有研究者将教学内容分析理解为"鉴别教学内容的性质及其组成部分，并在此基础上，把综合的、复杂的整体内容分解为各个相对独立、简单的组成部分，确定各个部分之间的联系"，再"把经过分析而划定的各个部分，按照一定的方式、方法进行安排，或把分散的、零散的内容组成具有一定结构的整体"。[①] 教学内容分析实际上包括了教学内容的分解和重组过程(分析与归纳)。

2.教学内容分析关注的问题

教学内容分析主要回答四个问题：一是本课的教学目标是什么——目标是教学内容选择与组织的"指挥棒"；二是从学习者特点和学习结果出发，回答就该内容而言，他们已知、未知、应知内容各是什么；三是该内容的性质、地位、主线、结构是什么，各部分间是什么关系；四是需要组织哪些材料(含教科书)、怎样组织这些材料以及以什么方式呈现这些材料。

(二)教学内容分析步骤

1.分析学习者的起点能力

分析学习者学习该内容之前已具有的相关知识与能力准备情况，以弄清其已知、未知、能知等问题。

2.分析课程标准

课程标准提供了国家层面上对相应课文教学的基本要求。教师需要从分析课程标准中了解教学的基本理念，明确所涉及知识的广度和深度以及知识的基本内涵。

[①]张丽霞,张立新.基于学习理论的教学内容分析和组织的模式.电化教育研究,1998(4):23—28.

3.分析教材内容

(1)通读教科书及相关资料。通读的范围是所有与本课有关联的内容,其中重点是读本课内容。通读重点解决两个问题,一是弄清课文的基本结构、知识间和课文间的内在联系;二是弄懂每个知识点的具体内涵和来龙去脉。

(2)确定本课内容的地位。历史学科教学内容地位的确定一般从三方面着手:一是将课文内容放到古今中外的历史发展进程中,判断它对历史发展进程的影响程度。二是根据课程标准的表述,判断它的教育价值所在;三是根据单元内容的安排,确定它对于说明单元主题的价值。

(3)梳理内容的框架结构。梳理内容结构意在理清教学思路,为学习者呈现清晰的结构化的知识。就历史课文而言,内容梳理可从两个层面上考虑。在知识层面上,一般可以按照背景(原因)、经过(表现、内容)、结果(性质、影响、评价)的结构来将知识梳理成逻辑结构严谨的整体;在认知层面上,则可遵循感知——理解——运用的结构来组织教学内容。

(4)适当增删内容。教学内容分析的蓝本是教科书,但并不等于原封不动地搬用教科书。注意根据教学目标、学习者实际、难易程度等因素适当增删。

(5)关注内容间的纵横联系。任何知识都不会是孤立的,总与其他知识间存在这样或那样的联系。历史知识更是如此。所有的历史事件、现象都与其他历史事件、现象之间存在这样或那样的纵横联系。总括起来,历史教学内容分析中所关注的联系主要有:因果联系、中外联系、古今联系、学科领域联系等。其中,因果联系是最普遍的联系。

通过内容分析,最终要组织起主题明确、结构明晰、内容恰当、层次分明的教学内容。

(三)教学内容分析注意事项

第一,遵循从宏观结构到微观细节的分析路径。即首先抓住内容的框架结构,然后再分析具体细节和呈现方式,从而避免内容分析中只见树木不见森林的问题。

第二,不能离开学习者抽象地分析教学内容。只有充分考虑到学习者的特点、需要,教学内容的分析才有教育意义。为了表达对学习者的重视,有研究者在谈到该问题时即以"学习内容分析"取代了"教学内容分析"[①]。

第三,教学内容分析需紧扣教学目标,这是由教学目标的导向作用决定的。

第四,教学内容分析应既依据教科书,又超越教科书。

四、教学策略分析

中学历史教学设计中的教学策略分析主要分析历史教学的常用策略及策略选用依据。

---

① 杨玉东.从学习内容分析入手做教学设计.人民教育,2010(3):76—77.

(一)教学策略类型分析

根据不同的分类标准或分类角度,可以将教学策略划分为不同的类型。

依据教学过程,一般分为教学准备策略、教学实施策略、教学评价策略。教学准备策略又包括学情分析策略、教材分析策略、教学目标的制订与表述策略、教学内容组织策略等;教学实施策略包括教学语言运用策略、启发引导策略、媒体运用策略、课堂管理策略等;教学评价策略主要包括教学反思策略、评价信息搜集策略、评价信息处理策略等。

依据具体的教学活动,可分为两大类:内容类和方法类。内容类策略解决如何科学组织教学内容;方法类策略主要关注具体教学方法的选择与运用技巧。

依据学习结果,又可以分为:认知类教学策略、能力类教学策略和情感类教学策略。认知类策略强调有效地识记、理解和运用知识;能力类策略关注学习者能力的获得和提高;情感类策略突出激发学习情感以及形成恰当的态度价值观方面的有效方式、手段、技巧。

(二)历史教学设计重点关注的教学策略

1.内容组织结构化策略

结构化策略的核心是教学内容的内在逻辑联系,注意兼顾历史的逻辑、教科书的逻辑、认识的逻辑来组织内容。历史教学内容的结构化方法通常有:因果结构法、主线结构法、时序结构法、从理论到实践的结构法等。

2.先行组织者教学策略

"先行组织者"是在学习者学习有意义的新材料前呈现的一个相关的或概括水平更高的引导性材料。该材料在原有经验与新学习内容之间搭建起意义理解的"桥梁",促进学习者对新知识的学习。

历史教学中,可以作为先行组织者的内容一般包括:

解读课文的核心概念——如果一个概念既是理解全课内容的关键,又比较抽象难懂时,即可以对该概念的阐释作为先行组织者。如学习《英国君主立宪制度的确立》一课时,先解读"君主立宪制度",以该概念作为理解全文的钥匙。

创设历史情景——贴近学习者的经验、兴趣的情景有利于理解距离遥远难以理解的历史。这个创设的情景即是组织者。

进行历史比较——如果新学习的内容与先前已有的历史知识间具有可比性,即可以先前知识为组织者进行比较,以便更好地把握本质,增强知识的可辨别性。

3.问题解决教学策略

问题解决教学策略指在教学过程中,以情景为依托,以问题为导向,师生围绕解决特定情景中的问题展开教学,以达到理解历史、启发思维、发展能力目标的教学策略。该策略一般遵循创设情景、设置疑问——探索问题答案释疑——诱导学习者发现问题等步骤。

4.史料教学策略

"所谓史料教学,即注重史料的选择、甄别、分析、判断与运用,学生在教师的指导下,通过自身的探索活动来认识历史,习得并掌握一定的历史研究方法,形成一定的历史观和价值观。"[①]史料教学策略指在历史教学中有效运用史料的规则、程序、方法等。

就程序而言,一般遵循"搜集史料—选择和甄别史料—整理分析史料—运用史料进行讲述、讨论或推论—得出结论"这样的程序。程序中每个环节又各有具体的方法。如,搜集史料环节是关键词检索法,史料鉴别与选择环节是用渠道分析法、背景分析法、比较佐证法等,史料分析、推论环节用的是问题引导法、层次分析法。

5.联系现实策略

联系现实策略是指从现实社会或学习者经验中提取与教学内容密切相关的现象、情境或问题切入教学内容,以激发学习者的探索兴趣,更好地理解历史与现实。

有研究者提出三种联系现实的具体方法:第一,以社会热点、焦点为媒介进行历史教学,引导学生关注历史。第二,以学生熟悉的社会生活、学校生活为背景进行情境性模仿教学,引导学生理解历史。第三,创设挑战学生思维能力的现实性的问题情境进行历史教学,引导学生发现、探究历史。[②]

6.教学资源利用策略

教学资源利用策略指历史教学中综合利用各种资源,实现资源互补的途径、方法。在教学资源利用方面的基本要求是:用足教材资源,挖掘社区资源,用好影视文学资源,开发好教师和学习者资源。

7.情感激发策略

情感激发策略指教师通过精心设计教学,引导学习者获得做人做事的智慧,欣赏并追求真善美的境界,认同并热爱祖国历史文化传统,形成开放的世界意识等。情感激发策略的具体方法,要依具体情况而定,但有一些需遵循的共同原则:脚踏实地,循序渐进;真情投入,春风化雨。

(三)教学策略选用的影响因素

(1)教学目标。教学目标不同,所选用的教学策略也会有所不同。如:有关西周分封制和宗法制这一内容的教学目标,如果是"了解基本内容",则运用讲解的策略或阅读指导策略比较合适;如果是"通过该内容的教学,学生进一步掌握利用史料分析历史问题的方法",则首选史料教学策略;如果是"体会中国古代政治智慧",则宜用情感激发策略。

(2)学习者实际。学习者的年龄阶段、起点能力、需要等都会影响教学策略选用的

---

① 李稚勇.中英美中学历史课史料教学比较研究.上海师范大学学报(哲学社会科学版),2012(2):125-136.
② 王英姿.中学历史教学关注社会现实的几种策略.中小学教材教学,2005(8):3-8.

实效,教学策略的选用必须切合学生的实际。

(3)教师特征。每个教师在选用教学策略时都需要考虑自己的优势能力、性格特点等方面的因素,扬长避短,选择最适合自己的教学策略。

(4)教学环境。教学中的物理环境和心理环境都会在一定程度上制约教学策略的选用。

(5)教学内容。一般而言,教学策略要与教学内容相适应。

总之,没有一种教学策略在任何教学情景下都会取得同等效果。在实际的教学中,选用教学策略要综合考虑教学目标、学生实际、教师特征、教学环境及教学内容等多种因素。

五、教学环境分析

教学环境是贯穿于教学过程中的影响教师教和学生学的各种条件或因素的总称。教学设计需创设最有利于学习发生并取得良好成效的教学环境。

一般将教学环境大致分为物理(物质)环境和心理环境;也有研究者将它分为实体性环境和功能性环境。实体性环境包括教室、宿舍、校园、家庭、社区等,功能性环境包括生理文化环境、心理文化环境、物质文化环境、交往文化环境、符号文化环境和活动文化环境等六类。[①] 这里根据教学设计的需要,从物质和心理两个层面上对教学环境予以分析。

1.物质环境分析

物质教学环境是由学校内部各种物质要素所构成的"硬环境",是学校教学活动赖以进行的物质基础。其核心是教室环境。

(1)教室物理环境。教室的物理环境是教学活动开展的基础环境,主要由空间大小、物理形状、采光照明、装饰布置等要素构成。教学设计要特别注意与教室环境相适应。

(2)教学设备。这里的教学设备指各种与具体教学活动直接相关的教学条件,如黑板、多媒体设备、图书资料、直观教具等。教学设备不仅以其完善程度制约和影响教学活动的内容和水平;而且影响教学活动参与者的心理和行为。

(3)教学组织形式。教学组织形式主要涉及教学活动的时间安排和空间布局。在时间安排方面,教学设计重点需考虑传统的班级授课制下,怎样充分利用有限的课堂时间达到教学最优;同时合理组织活动,缓解学习者因久坐而产生的疲劳感。在空间布局上,注意根据教学活动及学习者需要灵活调整空间布局,建立融班级教学、小组教学和个别教学于一体的教学组织环境。

总之,在物质环境方面,教学设计需充分考虑学习者的可见度、教师行动区的最大化、与学习活动一致性的教室装饰,尽量避免分心因素等。

[①] 黄甫全.当代教学环境的实质与类型新探:文化哲学的分析.西北师大学报(社会科学版),2002(5):31—36.

2.心理环境分析

心理环境指课堂内师生之间的各种心理因素相互作用而形成的特殊环境。心理环境的分析重点包括三方面：

(1)分析课堂情境中，师生所特有的个体和群体心理特征，如思维水平、智能特点、气质性格等，他们会相互影响，或者形成合力，或者相互耗散。

(2)分析人际交往环境。人际环境是课堂上影响力最大的心理因素，直接关系着学习者的学习情绪、归宿感、集体凝聚力、课堂活力等。理想的课堂教学人际环境是平等、友好、情绪饱满，能让环境中的人都感到安全、被接纳、受尊重。良好交往环境的建立取决于师生在课堂上能否相互承认并尊重每个人在课堂上的生命存在价值及有共同认可的课堂规范。

(3)分析教与学相互信任和支持的气氛。信任是课堂上良好师生关系、生生关系建立的灵丹妙药。学习者对教师的充分信任是建立课堂师生支持关系的重要条件；而教师对学习者的信任则能最大程度地激发学习者的潜能。教学设计中给学习者独立解决问题的机会，相信他们带入课堂的探索动机、已有知能，能够帮助他们独立完成某些学习任务。

总体而言，在教学环境问题上，教学设计一方面要切合实际环境，另一方面，也要通过设计创造支持性的物质环境和积极、安全的心理环境。

> **【学者观点】** 日本研究者龟田蕙治关于学生参与度与记忆关系研究结果：教师满堂灌，学生只能记住5％；学生自己阅读，能记住10％；使用图像，学生能记住20％；演示试验，学生能记住30％；课后讨论，学生能记住50％；演讲后，让学生练习，学生可以记住5％；而学生互教、互学、在做中学，能记住90％的内容。

六、教学评价分析

作为教学设计反馈系统的教学评价，是指对教学设计合理性、有效性的评判，其目的在于改进后续的教学活动和学习活动，完善教学设计，实现对教学的价值引导。

1.教学评价的维度分析

教学评价的维度主要有三个：

(1)教师教的维度。该维度重点关注教师的教是否适合学习者认知水平和初始水平，是否能满足学习者发展的需要。在具体的评价指标上涉及教师对学科知识的把握程度、对学习者的了解程度、教学方法运用技巧、启发学习者思考并调动参与互动的情况、教学资源利用的有效性、教学时间的充分利用情况、师生关系等。

(2)学习者学的维度。该维度的评价内容包括：学习者在教学过程中是否表现出强烈的学习动机——愿学；对学习活动是否充满兴趣且积极参与到教学过程中——乐学；能够独立解决问题——学会。总之，课堂教学是否有效关键看学生的积极性是否调动起来,是否在积极地思考,教师是否强化学生自主学习,让学生成为课堂的主角,把空间和时间留给学生,让学生活动。①

(3)教学交互环境。该维度重点评价三方面表现:其一是教师能否创设出真实的教学情境,让学习者面对真实问题;其二,教师能否充分利用好课堂上的物质资源,扬长避短;其三,课堂心理环境是否是积极的、相互支持的。

2.教学评价应注意的主要问题

为充分发挥教学评价促进教学发展的价值,应注意:

(1)评价指标突出针对性,即针对不同的评价目标、课堂类型设计评价指标。

(2)重视质性评价,避免将评价等同于给出量化分数,并依据分数判断教学优劣。

(3)评价取向上强调"以学论教",将教学评价的目光从关注"教得怎么样",转向关注"学得怎么样"。

(4)评价标准开放。课堂是最生动活泼的生态系统,变化是其常态。因此,提倡教学评价中树立标准开放的观念,为课堂生成留下更多空间。

【异域采风】 来自美国的一份课堂观察表

表1-5 美国斯克内克塔迪高中(Schenectady High School)课堂观课表②

序号	项目	内容
1	环顾教室。	教室是如何布置的? 课堂上有对所学内容的展示吗? 有学生作品的展示吗?
2	课堂内有何规定?	
3	课堂内有何常规惯例?	
4	学生是如何进入或离开课堂的?	课前或课后学生是如何从一个教室转换到另一个教室的?
5	教师是如何维持课堂纪律的?	规定及其结果: a.口头规定　　b.非口头规定
6	勾画一幅师生、生生关系图。	
7	学生如何发问?	
8	勾画一张课堂上教师行动图。	
9	观察教师的提问技巧。	提问男生/女生 提问教室一侧的学生 提问教室前/后排的学生 开放性问题 封闭性问题
10	教师如何进行正面评价或负面评价?	

---

① 余艺文.美国教师课堂教学评价.课程・教材・教法,2003(11):71—74.
② 王虎林.中美课堂观课表的异同.人民教育,2010(19):44—46.

(续表)

序号	项目	内容
11	课堂构成。	导入 与已学知识的联系 知识呈现 指导练习 独立练习 学习评估 学习结束 学习拓展
12	课堂上教师使用了什么材料和设备？	教师从何处获得材料？ 你能使用哪些材料和设备？
13	师生有哪些教材可以使用？	
14	教师如何保持学生的注意力？	课堂上学生的参与度如何？ a.公开反应　　b.隐蔽反应
15	教师如何保证所有学生的成功？	
16	观察教师的肢体语言。	
17	课堂上教师是如何使用幽默的？	

第三节　当前中学历史教学设计中的问题分析

随着理论研究的深入和课改的推进，教学设计理念日益广泛贯穿到中学历史教师的教学实践中。与此同时，值得关注、研讨的问题也多了起来。

本节主要选择五个问题探讨：历史教学设计的逻辑起点、历史教学设计的价值取向、设计中的预设与生成关系、历史教学情境创设的争议、历史教学设计中的教材观念。

一、中学历史教学设计的逻辑起点：教材？学生？教学目标？

教学设计必须考虑"基于……"的问题，即设计的逻辑起点问题。在教学设计的逻辑起点问题上，主要有三种观点：有研究者认为"学生的发展应该是教学设计的出发点和最终归宿"[1]；也有研究者明确提出以教学目标作为教学设计的起点[2]；而在实践操作层面上，不少教师是以教科书作为设计逻辑起点的。

---

[1] 王承吉.关于历史教学设计创新的思考.天津师范大学学报(基础教育版),2001(4):41—42,54.
[2] 叶海龙.逆向教学设计简论.当代教育科学,2011(4):23—26.

(一)教学设计中三种逻辑起点的简单比较

不同逻辑起点的教学设计,其理念和追求是很不相同的。

表 1-6　不同逻辑起点的教学设计理念

比较项	教材	学生	教学目标
理论基础	认知主义、行为主义	人本主义、建构主义	掌握学习理论
中心要素	教材中心	学生中心、活动中心	结果中心
设计重点	对教材的解读	创设意义,建构情景	学习目标
教学过程	完成基于教材解读的教学内容	在教师启发引导下,学生建构事物意义	围绕目标组织教学,评价目标达成度
隐含理念	教教材即可预设教学	学生的需要、情感、现有水平是最重要的	预设目标、预设活动,即可达到预期结果

可以用以下示意图表达上述三种逻辑起点:

★以教材为教学设计逻辑起点:

解读、分析教材 → 组织教学内容 → 形成教案

★以学生为教学设计逻辑起点:

分析学生需要、现有水平、情感 → 明确学生现状与教学问题之间的联系 → 设计学习情景,形成教学思路

★以教学目标为教学设计逻辑起点:

明确学习目标 → 确定预期目标的具体表现 → 选择内容 安排活动 设计评价

图 1-3　三种逻辑起点的教学设计示意图

图 1-3 和表 1-6 直观反映了不同逻辑起点的教学设计所体现的教材观、学生观、知识观都有很大区别,教学设计重点也各不相同,蕴含的教学理念更是不同。

(二)应然起点与实然起点的教学设计

教学设计的逻辑起点在"应该"与"实际"之间存在差异。

1.应然起点层面

从教育的育人本质追求及课改强调的学习者主体性来看,教学设计的逻辑起点毫无疑问应该是学习者。

首先,教育不是机械灌输知识,而是引导学习者的综合发展——育人。

其次,就教与学的关系而言,一切的教都是为了学。对教什么、怎么教的回答要建立在对学习者已知什么、应知什么、未知什么等问题的追问上。

第三,影响学习效果的关键因素是学习者主体性作用的发挥情况,教学方法的设

计要最大程度地尊重学习者的主体性,激发其学习的主动性、积极性、创造性。

第四,现代学习理论及实践经验告诉我们,知识并不是简单的、直接传递的客观经验,而是学习者独立发现、利用已有经验建构的。

第五,在谋求个性与社会性的发展中,学习者同时肩负起社会发展的需要,从而实现教育教学的社会功能。

因此,教学设计应立足于学习者的现有水平、学习需要和学习情感。教学目标的落脚点在学习者的发展上;而教材只是实现目标的资源,不应该是设计的起点。

2.实然起点层面

然而,从教学实践来看,以教材为教学设计起点的老师不在少数。有统计显示(代洁《初中历史课堂教学现状分析及对策研究——以岳麓区为例》2008),80%左右的30岁以下青年教师的教案照搬教参。确实,不少老师在设计一课的教学时,首先想到的就是三个资料:教科书、教学参考书——许多新老师把它当作不二法则、其他老师的教学设计。而很少首先考虑学习者的情况。曾有老师总结备课经验时,说到为准备一节课查看了50多份别人做的PPT,但只字未提学情分析。这样设计出来的课在很大程度上是老师自我表演而已。

一份优秀的教学设计应该是为学习者设计的:各部分都透着对学习者的真正关注。

二、中学历史教学设计的价值取向:知识?能力?情感?

知识取向的教学设计突出掌握基本知识的重要性:清晰呈现知识体系、帮助记忆基本史料、创设情景理解知识。能力取向教学设计的重点在于运用史料教学、问题教学等方法,促进学习者的能力发展。情感取向教学设计侧重于两方面情感:一是对学习者进行情感态度价值观的引导,二是指激发积极的学习情感,乐于投入学习情境中。

【案例1-7】《鸦片战争》(人教版必修一)导课的不同设计

设计一:(复习旧课)第一单元我们学习了中国古代的政治制度。请问,中国古代最重要的政治制度是什么?有何特点?(生:专制主义中央集权制度。根植于小农经济,保守、落后)这一制度在明清时期发展到顶峰。专制主义中央集权制度对中国社会发展产生了什么影响?(生:既有利于多民族国家的巩固,也阻碍中国近代化历程,中国远远落后于世界)接下来我们跳到第三单元的内容,第三单元的主要内容是什么?(生:资本主义政治制度的建立和扩展)马克思说,侵略扩张是一切资本的生存原则。为什么马克思会有这样的观点?这些西方资本主义国家对外采取了什么样的政策?(生:扩张争夺殖民地、掠夺财富)

请同学们设想,一种内敛的、保守的、日益衰落的文明与一种新生的、侵略扩张的文明相遇会怎样……

设计二:提起中国近代史,同学们首先想到的词语是什么?(侵略、屈辱、落后、灾难……)是啊,中国近代史首先是一部屈辱史、一部中国人民的苦难史。曾经创造了辉煌文明的中华民族、四大发明的故乡,在近代却固步自封,因循守旧,从而给了到处扩张掠夺的西方侵略者可乘之机。中国的领土被占领,中国人民被屠杀,中国的财富被劫掠。鸦片战争正是这一切灾难的开始,不屈的抗争和艰难的近代化探索也由此开始。

今天,我们将在初中学习的基础上,再次走进中华民族这段艰难的反侵略、求民主的历程中,去感受近代中国的跌宕命运,去探索救亡图存之道。这一切从鸦片战争开始。

【案例评析】 上述两个导课设计体现了不同的价值取向。设计一是典型的知识取向,设计者在引导学生复习巩固旧知识的同时,从古今中外联系的整体层面上为学习鸦片战争的背景作了准备。设计二侧重于情感取向,引导学生与时代共鸣,既感受屈辱的痛苦,还产生奋发的使命感。这两种取向的设计各有千秋。

中学历史教学设计应持什么样的价值取向呢?下述两种观点供参考。

1. 总体上讲,应兼顾知识、能力、情感三者

课程标准要求中学历史教学要同时实现知识与能力、过程与方法、情感态度价值观三维目标,且三维目标有机统一,相互渗透。情感态度价值观的培育素材总是蕴藏在具体的历史知识中;能力是在学习者运用知识解决问题的过程中发展起来的;而在掌握知识、提高能力的过程中,如果学习者没有情感态度价值观方面的成长,历史教育即是失败的教育。

课程标准的三维目标要求决定了教学设计必须兼顾知识、能力、情感三种取向:既重视知识掌握,也重视能力培养,还关注学习情感及价值观成长。当教学设计兼顾了三种取向时,我们就看到了历史教学中真善美的统一。

2. 兼顾三者的同时,又有所侧重

兼顾三者并不意味着每课教学设计都要平均用力。不同课文内容对中学生的教育侧重点可能有所不同。有些内容具有强烈的情感色彩,如"抗日战争";有些内容比较理性,情感色彩弱一些,如"资本主义制度在欧洲大陆的扩展"。因此,教学设计应根据课文内容特点,在价值取向上各有侧重。

课标"内容标准"的表述在一定程度上体现了教学设计取向的侧重点。如,有关抗日战争的内容,课标规定"列举侵华日军的罪行,简述中国军民抗日斗争的主要史实,理解全民族团结抗战的重要性,探讨抗日战争胜利在中国反抗外来侵略斗争中的历史地位。"四项要求表达了四方面的情感:牢记血的历史、体会不屈的牺牲精神、坚持民族团结、感受雪洗耻辱的尊严与自豪。为此,教学设计中需重视借助图片、影视资料等引导学习者的情感体验。再如,"资本主义制度在欧洲大陆的扩展"的课标规定是"知道法兰西第三共和国宪法和《德意志帝国宪法》的主要内容,比较德意志帝国君主立宪制与法国共和制的异同。"两项要求表达的主要是知识层面的学习要求。所以在本课的教学设计中,侧重点是对两国代议制民主建立的基本史实的准确理解掌握,为此,教学设计会大量引用宪法原文来帮助学习者理解。

毫无疑问,教学设计中价值取向应兼顾三者又有所侧重。但教学实践中的顾此失彼现象并不鲜见,且所"顾"之"此"一般都是知识,即侧重于知识教学以应对考试,随着考试越来越注重学科能力,能力培养也日益引起重视,而情感培育要求常常被束之高阁。

三、中学历史教学设计的追求：预设与生成平衡

【案例1-8】 八年级《一国两制与祖国统一》(八年级下)教学片断

师：为什么在新中国成立时，我们没有能够收回香港，直到1997年才成功收回呢？你认为原因是什么？

生1：改革开放后中国实力增强了。

生2：因为到1997年，英国的租期满了。（一些学生哄笑）

师：还有其他原因吗？

生3：因为制定了一国两制的正确方针。

师：（认为学生已基本回答出她想要的答案）我们总结一下，中国能在1997年成功收回香港主要有两个原因：一是中国国力的增强；二是制定了一国两制的正确方针。

【案例评析】 案例中，老师给出了一个半开放的问题，但却预设了封闭的答案。老师直接忽视了学生2的预设外声音及其他学生的哄笑。仔细想想，学生2的回答也不无道理，而且通过关于租期的答案，可以看到该学生贯通的知识结构，值得表扬。可以设想，如果教师能够进一步引导学生联系历史和现实思考"租期到了，但如果没有祖国的发展强大，结果又会是怎样"这样的问题，教育的价值将远远超过给出两条"正确"答案。

该案例直指中学历史教学设计中的一个重要问题：教学设计应当是完满的预设，还是留下空间鼓励生成？教学设计如何在生成与预设之间寻求平衡支点？

1. 教学设计的精心预设反映了课堂教学的规范要求

预设是中学历史教学设计的基本规定，这是由学校教学所具有的目的性、计划性、指导性特点所决定的。为保证有计划地实施教学、达到培养目标，保证教师指导的有序展开，教学设计应尽可能预先确定目标、确定内容、确定方法。另外，预设也体现了"教学设计"概念的内在规定性："教学设计"所强调的正是事前的系统计划和安排。

"凡事预则立，不预则废"，预设保证了课堂教学的有序、规范展开。所以说预设是必要的。教学设计中，有效的预设必须解决两个问题：

第一，课堂教学的哪些要素需要预设？一般来说，教师对学习者的期待（暗含于教学目标中）、教学的基本环节、教学的基本内容、教学媒体等，都有必要进行预设。

第二，课堂教学的哪些因素无法预设？学习者的课堂反应不应预设。学习者是有主观能动性的个体，教师根本不可能真正预设他们面对教师准备的教学将要做出的反应。如果老师坚持以预设限制学习者，其结果只会是让他们放弃独立思考，专注于猜想老师想要的反应。

2. 教学设计及实施关注生成、为生成留有余地，体现课堂的交流本质

课堂上，教师和学生都是主体，有各自的思想、情感、个性特征；而教学本质上是一种交流互动过程，思想的碰撞、智慧的获得产生于开放交流的环境中；课堂教学的现场

性很强,学习者的状态、条件随时在发生变化,疑惑随时可能产生,教学因此需要随机调整,以满足学习的需要。另外,根据建构主义知识观、学习观(参见第一节),不可能预设知识给学习者,作为老师要做的事情应该是为他们创设有利于生成的情景。

为促进课堂上的"生成",应注意:

第一,备课时为生成留下空间。通常的做法是在深入分析学情的基础上,通过预设开放性问题,为学习者的课堂生成提供切入点。

【案例1-9】 "新航路开辟背景"教学设计片断:

师(出示今天的世界地图及15世纪前欧洲人绘制的世界地图)并设问:这两幅地图有何不同?(这个问题很简单,是个封闭性的问题,学生观察地图,即可给出答案。)

师追问:为什么15世纪前欧洲人眼里的世界与我们眼里的世界有如此大的区别呢?

生(猜答):可能当时欧洲人并不知道有些地方的存在。

师再追问:当时的中国人对世界的认识会不会比他们好一点?在古代中国人心中,世界又是什么样的?

生:(学生在教师启发下将中国人天圆地方的宇宙观、天朝上国的世界观和丝绸之路等知识结合在一起,对问题做出了比较深入的认识。)

教师讲述并再设问:无论中外,古代人们对世界的认识都有限,主要是因为缺乏沟通交流。为什么古代不同地域的人们缺乏交流?(教师同时出示五大文明分布图)

生:(大多数学生认为是山川阻隔因而交通不便;有学生反对,提出是因为交通技术落后而致交通不便——这是一个不错的观点;还有学生对老师的说法产生疑惑:明明有陆上和海上丝绸之路贯通东西,为什么还说缺乏交流呢?)

【案例评析】 在该案例中,教师的一再追问在一定程度上体现了以开放的问题启发课堂生成。"古代中国人心中世界又是什么样的"之问,既拓宽了学习者的眼界,也启发了他们的对世界观念的思考。而问题"为什么古代不同地域的人们缺乏交流",更是打开了学习者思维的闸门,课堂充满朝气和灵气。

第二,关注课堂上的"不同"声音。课堂是千变万化的,学生是生动活泼的。老师预设的问题、答案或陈述常常遭到"少数"学生的挑战,发出"不同"的声音表达与众不同的见解。这往往就是课堂生成的良好契机。老师切不可因为怕影响教学进度或因为学生的观点超出了自己的意料而置之不理。

为了充分说明这个问题,我们再举一例。

【案例1-10】 《美国独立战争》教学片断①:

某老师讲授《美国独立战争》一课时,要求学生论证:"美国独立战争在性质上,既是一场民族独立战争,又是一场资产阶级革命"。有一位同学出乎意料地提出了一个与传统观点相悖的观点:这场战争只是一场民族解放战争,不具有资产阶级革命的性质。一石激起千层浪,老师原定的教学计划被打乱了。老师意识到这正是课堂生成的

---

① 聂幼犁.历史课程与教学论.杭州:江浙教育出版社,2003:180(有删改).

一个良好契机,用好了有利于培养学生的史学思辨能力。于是,老师停下了原来的设计,说:"这个同学的观点很大胆,而且十分新颖。但是,你仅仅给出了一个结论,如果你能够进一步用事实来支撑你的观点,才称得上有力。同学们如果认为他的观点有道理,也可以帮助他一起来完成观点的论证。"至此,课堂教学调整成了专题讨论。同学们踊跃发言,表达观点。"个别"同学的问题变成了全班同学的问题。老师最后又对如何分析和判断一场革命的性质这样的理论问题,从方法论层面上进行了拓展教学。

【案例评析】 面对这样的"个别"声音,老师可能有三种选择:一是不置可否;二是老师直接接招,举证说服他接受"双重性质"的传统观点;三是就此展开讨论,真正理解美国独立战争的性质问题。实践中,一些老师会选择第一种方法,大多数老师选择第二种方法,因为它既不影响教学进度,又让这个学生得出了"正确"的观点,还加深了其他学生有关该问题的认识,但却错过了一次发展思维的机会。

当然,也并不是每个学生在课堂上发出的不同声音都需要停下原来的教学计划而展开讨论的。教师要学会判断这个"不同"声音的意图与价值。

3.有效的课堂是预设与生成的有机统一

预设是必要的,生成是重要的,中学历史教学应该是预设与生成的有机统一。为此需注意以下问题:

问题1:课前预设太满,不给生成留下任何的空间——这是最常见的问题。不仅设计了尽可能全面的教学目标及严谨丰富的教学内容,甚至精心设计了各个环节及学生活动的详细时间、表达方式、表情手势等。常见于说课稿中的精确时间预计即是典型例子。

问题2:课堂上担心让学生去想、去说、去争论会影响教学进度,于是一味地根据预设好的内容展开教学,只要求学生记录记忆,对学生提出的问题充耳不闻。

问题3:教师授课思维受预设限制,缺乏变通。如:有老师在讲"五十六个民族是一家"(八年级)时,出示中国民族分布示意图并设问"我国少数民族分布有何特点"(预设答案"大杂居,小聚居")。然而,学生却不这样回答,而是给出了这样的答案:主要分布在西部边疆地区、比较落后等。老师对这些答案一直不置可否,后来直接告诉学生"大杂居,小聚居"。其实,仔细想想,八年级学生的答案又何尝没有道理呢?

问题4:为生成而生成,课堂显得随意且零碎,缺乏主线。课堂教学中的生成应当是水到渠成、自然而然产生的,合情、合理、有效。判断合情、合理、有效的标准是有目标、有方向、有教师的价值引导,应提升课程与教学目标,促进学习者的长远发展。

总之,教学是一种有计划、有目标的活动,但这个活动绝不是可以按照既定的程序、规则、步骤按部就班展开的活动。新的历史课堂既需要预设的完善,又追求生成的精彩。

四、中学历史教学设计中的情景创设问题

任何教学活动都需要创设情景。历史学科因其过去性特点而尤其强调为学习者创设有利于历史想象、理解的情景。课改以来,历史教学情景(尤其是虚拟情景、假设

情景)的创设备受教师和研究者青睐:雅典民主政治中的"帕帕迪"、近代社会经济生活中的"二毛"、大跃进中的"阿牛"、与近代中国民族资本主义发展同沉浮的"张振国"等等,纷纷进入历史课堂,对此,有人高度肯定,有人深刻批判。其实,因为所站的角度不同,肯定与批判都有道理:前者指向教学形式问题,后者指向内容严谨问题。由于确实存在教学形式上的贴近学生有利学习优势及学术问题上的不够严谨问题,所以这个争议还会继续下去。作为教师,应谨记:创设虚拟情景既可能成为你教学设计的一个亮点,也可能成为败笔,这取决于你怎么去把握让"虚"的形式不害"实"的内容。

【案例 1-11】 《美国联邦政府的建立》教学中的一个尴尬情景

某老师在介绍了 1787 年《美利坚合众国宪法》的基本内容后,设计了这样的一个教学情景:

教师设问:假如你是弗吉尼亚州的议员,你如何评价"1787 年宪法"。

学生:面面相觑,纷纷摇头。

【案例评析】 让学习者站在弗吉尼亚州议员的位置上评价 1787 年宪法,肯定说不出所以然来。因为对学习者来说,第一,他们可能不清楚弗吉尼亚州有什么特殊要求;第二,他们也可能不清楚作为议员应有什么样的立场;第三,课堂上并没有全面展示 1787 年宪法内容——如果没有对 1787 年宪法全部内容的了解,又怎么知道它对弗吉尼亚州有利还是无利。所以,虽然历史教学中的假设式情景有利于让学习者深入历史,体验历史关头人们所感、所想、所做,但如果未充分考虑学习者的实际,则难免苦心东流。

(一)历史教学情景的类型

根据教学活动形式的不同,可以将历史教学情景分为:

真实参与式历史教学情景:学习者在现实时空环境中参与其中的教学情景。如走进社会认识改革开放成就、历史博物馆考察等。这种教学情景是特点就是"真实":时空真实、内容真实、过程真实。

想象参与式历史教学情景:这种情景要求学习者依据所学史实进行充分的联想,以多方面理解历史,其典型形式就是"假设"。这一类的情景在教学设计中很普遍。如"假如你是一个导游,接待了一个日本旅游团,他们中有人否认南京大屠杀,你怎么反驳他",在这样的教学情景中,学生既要有效利用已有的历史知识,还要充分发挥想象力。

角色扮演式历史教学情景:角色扮演时不时出现在历史课堂上,成为历史教学情景设计的一道风景。如表演张骞第一次出使西域、商鞅舌战旧贵族、邓小平与撒切尔夫人的谈判交锋等等。角色扮演能够带来活跃的课堂气氛,使学习者在比较轻松愉快的气氛中获取知识,培养情感、态度、价值观。

"再现"式历史教学情景:一般利用多种文字或影音图片资料再现某个重要的历史片断。如罗列罗斯福的履历让学习者初步了解罗斯福其人;用香港回归时的视频资料来感受激动人心的一刻。学习者要善于从情景中提取关键信息展开思考,并获得情感体验。

虚拟故事式历史教学情景:即用虚构的人物、情节编织历史故事展示真实的历史

过程。其特点是：主人公虚构，但涉及的历史场景却是真实的。学习者需要在听故事过程中，找出重要的历史信息。这种历史教学情景很有创意，但有风险，学习者极容易混淆真假。

联系现实创设历史教学情景：这是一种试图沟通历史与现实、实现知识迁移的教学情景。如学完美国联邦制下的权力分配特点后，教师提出：现在奥巴马想通过一项提高富人财产税的政策来缩小贫富差距，请同学们结合学过的知识回答：奥巴马能如愿以偿吗？他要怎样做才能让这个政策获得通过？

> 【学者观点】 关于教学情景的类型，还有其他一些观点。余文森将教学情境归纳为四类。一是借助新旧知识和观念的关系创设教学情境；二是借助实物和图像创设教学情境；三是借助问题创设教学情境；四是借助背景创设教学情境。①冯一下提出历史教学情景包括三类：现实的历史教学情景、虚拟的历史教学情景、亦实亦虚的历史教学情景。②

（二）设计历史教学情景的几点建议

第一，区分历史情景和历史教学情景。历史情景指具体历史场合的情形或景象，不能被"创造"或"创设"，但可以依据相关史料、借助一定的历史想象"再现"或"复原"。历史教学情景则是教师为提高历史教学效率而创设的教学条件和氛围，是一种现时的课堂活动情景。然而，由于历史教学情景创设的基本追求是"再现"历史情景，所以有时候很难严格区分是历史情景还历史教学情景。但须谨记：历史情景不能创造，只能创造性地运用某种方法去"再现"。

第二，历史教学情景的创设切不可损害科学性。教学情景的科学性包括两方面的内容：一是历史教学情景中所涉及的历史情景科学。历史情景科学的底线是"真实"。如果没有历史情景的真实，历史教学情景就失去了意义。二是方法科学。方法科学强调情景创设应有利于学习者学习兴趣的激发、思维能力的发展和知识的掌握。提倡用学习者喜闻乐见的方式创设情景。但这并等于可以随心所欲编故事，造"史料"。考虑到中学生的辨别能力有限及学科能力培养的要求，教师还是应尽可能利用真实史料创设情景。

第三，设计教学情景需有利于教学目标的达成。教学目标是创设历史教学情景的指挥棒，如果要致力于培养学习者的材料解读能力，则需多选用真实材料创设情景；如果是为了以生动形象的方式帮助学生掌握基础知识，当然可以运用虚拟故事来创设情境；如果想培养学习者的历史思维、批判性思维，则不妨运用假设情景精心设计问题，并辅以丰富的史料。

第四，设计虚拟情景要有历史感。此处的历史感侧重于历史特色，具体表现为语言表述运用专业术语、情景体现时代特色（反映背景）、内容反映历史真实。教学情景创设避免单纯迎合学生的兴趣，或者只追求感官体验，而弱化甚至忽视历史特色。如

---

①余文森.有价值的教学情境什么样.新课程研究，2007(4)：70.
②冯一下.历史情景与历史教学.历史教学，2010(7)：31—35.

某老师在讲南宋的民族关系时,大量选用电视剧《天龙八部》中的剧照,学生虽然很喜欢,但确实没什么历史感,是一个失败的情景创设。

> **【延伸阅读】 关于历史教学情景创设的争论**
>
> 历史教学中虚拟情景的热闹氛围是从"帕帕迪"开始的,先是肯定者多,群起效仿者多。大概在2009年前后,质疑声音多了起来。
>
> 帕帕迪是夏辉辉老师为帮助学生理解雅典民主政治而"创造"的人物。帕帕迪被"创造"出来后,很快在历史教学界变得家喻户晓。在帕帕迪走进众多课堂的同时,争议也来了。
>
> 有老师说:"雅典城邦的民主政治"一课所讲述的历史,年代久远,概念生疏,学生原有的相关知识储备极为匮乏,没想到一个小小的"帕帕迪"似有四两拨千斤之力,所有艰涩生疏的概念都随着"帕帕迪的一天"得到了解读。
>
> 有老师说:我觉得这种探索是积极的,并不是违背历史乱虚拟,仔细研读会发现创设的情境是建立在特定的真实历史背景之下的,激活了课堂,激活了历史。所以,这里的"虚拟"前提应该就是真实。
>
> 有老师说:依据"帕帕迪开会去"故事来完成对雅典民主政治的评价这一难点内容的教学,虽然有助于生动形象地理解历史,但却有"人造史料"之嫌。
>
> 关于历史教学的情景创设争议,建议进一步阅读下列所列文章。
>
> 郭秀平《历史教学能用"人造史料"吗?》,《历史教学》,2009年1期
>
> 田占军等《也谈历史教学中的"人造史料"问题》,《中学历史教学》,2009年4期
>
> 冯一下《把虚构的"历史人物"请出历史课堂》,《中学历史教学》,2009年7期
>
> 梁明《"虚拟情景"应遵从历史认识规律》,《历史教学》,2009年11期。
>
> 刘晓庆《帕帕迪是希腊公民吗——对历史教学中情景创设的几点思考》,《中学历史教学参考》2009年4期
>
> 冯一下《历史情景与历史教学》,《历史教学》,2010年4期。
>
> 陈志刚等《从一则案例谈历史虚拟情景教学的设计要求》,《中学历史教学》2010年9期。
>
> 夏辉辉《历史教学中的想象与虚拟——从雅典农民"帕帕迪"说开去》,《中学历史教学参考》,2010年6期。

【问题探究】 课程改革以来,随着帕帕迪、二毛、阿牛、辛普森等一批杜撰的历史人物登堂入室,进入历史课堂,关于历史教学中情景创设(主要是虚拟情景)问题即在学界引起很大争议,至今仍无定论。请谈谈你的看法。

五、中学历史教学设计的教材观问题

这里所说的教材是狭义的教材,即指教科书。教学设计中应将教材摆放在什么位置?课改后有多个版本的教材,依据哪个版本设计教学呢?课改要求教师同时是课程的开发者,如果你只能按照教科书教书,怎么体现开发者呢?诸如此类的问题都直指教师的教材观。

【案例1-13】 高中三个版本中的"新航路开辟"内容

课标:概述迪亚士、哥伦布开辟新航路的史实,认识地理大发现对世界市场形成的意义。

人教、人民、岳麓三个版本的内容构成是:

标题及子目	人教版	人民版	岳麓版
课文标题	开辟新航路	开辟文明交往的航线	新航路的开辟
第一子目	东方的诱惑。实际上介绍了新航路开辟的原因(欧洲商品经济发展、东方财富诱惑、传统商路受阻、传播天主教的需要)和条件(航海技术、科学知识、王室支持等)。	文明的分散。简要介绍了农耕文明时代,在亚洲、非洲、欧洲形成的五大文明区域,强调五大文明相对独立,封闭发展。	东方的诱惑。与人教版相似,就是介绍新航路开辟背景(原因和条件)。但在具体内容上有所不同,如,有关传统商路受阻的内容,人教版突出土耳其兴起的影响,而岳麓版则强调西欧人对与东方进行转口贸易的不满,希望打开直接交流的通道。岳麓版还特别突出了基督教会传教是欧洲人向外扩张的一个重要动力。
第二子目	新航路的开辟。主要讲了迪亚士、哥伦布、麦哲伦三个航海家开辟新航路、发现新大陆的过程,重点是前两人。	资本主义经济的萌生。该部分用近一个版面概述西欧资本主义萌生的条件及过程(新航路开辟的根本原因)。	开辟新航路。主要按照支持国的顺序概述了迪亚士、达·伽马、哥伦布、麦哲伦四个航海家开辟新航路、发现新世界的过程。哥伦布略详。
第三子目	走向会合的世界。该内容从地理大发现、西欧社会的大变革(商业革命)、世界市场等三方面分析了开辟航路的影响。突出世界的交汇融合。	文明的链接。该子目是本课重点,用两个版面讲了两个问题:其一是新航路开辟的直接原因——土耳其阻断传统商路;其二是新航路开辟的四点影响。另外课文用一幅地图呈现了新航路开辟的大致过程。	世界市场的初步形成。教材主要围绕"世界市场初步形成"这一中心分析新航路开辟的影响,包括贸易中心的转移、各大洲之间的物品交流、三角贸易等。另外,特别强调了它对西欧资本主义发展的影响。

【案例评析】 同样的内容,三个版本取材侧重点很不一样。人民版用了一半篇幅讲文明的孤立状态及新航路开辟的根本动因——西欧资本主义的萌生,但对课标所要求的新航路开辟过程只用一张图带过,而侧重于分析影响。人教版与岳麓版的子目标题比较一致,但具体内容的选择却有很大差别。问题就来了:教师的教学设计要依据哪个版本的呢?这个现实的问题也要求教师必须重新认识教材——树立新的教材观。不过案例中显而易见的事实却在实际的课堂上常常被老师忽视:依据教材设计教学的做法仍然比较普遍地存在着。为此,提出以下建议。

1. 树立大教材观

大教材观认为：教材是一个系统工程，包括文字印刷教材、电子音像教材、实物教材等一系列供教师和学习者使用的教学材料。

文字印刷教材既包括通常意义上的历史教科书及配套用书、各种历史文献资料及当代的历史著述、历史读物，甚至于涉及历史题材的小说、诗歌、剧本等文学作品。其中核心教材是历史教科书。

电子音像教材是指现代视听媒体所承载的教学材料，如：录音、录像、影视、计算机软件、网络信息等。电子音像教材有助于"再现"已过去的历史情景，为历史学习提供一个接近真实的环境。

实物教材是指文物、模型、历史仿制品等以实物形式出现的教学材料。其中文物类的材料一般不易找到，但学校、教师、学生可以开发、制造文物仿制品、历史过程的模型等。

大教材观的指导下的教学设计，要求综合开发和利用各种资源，丰富课堂教学。

2. "用"教材教学习者学历史，而不是学习历史教材（此处教材指教科书）

"用"教材教学习者学习历史有两层意思：一是教材仅仅是我们借用来了解、理解历史的一种工具或资源而已，并不就是我们需要学习的历史知识本身。二是鉴于我国中学实际，教材仍然是我们要凭借的最重要工具或资源，因为一方面学习者手里缺乏其他工具或资源，只能借助教材；另一方面，教材毕竟是课程专家与学科专家精心编制出来的，它应当是各种资源中信度、效度相对最优的。但这并不是说教材内容就完全合理、正确。

就"用"教材教学习者学历史而言，教学设计中要避免两种极端做法：一种是唯教材是从，忠实依据教材设计教学。二是有些老师担心被扣上"照本宣科"的帽子，于是抛弃教材，信马由缰地讲，甚至将教科书批得一无是处。结果，学习者上课像听评书，听时很高兴，听完了就什么都忘了。更为重要的是，许多中学生读的第一本正规史书恐怕就是历史教科书了，而如果这本教科书在你的眼里是那么的不屑一顾，那他们又怎么办呢？

3. 新教材观下，课程标准是教学的基本依据

教师转变教材观的同时，必须树立以课程标准作为教学基本依据的观念。我国课程标准体现的是国家对历史教育的基本要求，是教材编写、教师教学的基本依据。

教学设计中，如何处理教科书与课程标准的关系呢？第一，教科书是依据课程标准编写的，可以成为教学的基本工具。但由于课程标准本身有弹性，教科书的编写者对课程标准的解读可能有些差异、在知识选择上可能各有所长，因此，不同版本的教科书在体现课标上各有所长，也难免各有不足。所以，教科书可以作为教学的工具但不能作为基本依据。第二，教学设计的基本依据只能是课程标准。如果失去了课程标准这个依据，教学就可能漫无限制，自出心裁，失去章法。第三，教师教学设计时须有课标意识：研究课标，将课标与教科书紧密结合，努力实现课标要求。

课程改革要求教师不仅要转变学生观,还要转变教材观。然而,这两个"观"都太难转变了,尤其是教材观。至今,教科书仍然有着特别神圣的地位:国家重视——未经批准的教科书不能进入课堂;老师重视——没有教科书,老师不知道还能怎么教;学生重视——复习时全靠它;考试重视——老师们常常抱怨考试"超纲",其实是超教科书的知识范围。

思考练习

1. 怎样理解教学设计的实质?
2. 学习理论对教学设计的影响主要表现在哪些方面?
3. 传播理论对中学历史教学设计有何指导意义?
4. 怎么理解学习者的需要?历史教学设计如何兼顾多方面的需要?
5. 怎样进行教学目标分析?试举例说明。
6. 怎么理解"教学内容分析应既依据教科书,又超越教科书"?
7. 为什么中学历史课堂既需要预设,也需要生成?
8. 为什么说教学设计的逻辑起点应该是学习者?
9. 如何理解中学历史教学设计的不同价值取向?
10. 说说你对"用教材教"与"教教材"两种观念的看法。

实践操作

根据初、高中生的心理发展特点,以"祖国统一大业"为例,说一说初中、高中的教学设计各应侧重什么?

参考书目

1. R.M.加涅.教学设计原理(第五版).王小明等(译).上海:华东师范大学出版社,2007年.
2. [新加坡]陈允成.教育心理学.上海:上海人民出版社,2007年.
3. 张奇.学习理论.武汉:湖北教育出版社,2011年.
4. 何成刚等.历史教学设计.上海:华东师范大学出版社,2009年.
5. 赵亚夫.历史课堂的有效教学.北京:北京师范大学出版社,2007年.
6. 聂幼犁.历史课程与教学论.杭州:浙江教育出版社,2003年.
7. 周才方.中学历史课程与教学论.长春:东北师范大学出版社,2006年.
8. 宾华.中学历史课堂教学设计研究.长春:长春出版社,2012年.

第二章 史学理论与教学设计

学习导言：

"是希腊的地理环境决定了雅典政治的民主取向吗？"

"可以以文学作品作为材料认识历史吗？"

"有些版本的历史教科书中回避了五种社会形态的提法，教学中要涉及吗？"

……

我们的教学常常需要面对诸如此类的困惑。

1995年美国的詹姆斯·洛温写了一本畅销不衰的书《老师的谎言——美国历史教科书中的错误》，认为美国课堂上使用的教科书都充斥着错误的信息和短视的见解。有论者提出，它关系到的正是史学理论问题。2006年，上海新版教科书引起了史学界对中学历史教科书社会历史观的广泛讨论和争鸣。

上述话题围绕一个中心：中学历史教学所秉持的史学理论是什么？本章即对此略作探讨。

学习目标：

1. 了解"历史"及"历史学"的不同概念界定及其对历史教学的影响。

2. 理解中学历史教学中涉及的多种历史观，认识唯物史观的指导地位与其他史观的多元视角之间的关系。

3. 理解指导历史教学的基本史学方法论，能在教学设计中综合运用多种史学方法。

4. 能以一课为例，分析其中所蕴含的史学理论。

第一节　史学理论概述

对历史学本身的性质进行批判性的考察，即所谓史学理论。[①] 也可以简单地将史学理论视为关于历史学研究的基本理论和方法。

史学理论著述卷帙浩繁，本文无意尽行涉及，只根据中学历史教学实际，撷取历史与历史学概念阐释、历史观问题、历史方法论等相关内容略述。

一、关于历史与历史学的概念

（一）"历史"释义

"历史"（History）是一个多义词，而"历史是什么"则是一个宏大的课题。因此，本处不求完整呈现有关"历史"的阐释，为说明问题并理解后续问题，仅枚举一二。

在西方，多数语境中的"历史"一词源自古希腊的历史学家希罗多德的《历史》（Historia）一书，原意有"考察、探究"之意。

《现代汉语词典》（第 6 版）对"历史"一词的释义有四条：一是指自然界和人类社会的发展过程，也指某种事物的发展过程和个人的经历；二是指过去的事实；三是指过去事实的记载；四是指历史学。

《大英百科全书》（1880 年版）："历史"一词在使用中有两种完全不同的含义：第一，指构成人类往事的事件和行动；第二，指对此种往事的记述及其研究模式。前者是实际发生的事情，后者是对发生的事件进行的研究和描述。

近代史学家梁启超说："史者何？记述人类社会赓续活动之体相，校其总成绩，求得其因果关系，以为现代一般人活动之资鉴也。"

德国史学家兰克说：历史是曾经真正发生过的事。所以，史学最重要的方法就是弄清史料的真实性、可靠性，以弄清史料中所记载的历史事实的本来面目。[②]

马克思说：历史不过是追求着自己目的的人的活动。[③]

也有学者提出，通常所说的"历史"实际上有三层含义：一是指人类过去的经历，二是指述说过去经历的历史书，三是指把人类过去经历作为研究对象的历史学。[④]

以上有关"历史"的概念界定，东西方在词源上有差异：中国古代的"史"侧重指"事"；拉丁化的希腊语用 Historia 则有"考察、探究"之意。而近代各国所使用的"历史"一词，则无疑具有双重含义：过去发生的事、对过去事件的记述。

"过去发生的事"与"对过去事件的记述"二者之间既是二位一体的关系，但又有所

[①] 朱本源.历史学理论与方法（序一）.北京：人民出版社，2012：7.
[②] 朱本源.历史学理论与方法.北京：人民出版社，2012：4.
[③] 马克思恩格斯全集.北京：人民出版社，1957：118.
[④] 庞卓恒等.史学概论.北京：高等教育出版社，2009：16.

区别。"过去发生的事"是客观存在的,但不可重演或再现,必须借助"记述"而留存、流传;对过去的事的"记述"总难免掺杂记述者的主观色彩(如个人情感好恶、专业功底、所秉持的史观等),这使得"所记述的过去的事"并不一定等于"过去的事"。

何兆武先生甚至坦言:历史本无所谓"本来的面貌",而只有人们所理解的面貌。① 所以,不能把史书等同于历史,史书既可能在不同程度上反映历史的真相,也可能在不同程度上有意或无意歪曲历史真相。这是我们理解"历史"这个概念时,务必要谨记的。

【人物介绍】 利奥波德·冯·兰克(Leopold von Ranke)是19世纪德国最重要的历史学家,也是西方近代史学的重要奠基者之一,被誉为"近代史学之父"。他主张研究历史必须基于客观地搜集研读档案资料之后,如实地呈现历史的原貌,他的这种史学主张,被称作"兰克史学",对后来东西方史学都有重大的影响。因为兰克希望历史非仅止于史料之搜集,更须借助系统科学方法,详加考定整理,因此又有"科学的历史之父"之称;又因兰克治史强调客观与材料,以致他的史学被称为"史学方法论"。兰克成名极早,在处女作《拉丁与条顿民族史》时即一鸣惊人,但此书多为二手资料。此后,兰克写作大量使用档案等原始史料,还大叹"资料无限而人生苦短"。

(二)"历史学"释义

通俗地讲,历史学就是按照一定的历史观,利用历史资料,研究过去的客观历史过程,并用语言文字或图像把它表示出来的一门学问。然而,由于对研究方法、研究理念、研究价值的理解不同,历史学研究者对历史学的定义也有所不同。最大的争议在于:历史学是科学还是艺术?

坚持历史学是科学的典型代表是兰克、古朗士、柯林武德等人。兰克首先强调用"史料批判法"科学地研究历史,弄清其本来面目;古郎士提出:历史学不是过去所发生的一切事件的积聚,它是关于人类社会的科学。柯林武德说:历史学是关于过去事件的科学,即试图回答人类在过去的所作所为的问题。② 此外,历史唯物主义更是将历史学视为探寻人类社会发展运动规律的科学。

科学的内在价值追求是"求真",搞清楚事实是怎样的,发现其原理、规则、规律等。而历史学正是以其独有的研究法及对事实、原理、因果关系的揭示而显示出其科学性。

认为历史学更接近于艺术的典型代表是意大利历史哲学家克罗齐,他在《纳入一般的艺术概念中的历史》一文中,旗帜鲜明地主张:历史(学)是艺术的一个分支,不是科学,因为历史是凭借当下的兴趣靠直觉去把握现象的。另外,英国史学家屈威廉宣称把历史女神克丽奥作为文艺女神缪斯来保卫,认为历史学并不是一种科学的演绎,而是一种对于最可能的概括的想象的猜测,历史应当"培养激情"。③

---

① 朱本源.历史学理论与方法(序一).北京:人民出版社,2012:7.
② [英]柯林武德.历史的观念.何兆武等译.北京:商务印书馆,1997:37.
③ 田汝康等.现代西方史学流派文选[C].上海:上海人民出版社,1982:9.

艺术的价值在求善求美。历史学在通过考证、逻辑推理将过去的事实呈现于面前的同时,也在传递着历史中人的心灵、人的精神,充满人文之善、之美。

此外,还要介绍一个比较特别的观点。法国的安托万·普罗斯特提出:历史学,乃是历史学家的所作所为。被称之为"历史学"的这门学科并不是一种永恒不变的实质,不是柏拉图式的理念。它本身也是一个历史事实,换言之,历史学处于时间和空间之中,它由那些自称是而且也被承认是历史学家的人们所负载,被各界公众作为历史学来接受……这意味着历史学首先是一种社会实践,然后才如它以为的那样(在某种程度上也的确)是一门具有科学性的学科。①

罗列上述概念,是因为作为历史教师,我们所持有的关于历史及历史学的概念解释无疑会折射到课堂上,成为课堂教学的基本指导思想。

【问题探究】 "历史"和"历史学"概念的不同理解对历史教学有何启示?

二、关于历史观

(一)什么是历史观

历史观也称社会历史观,是人们对历史基本的、较系统的看法。它是史学理论中最核心、最根本的部分。② 可以说,有什么样的历史观就会有什么样的历史认识和实践活动。对同一历史现象的认识会因历史观的不同而大相径庭。如,对于近代西方对东方的侵略,西方话语体系下的文明史观将它誉为"欧洲是一位博施女神,他正站在马车上把文明之光分送给非洲、亚洲和美洲"③,而马克思在谈到有关西方对东方殖民的双重作用中,特别强调其建设作用只是一种客观效果;而饱受侵略灾难的人民无论如何都无法将侵略者视为"女神"。

> 【学者观点】 另有学者提出,历史观决不仅仅是如何看待历史、如何看待历史事件和人物的具体问题。有什么样的历史观,就会有什么样的价值观。对历史人物、历史现象、历史事件的褒贬,直接影响到对当今所发生的相关人物、现象和事件的价值判断。所以说,历史观是一个民族、一个时代、一个国家价值观念的集中体现。我们的历史观所涉及的是国家意识形态建设的根本问题,是社会主义核心价值体系建设的根本问题。④

历史观问题既是历史认识的问题,也是哲学研究的问题。在史学层面上,它的核心任务是评判历史的价值,揭示历史发展运动的规律;在哲学层面上,它反映了社会存在与社会意识的关系问题,并表现为唯物主义和唯心主义的分野。

---

① [法]安托万·普罗斯.历史学十二讲.王春华译.北京:北京大学出版社,2012:13.
② 李云峰.历史观、方法论与西安事变实证研究.西北大学学报(哲学社会科学版),2001(2):109—113.
③ 吴健,张伯里.帝国殖民主义存在进步性吗——评翁贝托·梅洛蒂的殖民主义作用"好坏"论.理论学刊,1986(4):18—24.
④ 李捷.我们需要什么样的历史观.高校理论战线,2008(10):6—8.

(二)主要历史观概述

1.历史观的演进历程:从天命—神权史观到唯物史观

(1)天命—神权史观:把人类社会历史的一切现象及其变化的终极原因都归结为天命或神灵意志。如:中国古代社会王朝更迭以"受天命"的名义而突显其合法性,各种反抗力量都会打出"替天行道"的旗号。西方世界则突出神权:他们将上帝视为决定人类全部社会历史进程的主宰。天命—神权史观一般存在于古代社会,产生根源是生产力的落后以及封建依附关系下统治阶层维护统治的需要。

(2)人性—理性史观:15世纪前后,随着新生产方式的出现,文艺复兴、宗教改革对神权的挑战,历史观也相应地发生了根本性变化,即把人类的历史进程归结为人性、理性从低级向高级不断升扬的过程。然而,由于找不到人性升扬的最终动力,最后又只有将人类社会历史发展演变的动力归因于上帝。

(3)唯物史观:唯物史观是19世纪中期,随着马克思、恩格斯对社会历史发展的基本规律、根本原因和动力的揭示而确立的。恩格斯说:"人们首先必须吃、喝、住、穿,然后才能从事政治、科学、艺术、宗教等等;所以,直接的物质生活资料的生产,从而一个民族或一个时代的一定的经济发展阶段,便构成基础。人们的国家设施、法的观点、艺术以至宗教观念,就是从这个基础上发展起来的,因而,也必须由这个基础来解释。"① 可见,唯物史观认为,决定人类历史发展演变的终极原因或动力就是人类基于生活基本需要的物质生产实践活动和与之相应的物质生产实践能力,它推动人类的社会交往方式和整个社会形态从低级向高级发展,这正是而人类社会发展的根本规律。

从天命—神权史观到唯物史观,人类对自己历史发展进程的认识一步步走向科学。唯物史观终于揭示了人类历史发展的最终动力。

2.当前的几种历史观简介

(1)唯物史观。"唯物史观是关于现实的人及其发展的科学"。② 关于唯物史观,前文已有介绍。这里还需强调的是:第一,唯物史观是科学的社会历史观,是认识、改造社会的一般方法论。第二,马克思在《政治经济学批判·序言》中阐述了唯物史观的基本原理③,即:生产力决定生产关系,经济基础决定上层建筑,同时生产关系对生产力、上层建筑对经济基础又具有反作用;社会存在决定社会意识,社会意识又能动地反作用于社会存在;社会历史是客观的合乎规律的辩证发展过程,生产力与生产关系的矛盾是推动社会发展的根本动力,其中生产力是社会发展的最初源泉;阶级斗争是阶级社会发展的直接动力;人民群众是推动历史发展的主要力量。第三,马克思关于社会形态演变的观点是基于欧洲社会的历史和现实考察的结果,马克思并没有说任何地区任何国家的社会发展都必须依次经历五种社会形态,要正确看待世界历史发展本质

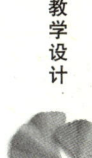

---

① 马克思恩格斯选集(第3卷).北京:人民出版社,1995:776.
② 马克思恩格斯选集(第3卷).北京:人民出版社,1995:241.
③ 马克思恩格斯选集(第2卷).北京:人民出版社,1995:32—33.

上的一致性与不同国家和民族历史发展的具体表现的差异性。

(2)唯心史观。前述的天命—神权史观及人性史观都属于唯心史观的范畴,是一种倾向于将社会现象及其发展的终极原因归结为精神因素的社会历史观。唯心史观从社会意识决定社会存在的基本点出发,把人们的思想动机、杰出人物的主观意志或某种超自然的力量看作是社会历史发展的根本原因。

> 【学者观点】 有研究者结合改革开放以来国内历史研究状况,总结了唯心史观十大表现[①]:第一,否定人类社会发展的客观规律性;第二,以历史发展的偶然性代替并否定历史发展的必然性;第三,历史循环论的重现;第四,贬低社会革命,抬高社会改良;第五,抬高资产阶级运动,贬低农民运动;第六,否定帝国主义入侵所造成的恶果,认为殖民地化能促进现代化;第七,贬低"五四"以来马克思主义的传播,否认中国共产党领导的长期革命斗争;第八,千方百计找反面人物的优点、英雄史观抬头;第九,民族文化虚无主义思想;第十,文化决定论。

(3)全球史观。全球史观也称为整体史观,是20世纪五六十年代欧美史学界在批判"欧洲中心论"的思潮中形成的一种新的历史观或者说史学流派。学界一般都把英国历史学家巴勒克拉夫作为当代"全球历史观"的首倡者和先行者,而美国历史学家斯塔夫里阿诺斯的两卷本《全球通史》则被视为全球史观的代表作。斯塔夫里阿诺斯在其《全球通史》中指出:"在今天这个世界上,传统的以西方为导向的历史观已不合时宜,且具有误导性。为了理解变化了的情况,我们需要一个新的全球视角。"[②]因此,把世界历史作为一个整体来考察是该书显著的特点。

全球历史观的观点主要有两点:一是强调世界各地区之间、地区内部之间是一个彼此联系的有机整体;二是强调整体与局部的关系。

(4)文明史观。文明史观也称为文明史研究范式,是研究历史的一种理论模式。创立者是德国历史学家斯宾格勒。他强调以文明视角来透视整个人类历史进程,阐释世界上多种文化产生、发展、鼎盛和衰亡的历史。随后,英国史学家汤因比的《历史研究》继承和发展了斯宾格勒的观念,揭示了历史上各种文明形态的起源、生长、衰落和解体的一般规律,最终确立了文明史观的历史哲学体系。

文明史观的核心观点是以文明演进、变迁的视角来研究人类社会的历史过程,把人类文明作为一个整体来看待,研究历史长河中各种文明的流动、发展、变化。

由于"文明至大且重,而且包罗人间一切事物,其范围之广是无边无际"[③],因此,文明史观下的历史研究遵循了不同的分类体系。如:以生产力发展为标准,将人类文明分为农业文明时代(包括新石器时代、青铜器时代、铁器时代)和工业文明时代(包括手工工场时代、蒸汽时代、电气时代及信息时代),这是最常见的分类体系;也可从活动领域出发,分别考察物质文明(经济文明史)、政治文明(制度文明史)、精神文明的发展

---

① 吕明灼.史学研究中唯心史观种种.山东社会科学,1990(4):71-74.
② [美]斯塔夫里阿诺斯.全球通史.吴象婴等译.北京:北京大学出版社,2011:9.
③ 赵乃章.论福泽谕吉的文明史观.哲学研究,1982(5):68-72.

演变历程;当然也可以以国别为对象展开研究。

(5)现代化史观。现代化史观即是主张用现代化视角来考察和分析历史。对现代化问题的关注首先是西方国家;在我国,北京大学罗荣渠教授首先提出现代化史观,并称它为"一元多线史观",其代表作是《现代化新论——世界与中国的现代化进程》。

> **【人物介绍】** 罗荣渠(1927~1996),中国著名历史学家,早年毕业于北大,治学领域广泛,著述宏富,其中尤以现代化、美洲史、世界近现代史、史学理论等学科的研究见长。其《扶桑国猜想与美洲的研究》一发表,即被公认为"脍炙人口,传世之作"。1986年,出于学术的责任感,想到处于现代化发展过程中的中国和东方,需要有适合自己的现代化理论,毅然放下尚未完稿的专著《美国历史与文明》,决定开拓一个新领域——现代化理论和现代化世界进程的研究,因此成为中国现代理论研究的先驱。要了解现代化理论,必须读罗荣渠。
>
> 代表作有《现代化新论》《现代化新论续篇》《美洲史论》《伟大的反法西斯战争》等。他学风之严谨,视角之广阔,逻辑之严密,探究之理性,堪称学术界的楷模。

现代化史观是针对特定的历史发展进程而提出来的,这个进程即是:"自工业革命以来现代生产力导致社会生产方式的大变革,引起世界经济加速发展和社会适应的大趋势。具体说,就是以现代工业、科学、技术革命为推动力,实现传统的农业社会向现代工业社会的大转变,使工业主义渗透到经济、政治、文化、思想各个领域并引起社会组织与社会行为深刻变革的过程"①,简单地说,现代化史观关注的是人类追寻现代化的历程,也就是我们通称的近现代史阶段。

现代化史观认为:现代化是近现代史的主题;现代化是人类社会由传统农业社会向现代工业社会的多层面同步转变的动态过程,社会生产力的发展是实现这种转变的根本动因,即"一元性";但不同社会的发展水平受复杂的自然因素与社会因素的影响而千差万别,可以归纳成为不同的发展道路,即"多线性"。

在近现代史的研究中,现代化史观与全球史观、文明史观存在交织重叠关系:正是在全球化背景下,人类探寻着现代化之路;生产力的进步也是文明史观关注的焦点。

以上五种史观并不是以同一个分类标准划分的。唯物史观与唯心史观居于指导位置,正如罗荣渠先生所言:现代化史观是以历史唯物主义的基本观点为指导的。因此,我们也将全球史观、文明史观、现代化史观视为唯物史观指导下的几种研究范式或研究视角。

【案例2-1】 不同时期关于中国近代史线索的基本观点(来源:教学大纲)

50年代:从鸦片战争到五四运动的历史,是外国侵略者和中国封建势力相结合,把中国社会变成半殖民地半封建的历史,是中国各族人民不断反抗外国侵略和本国封建势力的斗争的历史。

70年代:这一时期是旧民主主义革命时期,贯穿始终的基本线索是帝国主义和中

---

①罗荣渠.现代化新论——世界与中国的现代化进程·序.北京:北京大学出版社,1995:3.

国封建主义相结合,把中国变成半殖民地半封建的过程,也就是中国人民反抗帝国主义及其走狗的过程。

90年代末:中国近代史,是中国逐渐沦为半殖民地半封建的历史,也是中国人为改变这种屈辱地位前赴后继、不屈不挠斗争的历史;又是先进的中国人探索各种救国道路的历史。

今天,一般认为中国近代史的基本线索是两条:一条是列强的侵略与中国人民的反侵略斗争,一条是近代化的探索。

【案例评析】 中国近代史的基本线索80年代之前,就只有一条线索:反侵略反封建的斗争;90年代至今,提出两条线索:反侵略反封建及近代化的探索。这一变化反映了历史教学及研究中的历史观的变化:80年代前,将唯物史观等同于阶级斗争史观;90年代后,随着中国改革开放的深入,理论界全面认识唯物史观的内涵,同时提出应在唯物史观指导下多角度地认识历史,将唯心史观以外的其他几种史观也作为观察近代中国历史的重要视角。

【延伸阅读】 关于历史发展规律的一些争议

历史观要对历史发展的规律问题做出回答。那么,历史发展有规律吗?存在"必然的"因果联系吗?

一些唯心史观代表也坚持认为人类社会的发展是有规律的,他们相信人类社会的运动变化遵循着人性、理性或绝对精神所决定的规律。由于人性、理性、绝对精神的作用,所以,人类社会的后一种状态已由前一种状态所决定,正如莱布尼茨所言"现在孕育着未来"。

但现代非常著名的科学哲学家波普尔却不认为历史发展存在必然的因果规律。他在《历史决定论的贫困》一书序言中即提出:"地球上的生命进化或者人类社会的进化,只是一个单独的历史过程……任何规律……都必须由新的情况来检验。可是,如果我们永远只限于观察一个独一无二的过程,那我们就不能指望对普遍性的假说进行验证。"[1]这样,历史规律就成为一种妄言。在他看来,即便存在"历史序列前后相继的一致性",那也不能视为规律,而只是某种历史发展的趋势。

唯物史观坚持历史发展遵循着普遍的规律。恩格斯在《在马克思墓前的讲话》一文中说:"正像达尔文发现了有机界的发展规律一样,马克思发现了人类历史的发展规律",这就是马克思在《政治经济学批判·序言》中所说的:"人们在自己生活的社会生产中发生一定的、必然的、不以他们意志为转移的关系,即同他们的物质生产力的一定发展阶段相适应的生产关系"[2],也就是我们通常所说的生产力与生产关系、经济基础与上层建筑的矛盾运动推动人类社会从低级向高级发展的规律。

---

[1] 波普尔.历史决定论的贫困.杜汝楫等译.北京:华夏出版社,1987:85—86.
[2] 马克思恩格斯选集(第2卷).北京:人民出版社,1995:32.

三、史学方法论

史学方法论是对各种历史研究方法的规则、步骤和指导原则的性质、特点和适用范围等所做的理论阐释[①]，它需解决历史研究、认识中的两个问题：用什么方法、怎样用这些方法。

下面从中学历史教学的实际出发，简略介绍部分史学方法。

(一)一般思维方法：归纳与演绎

归纳和演绎是逻辑上相互矛盾的一对思维方法，是历史学研究的最一般性方法，渗透于其他具体方法中。

归纳法是指由众多的个别事实中归纳出一般性结论的方法；演绎法则是从一般性的结论(前提)出发，对个别的或具体的事实作出判断。归纳法和演绎法是逻辑推理的最基本形式。

【案例 2-2】 归纳与演绎实例

归纳法的运用事例：

个别事例：陈胜吴广起义被镇压了；朱元璋推翻皇帝后自己做了皇帝；李自成做了皇帝，但很快被清王朝取代；太平天国运动坚持斗争十四年，建立了政权，仍不免失败……

结论：中国农民起义的结局都是失败。

演绎法运用事例：

一般结论：中国历代农民起义都难免失败的命运：或者被镇压，或者成为别人改朝换代的工具，或者自己做皇帝。

个别事例：太平天国运动是一次农民起义。

结论：太平天国运动难免失败的命运。

【案例评析】 上述案例是归纳法和演绎法运用的一组简单例子。选择同样的内容是为了进一步说明归纳与演绎的关系。归纳与演绎密切相关：演绎推理的前提通常来自于归纳法；同时运用归纳法得出的结论也需通过演绎进行论证。

运用归纳法和演绎法需注意三点：

第一，归纳带有或然性——无论举出多少个实例，都很难保证已经穷尽了所有事例。

第二，演绎的前提要求应该是必然的，否则得出的结论就可能是错误的。为了解决演绎可能带有或然性的问题，应充分运用唯物史观对前提进行分析。

第三，运用归纳与演绎的关键是保证前提的正确性。如果前提是错误的，那么不管推论的过程有多严密，结果也是错误的。当然，推论不严密也会导致结论错误。

---

① 庞卓恒等.史学概论.北京：高等教育出版社，2009：230.

【案例2-3】 2012年高考题·北京卷

下列选项中,材料与结论之间的逻辑关系正确的是:

	材料	结论
A	罗马法规定,债务人无力还债时,债主有权将他卖为奴隶。	古罗马的高利贷者政治地位很高。
B	1801~1844年,英国伯明翰市人口从7.3万增加至20万人。	19世纪初英国的城市化进程发展迅速。
C	1860年,俄国的工厂中雇佣工人占61.4%。	当时资本主义的雇佣生产方式在俄国经济中占主导地位。
D	1910年,德国钢业联盟和铁业联盟的钢铁产量占全国总产量的98%。	当时德国已经出现了占垄断地位的企业组织。

【案例评析】 该题目所考察的正是学习者对隐含了大前提的演绎法的运用能力。学生最重要的任务是判断所隐含的大前提是否正确,推理与结论是必然还是或然,是全称判断还是部分判断。正确答案是D,其他选项或者大前提错误(A与B),或者概念范畴不等(C)。

所以,科学的逻辑推理(归纳与演绎)必须保证大前提正确,小前提与大前提的范畴一致,才可能获得正确的结论。

(二)史料运用方法

史料是人类在社会历史活动中遗留下来的种种痕迹,是帮助后人重构历史过程、解读历史的基本依据。历史研究和历史认识离不开史料。史料法是最基本的史学方法。

1.史料的搜集方法

人类社会实践活动留下的痕迹多如恒河之沙,该怎样去搜寻所需要的史料呢?

(1)搞清楚史料的构成。根据史料存在的形式的不同,将史料分为三类:实物史料、文献史料、口传史料。

(2)带着研究需要有目的地搜集史料。指在研究课题明确的情况下,根据课题需要有目的地去搜集史料。这是史料搜集中的常态。

(3)重视日常留心积累。指在日常的读书阅报交流中搜集、留存有用信息,以备用时之需。日常的这种史料搜集能够给我们有目的的系统搜集史料提供启发、引导。

(4)按图索骥,追踪搜集史料。指在搜集史料的过程中,从甲文献中发现乙文献,或者在注释文献中发现新文献,研究者即可依此追踪搜寻有关文献。

(5)调查访谈搜集史料。即通过调查访问历史事件的见证者或亲历者,以获取第一手的凭证。当然,通过调查访谈获得的第一手凭证需与其他途径搜集的史料相印证才有价值。

此外,注意充分利用今天便利的信息技术,拓宽搜集史料的渠道。

2.史料的整理

搜集获得的史料,一般都是零散的,并不能立即应用,还需要对其进行整理。一般来说,史料整理即是对搜集来的史料进行归类、整合。

(1)归类:归类的关键是分类标准。史料整理的一般分类标准有三个:一是根据性质,可分出第一手资料与第二手资料;正史、野史与小说家言。二是根据内容,可以分为政治、经济、思想文化等类;三是根据时间,分阶段按时间顺序整理资料,这样既方便利用,还可进行时间维度上的比较校勘。此外,根据研究的需要,还可确定其他分类标准。

(2)整合:主要是对搜集到的雷同甚至相同史料进行归纳统合、剔除多余等工作。

3.史料的鉴别

由于历史的过去性特点及史家记录历史的种种局限,使得史料真伪并存,甚至有互相矛盾、不合常理之处。因此,在运用史料之前,还需要对史料进行鉴别考证,去伪存真。

有关史料的鉴别包括史书的辨伪、史料的校勘、史事的考证等工作。本书基于中学历史教学设计的需要,主要论及史事的考证问题。

史事的考证主要就是对史事的真实性加以考证鉴别。其基本方法有:

(1)寻源法。一般来说,原始史料比经过二手、三手传抄的史料更为可信、可靠。因此,在史料选用上,应尽可能选择第一资料(原始记载)。

(2)反证法。也称为矛盾法,即搜集不同文献对同一史料的不同记载,以定是非。

(3)旁证法。依据"孤证不立"原则,任何历史论断(或史事)都必须有旁证支持。

(4)逻辑法。由于史籍亡佚而找不到其他史料来反证或旁证的情况下,也可以根据与该史事相关的时代的特点及其他资料,通过严谨的逻辑推理来论证史事的真实性。

总之,无论是历史研究还是历史教学,史事考证都是极严肃的事情,务必本着严谨、求真的态度,去伪存真,去粗取精。切忌望文生义、断章取义、牵强附会等不负责任的做法。

【案例2-4】 失严的考证[①]

虞云国在评袁腾飞的《历史是什么玩意儿》时有这么一段记述:"他说,李善长是'太子朱标的老师,要上法场开刀。马皇后就不干啊,因为那个马皇后是中国历史上的贤后嘛,她就不干。不干她就不吃饭,绝食。哭'。当太子朱标老师的是宋濂,《明史》本传说他'傅太子先后十余年'……《明史·李善长传》没说善长担任过太子师,其株连被杀在洪武二十三年(1390)。而据《明史》本传,马皇后死于洪武十五年,倘据袁著,八年后她还为李善长绝食求情,岂非白日见鬼。"

---

① 虞云国.对历史的轻佻与侮慢——评袁腾飞《历史是个什么玩意儿》.文汇报,2009年10月25日.

【案例评析】 选择此案例是因为在中学历史教学中,确实存在不少老师选用史料时疏于考证、望文生义等问题。如虞云国先生所言,如果我们以一种过于随意的态度对待史料、对待历史,则难免张冠李戴,甚至"白日见鬼"。

(三)历史比较法

历史比较法是指运用一定的理论和方法,对不同时间和空间条件下的历史现象进行比较对照,以考察其异同,分析其缘由,认识其本质,进而揭示出规律的历史研究方法。

1.历史比较法的类型

根据不同的分类标准可以将比较法分为不同的类型。这里依据时间范畴将历史的比较研究分为"共时比较"和"历时比较"。

"共时比较"也称横向比较,是指对同一时间段上的历史现象进行比较,意在考察某类历史现象在不同空间所表现出来的异同,并进一步探究存在异同的原因。需要注意的是,"共时比较"的前提是比较对象处于同一时间段或历史发展阶段、不同的空间环境中。

"历时比较"也称为纵向比较,指对历史现象在不同时间段上的异同进行比较,意在考察历史现象在不同时间段上的异同,进而探究历史现象发展演变的规律。

2.历史比较的基本步骤

历史比较法的实施步骤一般包括:

(1)确定比较主题,提出比较假设。明确两个问题:第一,通过比较想解决什么问题;第二,为什么需要通过比较的方法来解决该问题。

(2)研究比较双方(或多方)。该步也重点解决两个问题:第一,为什么它们可以进行比较(确定可比性);第二,从哪些方面进行比较(确定比较项)。

(3)综合比较异同。既要同中求异,也要注意异中求同。

(4)分析异同的因果关系,或从比较结果中总结规律。

(5)回到主题,验证假设。

3.运用历史比较法的要求

为保证历史比较能够有效探求异同,揭示规律,运用比较法需注意:

(1)以科学的历史观指导比较研究。

(2)对比较的各方要深入研究。

(3)比较需由表及里:避免单纯罗列现象,需透过现象看本质,分析因果关系,评价比较结果。

(4)注意可比性。一般来说,比较各方应具有共同的基础或重要联系。

(四)历史计量研究方法

历史计量研究方法一般称计量史学,是一种将数理统计法运用于历史学研究中的资料数据处理、分析,并寻求相应结论的历史研究方法。

1. 历史计量研究法的适用范围

计量研究法兴起之初,主要用在经济史研究领域,这与经济领域重视"用数字说话"的特点分不开,经济史中的经济结构比例、经济总量、土地与人口增减情况等都需要用翔实的数据来表达。目前,计量研究法已突破经济史领域,广泛运用于历史研究的各个领域。

2. 历史计量研究法的操作步骤

(1)确定对某种历史现象或历史过程的认识,用计量分析法优于质性的描述解释法。

(2)从文献资料中提取数据信息。

(3)将搜集到的各种数据材料公式化、符号化、图表化,备用。

(4)对数据进行整理、分析,并与其他材料相印证,得出结论。

3. 运用历史计量研究法的意义与局限性

(1)历史计量研究法的意义

第一,拓宽了史学研究和史料搜集的领域。许多以前很少用或很难用的史料进入研究者视野,如账簿、工资、人口变动记录等等。

第二,有助于历史定性描述由模糊走向确定。历史研究中较多运用"重大""绝大多数"等模糊词语表达程度,由于不同的人对这些词语的理解可能不一致,而易导致结论的误差。

第三,有助于研究者将研究视线从精英阶层转向普通大众,关注普通大众在历史进程中的作用。

最后,还借助先进的计算机技术,可以处理大量的传统史学无法处理的史料。

(2)局限性

尽管计量研究法有独特的优势,甚至有人断言,计量研究法会让历史学成为真正的科学,但事实上,计量研究法的局限性也同样明显:

第一,计量研究法只是一种数理统计方法的运用,它并不能克服原始资料本身的局限,所以,也就不能指望以确定的量化方法去框正史料本身的不准确问题。

第二,统计出来的数据提供建构历史认识的重要依据,但它既不能揭示历史全貌,也不能有效唤起人们对历史的想象力。

第三,虽然统计数据是客观的,但对数量的分析受制于研究者的分析能力、文化背景、历史观和方法论等主观因素影响。因此,计量方法并不能排除研究中的主观性。

此外，历史学作为一门人文科学，价值判断复杂，情感色彩深厚，这些都不能指望由纯粹的数据来说明。

(四)心理史学方法

心理史学方法即是运用心理学(主要是精神分析学派)原理、方法、手段，说明历史人物或者社会群体的行为，进而对相关历史现象和历史进程做出解释的一种研究方法。它起源于1910年弗洛伊德的《列奥纳多·达·芬奇及其对童年的一个记忆》，书中利用达·芬奇笔记中的一段童年记忆，分析达·芬奇一生的经历和成就。1958年，艾里克森的《青年路德——对精神分析与历史学的研究》，正式宣告心理史学方法跻身历史学研究的方法之列。

1.心理史学方法的一般步骤

(1)确定研究主题。

(2)搜集有关历史人物或群体行为的材料。其中，最重要的是成年以前的有关材料。因为精神分析学派认为，人在童年期的经历会伴随终身，并在一定程度上决定其未来成就。

(3)运用心理学的概念体系进行分析，探索行为背后的意识、情感、需要、动机等，试图揭示行为根源。

(4)关注人物或群体所处的社会历史文化背景，分析社会历史文化对心理的影响以及个体或群体行为所折射的社会历史文化因素。

2.心理史学方法的意义及局限

(1)重要价值。

第一，扩大了史料的选择与运用范围，开辟了史学研究的新途径。将童年经历、性格、情感、意识潜意识等被传统史学忽视的东西纳入研究范围，深入分析心理根源，这不仅扩展了历史研究的广度，更推动了历史研究向深度发展。

第二，人的行为总是受到某种思想或动机影响，要弄清楚事物的前因后果，就势必涉及人的心理。因此，对行为动机的考察有助于揭示历史事件发生、发展的根本原因。

(2)主要局限。

首先，心理史学方法建立在精神分析学派的理论之上，而精神分析理论又过于重视人的本能、童年经历等，以人的本能及童年经历去解释行为动机，难免得出错误结论。

其次，基于对童年经历考察的心理分析，或以历史人物的某种心理特征去解释人物的一切行为，难以令人信服。它只能部分地说明问题，而不是全部的认识。

(3)运用心理史学方法分析历史还可能导致不顾事实，随意解释历史的主观主义倾向。

要克服心理史学方法的局限，只能回到唯物史观的立场上来，以生活实践决定意识、社会存在决定社会意识来统领心理分析方法。

【案例 2-5】 关于马丁·路德宗教改革心理根源的分析

艾里克森认为,马丁·路德的宗教改革源于他童年的经历和青年的压抑。艾里克森推论,路德有一个专制、贪婪、欲望强烈的父亲和一个爱打人的母亲,而当时学校又盛行体罚。因此,路德从小就受到来自家庭和学校的压抑。唱诗活动中的昏厥和呼叫即是这种压抑的表现。为了摆脱压抑,他进入了宣扬善行、关爱的修道院。然而,修道院并非净土。这样,路德所感到的压抑越来越大,产生了强烈的逆反心理。路德的宗教改革就是他长期受压抑的逆反心理爆发的结果。而路德的思想之所以被接受,是因为当时欧洲成千上万的孩子面临同样的问题。所以路德是"为所有人解决单靠自己不能解决的问题","代表了一个运动中的社会的、经济的阶段"。

【案例评析】 该案例是典型的心理史学分析法的运用。艾里克森将马丁·路德宗教改革这一影响巨大的事件根源归结为压抑的家庭、压抑的社会所产生的压抑心理。艾里克森突破了弗洛伊德"本能决定论",关注到外在的社会文化因素对个人心理的影响。就心理分析史学方法而言,这是一个进步。但是,其分析缺陷也是明显的:一是心理分析并不能揭示因果必然性,而史学研究要探寻历史发展的一般规律;二是历史人物社会行为的心理分析的逻辑起点究竟应该是社会存在还是个人经历,值得思考。显然,路德改革的逻辑起点是 16 世纪欧洲社会的生产生活状况,而不是路德从小受到的家庭暴力。

第二节　中学历史教科书中的史学理论问题

就中学历史教科书而言,2006 年注定是不平静的一年。年初中山大学袁伟时教授的《现代化与历史教科书》(《中国青年报》2006 年 1 月 11 日)一文所引发的有关中学历史教科书争论风波尚未平息;紧接着的 9 月,上海的新版历史教科书又掀轩然大波,甚至北京七位著名的历史学家联袂加入了对该教科书的争论中(《几位历史学家评上海新版高中历史教科书》,社会科学情况通报,2006 年 10 月)。从根本上讲,两起事件涉及的都有一个如何运用史学理论指导教科书编写的问题。

教科书中有关史学理论问题的核心是指导教科书编写的历史观问题。因此,本节讨论的重点是教科书与历史观。

一、中学历史教科书的特殊性

(一)中学历史教科书不同于史学专著

中学历史教科书与史学专著的区别主要表现在三方面:

第一,内容要求不同。史学专著是作者就某一特定问题所做的系统、深入的论述,其内容要求建立在作者细致研究基础之上,观点成熟,史料论证充分,能成"一家之言",有学术参考价值。而中学历史教科书的内容是根据历史课程标准的要求,精选学

术界基本已成共识的内容,综合归纳而成的,它不能是"一家之言"。简单地说,史学专著追求的是不断探求真理,教科书则是将已有真理告诉学习者。

第二,阅读对象不同。史学专著的读者主要是从事史学研究的同行、其他需要了解学术研究动态的群体、爱好历史的大众。而中学历史教科书的读者就是中学生这个特殊群体。

第三,价值要求不同。史学专著的核心价值是"独创性",而中学历史教科书的核心价值则是"教育性"。

第四,编写制度不同。史学专著的编写、出版、发行是比较自由的。内容和体例由作者决定,是否出版由出版部门依据价值评估决定;而中学历史教科书的编写必须依据中学历史课程标准,经过教育部中小学教材审订委员会审订后方能出版发行。

(二)中学历史教科书不同于历史通俗读物

通俗读物也称普及性读物,它以通俗易懂的语言,精选内容编写成册,提供给非学科专业人群阅读,主要功能是普及某方面的知识,编写由有关知识产权保护的相关法规规范,出版发行由出版部门决定。因此,历史通俗读物虽然同教科书一样不追求内容的独创性,但它在具体内容的选择、编写制度、价值追求等方面都与中学历史教科书截然不同。编撰优秀的历史通俗读物可以作为教科书的补充,帮助学习者进一步扩展知识视野。

(三)中学历史教科书的特点

中学历史教科书具有以下特点:

(1)教育性:指教科书所发挥的有目的、有计划地对学习者的身心发展施加影响,达到培养目标的属性。教育性是历史教科书不同于其他历史读物的最重要特性。

(2)科学性:包括编撰指导思想科学、内容科学、结构科学。

(3)可教性。这里的可教性不是指"教历史教科书",而是指历史教科书是历史教师教历史的重要工具,有利于教师的教,发挥好工具的作用。

(4)可读性。可读性也可理解为可学性,是就学习者用教科书而言的。它强调历史教科书在语言运用、内容选择与表现形式、装帧设计等方面让学习者有兴趣读且能够读。

二、课程标准关于历史观的规定

课程标准是教科书编写的基本依据。讨论教科书中的历史观问题就需从课程标准的指导意见说起。

1.课程标准的相关规定

《义务教育历史课程标准(实验稿)》在"课程性质"部分明确提出:通过历史课程的学习……逐步学会用历史唯物主义观点分析问题、解决问题;增强爱国主义情感,继承和发扬中华民族的优秀文化传统,树立民族自尊心和自信心;初步形成正确的国际意识,理解和尊重其他国家和民族所创造的文明成果;学习和继承人类的传统美德,从人类社会历史发展的曲折历程中理解人生的价值和意义,逐渐形成正确的世界观、人生观和价值观。

《义务教育历史课程标准(2011版)》在"前言"即开宗明义:义务教育阶段的历史课程,是在唯物史观的指导下,弘扬以爱国主义为核心的民族精神和以改革创新为核心的时代精神,传承人类文明的优秀传统,使学生了解和认识人类社会的发展历程,更好地认识当代中国和当今世界。

《普通高中历史课程标准(实验)》"课程性质"部分开篇即言:普通高中历史课程,是用历史唯物主义观点阐释人类历史发展进程和规律,进一步培养和提高学生的历史意识、文化素质和人文素养,促进学生全面发展的一门基础课程……学会用马克思主义科学的历史观分析问题、解决问题。

2. 几点说明

课程标准在历史观方面对历史课程提出了下述要求:

第一,无论是初中还是高中的历史课程都必须坚持唯物史观的指导,用历史唯物主义观点阐释历史发展进程,揭示历史发展规律,分析问题、解决问题。

第二,高中课标还强调"多样性、多视角、多层次、多类型、多形式地为学生学习历史提供更多的选择空间""学会从不同角度认识历史发展中全局与局部的关系,辩证地认识历史与现实、中国与世界的内在联系;培养从不同视角发现、分析和解决问题的能力",这样的规定即提出了以多种角度或视野观察、认识历史的学习要求。

第三,根据现代社会的发展要求及课程标准的规定,中学历史课程所秉持的史观可以这样表述:在唯物史观统领下,能从不同角度或(或范式)认识人类社会历史发展的一般进程、特征和规律。

三、中学历史教科书中的历史观

考虑到高中阶段是人生观、世界观形成的最重要阶段,教科书及教学的导向将对此产生重要影响。所以这里有关教科书中历史观问题的讨论是略于初中而详于高中。

【问题探究】 有学者指出:用什么样的历史观、方法论来编写历史教科书是涉及培养什么人的大问题。你怎样理解这句话?

(一)坚持唯物史观的指导地位,全面理解唯物史观基本原理

1. 依据课程标准所编撰的教科书应充分体现唯物史观的指导地位

初中历史教科书(2001课标版)提取人类历史发展进程不同时期的发展主题,遵循历史发展的时序,比较全面同时又有重点地呈现了人类历史发展的全貌。

初中历史教科书在突出文明发展进程这一主线的背后,始终贯穿着唯物史观关于生产力与生产关系、经济基础与上层建筑矛盾运动的关系。以中国历史为例,不难从教科

书中找到这样的关系:打制工具下远古人类的集体平等生活、磨制工具下农业的发展与私有意识的出现、青铜工具与私有制及相应的社会制度的确立、铁犁牛耕时代到来与社会转型(封建生产关系的产生)、耕作工具及耕作方式的缓慢进步与小农意识下持久的集权政治、工业化时代与政治革命……生产力发展始终是带动历史前进的火车头。

高中历史教科书将人类社会历史发展中的政治、经济、思想文化领域置于同等重要的位置,并试图充分说明它们之间的决定与反作用关系。各版本教科书的前言中都或明或隐地强调了教科书编写的指导思想体现了唯物史观基本原理。

【案例 2-5】 岳麓版教科书"导读"中的唯物史观举例

必修一"导读":政治是经济的集中体现,与经济、文化密切相关。政治变革是社会历史发展多种因素共同作用的结果。先进的政治制度会促进经济的发展、文化的繁荣。而落后的政治制度则会破坏优秀的文化,成为生产力发展的桎梏。在几千年的文明史上,人类通过政治制度的确立、改革和不断完善,推动了社会的进步。

必修二"导读":经济活动是人类赖以生存和发展的基础,它与社会生活息息相关,并在社会政治、思想文化的发展中起作用。

必修三"导读":尽管思想文化的进步不像政治事件那样轰轰烈烈,不像经济发展那样引人注目,但是,人类创造历史的一切活动都离不开指导人们行动的思想意识。思想文化的进步不断激发人类创造出新的文明成就。政治、经济的发展变化影响了思想的创造和文化的繁荣,新思想、新文化又推动政治、经济的新一轮变动。

【案例评析】 导读内容体现全书编写思想和基本线索。观察以上导读,不难发现其中的史学观念:经济活动是人类赖以生存和发展的基础,正是人类社会的物质生产活动(经济),决定了人类政治制度的变革和思想文化的发展;而政治制度的优劣又反作用于经济和思想文化,或者成为经济发展的桎梏,或者成为推力。唯物史观关于社会存在决定社会意识,社会意识又能动地反作用于社会存在的原理在导读中也是显而易见的。

在教科书的具体内容中,也充分反映了唯物史观的指导地位。

唯物史观认为历史发展的根本动力是生产力,生产力的不断向前发展决定了历史发展总方向是进步的。这种观念反映到经济发展历程中就是由农业文明到工业文明的进步;反映到政治的发展历程中来,就是人类政治文明从专制、独裁走向民主、法制的历程;反映到思想文化领域就是由单一、孤立到多元化是其突出特征。

唯物史观认为社会存在决定社会意识,生产力决定生产关系、经济基础决定上层建筑。历史教科书为此加强了经济史的地位,明确了经济活动是人类赖以生存和发展的基础,在社会政治、思想文化的发展中起决定作用。

唯物史观强调人类历史发展的必然与偶然、一致与差异(共性与个性)的辩证统一关系。教科书即力图纵向勾勒出人类社会历史发展主线(必然趋势),同时也重视在人类历史不同阶段上所存在的偶然因素,这些偶然因素可能暂时阻碍历史进步,或者推动历史跨越式发展,但并不能改变历史发展的总趋势。如在太平天运动后期,洪仁玕提出的《资政新篇》,就历史发展趋势来讲,它是必然的产物,而就太平天国运动自身来讲,它是偶然经历的结晶,它代表前进的方向却不可能改变太平天国运动作为带有浓厚的旧式农民运动色彩的失败结局。在这里偶然与必然是辩证统一的,各版本的教科书在论及这个问题时,都体现了必然与偶然辩证统一的关系。

在横向上,体现出了历史发展的统一性和多样性的辩证统一。既突出不同地区社会历史发展的共性,又彰显东西方历史的发展道路的不同及其相互影响,如岳麓版经济卷中将苏联社会主义改革和资本主义经济调整的内容安排在一个单元,一方面突显不同社会制度下的各自改革特色;另一方面,社会主义经济改革对市场的重视和资本主义经济调整引入国家计划调控,就体现了历史发展的多样性与统一性的辩证统一观念。

2.中学历史教科书的改革体现了对唯物史观理解的发展

过去在相当长的时间里,对唯物史观的理解存在片面、狭隘问题:将唯物史观等同于阶级斗争史观、五种社会形态理论。相应地,在历史教科书中,也特别突出阶级斗争和五种社会形态更替的社会发展规律。20世纪90年代前的历史教科书,课文基本就是按五种社会形态的演变更替排列;同时用了较多篇幅书写阶级斗争史。

然而,马克思说过,他在《资本论》中所阐述的资本主义产生的"历史必然性明确只限于西欧各国"[①],也就是说,马克思并不认为社会形态更替理论是全人类历史发展的普遍规律。不同的民族在不同的生产生活条件下以不同方式从事物质生活的生产,必然出现不同的历史进程。课改后的历史教科书,不再一味突出阶级对立与斗争,不再突出五种社会形态中"原始社会""奴隶社会""封建社会"等标志性概念;而是尽可能全方位展示人类社会发展历史进程的全貌,认可在阶级社会里对立阶级在推动历史前进方面的作用。如关于洋务运动的内容重点关注它在推动中国近代化方面的历史地位,而不是它的阶级属性问题。

【**案例2-6**】 1956年至今中国古代史中农民起义内容量的变化(高中为主)

时间	各种起义
1956年(高中)	秦末农民起义、绿林赤眉起义、黄巾起义、巴氏流民起义、孙恩起义、北朝的北方人民起义、隋末农民战争、唐末农民战争、王小波李顺领导农民起义、方腊领导起义、宋江领导起义、钟相杨么领导的起义、金统治时期人民的不断起义、元末农民战争、明末农民战争。
1963年(中国古代史在初中开设)	"国人"驱逐周厉王、奴隶革命斗争、秦末农民战争、绿林赤眉起义、羌汉人民联合反抗压迫的斗争、黄巾起义、巴氏流民起义、孙恩起义、北朝的北方人民起义、隋末农民战争、唐末农民战争、王小波李顺领导农民起义、方腊起义、宋江起义、钟相杨么领导的起义、金后期人民起义、元末农民战争、明末农民战争、清朝前期各族人民的反抗斗争。
1978年(中国历史在初中开设)	商朝奴隶的反抗斗争、"国人"起义、春秋时期奴隶的革命斗争、秦末农民战争、绿林赤眉起义、羌汉人民联合反抗压迫的斗争、黄巾起义、巴氏流民起义、北朝的北方人民起义、隋末农民战争、唐末农民战争、王小波李顺领导农民起义、钟相杨么领导的起义、金后期人民起义、元末农民战争、明末农民战争、清朝前期各族人民的反抗斗争。

---

① 马克思恩格斯选集(第3卷).北京:人民出版社,1995:774.

(续表)

时间	各种起义
1986年（中国历史在初中开设）	国人暴动、秦末农民战争、绿林赤眉起义、羌汉人民联合反抗压迫的斗争、东汉末年黄巾起义、北朝的北方人民起义、隋末农民战争、唐末农民战争、王小波李顺起义、钟相杨幺起义、红巾起义、明末农民战争、清朝前期各族人民的反抗斗争。
2000年（高中）	秦末农民战争、黄巾起义、隋末农民起义、唐末农民战争、红巾起义、明末农民战争、清朝前期各族人民的反抗斗争。
课改后	初中只涉及秦末农民起义、高中必修课程中不再涉及农民起义的问题。

【案例评析】 由表可知，在20世纪80年代以前，农民起义在中学历史教科书中所占的重要地位。这样的内容安排体现了"阶级斗争是推动历史前进的根本动力"这一史学观念。另外，课改前历史教科书的各章一般都以社会形态的演进为标题。90年代开始，情况有所改变，但仍然突出各个朝代末期的农民起义，这就在实质上仍然坚持了阶级斗争的根本动力作用。课程改革后，根本上改变了这种状况，整个初高中的中国古代史教学中，只在初中以秦末农民起义为例说明阶级斗争在历史发展进程中也在一定程度上发挥了作用。

上述现象体现了历史教科书编写中对唯物史观更全面、准确的理解。不过，历史教科书不再涉及中国古代历史上确曾发生过、影响又极大的那些农民起义，是否恰当，还值得讨论。

(二)中学历史教科书中的新史观

1.以文明史的笔法展示人类追寻文明的历程

关于文明史笔法，有研究者提出，"一方面，一些'文明史写法'强调现代文明是如何传承演变而来的，强调文明发展过程中和现实社会联系密切以及对现实社会有持续影响的内容……另一方面，一些'文明史写法'是对传统通史体史书过于偏重政治史写法的纠偏"[1]，突破政治史的一统地位，全面展示人类创造的政治文明、物质文明、精神文明成果，这正是今天教科书的特色。

(1)"文明"笔法下中学历史教科书的编写体例变革。

"主题史或专题史是文明史编撰的一个比较适宜的形式。"[2]目前所使用的初、高中历史教科书都放弃了通史编写体例，而采用了主题（初中）和专题（高中）的体例，突出文明的演进历程。

初中历史教科书板块加主题的方式，在兼顾时序的同时，又突出了文明发展的特征。中国古代史板块以"中华文明的起源和发展"为基本内容和线索，以文明发展的典型特征构建学习主题，精选代表性文明成果构成具体学习内容；中国近代史板块突显

---

[1] 王世光."文明史写法"与中学历史教科书改革.教育学报 2009(2):79—85.
[2] 周春生.文明史概论.上海:上海教育出版社,2006:3.

两条主线,两条主线背后是西方文明对东方文明的掠夺、冲击;中国现代史板块以中国共产党领导的社会主义现代化建设为主线,反映中国人民追求现代文明的历程;世界史的三个板块则精选各个时期代表性文明成果引导学习者理解和尊重其他国家、民族所创造的文明成果,形成开放的国际视野。

高中教科书的三个必修模块分别体现了人类在政治领域、经济和社会生活领域、思想文化领域追寻文明的历程,六个选修模块的内容则是对必修模块的深化和补充。九个模块全方位呈现了人类文明的历史画卷。正如岳麓版教科书在必修(I)的前言中所说,"我们要在已有的历史脉络和整体的历史框架的背景下,分别深入思考人类政治文明、物质文明和精神文明的发展历程"。

(2)教科书的分期体现了文明史范式。

以文明史视角编写的新教科书,突破了五种社会形态的分期传统,代之以文明发展历程中的重要事件作为划分依据,将历史教科书内容分出不同时期。

如:初中中国古代史不再分为原始社会、奴隶社会、封建社会,而是根据文明发展的典型特征划分为七个时期:中华文明的起源、国家的产生和社会变革、统一国家的建立、政权分立与民族融合、繁荣与开放的社会、经济重心的南移和民族关系的发展、统一多民族国家的巩固和社会的危机。

再如,高中"政治文明"的发展历程大致分为专制集权时期、民主政治时期(西方还有一个古典民主时期);"物质文明"的发展历程分为三个时期:史前文明、农业文明和工业文明;有关精神文明的发展按古代、近代、现代、后现代划分阶段。

(3)在内容选择上,淡化意识形态,突显文明发展历程。

以高中历史教科书为例,做简要分析。

关于政治文明,教科书以政治制度创新与完善为核心,展示了政治文明从人治到法治、从专制到民主的发展历程。中国古代政治制度突出了中央集权制度的创立及走向成熟的过程,同时也明示了其在后期的不适应性;中国近现代政治文明的历程则是以反侵略、求民主为基本任务;现代中国政治制度突出了新中国的民主政治建设和国家统一大业。世界史的内容首先呈现了古典的雅典民主政治和罗马法律制度的恒久魅力及其深远影响,跳过黑暗的中世纪,重点关注了近代西方民主政治的确立历程。

关于物质文明,教科书基本按照从"农业文明"到"工业文明"的线索展示物质文明的发展历程。农业文明以中华民族的农耕文明为代表,反映了中华文明在古代物质文明史上的地位。近代物质文明则是以西方为代表,突出了工业革命所引领的工业文明历程,以及近代东西文明的交流、融合特点。同时突出了西方文明对东方农业文明的冲击。此外,普通民众的社会生活变迁进入历史教科书视野,成为文明发展历程的重要内容之一。

精神文明单独作为一个必修模块,比较系统全面地反映了人类思想文化、科学技术领域的发展成就和内容,体现了对精神文明发展成就的重视:占了高中必修课程的1/3。

【案例2-7】《共产党宣言》评述中的史观

原大纲本教科书:《共产党宣言》第一次较为完整系统地阐述了马克思主义的基本原理,阐明了社会发展的规律,断言资本主义最终必将被社会主义取代。同时,它还指

出了阶级斗争在阶级社会推动历史发展的重要作用,揭示了无产阶级的历史使命是用暴力推翻资产阶级统治,建立自己的统治,进而建设社会主义、共产主义。

课标本教科书(人教版):《共产党宣言》阐述了马克思主义的基本原理,阐明了社会发展的规律。它充分肯定了资本主义制度取代封建制度的进步作用;同时指出,随着生产力的发展,资本主义制度已经不能适应社会化大生产的需要。因此,资本主义必将被共产主义所取代。《共产党宣言》还明确指出阶级斗争在阶级社会中推动历史发展的重要作用,揭示了无产阶级的历史使命是用暴力推翻资产阶级的统治,建立无产阶级政权。它还号召全世界无产者联合进来。同资产阶级进行斗争。

【案例评析】 与大纲本教科书相比,课标本教科书强调了两点:一是资本主义取代封建主义是历史的进步,这是一种实事求是的唯物史观;二是突出生产力发展的作用——资本主义最终被共产主义取代,其根源是生产力的发展。从课标本教科书的内容中,不仅能看到《共产党宣言》是无产者获得自由解放的一篇战斗檄文;同时也能觅到工业文明的影踪:它是在看到工业文明所带来的种种问题的基础上,提出无产阶级的历史使命的。

此外,20世纪80年代以前的教科书中用于描述资本主义的屡见不鲜的"腐朽""垂死挣扎"等用语也都退出了教科书的话语体系。

2.以全球视野观察历史

以全球化视野观察历史,其重点:一是关注世界是一个整体,相互联系、交融;二是重视整体与局部的关系,在看似孤立、分散的历史现象之间发现联系。

高中历史教科书突显了审视人类社会历史发展进程的全球视野。

首先,根据人类历史发展纵横交错的特点,确定了高中历史学习内容"古今中外贯通"的原则,以便学习者"在某一特定的历史领域内,把握整体的关联性和连续性、整体与个体的时序性、个体与个体的差异性、某一特定历史领域的普遍性与特殊性,从而更为深刻地认识这一专门领域的历史发展线索和规律"。[①]

其次,课标本教科书根据课标要求,将人类历史作为整体看待,中外史混编。人民版教科书的中国史和世界史各自相对集中,先中国后世界。这样的编排有利于整体把握纵向线索。人教版教科书按时序和专题进行单元间的中外混编,特别关注了中外历史进程的相互影响。如必修(一)、必修(二)中的近代史内容,都一改"先中国后世界"的顺序,先写西方近代的政治文明和工业历程,再讲中国的反侵略求民主及近代化探索。这样的安排暗含了近代以来西方文明对东方世界的影响,体现了世界历史发展的整体性特点。岳麓版教科书的编排更注重中国历史发展与世界历史发展进程的关系,进行了单元内的混编。如必修(二)第二单元——"工业文明的崛起和对中国的冲击",即明确揭示了中外历史发展的关联性。

总之,中外史合编的历史教科书,充分体现了以全球视角整体把握历史发展进程的理念。

第三,增加了世界史内容的分量。我们用以下表格作一简单比较:

[①]历史课程标准研制组.普通高历史课程标准(实验)解读.南京:江苏教育出版社,2004:36.

表 2-1　大纲本与课标本历史教科书的世界史内容量比较(高中)

	性质	数量	时间维度	空间维度	知识领域
大纲本	选修	约占高中历史课程的占 1/3	近现代史	涵盖欧亚非拉美各大洲	政治史为主,两次世界大战及各国的独立或革命所占篇幅较大,其他内容是有限涉及
课标本(以人教版为例)	必修和选修	(限必修)24 个学习单元中,占 11 个单元,将近一半	贯通古今,但以近现代史为主	(限必修)根据对世界历史进程影响的大小,重点在欧亚美的部分国家	政治制度的革新、经济的成长、思想文化的发展占有同等重要的地位

表中未纳入选修内容。事实上,选修课中的世界史内容所占的比例更大一些。重视世界史的背后,是对树立国际视野、整体观念的追求。

第四,教科书的具体内容渗透"全球"观念、整体意识。课标本教科书在具体内容的选择、安排上试图从整体上来考察新航路开辟以后的世界政治经济文化发展历程。如岳麓版必修(二)第三单元——"各国经济体制的创新和调整",将以苏俄为代表的社会主义经济体制改革和以美国为代表的资本主义经济调整作为一个单元的内容,既揭示了两种意识形态下经济成长的个性,同时,也暗示了经济改革或调整中的相互借鉴、相互影响。

总之,随着全球化趋势的迅速发展,每个民族、每个人都卷入其中。历史教科书及历史教育则需要给学习者提供全球的视野,以便融入全球化的潮流。

【学者观点】　对于全球史观或全球化问题,有研究者表达了其担忧:全球化是西方文明价值观和西方利益的全球化,非西方的国家则被放逐在全球化的边缘。在此背景下出现的"全球史观",与其说它的产生与发展是和人类社会的全球化进程密切相关的,不如更为确切地说,它是为西方工业文明向全球拓展寻求理论支撑。"全球史观"所尊奉的神圣观念仍是所谓的"进步""科学""理性"等等;"全球史观"之所以要强调"全球",就是试图以西方文化的基本价值观为中心,以经济为手段,通过消除不同文化的差异性来实现全球文化的一致性。而一旦当这种视角取得支配性的地位时,则意味着其他不同于欧洲和西方的文化和历史视角基本上被排除在其理论的建构之外。[①]

3.现代化史观是认识近现代历史的重要角度

现代化史观认为世界近现代史的主线是现代化。这句话告诉我们两个观点:一是现代化史观只涉及对近现代史的基本观点;二是现代化也是中国近现代史的主线。

对于近现代史的认识视角,学术界有过革命史范式还是现代化范式的争论。20世纪 80 年代以前,中外近代史的书写都充满"革命"色彩;随着中国现代化进程的推

[①] 吴晓琼.我们真的需要"全球史观"吗.学术研究,2005(1):22—25.

进,在近现代史研究中开始倡导现代化范式,并试图整合革命范式与现代化范式。胡绳先生就说:"从1840年鸦片战争以后,几代中国人为实现现代化做过些什么努力,经历过怎样的过程,遇到过什么艰难,有过什么分歧、什么争论都是中国近代史的重要题目。以此为主题来叙述中国近代历史显然很有意义"。① 现代化范式要构建的是一个包括革命在内而不是排斥革命的新的综合分析框架,它以现代生产力、经济发展、政治民主、社会进步、国际性整合等为标志。

中学历史教科书紧跟学术界步伐,以现代化史观作为认识近现代史的重要视角。

首先,按照两条主线来编写有关中国近代史的内容:一条是列强的侵略与中国人民的反侵略,一条是探寻中国的现代化道路。

其次,对于近代自上而下的改革运动,不再简单地斥之为"保守""反动""改良主义"而予以否定,而是着重于它们在促进民族国家走向近代化方面的历史作用。

【案例2-8】 高中历史教科书关于洋务运动的评述

大纲版的教科书(2002):教科书按照背景、兴起、发展、破产的逻辑顺序组织学习内容,在"破产"部分主要就是分析了四点原因。

课标岳麓版:尽管洋务企业在兴办过程中存在种种问题,也未能真正达到"自强""求富"的目的,但是,它对中国的早期现代化却起到了不小的推动作用。

课标人教版:洋务派引进了西方一些近代科学技术,培养了一批科技人才,客观上刺激了中国资本主义的发展。中国第一批近代企业在洋务派倡导下出现了,它们对外国的经济侵略起到了一定的抵制作用,对本国的封建经济的瓦解也起到了一定的推动作用。

【案例评析】 对于洋务运动,以前教科书比较强调三点:一是其阶级属性——由地主阶级创办,二是根本目的——挽救一个腐朽且反动的封建政权,三是其内容局限——只在技术层面改革而不变革制度。而在近代化视野下,虽然也谈洋务运动的种种局限,但教科书将重点放在了洋务运动对于推动中国近代化的价值上,突出它在探索中国近代化道路上的地位和影响。

其三,教科书内容的选择侧重于选择对人类追求现代化的历程影响大的国家或地域作为主要学习内容,如欧美的民主政治、产业革命、现代生活等;删除了突显革命主题的一些内容,如亚非拉的解放斗争。各版本教科书对于欧美的资产阶级革命都采取了淡化革命过程、突出政治制度创新的做法;在一些具体内容的表述上着力突出近代化问题,如岳麓版将新民主主义革命胜利意义归纳为"为中国的现代化发展扫清了障碍,开辟了新的道路"。

其四,从教科书用语上看,有关近现代史的内容,类似"革命""阶级矛盾""斗争"之类的表述已大大减少,而更多地使用了与现代生产力、经济发展、政治民主、社会进步有关的词语。

上述种种都突显了新的历史教科书观察近现代史的又一个角度——现代化。还需特别强调的是,现代化只是观察近现代历史的角度之一,而不是"唯一"。有机整合"革命史"视角和"现代化"视角,才能更全面理解近现代人类历史发展的方向。

---

① 胡绳.《从鸦片战争到五四运动》再版序言.北京:人民出版社,1995:11.

> **【学者观点】** 关于中学历史教科书编写的一些意见和建议(《几位历史学家评上海新版高中历史教科书》,2006年10月社会科学情况反映)
>
> 第一,用什么样的历史观方法论来编写历史教科书是涉及培养什么人的大问题,必须从讲政治的高度严肃对待。历史教科书的编写应该毫不含糊地以历史唯物主义作指导。即使是讲"文明史",也不能脱离唯物史观的指导。
>
> 第二,中学时期是一个人形成人生观、世界观的重要时期,是一个政治上思想上打基础的时期,具有特殊的重要性。中学历史教科书要在帮助中学生打好正确人生观、世界观的基础阶段起到潜移默化的作用。中学历史教科书从来都是国家意志、国家主流意识形态的体现。历史教科书的编写,是关系国家长远战略利益的大事,因此,教材编写的权力不宜下放给地方。教材改革中,对以往的和现行的教科书的长短优劣要认真地全面地分析、总结,不能简单地全盘否定,另搞一套。
>
> 第三,中学历史教科书只能讲确凿的历史事实和无误的历史结论,讲马克思主义揭示的社会历史发展规律,不是发表个人学术见解、开展百家争鸣、学术探讨的场所。历史学界有争议的学术问题,不能写进中学教材。

第三节 史学理论与中学历史教学设计

历史教学设计不仅仅是技术层面上的系统规划,更是思想和情感的表达。这种思想和情感不仅是如钱穆所言的"对其本国已往历史有一种温情与敬意"[①],还需渗透史学观念与史学方法,以史学观念、史学方法指导教学设计。

一、观察案例,理解其中所渗透的史学理论

【案例2-9】 一组教学设计片断

片断一:民主政治的摇篮——希腊的地理环境

师:(出示希腊地形图)阅读教材,结合地图,说一说,希腊的地理环境有何特点?

学生阅读并回答出:环海、山地、丘陵、河流纵横交错。

师:这样的地理环境对希腊民主政治形成有何影响?(进一步结合教材内容和地图思考)

生:(城邦民主、贸易发达、自由的工商业)

师:我们看到,经济作物的发展和便利的海上贸易带来的古希腊商业的繁荣,它造就了追求自由、财富的一大批工商业者;纵横交错的山地丘陵阻挡了中央集权大国的形成,城邦国家小国寡民和独立自主为民主政治形成准备了基础。所以,我们说,正是古希腊独特的地理环境孕育了"民主",对比一下前一单元学过的中国政治制度内容,

---

① 钱穆.国史大纲.北京:商务印书馆,1991:1.

中华文明发源地是在大河流域,地势平坦,有发达的农业,形成农耕文明,这样的环境所孕育的是"中央集权"。

片断二:《近代中国经济结构变动》结课

师:现在让我们聚焦于19世纪60年代。从中外历史进程来看,19世纪60年代具有重要的地位。在这个年代,俄国进行了农奴制改革;美国进行了第二次资产阶级革命;日本进行了明治维新;英法裹挟着工业革命的成果继续向东方扩张;而在中国,那真是一个风起云涌的时代,除了侵略、起义外,"近代工业""机器""资本主义""无产阶级""工程师""民族""自强"等词汇如雨后春笋,从古老的中华大地上冒了出来,人们新奇继而平常地接受了它们。

面对这样的时代,每个人都在思考:怎么办?有一位政治家就写道:如果你们走在时代观念之前,这些观念就会紧随并支持你们;如果你们走在时代观念之后,他们便会拉着你们向前;如果你们逆着时代观念而行,他们就将推翻你们。

中国就是这样被拉着进入到了世界潮流之中。

片断三:英法联军为什么要焚毁圆明园?[①]

师:你能猜测一下英法联军将圆明园焚毁的原因吗?

学生1:他们抢了很多东西,焚烧圆明园是为了销毁罪证;另外,他们可能妒忌中华文明的博大精深,是妒忌心理在作怪。(许多学生大笑)

师:后面一位同学,你同意刚才这位同学的意见吗?

学生2:我感觉第一种说法比较符合逻辑,第二种似乎不大可信。

师:为什么你认为第二种不太可信呢?

学生2:感觉吧,用妒忌心理来解释历史好像不太合适。

师:那你有没有其他的想法呢?

学生2:我以为还有一个原因,英法联军想吓吓清政府,为以后的讨价还价奠定基础。

师:你们认为你们的回答是否正确?

学生1、2(沉默了一会):不敢确定。

师:为什么不敢确定?

学生1、2:因为我们还没有找到事实作为证据。

师:太好了,研究历史我们可以大胆假设,但一定要小心求证,有一分证据说一分话!那英法联军到底是因为什么将圆明园烧毁呢?

接着,教师展示了下面几段王道成先生的认识:(出自王道成《圆明园到底是谁烧的!》此处略过)

师:王道成先生认为以往人们在认识英法联军烧毁圆明园的原因时有哪两种主要说法?王道成先生怎么看待这个问题?

生:(答略)

师:大家看看,我们和王道成先生的有什么差距吗?

学生3:他的观点,我们也想到了,只是我们没有提供事实进行证明。

[①] 刘玉广.将"追问"进行到底!.历史教学,2009(5):30—31.

师：对，那你们认为王道成先生的说法一定是正确的吗？

学生4：不一定，说不定我们还会发现其他事实。

【案例评析】 以上三个案例都在某些方面体现了史学理论对中学历史教学设计的指导。

关于片断一　教师在不经意间传达了一种不恰当的史学观念：地理环境决定论——东西方的政治制度都由地理环境所决定。在生产力不发达的古代社会，地理环境确实在很大程度上影响着经济形态、政治制度、生活方式，但非决定因素。事实上，希腊的城邦政治有多种形态，雅典也不是一开始就是民主制。雅典的民主政治除地理条件外，更是雅典工商业者为争取民主权利与旧贵族斗争的结果。唯物史观重视自然条件、地理环境对人类历史发展进程的影响，但不认为它决定着政治制度甚至民族的历史命运。

关于片断二　教师引导学习者将近代中国经济结构变动置于世界历史发展的大环境中，体现了一种全球的视野、整体的观念；同时也展示了工业文明时代的特征。该片断中的全球史观、文明史观是显而易见的。

关于片断三　该教学片断体现了学史治史的基本方法论：论从史出、史论结合。案例中教师的追问紧扣证据意识，努力培养学生的证据意识，使其养成用事实说话的习惯。

二、以科学的历史观指导历史教学设计

指导历史教学设计的科学历史观是指：以唯物史观为指导，多角度（文明史角度、全球化角度、现代化角度等）认识人类社会的起源、本质和发展规律等问题的观点和理论体系。

（一）历史教学设计中坚持唯物史观的指导地位

历史教学设计中坚持唯物史观的指导地位的关键是完整、准确理解唯物史观。为此，应注意以下几点：

第一，避免对唯物史观的教条认识，即将唯物史观等同于"革命史观""阶级分析"及"五种社会形态理论"，否则不仅不是唯物主义的态度，而且还会造成学习者产生逆反心理或者因袭不当观点。

第二，避免将唯物史观中的"辩证"观点等同于"一分为二"的"各打五十大板"，历史认识既要坚持两点论，又要坚持重点论。

第三，唯物主义的精髓是从实际出发，实事求是，具体问题具体分析。落实到教学设计中，就是要求全面地、客观地把握历史材料，从历史的实际出发，全面认识历史事件和历史人物。切不可简单地对历史事件、历史人物戴帽子、贴标签。如，对近代风云人物李鸿章，即不能因为他是地主官僚、又代表清政府签订了不少不平等条约，就简单地将这么复杂的一个历史人物钉在"反动派、卖国贼"的耻辱柱上。

第四，历史教学设计应当揭示人类社会历史发展的基本规律。教学设计中揭示历史规律是历史课程标准的要求：通过历史学习，初中生应当"初步了解人类社会是从低

级向高级不断发展的、历史发展是有规律的等科学的历史观"(2001版);高中生能够"对历史唯物主义的基本理论和方法有所了解,初步认识人类社会发展的基本规律,学会运用科学的理论和方法认识历史和现实问题,逐步形成科学的世界观和历史观"(高中课标)。人类历史发展的基本规律就是人们的物质生产活动实践推动生产力的进步,而生产力与生产关系、经济基础与上层建筑的矛盾运动推动着人类社会从低级向高级发展的规律。

【案例2-10】 必修一《从"战时共产主义"到"斯大林模式"》(人教版)设计主线分析

马克思设想,在生产力高度发达的资本主义社会基础上建立的社会主义实行公有制、计划经济和按劳分配,取消商品生产和货币。也就是说,社会主义需建立在高度发展的生产力基础之上。因此,当社会主义革命在落后的苏俄取得胜利后,苏俄即面临怎样在落后的生产力条件下建设社会主义的问题。不过,这个问题的迫切性被国内战争的严峻形势所掩盖。为集中力量赢得战争胜利,苏俄采取了战时共产主义政策。在战争结束后,当苏俄领导人想借战争期间所采取的"战时共产主义"政策直接向共产主义过渡时,为苏俄赢得国内战争胜利提供重要保障的这项政策,却带来了苏俄严重的经济、政治危机。追究其根本原因即在于当时的苏俄没有与共产主义相适应的高度的生产力发展水平。所以,列宁及时调整政策,实施"新经济政策",调整生产关系,从而解放生产力、促进生产力发展。这样,苏俄经济得以恢复和发展。然而,斯大林上台后置生产力落后的现实于不顾,实行高度集中、计划、统一的政策,试图依靠国家机器强制实现共产主义理想。其结果是,虽然苏联在短期内取得了工业化的巨大成就(似乎是促进了生产力的发展),但却留下了苏联长期的贫穷、动荡,直至苏联解体,共产主义理想在苏联完全失败。

【案例评析】 从"战时共产主义"到"斯大林模式"这一探索历程中,一直有一个如何解决生产力与生产关系相适应的问题。战时共产主义政策的实施虽然有违生产关系与生产力适应的要求,但符合社会存在决定社会意识的基本原理;而新经济政策的实施充分体现了列宁为代表的苏共领导对社会发展规律的尊重。斯大林探索的最终结局则彰显了违背社会发展规律的后果。

中学历史课程内容始终贯穿着生产力与生产关系、上层建筑之间的矛盾运动推动人类历史发展进程的原理。如智者学派的产生取决于古希腊经济的繁荣和民主政治的发展;春秋战国时期"百家争鸣"现象产生的根源是以铁犁牛耕为标志的生产力发展以及战乱动荡的社会现实;"洋务运动"破产的根本原因在于不能解决生产关系与生产力相适应的问题;近代中国民主革命从根本上讲是要"革"阻碍生产力发展的生产关系及与之相应的上层建筑的"命",解放生产力……教学设计注意抓住这个规律。

第五,教学设计中避免机械运用唯物史观,从而在历史教学中见"物"不见"人"。"过去在谈论历史规律时往往片面地理解马克思所说的'自然历史过程',过分强调它不以人的意志为转移的客观性,而忽视了它和人本身的特殊关系"①,这样,历史发展过程就成了一个见"物"不见"人"的过程。而实际上,"唯物史观揭示的历史发展客观规律本身就是现实的人的实践活动和实践能力从低级向高级发展的规律……指不以违背大多数人的意愿的个人或少数人的意志为转移"②。遗憾的是,今天在中学历史教学设计中仍不乏机械搬用规律的现象,给人"规律不是不以人的意志为转移,而是远离人高高在上"的感觉,这个"高高在上"的规律自然脱离了学习者的视线,只能"孤芳自赏"。

第六,历史教学设计在根据唯物史观揭示历史发展的必然性的同时,也要看到偶然因素对历史发展进程的影响。史学家翦伯赞先生说:历史发展的必然性,是通过无数的偶然事件实现出来的……历史发展的延缓或加速在很大程度上,取决于这些偶然的情况。③ 历史教学设计在引导学习者揭示必然规律的同时,还要充分认识到特定人物、特定环境的作用。如关于罗斯福新政——既要看到随着生产力发展,自由放任的资本主义生产关系必然调整的一面,也要看到罗斯福个人的素质(知识背景、从政经历、意志品质等)对于新政措施制定及推进的作用。同一时期出现的凯恩斯主义佐证了这一必然性。而历史选择罗斯福则是由罗斯福的一些个人品质所决定的。

总之,教学设计务必坚持唯物史观的指导地位,着力培养学习者的唯物史观。

(二)教学设计要体现认识历史的多种视角

课程标准提出:历史课程要体现历史认识的"多样性、多视角、多层次、多类型、多形式"(高中历史课程标准)。近年来兴起的全球史观、文明史观、现代化史观即提供了认识历史的多种新视角。其中全球史观强调以整体的、联系的视野来认识人类社会发展的进程;而文明史观和现代史观则突出了从生产力发展的视角审视社会历史发展进程。

1.多种视角与唯物史观的关系

新史观所提供的认识历史角度与唯物史观有密切关系:全球化视野及生产力标准与唯物史观是统一的,而不是冲突对立的。马克思在《德意志意识形态》一书中,早已提出过全球化的问题。他说:"各个相互影响的活动范围在这个发展进程中(指资本主义大工业开创世界历史的进程)愈来愈扩大,各民族的原始闭关自守状态则由于日益完善的生产方式、交往以及因此自发地发展起来的各民族之间的分工而消灭得愈来愈彻底,历史也就在愈来愈大的程度上成为全世界的历史。"而生产力标准正是唯物史观所坚持的历史发展根本动力。

就历史教学设计而言,唯物史观始终是居于指导地位的历史观,全球史观、文明史观、现代化史观则是观察历史的多维视角。

2.历史教学设计中的全球视野

(1)树立新航路开辟以来的整体意识。斯塔夫里阿诺斯的《全球通史》提出,真正

---

① 汝信.关于历史哲学两个问题的思考.世界历史,1988,(2):1—12.
② 庞卓恒等.史学概论.北京:高等教育出版社,2009:87.
③ 翦伯赞.史学理念.重庆:重庆出版社,2001:93,123.

的世界历史从1500年开始。而这个开始的起点就是新航路的开辟,全球化进程也由此开始。此后,世界成为一个相互联系、相互交融的整体,每个国家的历史发展都与世界历史的发展进程相关。教学设计要注意体现新航路开辟的这一历史地位:加速世界历史发展进程、加快西方文明的扩张、加深了亚非拉人民的殖民化过程、加强了各大洲之间的联系和影响。

对新航路开辟以后的历史,都需有意识地引导学习者以整体的、联系的观点去认识。

(2)将中国近代历史置于全球化背景下加以认识。在闭关自守的中国也被全球扩张的殖民国家卷入了全球化的浪潮中后,有关近代史内容的教学设计均需紧扣国际背景和时代特点。如:明清君主专制政治下的危机是相对于西方资本主义世界的蓬勃崛起而言的;鸦片战争发生的最大背景就是自由资本主义在全球范围内肆无忌惮的扩张;中国近代经济结构变动是工业革命向亚洲扩展的结果;甲午中日战争和八国联军侵华反映的是资本主义发展到帝国主义阶段后重新瓜分世界的要求;新中国的社会主义道路探索则打上了美苏冷战的烙印;今天中国的改革开放是基于"中国的发展离不开世界,世界也需要中国"这样的全球视野。

以全球视野设计历史教学,有利于增强学习者的国际视野、开放意识。

3.历史教学设计中的文明史观

人类社会历史进程就是一个文明的变迁、演进过程:从史前原始文明到农耕文明再到工业文明。引入文明史的视角设计中学历史教学,应着重于以下工作:

(1)了解人类文明的发展历程,理解今天我们所生活于其中的文明渊源。注意教学设计联系历史与现实,把握人类文明发展的趋势。

(2)尊重、欣赏古典时代的文明成果。初中和高中课标都强调:理解和尊重世界各国、各地区、各民族的文化传统,学习汲取人类创造的优秀文明成果,以形成开放的世界意识。对于各文明古国创造的古典文明成果,教学设计的基本立意应是尊重、欣赏。每种文明成果都是当地人民生产生活实践活动的结晶,都体现了其独特的政治、经济、环境、文化特点。所以,应抱尊重、欣赏的态度对待各种文明成果,认识其特色和魅力,不要轻易评价优劣。如,高中历史关于雅典民主政治、罗马法律制度的教学,定调应是对这两种文明成果旷世魅力的欣赏、理解。这也符合课标提出的"认识民主政治对人类文明发展的重要意义""理解法律在人类社会生活中的价值"的要求。

(3)理性认识近代工业文明。历史教学设计中理性认识近代的工业文明史,注意把握三点:一是充分肯定工业文明代替农业文明的历史进步性;二是认识工业文明在丰富人类生活、带来种种便利的同时,也带来了文明的灾难——环境污染、交通拥挤、人口膨胀等等;三是认识在工业文明扩张浪潮中,东方卷入其中的苦痛历程。

(4)处理好近代中国文明发展与世界文明的关系。一方面,中华民族历史上所创造的文明成果有自己独特魅力和生命力,即便在近代西方工业文明潮流的冲击下,中华文明仍然根植于这块土地上,保持"中国特色"。另一方面,近代中国无论是经济结构的变动还是生活习俗的变迁,都有西方工业文明的烙印。

在处理近代中国文明发展与世界文明的关系时强调两点:一是以近代文明发展的

潮流审视近代及近代前夜的中华文明,认识近代前夜中国农业文明的发达及其工业落后于西方的事实,认识中国近代文明的演进趋势及西方文明所施加的影响;二是认识中国走向近代文明的历程中,地域差异很大,广大的内陆地区,西方文明的影响极其有限。

(5)教学设计中突显文明中的"人"。文明是由"人"创造的,文明改变"人"的生产生活方式。以文明史的视角设计中学历史教学,注意从人的生产生活实践出发认识人类历史进程,关注其中的普通民众和典型人物。

4.历史教学设计中的现代化史观

现代化史观关注的是人类追寻现代化的历程,适用于近现代史教学。

(1)重视以现代化理论分析西方近代史。"现代化"主题可以统领近代西方社会的政治、经济、思想文化方面的发展变迁:资产阶级代议制的确立彰显的是政治上的民主化、法制化进程;新航路开辟与资本主义世界市场形成反映了经济上的市场化、工业化进程;西方人文精神及近代科技发展中的科学精神与理性之光则是现代化理论在思想文化上的体现。

(2)注意不同国家或地区的现代化道路可能有所不同。根据罗荣渠教授提出的现代化"一元多线理论",既应看到生产力这一共同标准,同时需具体分析不同社会由于自然环境、社会历史文化的不同,可能有着不同的现代化发展道路。

(3)将现代化史观引入中国近现代史的教学设计时,注意处理好"革命范式"与"现代化范式"的关系,引导学习者全面理解中国近代的发展历程。由于近代中国一直是反侵略和探索近代化,两条主线交织在一起,因此,教学设计应当两种范式并重:以"革命范式"引导学习者理解近代中国必须走革命道路以获得民族独立、人民解放;以"现代化"视野去考察仁人志士探寻中国特色的现代化之路的历程,引导学生理解近代中国走向国家富强、人民富裕的紧迫性和曲折性。

(三)历史观培养中存在的问题

第一,对历史观培养重视不够。一些历史教师备课认真、讲课用心,但侧重于应试性的知识传授,没有史观培养意识。

第二,有些历史教师教育教学观念滞后,史学理论知识欠缺。对唯物史观的理解片面,不了解历史观研究的前沿,难以胜任对中学生进行科学历史观的教育。

第三,为了追求"讲得好听",一些教师信口开河,缺乏对历史严肃的、实事求是的态度;也有些老师以偏激代替思想,误导处于世界观、价值观、人生观成长过程中的中学生。

第四,对现代西方史学理论盲目崇拜,在课堂教学中不加批判选择地套用,容易给学生造成认识上的混乱。如有老师将布罗代尔对环境作用的强调夸大为"地理环境决定论";还有老师在讲授鸦片战争时,提出了"鸦片战争一声炮响给中国送来了现代文明"的论调。诸如此类的做法,都表现出了对一些现代史学理论的误用,甚至背离了唯物史观的基本立场。

【案例 2-12】 "洋务运动"定位分析

洋务运动是 19 世纪 60 年代,清朝统治阶级中的一部分开明人士所发动的一场以"自强"和"求富"为口号的自救运动。从纵向上看,洋务运动是对两次鸦片战争失败的反思和回应,是鸦片战争前后"师夷长技以制夷"思想的实践;从横向上看,19 世纪六七十年代正是第二次工业革命兴起、第一次工业革命涉及亚洲之时,也是日本以明治维新迎接工业革命的浪潮之时。因此,洋务运动纵承鸦片战争前后的以向西方学习为内容的新思想,横联两次工业革命及明治维新,迈出了中国近代化的第一步。

【案例评析】 毫无疑问,案例中对洋务运动历史地位的认识蕴含着多种史观。从文明史观角度讲,认识到了洋务运动与工业文明的联系;从全球史观的角度看,突显了世界的整体性和联系性;以现代史观的视角来看,洋务运动开启了中国追求现代化的大门。

三、综合运用史学方法于中学历史教学设计

中学历史教学设计需在史学方法论的指导下,综合运用多种史学方法,促进教学目标的有效达成。

(一)历史教学设计中的史料运用方法

史学"论从史出、史论结合"基本原则要求在中学历史教学中充分利用史料来说明问题,因此,教学设计须重视史料的搜集、选择、分析。

1.围绕主题搜集典型史料

人类历史发展进程中留下了非常丰富的史料,与同一个事件有关的史料,会有不同角度的记载、不同类型的书籍记载。教学设计不可能也不必要穷尽各种史料,因此,需要学会围绕主题选择最能说明问题的材料。如:要以港澳的回归为例说明"一国两制"政策的正确性,应选择的材料并不是回归时刻的激动人心场面,而是回归后港澳经济繁荣、社会安定的文字材料以及相关图片等。因为检验"一国两制"是否可行的是港澳回归后长久的繁荣稳定局面。另外,在反映港澳回归后繁荣与稳定的材料中,来自统计部门的数据会比行政领导的讲话更有说服力。

2.选择多维史料相互印证、说明问题

这里的所谓多维史料是指从不同角度论证同一个问题的史料。虽然由于课堂教学时间的限制,历史教学在史料运用上不能严格遵循孤证不立原则,但也应尽可能以多维史料的相互印证来充分说明问题。

【案例 2-13】 有关预备立宪教学的多维材料[①]

有老师讲授晚清预备立宪时,将《光绪实录》中晚清政府派遣出洋考察团的上谕、考察政务大臣回国的奏折、梁启超给蒋观云的书信中对晚清预备立宪的评价、恽毓鼎对晚清政局的评述、革命党人邹容在《革命军》中对清政府的抨击等史料组合在一起让学生阅读,并让他们思考"预备立宪"没能按预定轨道行进的原因。学习者在阅读了这些史料后,能体味出预备立宪是在非常复杂的社会背景和条件下起步的,因而大多数同学都能从各个角度去分析预备立宪的夭折原因。

【案例评析】 案例选择了不同时代的历史人物对预备立宪的看法。在该案例中,如果老师再追问:这些人物对同一个事件的认识有何异同、为什么会有异同、根据他们的身份推测一下他们是出于什么目的来评说这个事情等问题,那么,学习者将不仅能体会到事件本身的复杂性,更能够获得一种历史思维:不同人物站在不同立场上、可能出于不同目的而对同一事件会有不同的观点。因此在历史认识中,不应轻信一种观点。

需要注意的是,多维史料不是多条史料。"多维"强调的是角度不同,可以相互印证。如果多条史料同类同角度,则给人重复累赘之感,不利于提高课堂教学的效率。

3.科学分析史料

史料能不能说明问题、能在多大程度上说明问题,取决于分析史料的方法。

(1)以唯物史观指导史料分析。唯物史观用于指导史料分析的最重要原则是:实事求是,就是以事实为出发点,全面、系统地掌握有关历史资料,把握历史事实的全貌,阐明其内在联系,透过历史现象分析历史的本质和主流,揭示历史的发展规律。

(2)透过字面分析其背后所蕴藏的深层意义。如《史记·秦始皇本纪》载,三十六年,东郡人刻石云:"始皇帝死而地分"。同年,华阴人又遣使者曰:"今年祖龙死"。从字面看,这两条史料没什么重大意义;但在文字背后,却暗示出当时人民对于专制暴君的痛恨达到了恶之欲其死的程度,同时也暗示当时的贫苦农民对土地之渴望。[②]

(3)善于从多个角度分析史料。一则史料常常包含多方面的历史信息,进行多角度的分析有利于最大程度地发挥史料作用,同时对培养学习者的历史思维有益。如《天朝田亩制度》中有这样的规定:"凡分田照人口,不论男妇,算其家口多寡,人多则分多,人寡则分寡……务使天下共享天父皇上帝大福,有田同耕,有饭同食,有衣同穿,有钱同使,无处不均匀,无人不饱暖。"这段史料至少提供了这几方面的信息:一是明确规定了分田方法;二是体现了绝对平均的思想,这符合小农的要求;三是打破了儒家男尊女卑的传统,提倡男女平等;四是宗教与迷信始终伴随这场运动。

(4)以问题引导中学生有效运用史料,提高史料的解读能力。与史料运用有关的问题一般有四类:一是结合所学知识,分析史料中的主要观点;二是直接归纳史料中的

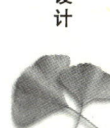

[①] 高路,王启和.论史料教学的分层进行方法及操作原则——以《中国近代史》为例.武汉交通职业学院学报,2009(9):35—38,53.

[②] 翦伯赞.史学理念.重庆:重庆出版社,2001:18—19.

观点;三是要求用史料证明已有的观点;四是针对史料本身的问题,如考察史料的可信度等。

总之,中学历史教学设计离不开史料运用,要用好史料需要有唯物史观的指导及严谨的学史治史态度。

【学者观点】 英国人蒂姆认为历史教学应树立以下证据观点①:

1.不是所有的历史都可以再现。遗留下来的历史是有空白的。史学家必须运用他们的技能去进行推断,并探寻更多的信息,这就是注意要有意识地运用现存的材料。

2.证据包括人类所经历的所有历史活动。证据不一定全是文字记录的。

3.没有对历史本身的一些认识,是不可能正确处理证据的。

4.史学家影响证据。史料要成为证据,取决于史学家所提出的疑问和如何解释问题。

5.大多数的证据在某种程度上是不确切、不完全、有偏见的,甚至是因私利而加以歪曲的。因此,所有的证据都要认真地加以处理,并把结论视为暂时的。很多人赞同这一观点:要把史料的编者看成是有偏见的,除非能够证实他是公正客观的。

6.实际的历史是不可改变的,而史学是对历史的一种阐释。

7.一些史料要比另一些史料更可靠。有些材料完全是伪造的。

8.了解材料的作者,对于正确理解证据是必要的。

9.史料的编写受其时代的局限。

10.尽管没有"历史的实清",但一些记述可能比另一些记述要更确凿。有些记述是相当明确的。

11.对证据而提出的问题,有些是比另一些要更有价值。

12.必须对证据定位。这对史学家来说也并不容易,常常是在一些不同的地方得到证据。

13.必须尽可能地全面检验证据。

14.没有人能完全不带偏见地看待证据,两个人对材料所作出的想象结果是不一样的。

15.根据证据做出的阐释是有改变的。

16.有完整记载的问题,并不总是最有意义和常有用的问题。

17.对材料提出的问题,可以不受数量的限制。

18.由于证据是难处理的,所以在编写历史时不能原原本本地运用证据。对一些无知或遗漏需要简化、澄清和挑选。

19.多数证据反映了权威的观点。

20.能够从证据中学到很多其作者所没有想到的东西。

21.不可靠的证据可能仍是有用的,而可靠的证据也可能没有用。

---

① [英]蒂姆·洛马斯.论史料教学.叶小兵译.历史教学,1998(2):22—24.

(二)历史教学设计中的新史学方法

1.运用历史比较法探究异同,揭示本质

历史比较法也是史学研究及历史学习中常用的方法之一,教学设计中屡见不鲜。通过历史的纵向(历时)比较,有助于揭示历史发展的趋势;通过横向(共时)比较,有助于发现事物间的本质上的异同。

【案例2-14】 新旧三民主义比较

内容	旧三民主义内容	新三民主义内容	新发展
民族主义	驱除鞑虏,恢复中华	中华民族自求解放;国内民族一律平等	反清→反帝 大汉族→民族平等
民权主义	创立民国	民权为一般平民所共有	资产阶级→平民共享
民生主义	平均地权	平均地权,节制资本,实行"耕者有其田"	关注农工
结论			

【案例评析】 这是一个比较典型的历时比较。通过比较,首先是在辨别层次进一步巩固了新旧三民主义的基本史实;其次,通过比较,揭示了新三民主义与旧三民主义的继承与发展关系以及新旧三民主义的根本区别;再次,通过比较,还直观地让学习者体会到了民主革命者孙中山的思想转变历程。

教学设计中运用历史比较的方法,需要注意:

第一,比较对象之间要具有可比性。可比性一是指能够"比",即比较双方之间具有某种相似性或者特殊联系;二是从教育意义上讲有必要"比",即历史人物、事件、现象因其相似性而影响到了学习者的有效认知,即有必要通过比较加以清晰辨别。

第二,围绕教学目标,精心选择比较项。如,前述案例中,如果仅仅要求学习者辨别新旧三民主义基本内容,比较项就应是"内容""不同点";如果要求学习者认识新旧三民主义的发展关系,则案例中设计的"发展"栏就很有价值;如果还希望通过这个比较培养学习者的透过现象看本质的思维能力,那就如案例中增加开放的"结论"项。总之,"比"什么,视目标需要而定。

第三,比较分析尽量由表及里、由现象到本质、由具体到一般,避免简单罗列现象。如比较古代选官制度,要注意分析选官制度改革趋势、原因、影响等。

2.运用计量历史学方法严谨表达历史

中学历史教学设计中可以借鉴计量史学的方法,更精确地呈现历史事实。

【案例 2-15】 二战后发达国家的经济国有化问题的计量表达

1977 年发达国家国有经济的比重　　　　　　　　　单位:%

国家	邮政	电站	煤炭工业	铁路运输	航空运输
英国	100	100	100	100	75
加拿大	100	100	私有	75	75
法国	100	100	100	100	75
联邦德国	100	75	50	100	100
日本	100	私有	私有	75	25
美国	100	25	私有	25	私有

请据此表格回答:就国家而言,哪些国家的国有化程度比较高,为什么?就行业而言,哪些行业国有化程度高,为什么?

【案例评析】 在《战后资本主义经济调整》一课中,这些国家经济调整的一项重要措施是"普遍奉行国家干预经济政策,实行国家对经济的宏观调控",发展国家垄断资本主义。教学中,依靠这样的语言描述不足以让学习者清楚究竟是怎样"普遍奉行"国家干预的?然而,通过前述的数据,问题即可迎刃而解。表格比较清楚地显示了国家干预的方式、行业、程度、国家间的差别等现象,透过这表中反映的现象可以进一步分析国家差异、行业差异的原因,初步总结国家干预的规律,甚至可以进而分析可能存在的问题。

但这并不是说,用"数字"就能够解决一切问题。事实上,计量史学有其局限性。在前述案例中,表格所列数据仅仅是代表性的,并没有囊括所有情况,因此,得出的结论也只能是有限结论。在教学设计中运用计量史学方法需特别注意:

第一,从根本上讲,数据的准确性取决于材料来源的可靠性。

第二,注意引导学习者学习数据的观察、分析方法。如观察数据的维度、透过数字发现本质、规律、趋势等。

第三,与其他学习材料相结合,以得出更合理的结论。历史作为一门人文科学,价值判断复杂,情感色彩深厚,不能指望由纯粹的数据来解决这些价值判断问题。

第四,在一节课的教学中,如果计量法用得过多,会带来单调、疲劳感。建议仅将计量历史学方法作为补充,多种教学方法有机结合。

3.运用心理史学方法丰富历史教学

就中学历史教学而言,心理史学所提供的只是一个分析角度,而不是主流的历史教学方法。不过,这种方法会让学习者感到耳目一新,进而激发学习兴趣,同时心理分析法进一步反映了历史发展的偶然与必然的统一,有利于促进学习者历史思维的发展。

【案例 2-16】 宗教改革成功的个人及社会心理分析

就个人心理而言,路德有一个专制、贪婪、欲望强烈的父亲和一个爱打人的母亲,而当时学校又盛行体罚。因此,路德从小就受到来自家庭和学校的压抑。为了摆脱压抑,他进入了宣扬善行、关爱的修道院。然而,修道院也非净土。这样,路德所感到的压抑越来越大,产生了强烈的逆反心理。路德的宗教改革就是他长期受压抑的逆反心理爆发的结果。

从社会心理层面分析:14世纪中期欧洲暴发了黑死病,其后300年间又受到疫病的不断侵袭。人们认为疫病是上帝对罪人的惩罚,因此造成每个人都有罪恶感,于是出现了宗教的狂热,神秘主义流行。所以为了赎罪,每个人要不断地做善事,购买赎罪券,甚至进修道院。这样的精神压力必然使人产生焦虑,寻求精神的解脱。因此,路德的宗教改革之所以能获得成功是与当时条件下群众的社会心理有直接关系的。也就是说,路德的宗教改革正符合了当时一般群众所渴望的凭信仰得救、免除教会奴役(如购买赎罪券)并能从永远做不完的善行中解脱出来的愿望。

【案例评析】 对于宗教改革,一般教学中强调是在资本主义萌芽的大背景及文艺复兴思想下发生的,是对西欧最大的封建领主教会贪得无厌的剥削与禁锢的反抗。这样的教学定位基本也体现了课标的要求。但是,学习者会有这样的困惑:笃信上帝的欧洲人为什么那么激烈地反对上帝在人间的代表——教会出售赎罪券的行为?为什么路德的因信称义、因信得救主张得到那么多人的拥护?如果这些问题不解决,学习者对于宗教改革所体现的人文主义含义的理解就是片面的、表面的。心理学角度的剖析可以较好地弥补这一不足。

在人类的历史进程中,社会背景、社会心理注定了历史事件发生的必然性,而历史人物的人生经历、心理特征等则使历史发展又有诸多偶然因素。如太平天国运动的发生发展与洪秀全的人生经历不无关系,俾斯麦的权力欲及铁血政策与他童年所受到的冷遇和斯巴达式的粗暴教育有关。中学历史教学中,对重要历史人物和群体心理的关注,无疑会让"历史"更有"人"味。但是,过分地将历史发展过程归结到"心理"维度上,也是不恰当的。特别是从童年经历推论历史人物成年后的行为,更是难免牵强附会。

心理历史学一方面"打开了历史学家的眼界,把那些不被传统史学重视的东西,如童年经历、个人性格、人的情感、潜意识心理等等包括到史学家的视野中,把历史人物活生生地、有性格有情感地再现出来,使人们不仅可以看到历史人物的活动,也在一定程度上看到了支配他们活动的内心世界,这是对传统史学框架的一种突破。但从另一个角度说,心理历史学又缩小了史学家的视野,它放弃了更广阔的天地,置历史发展的政治、经济、文化等条件于不顾……把严肃的社会历史问题自然化、个人化、心理化、情感化。这种夸大个人心理因素作用的做法,并不能真正发展历史学,而只能伤害科学的历史学。"[①]

中学历史教学设计中,为拓宽学习者观察历史的视野,激发学习兴趣,适当运用心理历史学方法是必要的;但更为重要的是坚守历史学"论从史出"的科学传统,实现心理分析与社会、政治、经济、文化背景分析的有机结合。

【问题探究】 为增加历史教学内容的"人"味,可以广泛引入心理史学方法于中学历史教学中吗?为什么?

---

① 邹兆辰,郭怡虹.西方心理历史学的理论与方法简析.世界历史,1987(4):48—56.

思考练习

1. 学术界关于历史与历史学的概念争议,对中学历史教学有何价值?
2. 怎样理解唯物史观与全球史观、文明史观、现代化史观的关系?
3. 举例说明如何判别史料的真伪?
4. 简评心理史学方法。
5. 试分析高中历史必修一所体现的唯物史观指导地位及文明史视野、全球视野和现代化视野。
6. 有教师在《三国鼎立局面形成》一课的教学设计中,开篇即言:历史规律告诉我们,分久必合,合久必分。你觉得这样的表达合适吗?为什么?
7. 尽管中学历史教学不是为高考作准备,但高考作为对中学阶段最引人注目的考试,确实能折射出对中学历史教学的基本要求。近年的高考题中出现了一些与史学理论有关的试题。试举例分析。
8. 如何理解计量历史方法、心理历史学方法在中学历史教学设计中的运用?

实践操作

1. 阅读《几位历史学家评上海新版高中历史教科书》和周育民《关于上海历史教科书问题——对北京几位历史学家批评的回应》两文,从历史观角度,说说你对历史教科书编写的看法。
2. 美国学者詹姆斯·洛温的著作《老师的谎言:美国历史教科书中的错误》自1995年出版以来,一直畅销不衰。有人提出,类似于洛温著作中的"谎言"在历史教学中其实难以避免。请对此发表你的看法。

参考书目

1. 朱本源.历史学理论与方法.北京:人民出版社,2012年.
2. 罗荣渠.现代化新论——世界与中国的现代化进程.北京:北京大学出版社,1995年.
3. 庞卓恒.史学概论.北京:高等教育出版社,2009年.
4. 翦伯赞.史学理念.重庆:重庆出版社,2001年.
5. [奥]波普尔.历史决定论的贫困.杜汝楫等译.北京:华夏出版社,1987年.
6. 周春生.文明史概论.上海:上海教育出版社,2006年.
7. [美]詹姆斯·洛温.老师的谎言——美国历史教科书中的错误.马万利译.北京:中央编译出版社,2009年.
8. [法]安托万·普罗斯.历史学十二讲.王春华译.北京:北京大学出版社,2012年.
9. 何成刚等.智慧课堂:史料教学的方法与策略.北京:北京师范大学出版社,2010年.

第三章　中学历史课程标准与教学设计

学习导言：

《基础教育课程改革纲要（试行）》明确指出，课程标准是教材编写、教学、评估和考试命题的依据，是国家管理和课程评价的基础。应体现国家对不同学段的学生在知识与技能、过程与方法、情感态度与价值观等方面的基本要求，规定各门课程的性质、目标、内容框架，提出教学和评价建议。教学设计要依据历史课程标准，反映课程标准的基本理念，落实课程目标，科学设计教学内容，既要体现课程标准的"刚性"，也要体现课程标准的"弹性"。

学习目标：

1.了解义务教育《历史课程标准（2011版）》颁布的背景和设计理念，理解其主要内容。

2.了解普通高中《历史课程标准（实验）》的设计理念，正确理解其主要内容。

3.能够准确分析课程标准，并能运用课程标准进行教学设计。

第一节　义务教育《历史课程标准(2011版)》分析[①]

一、义务教育《历史课程标准(2011版)》颁布的背景

2001年9月,义务教育《历史课程标准(实验稿)》伴随着第8次基础教育课程改革进入全国38个国家级实验区,至2005年秋季,全国各地区基本上都加入了新课程的试验。义务教育《历史课程标准(实验稿)》实施10年来,中学历史教学发生了前所未有的变化,其中最突出地表现在:一是学生学习方式发生了变化,自主学习、合作学习、探究学习得到了较好的推广应用;二是历史教师的教育教学观念发生了巨大的变化,并将新的教育理念主动积极地运用到历史课堂中,从关注"教"到更关注"学",充分发挥学生主体作用;三是历史教师的研究意识比以前任何时期更强烈,其研究内容不仅仅涉及教学,还包括课程。在新课程改革的10年多里,涌现出许多优秀的课改实验者,他们通过对教学一线的体验为新课程的研究做出了较大贡献;四是历史课程资源得到开发与利用,广大教师不再"以本为本",而是树立了新的课程观:教材只是课程资源之一,教材是学生的学习资源,是学生的学习工具。教师从课程的角度去理解教材,不再拘泥于某版本编写了什么内容,哪些内容是教学的重点,同一内容不同教材是如何编写的,这一系列的问题,教师能从课程、课标的角度去认识。五是评价观念发生了变化,评价方式从传统的闭卷测试向闭卷、开卷相结合的方式转变,评价过程由一次评价发展到多次评价,评价指标不仅仅关注学生的学业,还包括学生多方面的潜能。

因为是实验,在实验中总结,不断完善,也是事物发展的必然过程。"实验稿"实施10多年来,从教育部、各级研究部门到一线教师都为课标的完善而努力。教育部从2007年4月启动了对课标实验稿的修订工作,通过调研,对"实验稿"反映的主要问题有:(1)认为以"学习主题"的呈现方式编排内容标准,理性较强,与初中学生的认知能力有一定的距离,并使历史的时序性、系统性受到一定的影响,希望能够突出历史发展的基本线索。(2)认为课程内容的容量和难度还需进一步调整,以兼顾不同地区的差异性和多样性。(3)希望进一步提高课程标准的指导性和可操作性。[②]

鉴于此,修订组认为,(1)初中课标应该坚持时序性,突出历史发展的主线。(2)初中学生历史学习应以感知为主,根据历史发展的时序,在了解历史上重要的人和事的基础上,适当增加理性要求。(3)继续解决"难、繁、偏、旧"的问题,减轻学生的学习负担。(4)与时俱进,体现社会主义核心价值体系,体现学术研究新成果。[③]

[①]义务教育《历史课程标准(实验稿)》简称"实验稿",义务教育《历史课程标准(2011版)》简称"2011版".
[②]齐世荣,徐蓝.义务教育《历史课程标准(2011版)》解读,北京:北京师范大学出版社,2012:20—21.
[③]齐世荣,徐蓝.义务教育《历史课程标准(2011版)》解读,北京:北京师范大学出版社,2012:21.

二、与"实验稿"相比,"2011版"的主要变化

(一)文本形式的变化

"2011版"在文本形式上,保持了"实验稿"的前言、课程标准和实施建议三个部分,其中"实验稿"的内容标准在"2011版"表述为课程内容。

表3-1 "2011版"与"实验稿"文本形式比较

"实验稿"	"2011版"
前言	前言
课程目标	课程目标
内容标准	课程内容
实施建议	实施建议

这四个方面,两个课标在文字表述、具体内容、体例、理念等方面都做了较大改变,更加突出了义务教育阶段历史课程的功能。

(二)前言的变化

1.课程性质

所谓性质,即是事物本身所具有的与其它事物不同的根本属性。据此,课程性质应该是该课程所具有的与其它课程不同的根本属性。关于课程性质,"实验稿"阐述的是义务教育阶段的必修课。"2011版"阐述的是历史课程是人文社会科学中的一门基础课程,并明确义务教育阶段的历史课程具有思想性、基础性、人文性和综合性四大特性。[1] "实验稿"显得笼统,"2011版"更为具体和明确。初中历史课程作为传授历史的基础知识的一门课程,基础性和综合性是其基本的特点。思想性和人文性是其显著特点。

【问题探究】 你如何理解"2011版"阐述的历史课程思想性、基础性、人文性和综合性?

2.课程基本理念

课程理念是课程编制的灵魂。"实验稿"从课程性质、课程内容、教学方式和评价方式等方面阐述了课程的基本理念,其内容为:体现义务的普及性、基础性和发展性;避免历史课程专业化、成人化倾向,不刻意追求历史学科体系的完整性;有利于学生学习方式和教师的教学方式的转变;倡导建立促进学生全面发展、激励教师积极进取的评价机制。

"2011版"其课程理念更突出了历史学科"育人为本"的教育功能,强调以普及历史常识为基础,注重将正确的价值判断融入对历史的叙述中,倡导教学方式的创新。[2]

---

[1] 义务教育《历史课程标准(2011版)》,北京:北京师范大学出版社,2012:2—3.
[2] 义务教育《历史课程标准(2011版)》,北京:北京师范大学出版社,2012:3.

其中"育人为本"是最为核心的课程理念。学生通过历史课程的学习,完善人格增长见识,发展其社会性,提高公民的行动力。从而正确地认识自我,认识他人,认识社会,认识世界,形成正确的世界观、人生观和价值观。

> **【延伸阅读】 初中历史学科的课程理念**[①]
>
> 课程理念是课程设计者蕴含于课程之中,需要课程实施者付诸实践的教育教学的信念,是课程的灵魂。与"实验稿"相比较,"2011"版对历史课程理念的阐述更为清晰而准确,凸显了历史学科的特点和价值。
>
> 1.普及历史常识的理念
>
> 所谓"普及",一是规定历史课程作为全体学生的必修课,以此达到普及的目的;二是指有关课程内容和要求的确定面向全体学生,能让学习这门课的所有学生都达到课程目标的要求。课程标准的制定,既考虑了我国不同地区学生的学习需要和条件,也考虑到了初中学生的"心理特征和认知水平"。内容标准的设计,体现了统一要求与灵活处理相结合的原则。如多数学习要点只是"对学习内容和基本目标提出了原则性要求",教师可根据学生的具体状况酌情处理。
>
> "历史常识"是相对而言的。与高中和大学相比,初中的学习内容只是常识性的历史知识。即知识相对浅显通俗,课程难度较小,初中学生都能认知和理解。修订稿课程内容的选择充分考虑了初中学生的学习兴趣和生活经验,使相关的内容贴近现代社会、贴近学生的生活,避免了抽象历史概念和理性知识的堆积。
>
> 2.公民教育的理念
>
> 修订稿从时代发展和社会前进的需求出发,将"培育具有社会主义核心价值观的公民"作为初中历史课程改革的前提,将培养"良好综合素质的合格公民"作为基本目标,并从培育学生的民族意识、国家意识和国际意识等方面作了具体的规定。
>
> ……
>
> 修订稿安排了相关的课程内容,并在情感态度价值观目标中提出了明确的学习任务。一方面要求在学习中国文明史内容的基础上,"从历史的角度认识中国的具体国情,认同中华民族的优秀文化传统";另一方面要求在了解我国民族关系史内容的基础上,"认识统一的多民族国家和中华民族多元一体"的特点,认识到国内各民族之间的交流、互相影响与融合的重要性。弘扬以爱国主义为核心的民族精神,坚定社会主义的信念。在当代中国,爱社会主义与爱祖国本质上是一致的。建设中国特色社会主义,拥护祖国统一,是新时期爱国主义的主题。修订稿通过中国史内容的组织,呈现了中华民族精神的内涵和爱国主义的传统。其中,中国古代史的内容反映了民族精神的形成过程和特点。中国近现代史的内容则反映了民族精神丰富和发展的过程与特点,通过学习,"认识到中国共产党在中国革命、建设和改革事业中的决定作用,树立中国特色社会主义理想信念";"初步形成对国家、民族的认同感,增强历史的责任感"。拓展国际视野。在经济全球化的

[①] 姚锦祥.中学历史课程理论的完善与发展.历史教学.2012(9):24、25、45.

浪潮中,不同民族文化的相互交融,要求在认同本民族文化的前提下尊重其他民族的文化,在发展本民族文化的同时共同维护、促进文化的多样性。

……

修订稿既关注民族认同感的培育,也关注其他异质文化;既注重在全球化时代表现民族自豪感,彰显自身的民族特色,也注意理解和尊重世界各国、各民族的文化传统,学习汲取人类创造的优秀文明成果。

3.育人为本的理念

修订稿在提出历史课程人文性特点的基础上,阐述了育人为本的教育理念,人格教育、增长历史见识和增强历史思考力则是其基本内容。……修订稿在课程性质、课程理念和课程目标几个方面都有明确的提示。情感态度价值观目标上,指出了相关的学习要求:"初步理解个人与群体、个人与社会的关系,提高对是与非、善与恶、美与丑的识别判断力,逐步确立积极进取的人生态度,形成健全的人格和健康的个性品质。"历史课程中的人格教育,是一个以相关历史现象的情感体验、历史思维的发展和主体意识的成长综合而成的过程,也是学生的社会性生成和完善的过程。

……

3.课程设计思路

"实验稿"分为中国古代史、中国近代史、中国现代史、世界古代史、世界近代史、世界现代史六个学习板块,每个板块下分为若干学习主题。其目的是改变"难、繁、偏、旧"的现象,促进学生学习方式的转变,同时又能兼顾历史发展的时序性与学习内容的内在联系,以反映历史学科的特点。

"2011版"对课程设计思路进行了较大调整,保持了"实验稿"中的六大板块即中国古代史、中国近代史、中国现代史、世界古代史、世界近代史、世界现代史的划分,但对学习主题做了适当弱化,依照历史发展的时序,采用"点—线"结合的呈现方式。"点"是具体的历史事实;"线"是历史发展的基本线索。以"线"穿"点",以"点"连"线",通过"点"与"点"之间的联系来理解"线",使学习内容依据历史的发展线索循序渐进地展开。这样的总体框架设计和内容编排,突出了历史进程的时序性,凸显了历史发展的主线,更有利于教学的展开,有利于学生对历史的学习与理解,有利于培养学生的历史时序思维能力和历史理解能力。

【问题探究】 你认为初中历史课程"主题体"与"时序体"各有何利弊?

(三)课程目标的变化

"课程目标是对一门课程学习的总体要求,包括对学生的学习过程、学习方法、学习效果等方面所要达到教学目的,反映了国家和社会对课程的教育宗旨和基本要求。"[①]

[①]齐世荣,徐蓝.义务教育历史课程标准(2011年版)解读.北京:北京师范大学出版社,2012:59.

"2011版"继承了实验稿中"知识与能力""过程与方法""情感态度与价值观"三维目标,但对三维目标的内涵进行了更为清晰、明确、完整的表述。

1.知识与能力目标

"实验稿"和"2011版"在知识与能力目标方面,都提出了要知道重要的历史事件、历史人物、历史发展的基本线索和正确的时空概念。但就能力目标来讲,"实验稿"层次不清晰,"2011版"能力目标 明确要求,从"初步学会"到逐步提高的层层递进关系。

表3-2 2011版能力目标层次表①:

序号	能力目标	程度要求	达成目标的条件及途径
1	在具体时空条件下考察历史事物的能力	初步学会	了解历史时序及相应的社会背景
2	从历史发展的进程中认识历史人物、历史事件的地位和作用的能力	初步学会	了解历史时序,从整体上把握历史事件的完整过程
3	历史的阅读能力和观察能力以及对历史情景的想象力	逐步提高	了解和体验多种历史呈现方式
4	重证据的历史意识和处理历史信息的能力	初步形成	从多种渠道获取历史信息;依据史料解释历史
5	对历史的理解分析能力和解决问题的能力	逐步提高	就某些历史问题进行探讨
6	表达与交流的能力	逐步提高	书面表达和口头表达训练

在能力方面,要求在具体的时空条件下去认识历史,这是唯物史观的一个基本观点。要求了解多种历史呈现方式、学会从多种渠道获取历史信息,重证据,培养学生的理解能力和陈述问题能力。相较之下,"2011版"关于知识与能力目标的可实施性更强。

2.过程与方法目标

关于过程与方法目标:"实验稿"和"2011版"都是感知历史——积累历史——理解历史的过程。但"2011版"的过程与方法目标比"实验稿"更清楚、明了,尤其是方法目标更具体。

表3-3 "2011版"方法目标层次表②:

序号	方法目标	程度要求	达成目标的条件和途径
1	运用时序与地域、原因与结果、动机与后果、延续与变迁、联系与综合等概念,对历史事实进行理解和判断的方法	学会	要学习知识的过程中

---

①齐世荣,徐蓝.义务教育《历史课程标准(2011版)》解读.北京:北京师范大学出版社,2012:64
②齐世荣,徐蓝.义务教育《历史课程标准(2011年版)》解读.北京:北京师范大学出版社,2012:66

(续表)

序号	方法目标	程度要求	达成目标的条件和途径
2	发现问题、提出问题,初步理解历史问题的方法	学会	在了解历史史实的基础上
3	对历史事物进行分析和评价的方法	初步学会	在体验探究历史问题的过程中
4	计算历史年代的方法、阅读教科书及有关历史读物的方法	逐步掌握	在学习历史的过程中
5	识别和运用历史地图和图表的方法	逐步掌握	在学习历史的过程中
6	查找和收集历史信息的途径和方法	逐步掌握	在教师的引导下,通过教学活动
7	运用材料具体分析历史问题的方法	逐步掌握	在教师的引导下,通过教学活动
8	解释历史问题的方法	逐步掌握	在教师的引导下,通过教学活动
9	表达与交流学习体会的方法	学会	在教学的过程中

以上方法目标,如按由浅入深的逻辑顺序,可以归纳成三个层次的学习方法。一是识记层次的学习方法,在学习基本历史知识的过程中,运用阅读、记忆、体验、表述、归属纳、质疑、比较等方法,掌握并积累必要的基础知识,逐渐形成一个较为系统的知识体系。二是技能层次的学习方法,是指学生学习历史必须具备的技能型方法,如正确计算历史年代的方法、识别和运用历史地图和图表的方法、查找和收集历史信息的方法,以及发现问题、提出问题、初步理解历史问题的方法,运用材料具体分析历史问题的方法等。三是史观层次上的方法,运用正确的观念和方法对历史进行认识,如运用时序与地域、原因当结果、动机与后果、延续与变迁、联系与结合等概念,对历史事实进行理解和判断的方法,对历史事件进行分析和评价的方法,解释历史问题的的方法等。[①]

3.情感态度与价值观目标

情感态度价值观目标中,在民族观、国家认同感、人生观和国际视野方面,两个课标差别不大。

"2011版"的情感目标中,第(1)(2)点是通过中国历史的学习,要求学生认识中国的国情,初步形成对国家、民族的认同感,增强民族自信心和自豪感。第(3)点是通过世界史的学习,了解人类历史发展的多样性,理解和尊重世界各国各民族的文化传统,形成正确的世界意识。第(4)点是要求学生从历史的高度认识人类文明发展的重要性。第(5)点要求学生形成尊重科学、崇尚科学,树立求真务实和创新的科学高度。第(6)点是要求学会做人,形成积极进取的人生态度、健全的人格和健康的个性品质。其核心目标是使学生成为具有社会核心价值观的公民。

总之,"2011版"是"实验稿"的继承和创新。继承了"实验稿"三维目标的表述,并基本保留了三维目标的内涵。创新在于:一是目标表述更加具体,更具操作性。如关

[①] 齐世荣,深蓝.义务教育《历史课程标准(2011年版)》解读.北京:北京师范大学出版社,2012:66—67.

于能力目标的规定比较全面,对历史的阅读能力、观察能力、理解能力以及分析历史问题能力。二是与时俱进,如增加"培养具有社会主义核心价值观的公民",要求学生"认识中国共产党在中国革命、建设和改革事业中的决定作用,坚定发展中国特色社会主义的信念"。

(四)课程内容的变化

1.基本思路

(1)建立基于时序的历史知识结构。历史的发展变化是以时间为坐标的,历史认识也必然要在具体的时空条件下进行的。"脱离特定时间,就难以理解任何历史现象"①作为基础教育阶段的历史课程编制,历史内容的呈现要有时序性,学生也才能基于时序形成正确的历史认识。"实验稿"由于兼顾主题与时序,部分内容被主题所割断,导致时序性不强。而"2011版"明确依照时序组织课程内容,除了继承"实验稿"的中国古代史、中国近代史、中国现代史、世界古代史、世界近代史、世界现代史六大板块的安排外,每一板块内容均以时序排列。如中国古代史分为史前时期、夏商周时期、秦汉时期、三国两晋南北朝时期、隋唐时期、宋元时期、明清时期。每一时期又以时序整合编写了包括政治、经济、文化、外交、民族关系等的具体内容。如隋唐时期,从统一的多民族国家发展的角度,列出了这一时期重要的历史事件、历史人物。5个要点,其顺序是先隋后唐,时序性明显。

(2)表现历史发展的基本进程。"2011版"在依照时序组织教学内容时,较为完整地表现历史发展进程。如秦汉时期,"2011版"的主要内容有:

- 知道秦始皇和秦统一中国,了解秦代的中央集权制度和统一措施对中国历史发展的影响。
- 知道秦的暴政和陈胜、吴广起义,知道秦朝的灭亡和西汉的建立。
- 了解"文景之治",知道汉武帝巩固"大一统"王朝。
- 通过"丝绸之路"的开通,了解丝绸之路在中外交流中的作用。
- 了解东汉的建立,知道东汉外戚、宦官专权造成的社会动荡;知道佛教的传入和道教的产生。
- 知道司马迁和《史记》;知道造纸术的发明对传播文化的作用;讲述张仲景和华佗的故事。

以上包括秦、西汉、东汉三朝的政治、经济、民族关系、对外关系和文化等内容,从秦朝统一、中央集权制度到秦的灭亡,从西汉建立、文景之治、大一统到东汉的建立,较为完整地表现了秦汉历史的发展过程。

(3)内容精选,史事典型具体。"2011版"在学习内容的编制上,明确提出,"从学生的认知水平出发,精选最基本的史实,展现人类社会在政治、经济和文化等方面发展的基

---

①[法]马克·布洛赫著.为历史学辩护.张和声,程郁译.北京:中国人民大学出版社,2006:29

本进程,使学习内容更加贴近时代、贴近社会、贴近生活,有利于学生积极、主动的学习。"①以唐朝为例,"2011版"选择唐太宗、"贞观之治"、唐玄宗、"开元盛世"、文成公主入藏、鉴真东渡、玄奘西行、唐诗、"安史之乱"、唐朝灭亡等具体生动的内容。内容在完整表现唐由盛到衰的过程时,课标更多让学生去领略唐的繁荣与开放,且这种繁荣不仅表现在政治的相对稳定、经济的发展,还表现在民族关系的和睦、对外交流的频繁和文化的兴盛。使用的10个行为动词,其中识记层次8个,理解层次2个。"历史认识简单一些,这样就给教学留下展现故事、细节、情境的空间。假如每节历史课都具体而生动,让学生感觉历史很好玩儿,很有意思,他们才能真正学进去,才能保持对历史的兴趣。"②

2.内容的增减

表3-4 "2011版"增减内容统计表

学习板块	增加的内容	减少的内容
中国古代史	文景之治、东汉、安史之乱、宋朝重文轻武、清朝前期的兴盛。	元谋人、尧舜禹传说、禅让制、世袭制、《九章算术》《水经注》《资治通鉴》。
中国近代史	义和团、袁世凯复辟帝制、北洋军阀混战、解放区土改、齐白石。	左宗棠收复新疆、魏源、严复、詹天佑、侯德榜。
中国现代史	雷锋、北京奥运会、中国特色社会主义理论体系、科学发展、社会和谐。	西藏和平解放、1954年宪法、国企改革、《民法通则》《刑法》、"亚太经合组织"、计算机网络技术、"863计划"、教育、文艺、体育、就业制度、医疗保险。
世界古代史	希腊罗马古典文化、法兰克王国、西欧庄园、大学的兴起、《查士丁尼法典》。	南方古猿、人类起源、三大人种、该亚与厄瑞斯忒的传说、母系氏族社会、父系氏族社会、布匿战争、查理马特改革、马可·波罗、象形文字、楔形文字、《荷马史诗》等古典文学、阿基米德、巴黎圣母院。
世界近代史	租地农场、手工工场。	克莱武在印度掠夺、宪章运动、伏尔泰、爱因斯坦。
世界现代史	社会保障制度、苏联模式社会主义、联合国、世界贸易组织、生态与人口问题。	国会纵火案、反犹暴行、绥靖政策、二战后美国经济的特点、东欧社会主义国家改革、印度独立、中东战争、科索沃战争、生物工程技术、德莱赛、毕加索、爵士乐、好莱坞。

"2011版"相比与"实验稿"不仅是内容的变化,还包括学习层次要求的变化,下面以中国古代史为例,了解其变化的情况。

---

①中华人民共和国教育部.义务教育历史课程标准(2011年版).北京:北京师范大学出版社,2012:3—4.
②任世江.初中历史课程"点—线"结合设计思路的构想——2011年版初中历史课程标准中国古代史课程内容选择建议.历史教学问题.2013(4):124.

表3-5 "实验稿"和"2011版"中国古代史学习要求的比较[①]

序号	学习要点	实验稿的学习要求	2011年版的学习要求
1	北京人	了解中国境内原始人类的文化遗存	了解北京人发现的科学意义
2	河姆渡遗址、半坡遗址、原始农业	简述原始农耕文化的特征	知道考古发现是了解史前社会历史的重要依据
3	炎帝、黄帝和尧舜禹的传说	了解传说和史实的区别	了解传说与神话中的历史信息
4	西周的分封制	说出西周分封制的内容	了解分封制的分封制及其作用
5	商鞅变法	认识战国时期的社会变革	认识改革使秦国逐渐强大起来
6	百家争鸣	了解"百家争鸣"的主要史实	初步理解"百家争鸣"对后世的深远影响
7	秦的统一	探讨统一国家建立的意义	了解秦代的中央集权制度和统一措施对中国历史发展的影响
8	汉武帝	评价汉武帝	知道汉武帝巩固"大一统"王朝
9	丝绸之路	认识丝绸之路在中外交流中的作用	了解丝绸之路在中外交流中的作用
10	北魏孝文帝改革	概述北魏孝文帝促进民族融合的措施	初步理解民族交往、交流、交融对中华民族发展的意义
11	"贞观之治"	评价唐太宗	初步认识唐朝兴盛的原因
12	经济重心的南移	了解中国古代经济重心的南移	理解中国古代经济重心的南移
13	明朝的中央集权	了解明朝加强中央集权的主要措施	初步理解皇帝专权的弊端
14	郑和下西洋	概述郑和下西洋的史实	了解郑和下西洋的航海壮举
15	郑成功收复台湾,设驻藏大臣、平定大小和卓的叛乱	了解清朝加强对边疆地区管辖和维护国家统一的主要措施	认识台湾、西藏、新疆是中国不可分割的一部分
16	清朝的中央集权	了解清朝加强中央集权的主要措施	认识君主专制在清代的极端强化
17	闭关锁国政策	简述闭关锁国的主要表现,分析其历史影响	通过清代中期的腐败现象和闭关锁国政策,了解中国开始落后于世界潮流

[①] 袁从秀.《义务教育历史课程标准》"2011年版"与"实验稿"的比较分析——关于中国古代史内容.历史教学.2012(9):28.

17个学习要点中,识记层次的,"实验稿"有9个,"2011年版"有9个;理解层次的,"实验稿"有4个,"2011年版"有8个;运用层次的,"实验稿"有4个,"2011年版"有0个。相较之下,识记层次两个课标相当,"实验稿"运用层次的,"2011年版"均变为理解层次。说明"2011年版"降低了学习的难度,重视学生对历史的感悟,符合初中学生的心理特点和认知规律,充分考虑到学生是否能够通过学习达成课程目标的要求。即使是同一层次的学习要求,但"2011年版"所提出的学习重点也不尽相同。如"北京人","实验稿"要求"了解中国境内原始人类的文化遗存",而"2011年版"要求学生理解"北京人发现的意义"和"知道化石是研究人类起源的主要证据",旨在引导学生注重证据意识,掌握历史学习和思维的基本方法。"实验稿""简述河姆渡遗址、半坡遗等原始农耕文化的特征","2011年版"不再要求学生了解原始农耕文化的特征,因为对初一年级的学生来讲,理解文化特征实在是太难了。

【问题探究】 与"实验稿"相比,"2011版"的中国近现代史和世界历史内容有何变化?说明这些变化体现了课程标准怎样的设计理念?

(五)实施建议的变化

在实施建议部分,"2011版"与"实验稿"都提出了关于教材编写、教学、评价和课程资源开发四个方面的建议,只是"2011版"改变了顺序,首先说明了教学和评价的建议,再是教材编写和课程资源开发的建议,并对各个部分的文字作了较大修改,要求更为明确清晰,更有利于实现历史课程的基本理念和课程目标。

如在"教学建议"中,提出七点建议并加以说明,其中明确提出了要注重讲述法,要求教师清晰明了的讲述,使学生知晓历史的背景、主要经过和结果,通过具体、生动的情节感知历史,清楚地了解具体的历史状况。

在"评价建议"中,明确指出"评价须以本标准中的'课程目标'和'课程内容'为依据,注重目标、教学和评价的一致性,运用科学、可行和多样的评价方式,对学生的历史学习过程和效果进行价值判断。评价不仅要关注学生的学习结果,更要关注学生在学习过程中的发展和变化"。另外,在评价的设计上,分别对"知识与能力""过程与方法""情感·态度·价值观"三个部分提出了要求。

教材编写建议特别说明了历史教材包括教科书、教学图册、教师教学用书等,并具体说明了历史教科书、教学图册、教师教学用书的功能,"历史教科书是学校历史教育最主要、最基本的教学资源";"历史教学图册属于辅助性的学习材料";"与教科书配套的历史教师教学用书,主要作用是提出怎样利用教科书实现历史教学的目标,教会学生学习和思考,并为课程的实施提供可操作的参考方案和必备的资料。"

课程资源开发与利用建议,"2011版"将教师资源、学生资源等人力资源作为历史课程资源的一部分,从而在更广泛的程度上认识课程资源。此外,"2011版"新提出选择和利用历史课程资源的基本原则:目标性原则、思想性原则、精选性原则、可行性原则,保证了课程资源开发的科学性、有效性。

【延伸阅读】 义务教育《历史课程标准(2011版)》课程内容的新特色[①]

1. 注重考古发现

如中国古代史"史前时期"中,对于"北京人"的学习要点,课标规定"知道化石是研究人类起源的主要依据";在讲"半坡居民和河姆渡居民"时,课标要求:"知道考古发现是了解史前社会历史的重要依据。"这样,让学生知道历史不是凭空想象和捏造的,我们对历史的认识是依据这些重要历史资料而形成的,从而使学生逐步具有史证意识,培养学生学习历史的基本能力和素养,而不是单纯地停滞在具体历史知识的学习层面。

2. 强调改革对社会发展的推动作用

例如,在中国古代史中,"夏商周时期"的课标内容规定:"通过商鞅变法,认识改革使秦国逐渐强大起来";在中国现代史中,要求:"了解社会主义市场经济体制建立与完善,认识改革对于中国发展的重大意义。"又如在世界近代史中,课标规定:"知道彼得一世改革,亚历山大二世废除农奴制法令,理解改革促进了俄国历史的进步";"知道明治维新的主要政策,理解明治维新在日本历史发展中的作用。"

3. 高度重视多民族问题

如中国古代史部分,课标要求:"通过北魏孝文帝改革,初步理解民族交往、交流、交融对中华民族发展的意义","以文成公主入藏、鉴真东渡、玄奘西行等史实为例,说明唐代民族和睦与中外文化交流的发展","知道辽、西夏与北宋的对峙局面;了解女真族的崛起,知道金灭辽及北宋……南宋偏安","知道成吉思汗的崛起以及蒙古军灭亡夏、金和南宋","通过宣政院管辖西藏,知道西藏在元代正式纳入中国版图","知道册封达赖和班禅与设置驻藏大臣;知道西北边疆的巩固"等。中国现代史课标规定:"通过民族区域自治制度,认识各民族共同团结奋斗、共同繁荣发展的重要意义。"

4. 突出国家统一的历史传统

例如:在中国古代史部分,课程内容中规定:"知道秦始皇和秦统一中国,了解秦代的中央集权制度和统一措施对中国历史发展的影响","知道汉武帝巩固'大一统'王朝","知道隋朝的统一","知道元朝的统一","通过宣政院管辖西藏,知道西藏在元代正式纳入中国版图","认识台湾、西藏、新疆是中国不可分割的一部分。"在中国现代史部分,要求"了解香港、澳门回归和海峡两岸关系改善的史实,认识祖国统一是历史的必然趋势"。

5. 呈现历史的时序性

以隋唐时期的历史为例,修订后的课程内容是按时序分历史时段,设置"隋唐时期",列出了"隋朝的统一""科举取士""大运河开通""隋朝灭亡""唐太宗和贞观之治""唐玄宗和开元盛世""唐代民族和睦和中外文化交流""盛唐社会气象""安史之乱""唐朝灭亡""五代十国局面"等内容。按呈现的课程内容,将隋唐的建立、

[①] 李卿.义务教育历史课程标准(2011年版)课程内容的新变化.历史教学.2012(11):32—36.

发展和衰亡的过程呈现出来,与此同时对重要历史人物如唐太宗、重要历史现象如贞观之治、重要历史事件如安史之乱重点讲述,将历史人物、历史事件和历史现象放到特定的历史背景中,"点—线"结合。

6.增强历史内容的内在逻辑性

例如明清时期,课程内容不但讲述了"清朝前期的兴盛",同时也讲述了"清朝中期以来的腐败现象和闭关锁国政策",让学生了解中国开始落后于世界发展潮流的历史原因及过程,这就为中国到近代落后挨打、开始沦为半殖民地半封建社会做了背景铺垫。

三、"2011版"课程内容分析

1.中国古代史

中国古代史按历史发展的时序,分为史前时期、夏商周时期、秦汉时期、三国两晋南北朝时期、隋唐时期、宋元时期和明清时期。每个历史时期下设若干学习要点,其中史前时期3个、夏商周时期6个、秦汉时期6个、三国两晋南北朝时期3个、隋唐时期5个、宋元时期7个、明清时期10个,中国古代史共计40个。精选了中国古代史上最重要的具有典型性的历史人物、历史事件和历史现象,展现了从我国境内早期人类开始到1840年鸦片战争前的中国历史发展的基本线索、重大事件和发展趋势。

如史前时期,是指我国有正式的历史记载之前的人类活动时期,亦是国家产生之前的历史时期,其上限从我国境内的早期人类活动开始,下限至夏朝建立之前。[①] 这一时期的学习内容有北京人、半坡居民、河姆渡居民和远古的传说。通过北京人的学习,学生可以了解我们境内早期人类的体态、生产、生活情况,并通过北京人的发掘认识化石是研究人类起源的主要证据。半坡居民和河姆渡居民作为早期农耕文化的典型代表,"分别突出地反映了黄河流域和长江流域的早期农业文明。"[②]黄帝、炎帝的传说,除了学生能知道古老的历史传说外,还能体会多样的历史信息形式,更能认识到传说所承载的丰富的民族文化内涵。

【问题探究】 你如何认识"2011版"课标中的"通过经济繁荣、开放的社会风气和唐诗的盛行,了解盛唐的社会气象"这一内容?怎样进行该内容的教学设计?

2.中国近代史

中国近代史是从1840年鸦片战争到1949年中华人民共和国成立的历史,是中国社会半殖民地半封建社会逐渐形成到瓦解的历史,也是中国人民反对外来侵略争取民族独立的历史,是中国人民反对专制统治进行民主斗争和争取国家富强的历史。

[①] 齐世荣,徐蓝.义务教育历史课程标准(2011年版)解读.北京:北京师范大学出版社,2012:75.
[②] 齐世荣,徐蓝.义务教育历史课程标准(2011年版)解读.北京:北京师范大学出版社,2012:76.

19世纪中期开始,英、法等西方列强接连发动了侵略中国的鸦片战争、第二次鸦片战争、甲午中日战争、八国联军侵华战争,中国的主权独立和领土完整遭到破坏,中华民族危机日益深重。

面对西方列强的侵略,中国人民为反抗列强侵略,争取民族独立,实现中国的民主富强,进行了救亡图存的探索,从器物到制度,从改良到革命,中国的志士仁人进行了不懈地追求。太平天国起义沉重打击了清王朝统治和外国侵略势力;洋务运动客观上刺激了中国资本主义的产生和发展;资产阶级维新派为了挽救民族危亡,进行了维新变法运动;义和团运动客观上打乱了列强企图瓜分中国的步骤;辛亥革命推翻了清王朝的统治,建立了中华民国,开创了完全意义上的近代民族民主革命;新文化运动开启了思想解放的闸门。

1919年爆发的五四爱国运动,标志着中国革命由旧民主主义革命过渡到新民主主义革命。1921年中国共产党成立,中国革命的面貌从此焕然一新,中国共产党开始领导中国人民进行中国革命道路的新探索。

1931年日本帝国主义发动九一八事变,1937年又发动七七事变,国共两党合作,中华民族进行了全国性抗日战争,1945年,终于第一次取得了近代以来反抗外敌入侵的完全胜利。

抗日战争胜利后,中国共产党为争取和平民主做出了很大努力,三年解放战争,最终推翻了国民党在中国大陆的统治,取得了新民主主义革命的伟大胜利。

精选的中国近代重要的历史人物、历史事件和历史现象,学生能够了解中国近代历史发展的基本线索,理解国史、国情,能够认识到近代中国遭受过的深重灾难,认识到捍卫国家主权和民族尊严是中华民族的优良传统,从百年来中国人民的斗争认识到民族民主革命的艰巨性,从而坚定为中华民族复兴而奋斗的信念。

【问题探究】"2011版"课标中就"抗日战争"设计了哪些内容?那些内容间的关系是什么?突出了怎样的课程思想?

3.中国现代史

1949年中华人民共和国的成立是中国现代史的开端。中国现代史是中国共产党领导全国各族人民进行社会主义建设道路不断探索和为国家富强及人民幸福不懈努力的历史。

"2011版"按照时序发展,选择了中国现代历史上重大的历史事件。新中国的成立开辟了中国历史的新纪元,中国开始社会主义建设道路探索时期。新中国成立初期,通过开展土地改革运动、镇压反革命运动和进行抗美援朝战争,巩固了人民民主专政的国家政权,恢复了国民经济。从1953年开始,有计划地实行社会主义工业化,并对个体农业、手工业和资本主义工商业进行社会主义改造,到1956年社会主义改造完成,社会主义基本制度得到确立,中国进入社会主义初级阶段。1956—1976年在探索社会主义建设道路的过程中,成就与失误并存,一方面取得了经济文化建设的重大成就,另一方面发生了"大跃进"的严重失误和"文化大革命"的内乱。

1978年,中国共产党第十一届三中全会实现了历史性伟大转折,中国进入改革开放和社会主义现代化建设的新时期,中国特色社会主义理论创立。

"2011版"课标所选内容纵横结合,展现了现代中国在经济建设、政治建设、文化建设、社会建设、生态文明建设、国防和军队建设、祖国统一大业、对外交往等方面取得的巨大成就。通过学习,学生除了解中国现代史的重要历史人物、历史事件、历史现象和历史发展的基本线索外,更能认识社会主义现代化建设的艰巨与曲折的过程,从社会的不断进步和发展中体会到中国共产党领导的重要性和必要性,坚定建设中国特色社会主义的信念。

【问题探究】 中国现代史部分,如何实现纵向与横向内容的有机结合?

4.世界古代史

世界古代史是指从早期人类的出现,直到公元15世纪末期的历史。

世界古代史根据典型性原则精选内容,不同时期选择内容的侧重点不同。上古时期,以古代文明为主线,课程内容确定为北非尼罗河流域的古埃及文明、西亚两河流域的古巴比伦文明、南亚印度河流域的古印度文明和欧洲的爱琴海地区的古希腊罗马文明。古代世界相对孤立闭塞的状况下,各种文明相对独立发展,呈现出各具特征、丰富多彩的文明形式。中古时期,古典文明衰落,课程内容选择了西欧法兰克封建庄园、拜占庭文化、日本的大化改新和阿拉伯帝国等内容为主线,呈现出中古时期世界历史的发展潮流。其中随着经济、政治的发展,在欧洲、亚洲和非洲的国家间、地区间,逐渐出现较多的交往,不论是暴力的冲撞形式,还是商旅往来、文化交流的文明形式,儒家文化、印度文化、希腊罗马的古典文化、阿拉伯—伊斯兰文化都在向外扩散并相互影响,佛教、基督教、伊斯兰教成为古代世界的三大宗教。

世界古代史的学习,在知道主要国家和地区重要的历史人物、历史事件和历史现象的基础上,了解世界古代史发展的基本线索,体悟人类文化的多元性、共融性和发展的不平衡性,认识到世界各地区、各民族共同推动了人类文明的进步,他们创造的文明成就是人类的共同财富,树立民族自信心和正确的国际意识,形成理解、尊重、吸收其他民族文化精华的开放心态。

【延伸阅读】 **牛津大学(University of Oxford)**

牛津是泰晤士河谷地的主要城市,传说是古代牛群涉水而过的地方,因而取名牛津(Oxford)。

在12世纪之前,英国是没有大学的,人们都是去法国和其他欧陆国家求学。1167年,从巴黎回国的学者聚集于牛津,从事经院哲学的教学与研究,把牛津作为一个"总学",这就是牛津大学的前身。牛津大学的身份直到1571年通过的一项法案而得到正式的确定。

5.世界近代史

世界近代史的起讫时间大约是从16世纪初至19世纪末。它是资本主义制度在西方产生、确立、发展和扩张的历史,也是世界各地区逐渐结束相对孤立和隔绝状态,人类逐渐步入相互联系、相互依赖的阶段,具有了真正意义上的世界历史。

世界近代史有两条主要发展线索：一是资本主义制度在西欧产生并向北美、日本等国发展的历史；另一条是西欧各国通过开辟新航路和血腥的殖民掠夺，使资本主义经济不断向全球扩张，最终形成了世界市场。[①]

世界近代史按时序分两个时期编排了15个学习要点。14—17世纪为第一个时期，主要内容有文艺复兴运动、资本主义萌芽、新航路开辟、殖民扩张等史实，从文化、经济等方面说明资本主义的兴起，体现了14—17世纪资本主义的产生、初步发展及世界开始逐渐形成一个整体的时期，为资本主义生产方式的建立奠定了思想和物质基础。17—19世纪为第二个时期，主要内容有资产阶级革命与改革、工业革命、马克思主义的产生、殖民地人民的反殖斗争、科学文化与社会生活等，反映了资本主义制度在欧美的确立、资本主义的发展和世界完全成为一个整体。

学生在了解世界近代史上重要的历史人物、历史事件、历史现象和历史发展基本线索的基础上，理解世界逐渐形成一个整体，能正确分析资本主义发展的历史进步性和局限性，认识马克思主义诞生的重大历史意义，理解殖民地半殖民地人民反抗资本主义侵略扩张斗争的正义性和合理性，初步形成正确的历史进步意识、历史正义感和以人为本的价值观。

6.世界现代史

世界现代史是指20世纪初以来的世界历史。进入20世纪以来，各国之间既相互依存又相互竞争，世界日益成为一个密不可分的整体，终于形成了完整意义上的世界历史。

吴于廑指出："世界历史是历史学的一门重要的分支学科，内容为对人类历史自原始、孤立、分散的人群发展为全世界成一密切联系整体的过程进行系统探讨和阐述。世界历史学科的主要任务是以世界全局的观点，综合考察各地区、各国、各民族的历史，运用相关学科如文化人类学、考古学的成果，研究和阐述人类历史的演变，揭示演变的规律和趋向。"[②] 课程标准中所选的课程内容，按照时序，采取纵横交织的编撰体例，精选15个学习要点，叙述了从19世纪末20世纪初以来世界历史发展的基本进程，涵盖了世界不同地区、不同国家和不同文明。

依据历史发展的基本进程，世界现代史按三个时期选择学习内容：

第一个时期：19世纪末20世纪初至1945年第二次世界大战结束。这一时期的学习内容有：第一次世界大战、俄国十月革命、凡尔赛—华盛顿体系、苏联社会主义建设、印度和土耳其的民族独立运动、经济危机及罗斯福新政、德意日法西斯上台和第二次世界大战等学习要点。

第二个时期：1945年第二次世界大战结束至1991年冷战结束。这一时期的学习内容有：美苏冷战、战后资本主义的发展、东欧剧变、苏联解体、亚非国家的独立等学习要点。

第三个时期：1991年冷战结束至2011年。这一时期的学习内容有：世界贸易组织、世界多极化、现代社会的发展等学习要点。

---

① 齐世荣，徐蓝.义务教育历史课程标准(2011年版)解读.北京：北京师范大学出版社，2012：144.
② 中国大百科全书(第一册).北京：中国大百科全书出版社.1990：1.

通过学习,学生在了解世界现代史上重要的历史人物、历史事件和历史现象的基础上,认识世界现代历史发展的基本进程和总趋势,理解世界已经形成一个彼此关联的整体,形成正确的国际意识,以更开放的心态和开阔的视野看待世界,吸纳人类共同创造的文明成果,增强社会责任感和历史使命感。

> **【延伸阅读】 关于世界现代史的开端**[①]
>
> 第一种观点,是把19世纪末20世纪初作为世界现代史的开端。持这种观点的学者认为"世界现代史的开端应以19世纪末20世纪初帝国主义的形成为标志。因为应该以经济基础的变化作为历史分期的标准。帝国主义是资本主义的最高阶段,帝国主义的形成为世界现代史的分期树起了界碑。帝国主义在1898—1900年间形成,所以,世界现代史不能以革命为开始的标志。"
>
> 第二种观点,是以20世纪初为世界现代史的开端。这种观点认为:20世纪有几件大事合起来构成新时代。这些大事是:帝国主义形成;第一次世界大战;俄国十月革命;亚洲的觉醒和伊朗、印度、土尔其以及中国爆发的革命以及日本、美国的兴起。这种观点高度肯定了十月革命在世界现代史开端划分中的作用:"现代史卷的起讫时间大约从20世纪初到1945年第二次世界大战结束。在这一阶段,随着俄国十月革命的胜利和苏联的建立,人类历史第一次出现了崭新的社会主义生产方式和与之相适应社会主义社会。资本主义和社会主义两种制度的并存及其相互影响和斗争,深刻影响了世界现代史和当代史的进程。"
>
> 第三种观点,是把1900年作为世界现代史的开端。持这种观点的人认为:"逐步在全世界取得支配地位的各发达国家资本主义从自由向垄断过渡,约当19世纪末20世纪初之际。因此1900年可以视为已在支配世界的资本主义经济形态发生巨大变化的标志。"
>
> 第四种观点,是以1905年为世界现代史的开端的观点。

第二节 普通高中《历史课程标准(实验)》分析

新中国成立后,从1953年的第一部历史教学大纲(草案)开始,先后有1953年的《中学历史教学计划》、1956年的《中学历史教学大纲》、1963年的《全日制中学历史教学大纲(草案)》。十一届三中全会后,又有1978年的《全日制十年制学校中学历史教学大纲》(试行草案)、1980年的《全日制普通高级中学历史教学大纲》、1986年的《全日制中学历史教学大纲》、1990年的《全日制中学历史教学大纲》(修订本)、1996年的《全日制普通高级中学历史教学大纲》(供试验用)、2000年的《全日制普通高级中学历史教学大纲》(实验修订本)等。2003年颁布了普通高中《历史课程标准(实验)》,2004年9月正式进入试验。从而完成了普通高中"大纲"到"标准"的转变。

[①] 李世安.略谈世界现代史的开端问题.温州大学学报·社会科学版.2010(1):8.

一、普通高中《历史课程标准(实验)》的文本结构

"历史课程标准的结构是指构成历史课程标准的基本组成部分。"[①]普通高中《历史课程标准(实验)》包括前言、课程目标、内容标准和实施建议四个部分。

高中历史课程标准结构	
前言	课程性质
	课程基本理念
	标准设计思路
课程目标	知识与技能
	过程与方法
	情感态度与价值观
内容标准	学习领域、目标及行为目标
实施建议	教材编写建议
	教学建议
	评价建议
	课程资源开发与利用建议

(一)前言

前言对高中历史课程的性质进行了定性的描述,阐述了高中历史课程标准的基本理念,说明了设计思路。课程性质是"用历史唯物主义观点阐释人类历史发展进程和规律,进一步培养和提高学生的历史意识、文化素质和人文素养,促进学生全面发展的一门基础课程。"强调课程的基础性。

课程的基本理念:一是突出历史的教育功能;二是课程内容的基础性、时代性、多样性和选择性;三是从根本上转变教学方式和评价方式。

课程设计的基本思路:在初中历史课程的基础上,普通高中历史课程由必修课和选修课构成。历史必修课分为历史(Ⅰ)、历史(Ⅱ)、历史(Ⅲ)三个学习模块,包括25个古今贯通、中外关联的学习专题,分别反映人类社会政治、经济、思想文化、科学技术等领域的重要历史内容,是全体高中学生必须学习的基本内容。历史选修课分为《历史上重大改革回眸》《近代社会的民主思想与实践》《20世纪的战争与和平》《中外历史人物评说》《探索历史的奥秘》《世界文化遗产荟萃》等六个模块。必修课每个模块为36学时,2学分,共108学时,6学分。选修课每个模块为36学时,2学分;学生可根据自己的兴趣,任选若干模块;人文社会科学方向发展的学生,应至少选修3个模块。

[①] 赵克礼.历史教学论.西安:陕西师范大学出版社,2005:24.

(二)课程目标[①]

普通高中《历史课程标准(实验)》延续了义务教育《历史课程标准(实验稿)》的目标表述,从知识与能力、过程与方法、情感态度与价值观三个维度确定了高中历史课程的目标,体现了初高中历史课程目标的联系性、继承性和发展性。

1.知识与能力

知识内容主要由具体的历史史实和抽象的历史认识两部分构成,它包括三方面的主要内容:

(1)具体的历史史实:如时间、地点、人物和事件等,是学生在历史学习过程中要完成的基本任务。

(2)基本的历史概念:历史概念是在掌握具体的历史史实的基础上,通过抽象概括而形成的对历史史实本质性的认识。

历史概念主要分为两种:一是分类性的历史概念,即对具体的历史史实进行归纳,概括出某一类历史史实的分类性或时段性特点。如文艺复兴运动、新航路的开辟、甲午中日战争、明治维新等等。二是抽象性的历史概念,即对更大范围内的历史史实进行归类、概括、抽象,进而得出具有较深刻理论含义的规律性的概念,如封建社会、社会生产力、代议制度、资本原始积累等等。前者是对某类历史史实进行分类而得出的历史概念,它往往包含多个具体的历史史实,是对一类具有相同特点或相关性的历史事物的归纳和概括,因而同具体的历史史实有着密切的联系。而后者,则是在更大范围内的同类事物进行归类、概括和抽象的基础上,概括出更大程度上脱离具体历史事物的抽象性概念,因而具有更深刻的理论含义。

(3)基本的历史线索和规律。它是历史发展过程中历史现象内部本质性联系的反映,它包含历史事件的因果关系、历史发展阶段的内在联系,以及对人类社会发展趋势的预测。

能力目标包括两个方面:一是基本的历史技能,二是历史认知能力。

基本历史技能又包括两个层次:第一个层次是外显的操作技能,它指动手操作的方式,如历史年代的计算技能、历史图表及各种示意图的制作等。第二层次是内隐的心智技能,它是指顺利完成某项任务的心智活动方式,是动脑。一般包括:阅读历史材料的技能、整理历史知识的技能、编制历史地图的技能、表述历史的技能。

历史认知能力包括一般认知能力和历史学科认知能力。一般认知能力是指完成任何活动都需要的基本能力,如观察力、记忆力、想象力、思维力等。历史学科认知能力专指获得并运用历史知识的能力,包括:历史感知能力、历史理解能力、历史比较能力、历史分析与综合能力、历史辩证评价能力。

[①] 朱汉国,王斯德.普通高中历史课程标准(实验)解读.南京:江苏教育出版社,2003:30—47

【延伸阅读】 历史基础知识的分类[①]

根据现代认知心理学的研究成果,历史基础知识可以分三类。一类是描述性的历史知识,多指历史概念或者历史现象,如鸦片战争、义和团运动、英国资产阶级革命、法国大革命等。它可以使学生对历史发展的基本原貌有一个大概的了解,但是这种了解不是有条理和系统的。一类是规律性的历史知识,往往多指从诸多历史现象背后发现的较普遍性的知识,如人类社会发展的动力和道路问题、资产阶级在历史上的作用、地理环境对历史发展的作用等。它可以使学生通过对万千纷繁的历史现象内在联系的考察,发现和归纳出影响历史发展的决定性因素。一类是策略性的知识,多指反映对规律性知识的掌握和运用规律性知识独立解决历史问题的那些知识,如如何评价"恶"在历史发展中的作用、如何处理历史上主观动机与客观效果不一致的矛盾问题、如何通过学习历史实现"学以致用"等。一般来说,历史教科书中的历史知识,主要是描述性的历史知识。规律性的历史知识和策略性的历史知识往往通过历史教师的讲解过程反映出来,属于隐性知识。

2.过程与方法目标

高中历史的学习过程有几个基本阶段:

一是通过各种教学活动,让学生对人类历史发展中的几个主要领域有一个较为深入的了解,从而使其初步掌握某个历史领域的发展过程、基本特点和基本规律;

二是通过教学进一步积累类别化、类型化的历史知识,使这种体验与感知在初中历史学习的基础上逐步发展到建立在准确、科学知识基础上的更高层次,进而对人类历史中的某些领域有一个较为准确的了解和把握;

三是通过进一步的技能训练和思维方式的训练与培养,使学生能对客观的历史过程形成主观的理解和认识,培养一种科学的态度和观察历史现象,并做出较为正确解释的能力;

四是在体验、学习、理解和认识人类历史发展的过程中,形成对民族、国家和人类历史发展的认同感,确立正确的情感态度与价值观。

学生较为有效的学习方法主要包括以下几种:

一是材料学习法。即在各个专题的学习中,运用识读、记忆、体验、表述、制表归纳、质疑、比较等方法,积累必要的历史材料(包括文字的、图片的和实物的),并逐渐形成一个较为系统的知识体系。

二是观察学习法。所谓观察学习法是指学生能主动地运用自己的观察力从历史材料中获取有效历史信息的学习方法。

三是思辨学习法。历史教育的目的,不仅仅在于让学生掌握必要的知识和能力,而且在于让学生依据有关史料,通过独立思考,对历史人物、历史事件和历史现象产生

[①] 何成刚.中学历史教学问题三点思考.教育科学研究.2001(9):51—52.

个人的质疑、认识和判断,得出相关的历史结论。

四是实践学习法。是指通过社会调查、参观访问、情境模仿和解释现实等途径来学习历史的方法。

> 【观点争鸣】 "过程与方法"是手段还是目标?①
> 　　把"过程与方法"纳入课程目标中是本次课程改革的突出特点。为了实现历史学习过程,必须选择一定的学习过程与方法,从这个意义上说,"过程与方法"是手段;另一方面,在体验学习过程和运用学习方法的同时,可以掌握学习过程与方法,有助于进一步学习和发展,从这个意义上说,"过程与方法"又是学习目标,而且具有特殊的意义。在教学活动过程中,学生不仅仅要把这些"过程与方法"作为手段来获取知识,更重要的是要把这些"过程与方法"作为目标来学习、运用和掌握,获取"能够获取知识的知识"。

3.情感态度价值观目标

课程标准关于历史学习的情感态度和价值观要求可以从三个层面来理解:

一是对个人而言,要求通过历史学习,树立以人为本、善待生命的人文意识;培养健康的审美情趣,追求真善美的人生境界;确立积极进取的人生态度;塑造健全的人格,培养坚强的意志和团队合作精神,增强经受挫折、适应生存环境的能力;树立崇尚科学的精神,坚定求真、求实和创新的科学态度。

二是对国家民族而言,通过历史学习,了解中国国情,热爱和继承中华民族的优秀文化传统,弘扬和培育民族精神,激发对祖国历史和文化的自豪感,逐步形成对国家、民族的历史使命感和社会责任感,培养爱国主义情感,树立为祖国的现代化建设、人类和平与进步事业做贡献的人生理想。这一目标是对个人情感态度价值观的升华,它包括对民族文化的认同、对祖国热爱、以及对祖国和社会的责任感等三个情感层次。

三是对世界和人类而言,通过历史学习,能够认识人类社会发展的统一性和多样性,理解和尊重各地区、各国、各民族的文化传统,汲取人类创造的优秀文明成果,进一步形成开放的世界意识。

【问题探究】 什么是世界意识?历史教学中如何培养学生的世界意识?

(三)内容标准

按先必修历史(Ⅰ)、历史(Ⅱ)、历史(Ⅲ),选修《历史上重大改革回眸》《近代社会的民主思想与实践》《20世纪的战争与和平》《中外历史人物评说》《探索历史的奥秘》《世界文化遗产荟萃》的顺序,详细呈现了每一模块的基本要求、学习要点和教学活动建议,是课程标准中最为详细的内容,也是教材编写和教师进行教学活动最为主要的依据。

---

①教育部基础教育司.普通高中新课程教师研修手册:历史课程标准研修.北京:高等教育出版社,2004:30

(四)实施建议

包括教学建议、评价建议、教科书编写建议和课程资源的利用与开发建议。

教学建议中强调课程标准是高中历史教学的依据,教学中要全面落实课程目标,完整、准确地把握历史课程的内容,改进教学方法。

评价建议强调历史教学评价具有反馈、调控教学并促进学生全面发展的重要功能。历史学习评价既重视结果,也注重过程的基本原则,运用多种评价手段对学生的知识与能力、过程与方法、情感态度与价值观做出定量和定性的评价。课程标准提供了学习档案、历史习作、历史制作、历史调查、考试等评价方式。

教科书编写建议要求严格以课程标准为依据,全面落实课程目标,教科书呈现方式多样化,克服专业化和成人化倾向,有利于学生的个性化学习。

课程资源的利用与开发建议中,强调课程资源除常规的资源,如图书馆、历史音像资料、历史遗存、互联网外,历史教科书、历史教师、学生家庭都属于课程资源,提倡教师结合校情,因地制宜地利用和开发历史课程资源。

【延伸阅读】 美国国家历史课程标准中的知识体系[①]

时代1: 三个世界的交汇 (从人类起源到1620年)	标准1:比较1450年以后交往逐渐增多的美洲、西欧和西非的社会特征。 标准2:欧洲早期的探险和殖民活动如何促成原先互不联系的人们之间的文化和生态交流。
时代2: 殖民化与殖民地(1585—1763年)	标准1:为什么美洲会吸引欧洲人,为什么他们要把非洲奴隶带到殖民地来,以及欧洲人为了争夺北美和加勒比海的控制权进行了怎样的斗争。 标准2:英属殖民地的政治、宗教和社会制度是如何产生的。 标准3:欧洲人经济生活中的各种价值观和制度如何在殖民地扎根,以及奴隶制如何重塑了在美洲的欧洲人和非洲人的生活。
时代3: 革命与国家(1745—1820年)	标准1:美国革命的起因、促成革命运动后各种思想和利益,以及美国人胜利的原因。 标准2:美国革命的政治、经济和社会影响。 标准3:革命期间创建的政治制度和实践,以及它们在1787年至1815年之间怎样进行了修订,在《美国宪法》和《人权法案》基础上建立起美国政治体制的基础。

[①] National Standards for History,Basic Edition.P77—75.

二、模块专题式课程体系的主要特点

普通高中《历史课程标准（实验）》，在课程结构上进行了大胆的创新，以"模块"加"专题"的形式，构建了高中历史课程体系。这一课程体系具有显著的特点：

1.避免了与初中历史课程的简单重复

义务教育《历史课程标准》确立的是具有一定时序的主题式的课程内容体系，义务教育《历史课程标准（2011版）》回归通史体例，按历史发展的顺序呈现历史内容，普通高中《历史课程标准（实验）》设置了9个学习模块，对历史知识进行了重新整合，依据"贯通古今，中外关联"的原则，设计了25个专题。以专题的形式构建了高中历史课程体系，从而避免了与初中历史课程的简单重复。

2.有利于突出历史知识间的纵横联系，符合高中学生的认知特点

专题式是以纵为主、纵中有横的内容体系，注重突出知识之间的联系性。以纵为主表现为每一个模块都体现了对某一历史领域的认识，且古今中外贯通，形成了一个以纵向为主的知识结构体系。如历史（Ⅰ）"中国古代政治制度"专题，从夏商西周、秦、汉到元、明清政治制度的发展情况，分析中国古代政治制度的特点及其影响。在横向上，中外关联，设置了"古代希腊罗马的政治制度"专题，认识到中外不同的政治制度，体现世界政治文明发展的多样性。

纵中有横的专题式课程内容也符合高中学生的认知特点。一是通过初中的历史学习，学生基本了解中国与世界历史发展情况，具备一定的分析问题、解决问题的能力，奠定了进一步理解历史问题的基础；二是高中学生理解抽象问题和对历史问题进行探究的能力有所提高，感兴趣的领域也比初中阶段更为广阔，要求独立思考和表现独立人格的欲望也更加强烈，高中历史"贯通古今、中外关联"专题设置，有利于学生综合地认识中国与世界的发展全貌及其关系，探索历史发展规律，形成历史认识。

3.充分体现历史课程的多样性和选择性

历史课程设计为必修和选修两部分，必修课程有3个学习模块，25个学习专题，为学生必学内容。选修课程有6个学习模块，41个学习专题，供学生选学。学生在完成必修内容的前提下，根据自己的学力、兴趣等选择学习内容，有利于进一步激发学生学习历史的兴趣，拓展学生的历史视野，促进学生个性化的发展。

【学者观点】 初中与高中历史课程的内容设计[①]

对于不同学段中相同的教学内容，需要具体情况分别对待，而总的设计思路是要考虑各学段课程及教材的不同层次，在知识的广度、深度及难度上有所区别。

基本的原则是：

[①] 节选自叶小兵.整合设计：中学历史课程新走向.教育科学论坛.2012(11):13—15.

1.初中历史课程可以侧重于具体的史事过程,如有关历史事件和历史人物的一些细节;而在高中课程中则不必再重复这些具体细节,可侧重在对史事性质、特点的阐释上,并适当加强理论方面的阐述,尤其是注重对史事的历史地位、作用、意义和影响等方面的阐述。

2.对于一些较深的内容,初中学生难以理解,可放到高中课程中去讲。如政治体制、经济模式、学术发展等,需要学生有一定的理解能力,故在初中教材中不必过多涉及,可在高中历史课程中进行讲述。对有关史事的认识,也需要学生具备一定的史学基础和素养,因此内容的选择和编排要有所侧重,以适应学生的发展阶段。如近代历史上资本主义和帝国主义对中国的侵略,在初中阶段讲述列强侵略中国的主要战争情况,在高中阶段对列强的侵华战争做更为全面的论述,并分析列强侵华的途径及其危害。

3.对于有些重大的历史事件和历史人物,是初高中历史课程中都要出现的,尤其是对历史发展有重要影响的事件和人物,是绝不能为了不重复而回避或省略的。正确的做法是在内容的深浅上加以区别,既不作简单的重复,又能够有所侧重,从而使学生对重要的史事逐步加深认识。例如,对于洋务运动的失败,初中历史教材只需写明洋务运动没有使中国走上富强的道路即可;而在高中历史教材中,则要进一步指出由于统治集团的内部腐败和外国势力的挤压,导致洋务运动的失败,以使学生初步认识到洋务运动为什么没有成功。

下面以中国近代史的部分内容为例,来看初高中历史课程内容的区分与衔接。

新初中历史课标("2011版")的课程内容是这样编排的:

• 讲述林则徐虎门销烟的故事;列举中英《南京条约》的主要内容,认识鸦片战争对中国近代社会的影响。

• 知道洪秀全,了解太平天国运动的兴衰。

• 简述第二次鸦片战争期间英法联军火烧圆明园、俄国通过不平等条约割占中国北方大片领土的侵略事实。

• 了解洋务派为"自强""求富"而创办的主要军事工业和民用工业,初步认识洋务运动的作用和局限性。

• 知道甲午中日战争的主要战役;列举《马关条约》的主要内容,说明《马关条约》与中国民族危机加剧的关系。

• 知道康有为、梁启超等维新派代表,了解"百日维新"的主要史事。

高中课程内容的初步设想是这样编排的:

1.西方资本主义的东侵与中国近现代史的开端

(1)知道鸦片战争前夜的世界格局与中国境况。

(2)了解鸦片战争和第一批不平等条约的出现,分析中国历史由此进入半殖民地半封建社会。

2.太平天国运动和第二次鸦片战争

(1)了解太平天国运动的进程,分析太平天国运动的历史地位和特色。

(2) 了解第二次鸦片战争及其导致中国半殖民地化的加深。

3. 洋务运动和中国资本主义的产生

(1) 了解洋务运动的性质、作用与局限,理解新社会经济因素的出现。

(2) 分析中国资本主义的产生及其在重重压迫下的曲折成长。

4. 民族危机与维新变法运动

(1) 知道19世纪70—90年代中国边疆的危机状况。

(2) 了解甲午战争,分析《马关条约》对中国社会和民族觉醒的深刻影响。

(3) 了解维新变法思潮的兴起及戊戌变法,理解其启蒙意义。

由此可以看出,新初中历史课标的课程内容是突出以具体史事为代表的"点",并使一个个的"点"串连成历史演进的"线"。而高中历史课程的新设计则是在大时序的基础上,以专题的方式将教学内容扩宽、拓深。两者的侧重有所区别,又构成了初高中历史课程有机的联系与发展。

三、普通高中《历史课程标准(实验)》必修模块的分析

历史必修课程分为历史(Ⅰ)、历史(Ⅱ)、历史(Ⅲ)三个学习模块,包括25个专题。

1. 历史(Ⅰ)政治模块

历史(Ⅰ)着重反映的是人类社会政治领域发展进程中的重要内容,包括中外重要的政治制度、重大的政治事件及其重要的历史人物,共有9个专题:(1)古代中国的政治制度;(2)列强侵略与中国人民的反抗斗争;(3)近代中国的民主革命;(4)现代中国的政治建设与祖国统一;(5)现代中国的对外关系;(6)古代希腊罗马的政治制度;(7)欧美资产阶级代议制的确立与发展;(8)从科学社会主义理论到社会主义制度的建立;(9)当今世界政治格局的多极化趋势。中国史5个专题,世界史4个专题,顺序是先中国后世界,先古代后近现代,体现其历史认识的空间性和历史学科的时序性。

9个专题以人类政治活动发展为主线,同时又兼顾了时段性政治发展特征。第1—5专题古代中国的政治制度、近代中国的民主革命、现代中国的政治建设等内容,重点说明中国政治发展历程。第6—9专题,从古代希腊罗马的政治制度、欧美资产阶级代议制、社会主义制度的建立、世界政治格局的多极化,展现了世界政治文明发展的主线,有助于学生既能较好地了解本国政治文明发展的历程,又能整体地把握世界历史发展的多样性。

时段性政治发展特征极为突出,如"古代中国的政治制度"专题内容有:(1)了解宗法制和分封制的基本内容,认识中国早期政治制度的特点。(2)知道"始皇帝"的来历和郡县制建立的史实,了解中国古代中央集权制度的形成及其影响。(3)列举从汉到元政治制度演变的史实,说明中国古代政治制度的特点。(4)了解明朝内阁、清朝军机处设置等史实,认识君主专制制度的加强对中国社会发展的影响。时间是从先秦到明清,囊括了古代中国两千多年的政治发展过程。本专题是政治制度,政治制度"是指国

家政权的组织形式及其与之相关的政治领域的各项制度,包括国家组织形式、政治关系、政治体制、政治组织形式及人们的政治参与等内容。"①专制主义中央集权制度是中国古代政治制度的核心,其历史源头受宗族血缘关系的影响,因此,课程标准设计"了解宗法制和分封制的基本内容,认识中国早期政治制度的特点。"关于专制主义中央集权制度的产生、发展过程,课程标准既注意其制度纵向发展情况,秦建立专制主义中央集权制度,从汉到元专制主义中央集权制度得到了发展,明清时期专制主义中央集权制度空前加强。同时,"通过对一个时期(或一个朝代)某个具体的历史事件或史实的剖析,了解、认识或探讨这一时期政治制度的主要特点及其在古代中国社会政治发展中的影响。"②如体现明清君主专制加强,课标选择了"内阁和军机处"的设置,通过这两个事件,学生充分认识,明清时期比以往任何朝代君主专制都更强化,在此基础上分析对中国近代社会的影响。

再如,"欧美资产阶级代议制的确立与发展"专题内容有:(1)了解《权利法案》制定和责任制内阁形成的史实,理解英国资产阶级君主立宪制的特点。(2)说出美国1787年宪法的主要内容和联邦制的权力结构,比较美国总统制与英国君主立宪制的异同。(3)知道法兰西第三共和国宪法和《德意志帝国宪法》的主要内容,比较德意志帝国君主立宪制与法国共和制的异同。(4)分析资产阶级代议制在西方政治发展中的作用。"在政治方面,近代时期的转变在于,以国家权力取代王室权力,以法律取代王室和贵族特权,以民选的国家机构取代王朝和廷臣专权,在原则上以主权在民取代主权在君。欧美各国近代政治民主化进程的伟大成果就是资产阶级代议制度的确立和发展。"③因此,课程标准设计此专题,选取英、美、法、德等国为代表,一是因为英国是现代议会制度的发源地;二是这几国具有不同的政治体制模式,英德君主立宪制,美国总统共和制,法国议会共和制,利用横向比较的方法分析其异同,从而探讨资产阶级代议制确立和完善对于资本主义发展的作用。

【延伸阅读】 政治史教学④

政治史所涉及的内容纷繁复杂不好系统掌握,史实纵横交错不易综合分析,为较好地处理上述情况,在进行教学时,建议从以下几方面去考虑解决。

(1)摆正政治和经济的关系是进行政治史教学的基本前提

政治是经济的集中表现,它产生于一定的经济基础,又为经济基础服务,给予经济的发展以巨大影响。在阶级社会里,经济利益是各阶级最基本的利益,各阶级、各阶层为了维护自己的经济利益,用各种方式进行较量,但最主要的方式则是进行激烈的阶级斗争(暴动、起义、革命、战争)。

(2)阶级分析方法和历史唯物主义相统一是进行政治史教学的灵魂

在政治史教学中,运用阶级斗争的观点来分析政治史的有关内容时,必须分

---

① 朱汉国,王斯德.普通高中历史课程标准(实验)解读.南京:江苏教育出版社,2003:56.
② 朱汉国,王斯德.普通高中历史课程标准(实验)解读.南京:江苏教育出版社,2003:57.
③ 朱汉国,王斯德.普通高中历史课程标准(实验)解读.南京:江苏教育出版社,2003:66.
④ 教育部基础教育司.普通高中新课程教师研修手册:历史课程标准研修.北京:高等教育出版社.2004:57.

清每个时期的各个主要阶级和与阶级相关联的各个等级,分析主要阶级、主要等级的经济地位、政治地位及其政治要求,找出其形成的历史条件,说明它们的历史地位,哪个阶级是时代的中心,决定着时代的特点和主要内容以及时代的发展方向。

其次,在进行阶级分析时,一定要具体情况具体分析,坚持实事求是的原则。在历史发展的长河中,各个阶级在历史上所起的作用和阶级之间的相互关系都会发生变化,如当封建社会进入衰亡时期后,资产阶级是一支新生的革命的政治力量,在反对封建专制统治的斗争中,无产阶级和它并肩战斗;当资本主义制度确立后,资产阶级也就成为统治阶级,无产阶级和资产阶级的关系就完全处于对立的地位,无产阶级就肩负起反对资本主义统治的斗争任务。这就要求我们在教学中进行阶级分析时,切忌简单化、公式化、概念化,而应从各阶级所处的时代、历史条件、所处的地位、活动内容以及所起的作用等方面进行深入的剖析。

(3)有关典章制度的教学

历史上的典章制度不是一成不变的,它有着产生、发展和衰落的过程,这种变化是由当时的生产关系、经济基础、阶级关系的变化而决定的。历代典章制度的内容往往是比较干巴枯燥的,不能引起学生的学习兴趣。为此,在讲述时就必须把这些历史上的"死"制度讲"活"。办法之一是在讲清典章制度产生的前提下,从内容方面进行比较,例如,在了解西周分封制的内容和西汉初的封国制的内容后,对它们加以比较,找出异同,从异中找特点,从同中寻差异看发展。办法之二,就是在讲述时加强生动性、形象性,具体地说就是要讲与教材内容相联系的一些人的重要的活动情节。如讲述北宋中央集权制加强时,就可以讲"杯酒释兵权"的史实。

(4)有关历史人物的教学

要具体分析历史人物的功过,树立评价历史人物的正确标准以对社会历史发展所起的作用去评价历史人物的历史地位。这是一个科学标准,它和任何形式的阶级偏见划清了界限。具体分析历史人物所处的历史条件,实事求是地评价历史人物。不是英雄造时势,而是时势造英雄。任何伟大的历史人物,归根结底总是时代的产儿,总和一定的时间、地点、条件相联系,不要苛求于古人。

2.历史(Ⅱ)经济和社会生活模块

历史(Ⅱ)反映的是人类社会经济和社会生活领域发展进程中的重要史实,共有8个学习专题:(1)古代中国经济的基本结构与特点;(2)近代中国经济结构的变动与资本主义的曲折发展;(3)中国特色社会主义建设的道路;(4)中国近现代社会生活的变迁;(5)新航路的开辟、殖民扩张与资本主义世界市场的形成和发展;(6)罗斯福新政与资本主义运行机制的调节;(7)苏联社会主义建设的经验与教训;(8)当今世界经济的全球化趋势。

8个学习专题,中国史4个,世界史4个,顺序与政治卷一样,先中国后世界,先古代后近现代,古代史的内容仅占1个,近代史的内容占2.5个,现代史的内容占到4.5个,体现薄古厚今原则,引导人们关注现实。历史(Ⅱ)是经济和社会生活模块,但主体

是经济模块,只有"中国近现代社会生活的变迁"专题,独立讲述社会生活。因为构成人类社会三大领域的政治、经济、文化,经济是基础。

经济史内容丰富多彩,如经济结构、经济制度、经济发展、经济交往等方面,课程标准在内容的选择上,注重了基础性、典型性、时代性、多样性、选择性的原则,选取了一些代表性的经济史内容。例如,古代史经济学习专题中,只选取了中国古代自然经济,无须再累赘讲述西欧封建经济。在近代,第5学习专题中,以资本主义世界市场为主线,展现资本主义世界市场形成和发展过程。在现代部分,一方面展现我国现代化建设的进程,有"中国特色社会主义建设道路"学习专题,另一方面,在世界史部分有"罗斯福新政与资本主义运行机制的调节""苏联社会主义经验与教训"两个学习专题,突出了社会主义国家改革和资本主义经济政策调整的作用和影响,体现内容选择的典型性。"当今世界经济的全球化趋势"学习专题显示了鲜明的时代性。

【延伸阅读】 经济史教学[①]

经济史是讲述和研究人类从事物质生产及从事经济活动的历史,是讲述和研究各个历史时期、各个经济部门产生和发展的历史。经济史的主要内容应当包括某一历史时期的农业、手工业和商业的发展情况以及当局的经济政策和制度。

各个时期的经济情况,教材大致上从农业、手工业、商业三方面来表述的。在学生阅读课文的基础上,初步了解三者的基本成就,教师应引导学生理解三者的内在联系。在此基础上,引导学生从整体上把握各个历史时期的经济结构,弄清各个历史时期社会经济之间的关系。

一是按时间、朝代顺序去把握。例如,从隋至元,陶瓷生产技术的发展成为这一时期生产力的重要标志。唐、宋出现了闻名全国的瓷窑,中国瓷器蜚声中外。农业方面,唐有曲辕犁、筒车;农作物品种增多,更为重要的是种植区域扩大。手工业则获得大发展,棉纺织业、造船业成就举世瞩目,商品经济繁荣,外贸发达,这样,叙述一个时期的经济概貌,使学生从整体上把握,形成完整的历史印象。

二是按地区的差异去把握。总的来说,我国社会经济发展呈现地区不平衡是古今之现实。就中国封建社会经济发展重心而言,是由北向南迁移。在讲述这一趋势时,运用战争经济学的理论去讲解,效果会更好些。事实上,南方经济的发展,很大程度上是战争使一向安于本土的农民不得不为避中原战乱而大批举家南迁,带去中原先进的生产技术,使江南经济逐步得到开发并发展起来。这样,既使学生认识到江南、中原的总体经济情况,又使学生把战争与经济联系起来,加强了各种历史现象、事件的内在联系。

三是对统治当局的经济政策和制度进行把握。一项政策或制度的产生,必然有其相关的背景、内容和影响,要使学生了解这些,并把它与相似或有联系的其他朝代的情况加以比较,让学生从整体上把握。如西汉初期与唐初的农业政策,它们的产生背景、内容、影响就有可比较的地方。

[①] 教育部基础教育司.普通高中新课程教师研修手册:历史课程标准研修.北京:高等教育出版社,2004:62~63.

3.历史(Ⅲ)思想文化科技模块

历史(Ⅲ)着重反映人类社会思想文化和科学技术领域的发展进程及其重要内容,共有8个专题:(1)中国传统文化主流思想的演变;(2)古代中国的科学技术与文化;(3)近代中国的思想解放潮流;(4)20世纪以来中国重大思想理论成果;(5)现代中国的科学技术与文化;(6)西方人文精神的起源及其发展;(7)近代以来世界科学技术的历史足迹;(8)19世纪以来的世界文学艺术。前5个学习专题所涵盖的是中国思想文化与科学技术发展进程,后3个学习专题所涵盖的是世界思想文化与科学技术发展进程。

思想文化活动是人类社会生活的重要内容,与政治、经济有着密切的关系。政治、经济的发展变化,影响、制约着文化的发展;文化反过来又推动着政治、经济的进步。课程标准将思想文化与政治、经济并立,设置为独立的必修模块,大大提高了文化史的地位。

文化史8个学习专题,选取内容具有典型性。如,中国历史中选择了中国古代和近现代最能体现思想文化和科学技术成就的内容,其中古代涉及思想、科技和文化,而古代思想中,主要选择的是以儒家思想为代表的中国传统文化形成发展的过程。科技方面,选择的是我国古代领先世界的科技成就及其科学家。文化方面,着重介绍了文学艺术的成就,如中国的书法、绘画、文学、戏剧等方面。后3个专题,根据世界历史的发展进程,选择了代表西方文化成就的内容:人文精神、世界科学技术和文学艺术。从而基本勾勒出中国与世界文化的发展脉络,呈现了文化的发展概貌。

> 【延伸阅读】 **文化史教学**[①]
>
> 文化史教学应注意:(1)讲清各种文化成就的具体内容,给学生一个完整、科学、具体的概念。教学中把生动的讲述与直观教具、现代教学手段相结合。(2)讲清一定的文化发生的经济、政治、社会背景,以及文化的继承与发展的关系。教学中应加强纵向、横向联系,适当增加理论分析。(3)加强文化史教学中的思想情感教育、审美教育,通过文化史教学,对学生进行艺术欣赏、性格陶冶、创造精神、思想品德等的教育。

四、普通高中《历史课程标准(实验)》选修模块的分析

普通高中历史课程在强调"体现多样性、多视角、多层次、多类型、多形式地为学生学习历史提供更多的选择空间,有助于学生个性的健康发展"的基本理念下,在精选学生终身学习必备的基础内容、关注学生全面发展的必修课程的基础上,设置了6个选修模块:历史上重大改革回眸、近代社会的民主思想与实践、20世纪的战争与和平、中

[①] 教育部基础教育司.普通高中新课程教师研修手册:历史课程标准研修.北京:高等教育出版社,2004:64.

外历史人物评说、探索历史的奥秘、世界文化遗产荟萃。供学生选择的学习内容,其目的是进一步激发学生的兴趣,拓展学生的历史视野,促进学生个性化发展。

选修模块内容具有如下显著特点:

1.选择性

普通高中《历史课程标准(实验)》规定选修课每个模块为 36 学时,2 学分;学生可根据自己的兴趣,任选若干个模块;其中建议在人文社会科学方向发展的学生,应至少选修 3 个模块。学生根据自己的兴趣和需要,选择学习内容,从而给学生以极大的自主空间。只是在实际的执行中,由于高考及高考命题的原因,有些省市是统一规定了选修模块,也就是说其选择权不在学生,而是被教育行政部门统一选择了。

2.专题性

6 个选修模块,每一模块都是围绕一个主题加以组织。如《中外历史人物评说》模块,精心遴选了 22 位人物,有政治家、军事家、思想家和科学家,这些人物其共同点是都在人类历史上产生了举足轻重的作用。《探索历史的奥秘》模块列出"人类起源之谜""三星堆遗址""玛雅文明的消失""二里头文化的探索""米诺斯宫殿遗址与克里特文明""大津巴布韦遗址与非洲文明探秘"等内容;《世界文化遗产荟萃》模块,其中中国历史文化遗产时,列有"秦始皇陵兵马俑""长城""北京明清故宫等古建筑""山西平遥古城和安徽古村落"等,这都是最为典型文化遗产。

3.时代性

选修模块"精选终身学习必备的基础内容,增强与社会进步、科技发展、学生经验的联系",突出时代性,其模块主题的选择依据是当今我国和世界发展的需要。如《历史上重大改革回眸》模块从中国的商鞅变法到清末的戊戌维新,从雅典的梭伦改革到日本的明治维新,力图使学生了解改革的复杂性与多样性,科学地认识和评价改革,进一步理解我国改革开放的伟大意义,从而增强对社会的历史责任感。又如和平与发展是当今世界的两大主题,《20 世纪的战争与和平》模块就通过对近代以来世界战争与和平运动的发展的学习,总结战争的教训,培养学生热爱和平、关爱人类命运的人文精神,提高保卫世界和平的自觉性。

4.趣味性

新课程倡导教材从"教本"向"学本"的转变,增强教材的可读性。历史作为人文学科,读书的过程,也应是愉快享受的过程。新的高中历史选修模块,选材注重趣味性,体现了从"教本"向"学本"的转变。如"人类起源中的未解之谜""玛雅文化中的未解之谜","米开朗基罗、拉斐尔和贝尔尼尼的成就","埃及金字塔研究中的疑难和奥秘","昆曲的独特文化价值"等内容,具有较强的趣味性和可读性。

> **【延伸阅读】 关于选修模块的内容选择**[①]
>
> 第一，在选修模块与必修模块之间或选修模块与选修模块之间，个别史实方面存在的交叉和重合之处，完全是由选修课程的模块主题所决定的，它体现了模块自身的整体性与内在联系性，而且，不同的模块在历史史实选择的出发点、侧重点和要论证说明的基本问题方面是根本不同的。
>
> 第二，在六个选修模块中，尽管它们在模块主题的立意及具体内容选择上互不相同，但它们在学习方法的掌握、学习能力的提高以及情感态度价值观的培养等目标要求方面，有着很强的内在的一致性与融合性。

第三节 历史课程标准与教学设计的关系

一、历史课程标准的地位

顾明远主编的《教育大辞典(第一卷)》对课程标准作出这样的定义：课程标准是确定一定学段的课程水平及课程结构的纲领性文件。《基础教育课程改革纲要(试行)》明确指出，课程标准是教材编写、教学、评估和考试命题的依据，是国家管理和课程评价的基础。应体现国家对不同学段的学生在知识与技能、过程与方法、情感态度与价值观等方面的基本要求，规定各门课程的性质、目标、内容框架，提出教学和评价建议。

换言之，历史课程标准是历史教材编写、教学、评价的依据，也是国家对历史课程管理和历史课程评价的基础。在教学建议中，义务教育《历史课程标准(2011版)》提出：历史课程的实施，必须以本标准为依据，力求体现历史课程的基本理念和设计思路，按照本标准提出的规定和要求，注重课程目标中"知识与能力""过程与方法""情感·态度·价值观"三方面目标的整合，并使其具体化为课时目标。教学时要灵活采用多样化的教学方式和方法，充分利用多种历史信息资源，突出历史教学的特点。普通高中《历史课程标准(实验)》规定：严格按照教育部普通高中课程计划和《普通高中历史课程标准(实验)》安排历史教学……以《普通高中历史课程标准(实验)》为依据，结合学校和学生的实际情况，全面落实历史课程目标，尤其应发挥历史课程独到的教育功能，加强对学生人文精神的熏陶，促进学生科学历史观和健全人格的形成。由此说明，历史课程标准在历史教育教学中的重要地位，是历史教学必须严格执行的纲领性文件。

二、依据历史课程标准进行教学设计

历史课程标准是历史教学的依据，在进行教学设计时，要全面把握历史课程的基本理念，认真落实历史课程标准的三维目标，科学、准确地分析教学内容。

[①] 教育部基础教育司.普通高中新课程教师研修手册:历史课程标准研修.北京:高等教育出版社,2004:79.

(一)全面把握历史课程标准的基本理念

课程理念是课程的基本观念和思想,它体现了该课程的价值取向。不论是义务教育的历史课程标准,还是普通高中的历史课程标准,都阐述了其基本理念,具有其一致性和延续性。

如发挥历史学科的人文功能和教育功能,倡导教学方式和评价方式的改革等。但亦有差异,如义务教育《历史课程标准(2011版)》明确提出"以普及历史常识为基础,使学生掌握中外历史的基本知识,初步具备学习历史的基本方法和基本技能,促进学生的全面发展"的理念,因为义务教育的初中阶段,是学生世界观和人生观形成的重要阶段,也是学生由"自然人"向"社会人"过渡的重要时期,从认知心理看,初中学生还处于感性认识阶段,因此,确定以"普及历史常识为基础"的理念是非常正确的。而高中阶段,确立了既与初中课程的衔接,又避免简单的重复的高中历史教学的新体系。那么,这些理念,在教学设计中又将如何去把握呢?

以秦朝为例,《历史课程标准(2011版)》规定:知道秦始皇和秦统一中国,了解秦代的中央集权制度和统一措施对中国历史发展的影响;知道秦的暴政和陈胜、吴广起义,知道秦朝的灭亡和西汉的建立。普通高中《历史课程标准(实验)》规定:知道"始皇帝"的来历和郡县制建立的史实,了解中国古代中央集权制度的形成及其影响。不难看出,初中侧重于秦的基本史实,包括秦始皇、秦统一中国、中央集权制度、秦统一的措施、秦的暴政、陈胜吴广起义、秦朝的灭亡、西汉的建立等史实,而高中课标侧重于中央集权制度。因此,在教学设计时,初中重要展现秦朝从建立到灭亡的完整过程。而高中,由于历史(Ⅰ)是政治卷,重在说明政治文明发展历程,所以,进行高中教学设计时,秦的统一,不宜作为重点内容,它只是秦朝政治制度建立的背景和前提,而重点是秦朝专制主义中央集权制度,包括制度的基本内容、特点及其影响,并将秦中央集权制度放在中国历史和世界历史的大环境中去认识,从而理解秦对中国古代政治制度的开创意义和世界政治文明发展的重要贡献。

(二)认真落实历史课程标准的三维目标

历史课程标准都较详尽地阐述了课程的三维目标,教学设计时,要认真落实历史课程标准的三维目标,因为课程目标,是制定教学目标的依据,将课程目标转化为具体实施的教学目标,是教学设计应该完成的任务。

【异域采风】 英国的能力目标及具体要求[①]

能力目标	具体要求
1.时序感	A.将所学各时期的历史事件、历史人物和历史变化置于一个时间框架中; B.使用有关时间流逝的术语(如古代、近代、公元前、公元后、世纪、年代)和历史分期的术语(如都铎时代、维多利亚时代)。

---

①聂幼犁.历史课程与教学论.杭州:浙江教育出版社,2003:87~88.

(续表)

能力目标	具体要求
2.历史认知和理解的广度与深度	A.分析特定时期和社会的典型特征,包括那时人们的理想、信念和倾向,男人、女人的经历,所学社会的社交、文化、宗教、种族的差异; B.描述和论证所学时期的历史事件、历史形势和历史变化的原因和影响; C.描述和整合各时期内和跨时期间的主要历史事件、历史形势和历史变化。
3.历史阐释	辨认和分析表述与阐释历史的不同方法。
4.历史探究	A.如何从各种信息资源中了解所学时期的各方面,包括:文件、印刷品、人工制品、绘画与照片、音乐、建筑及其遗迹; B.提出并回答问题,选择和录用有关某一主题的信息。
5.组织与交流	A.回忆、选择和组织历史信息,包括日期和术语; B.描述所学时期和主题的必备术语,包括:官廷、君主、议会、民族、教育、侵略、征服、定居、转向、奴隶制度、贸易、工业、法律; C.用各种方法交流他们的历史认知和理解,包括条理清楚地口述和描写。

历史课程标准,既从知识与能力、过程与方法、情感态度价值观三个维度规定了初中和高中历史课程的总目标,还有阶段目标,以《义务教育历史课程标准(2011年版)》为例,提出了历史课程的总目标是:

通过义务教育阶段历史课程的教学,学生能够掌握中外历史的基本知识,初步掌握学习历史的基本方法和基本技能;对人类历史的延续与发展产生认知兴趣,感悟中华文明的历史价值和现实意义,养成爱国主义情感,开拓观察世界的视野,认识世界历史发展的总体趋势;初步形成正确的世界观、人生观和价值观,为成为拥有良好综合素质的合格公民奠定基础。

在此基础上,又设置了不同阶段目标,并从知识与能力、过程与方法、情感态度价值观三个制度进行阐述。如中国古代史学习目标是:

通过学习,知道中国古代的一些重要历史人物、历史事件和历史现象,了解中国古代历史发展的基本线索;能够识读历史图标,正确地计算历史年代,较为清晰地叙述相关的史事,初步掌握学习历史的基本方法,能够阅读普及性的历史读物;不断增强学习祖国历史的兴趣,激发民族自豪感,树立民族自信心和自尊心,加深对祖国历史文化的认同感。

中国近代史学习目标是:

通过学习,了解中国近代重要的历史人物、历史事件和历史现象,了解中国近代历史发展的基本线索;能够阅读和理解一些基本的历史材料;能够认识近代中国遭受过的深重灾难是国内专制统治的腐朽黑暗和外国列强入侵造成的;认识捍卫国家主权和民族尊严是中华民族的优良传统;知道救亡图

存和实现现代化是近代中国人民奋斗的基本目标;知道民族民主革命的艰巨性;知道没有中国共产党就没有新中国的道理,从而坚定为中华民族复兴而奋斗的信念。

中国现代史学习目标是:

  通过学习,了解中国现代史的重要历史人物、历史事件、历史现象和历史发展的基本线索;能够阅读并分析重要的历史文献资料学会社会调查的基本方法,能够运用所学知识分析和解释历史问题,客观地论证历史事物;知道中国社会主义初级阶段的基本国情,认识社会主义现代化建设是一个曲折漫长的过程;能从社会的不断进步和发展中体会到必须坚持中国共产党的领导,坚定建设中国特色社会主义的信念。

可看出,历史课程目标既从总体上阐述历史学科应当实现的标准和规定,体现了目标的整体性和学科特色,但另一方面,根据学生阶段特点和学习内容的差异,又提出了具体的目标,例如,从情感目标来看,古代史部分是"激发民族自豪感,树立民族自信心和自尊心,加深对祖国历史文化的认同感"。近代史部分是"认识捍卫国家主权和民族尊严是中华民族的优良传统;知道救亡图存和实现现代化是近代中国人民奋斗的基本目标;知道民族民主革命的艰巨性;知道没有中国共产党就没有新中国的道理,从而坚定为中华民族复兴而奋斗的信念"。现代史部分是"认识社会主义现代化建设是一个曲折漫长的过程;能从社会的不断进步和发展中体会到必须坚持中国共产党的领导,坚定建设中国特色社会主义的信念。"这三个目标都为是总目标服务,体现目标的延续性和发展性。

因此,在教学设计时,要认真落实课程的三维目标,将课程的三维目标转化为具体可行的教学目标。

【案例 3-1】《从〈清明上河图〉看北宋的城市经济》一课的教学目标[①]

  • 引导学生通过对《清明上河图》的观察,了解宋代城市经济的发展状况,体验探究文物是感知和学习历史的重要途径及方法。

  • 引导学生通过解读文献资料,初步学会用文献资料与文物资料相互印证的方法,认识宋朝是我国古代继隋唐之后经济和文化科技继续发展的一个重要朝代。

  • 引导学生通过对《清明上河图》的欣赏与探究,感受祖国历史文化的博大精深,进而体悟祖国灿烂辉煌的古代文明;认识古代优秀文化遗产的历史与现实价值,树立保护文物、保护历史遗迹的意识。

【案例评析】 将三维目标整合表述,渗透了知识与能力、过程与方法、情感态度与价值观。其中"了解宋代城市经济的发展状况"是识记层次的知识目标,"体验探究文物是感知和学习历史的重要途径及方法"是过程与方法目标;"初步学会用文献资料与文物资料相互印证的方法"既是方法目标,也是能力目标;"认识宋朝是我国古代继隋唐之后经济和文化科技继续发展的一个重要朝代""感受祖国历史文化的博大精深,进而体悟祖国灿烂辉煌的古代文明;认识古代优秀文化遗产的历史与现实价值,树立保

[①] 纪连海.从〈清明上河图〉看北宋的城市经济.历史教学.2009(7):22

护文物、保护历史遗迹的意识"是情感态度价值观目标。这样的目标表述,层次清楚,结构严谨,目标由易到难,具有可操作性。

【案例3-2】 人教版历史2第20课《从"战时共产主义"到"斯大林模式"》一课的教学目标:

1.学生能了解"战时共产主义"政策、新经济政策的主要内容和"斯大林模式"的主要表现;认识"战时共产主义"政策的影响和新经济政策实施的原因;评价"斯大林模式";

2.学生通过阅读有关斯大林模式的文献,学会获取历史信息和运用历史材料分析历史问题的方法;通过比较"战时共产主义"和新经济政策,学会分析比较历史中政治经济问题的方法。

3.学生通过学习苏俄社会主义建设探索的历史,理解苏俄社会主义建设成就与失误及其原因,形成对苏俄社会主义历史的正确认识。

【案例评析】 课标要求:(1)了解俄国国内战争后苏维埃政权面临的形势,认识战时共产主义政策向新经济政策转变的必要性;(2)列举"斯大林模式"的主要表现,认识其在实践中的经验教训。以上教学目标将内容细化为课堂可实施的教学目标,无论是知识与能力目标,还是过程与方法、情感态度价值观目标都得到了较好地体现。

又如"2011版"要求"知道北京人的特征,了解北京人发现的意义。知道化石是研究人类起源的主要证据。"教学时可这样设计问题:北京人的发现有何重要意义?现代人是怎么知道北京人的生产、生活、体质等情况的?为什么化石是研究人类起源的重要信息?从而达到课标要求的"初步形成重证据的历史意识"。

【学者观点】 行为目标·表现性目标·体验性目标[①]

行为目标(结果性目标)说明学生的学习结果是什么,所采用的行为动词要求具体明确、可观测、可量化。这种方式指向可以结果量化的课程目标,主要应用于"知识与技能领域"。知识可分为了解、理解、应用三个水平层次;技能分为模仿、独立操作和迁移三个水平。

表现性目标就是指导学生在具体的教学情境、教学活动和学习活动中的个性化表现,旨在培养学生的创造性,强调学习及其结果的个性化。它明确安排学生各种各样的表现机会,所采用的行为动词通常是与学生表现什么有关的或者结果是开放性的。表现目标表述了学生"工作情景""问题处理"和"从事工作"的教育经历,但并不确定在这些经历中,学生会学到什么。因此,它只是给师生提供了探索个人感兴趣的主题或某些重要问题的机会。表现目标的表述,不在于明确学生从事教育活动后应该展示的行为结果,而在于确立学生所经历的情景。

体验性目标(过程目标)就是描述学生自己的心理感受、情绪体验,所采用的行为动词往往是历时性的、过程性的,主要对应于"过程与方法""情感态度与价值观"领域,体验性目标分为三个层次水平,即经历(感受)、反应(认同)和领悟(内化)。体验性目标注重的是过程,它是强调教师根据课堂教学的实际进展情况提出相应的目标。

[①] 陈志刚.历史课程本体研究.天津:天津教育出版社,2012:65.

(三)准确分析教学内容

教学设计时,历史课程标准的"内容标准"(《义务教育历史课程标准(2011年版)》将其表述为"课程内容")是重点研读的部分,因为,该部分既是课程总目标的具体化,同时也是教材分析的依据。教学设计时,要充分理解标准对内容的陈述,不同的行为动词,把知识与能力、过程与方法、情感态度价值观等层面的内容作了不同水平的划分,这是制定教学目标、确定教学重难点的主要依据,也是把握初、高中历史教学内容的层次区别。

例如:普通高中《历史课程标准(实验)》历史(Ⅱ)

5.新航路开辟、殖民扩张与资本主义世界市场的形成与发展

(1)概述迪亚士、哥伦布开辟新航路的史实,认识地理大发现对世界市场形成的意义。

(2)列举荷兰、英国野蛮抢夺殖民地和建立海外商品市场的史实,认识殖民扩张与掠夺是资本主义列强建立世界市场的主要途径。

(3)了解两次工业革命的基本史实,探讨其对资本主义世界市场发展的影响。

分析教学内容,可从以下步骤进行:

第一,本专题包括哪些基本史实?新航路的开辟、殖民扩张、两次工业革命。

第二,内容的层次要求是什么?从所使用的行为动词中去把握。《义务教育历史课程标准(实验稿)》在教学建议部分明确说明:根据"内容标准"对知识与能力的不同层次要求组织教学。"内容标准"对历史知识与能力的学习分为三个层次要求:(1)凡在内容标准的陈述中使用"列举""知道""了解""说出""讲述""简述""复述"等行为动词的,为识记层次要求;(2)凡在内容标准的陈述中使用"概述""理解""说明""阐明""归纳"等行为动词的,为理解层次要求;(3)凡在内容标准的陈述中使用"分析""评价""比较""探讨""讨论"等行为动词的,为运用层次要求。《义务教育历史课程标准(2011年版)》要求"准确地把握'了解''理解''运用'的不同层次要求,注重学生是否全面、准确地掌握重要历史事件、历史人物、历史现象以及历史发展的基本线索……"《普通高中历史课程标准(实验)》沿用与初中课标一致的行为动词,说明初、高中的历史课程目标分类层次是相通的。据此,本专题中,"殖民扩张"和"两次工业革命"是识记层次,"新航路的开辟""地理大发现对世界市场形成的意义""殖民扩张与掠夺是资本主义列强建立世界市场的主要途径"是理解层次,"工业革命对资本主义世界市场发展的影响"是运用层次。

第三,中心问题是什么?史实与中心问题的关系是什么?本专题的中心问题是"资本主义世界市场的形成与发展",史实"新航路的开辟、殖民扩张、两次工业革命"是资本主义世界市场的形成与发展过程中的重大事件,它们直接促成了资本主义世界市场的形成与发展。

新航路的开辟,打破了世界各地间的相互孤立状态,促使世界逐渐连成一整体,为世界市场的形成奠定了基础;西方国家的殖民扩张,使世界市场进一步得到拓展;第一次工业革命促成了世界市场基本形成;第二次工业革命使资本主义世界市场最终形成。

第四,学生学习目标是什么?本专题是学生在了解新航路的开辟、殖民扩张、两次工业革命基本史实的基础上,认识资本主义世界市场形成和发展的条件、途径及其影响,运用全球史观,正确评价资本主义世界市场,形成开放的世界意识。

第五,确定教学重点、难点,选择教学策略。如两次工业革命,重点是两次工业革命的基本史实,难点是工业革命对资本主义世界市场发展的影响。教学设计时,鉴于学生在初中阶段已学习了两次工业革命的基本史实,可将此部分设计为学生自主学习,"工业革命对资本主义世界市场发展的影响"可设计为合作探究学习。

【案例3-3】 人教版历史2第24课《世界经济的全球化趋势》中关于"全球化"的概念[1]

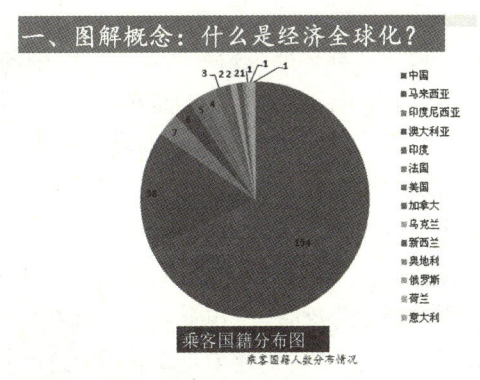

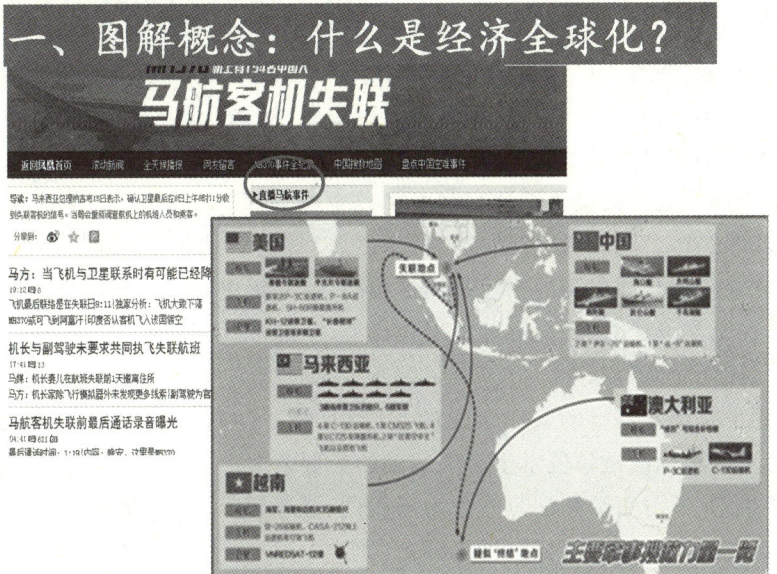

一、图解概念：什么是经济全球化？

飞机向谁购买？	市场全球化
零部件由谁生产？	生产和技术全球化
乘客来自哪里？	人流·劳务全球化
各地为何迅速知晓？	信息全球化

经济全球化是指商品、劳务、技术、资金、信息等要素在全球范围内自由流动和配置,各国经济日益相互依赖、相互联系的趋势。

---

[1] 2014年全国高师院校师范生教学技能大赛,西南大学冉磊教学课件。

【案例评析】"经济全球化"是本课的核心概念,对于学生理解世界经济全球化的过程和存在的问题具有重要作用。上述设计以图解的方式分别从商品、劳务、信息等方面直观形象、通俗易懂地表达了这一概念,效果非常好。

三、教学设计要体现历史课程标准的弹性

历史课程标准是指导历史教学的纲领性文件,它是对学生在经过某一学段之后的学习结果的行为描述,而不是对教学内容的具体规定,所以,它本身具有较大的弹性。如:历史(Ⅰ)"中国古代的政治制度"第(3)列举从汉到元政治制度演变的史实,说明中国古代政治制度的特点。该内容跨度时间长,经历的朝代多,反映政治制度演变的史实也极为丰富。哪些史实列入教学内容,哪些是学生需重点学习的内容,课程标准无明确说明,不同版本的教材选择内容也不尽相同。如人教版以"中央集权的发展""君主专制的演变""选官、用官制度的变化"三条线索展开,其中"中央集权的发展"选取的知识点有:汉武帝加强中央集权、唐安史之乱后中央集权的削弱、北宋加强中央集权、元朝的行省制度;"君主专制的演变"选取的知识点有:汉武帝削弱相权、隋唐的三省六部制、宋初削弱宰相的职权;"选官、用官制度的变化"选取的知识点有:汉察举制、魏晋南北朝的九品中正制、隋唐的科举制。人民版设置了"法令出一""君权和相权""中国古代王朝的监察体制""选官制度的历史变化""行省的设置"等五个子目。岳麓版有"三省六部制的确立及其演进""选官制度""监察与谏议"三子目。尽管三个版本在部分知识点如"三省六部制""行省制度""科举制度"等内容选取是相同的,但总体来讲,各教材的立足点和具体史实的描述都不尽相同,说明历史课程标准本身具有一定的弹性。因此,在教学设计时,要充分理解课程标准,不能被具体的史实所束缚,高屋建瓴,创造性地运用历史课程标准。

课程标准是国家制定的某一学段的共同的、统一的基本要求,而不是最高要求。换言之,历史课程标准是每位学生必须达到的最低要求。不同地区、不同学校,不同班级、不同学生,其学习水平和学习能力均不相同,教学设计时,可根据学生情况和教学内容的特点,适当调整教学内容。如:历史(Ⅰ)"中国古代的政治制度"第(4)了解明朝内阁、清朝军机处设置等史实,认识君主专制制度的加强对中国社会发展的影响。课标分别选取明清两朝最能代表君主专制制度加强的史实:内阁和军机处,在此基础上,认识君主专制制度的加强对中国社会发展的影响。教学设计时,教学对象如是文科班,教师在该课可设计这样一个问题:中国古代专制主义中央集权制度不断加强的原因是什么?使学生能从政治、经济、思想文化等诸角度去认识专制主义中央集权制度。

高中历史课程的必修3个模块和选修6个模块间,出现了一些内容的重复和交叉,给教学和学生的学习带来不便,在教学设计时,教师可以依据学生的实际需要,整合同类专题的材料,调整教学内容,使历史专题的主题思想更明确,既能更好体现历史发展的时序性,还能横向反映人类文明发展的步伐、不同文明的相互交流与碰撞。

【案例3-4】 关于"中外近代政治"这一专题的整合与概括①

(1)简述14~16世纪文艺复兴、世界市场雏形(地理大发现)、宗教改革等主要史实,理解西方民主政治思想产生的文化和经济根源,并对照同一时期中国古代社会的思想文化与经济状况。(必修Ⅱ、必修Ⅲ、选修一《重大改革回眸》)

(2)知道17~18世纪斯宾诺莎、洛克和卢梭民主思想的基本内容,了解西方民主政治的思想渊源,并总结明清时期中国政治思想的主要特点。(必修Ⅲ、选修一《重大改革回眸》)

(3)了解17~18世纪《权利请愿书》《大抗议书》《独立宣言》和《人权宣言》的基本内容和英美法的资产阶级革命,认识从民主思想到民主革命纲领,再到制订保证民主政治实施的法律文献和发动民主革命、推翻封建专制政权的发展过程。(选修二《民主理论与实践》)

(4)掌握17~19世纪《权利法案》、英国责任制内阁、美国1787年宪法、法兰西第三共和国建立等主要内容和过程,知道民主政治不仅仅是一个革命的过程,而且也是一个长期进行制度设计、建设和不断进行自我完善的过程。(必修Ⅰ、选修二《民主理论与实践》)

(5)知道两次工业革命和西方近代科学技术发展的史实,理解一种新制度的确立和巩固,不但是政治领域的任务,而且需要有强大的物质基础和先进的科学技术。(必修Ⅱ、必修Ⅲ)

(6)了解19~20世纪中国社会各阶层、各阶级受西方民主政治思想冲击的反应、表现以及变法派、革命派的观点分歧和实践的不同后果,认识民主政治既是不可抗拒的历史潮流,又要结合各国的国情。(必修Ⅰ、必修Ⅲ、选修二《民主理论与实践》)

【案例评析】 上述案例,充分利用课程标准具有弹性这一特点,将必修和选修中具有相关性的内容整合在一起,帮助学生形成构建完整的历史知识结构和认知结构。这一方法,在高中历史模块教学和复习课教学中值得借鉴。

历史课程标是指导历史教学的纲领性文件,教学设计要依据历史课程标准,全面落实课程标准的基本思想和内容,同时,教师在教学设计时,要充分发挥其在教学中的能动性,体现课程资源的开发者和教学研究者的角色,创造性地运用课程标准,推动课程标准向更完善方向发展。

思考练习

1.对比义务教育《历史课程标准(2011版)》和义务教育《历史课程标准(实验稿)》,说明其变化的主要内容是什么?对历史教学设计有何启示?

2.试举例说明如何弹性地运用高中历史课程标准?

3.试举一例说明,如何将课程目标转化为教学目标?

4.你认为现行的高中历史课程标准存在有哪些问题?

5.查阅资料了解英美等国的历史课程设置,并分析对我国历史课程建设有何启示?

①教育部普通高中新课程历史学科教学指导意见(摘自《中学历史教学园地》).

实践操作

1. 义务教育《历史课程标准(2011版)》：了解孙中山早年的革命活动，知道孙中山是中国民主革命的先行者；了解武昌起义和中华民国成立的史实，认识辛亥革命的历史意义。

普通高中《历史课程标准(实验)》：简述辛亥革命的主要过程，认识推翻君主专制制度、建立中华民国的历史意义。

问题：以"辛亥革命"一课为例，说明高中历史教学设计如何既与初中教学的衔接，又能突出高中历史教学特点？

2. 2012年8月至12月，教育部在全国8个省、直辖市和自治区对普通高中历史课程标准进行了调研，被调研的老师认为历史课程目标和内容表述笼统，不便操作；绝大部分老师对模块专题式的课程内容组织形式持否定形式，希望改为通史。[①] 对此，你有何看法？

3. 2014年7月7日上午10时，习近平等党和国家领导人来到中国人民抗日战争纪念馆，同1000多名各界代表一起参加纪念仪式。纪念馆正门上方，悬挂"勿忘国耻圆梦中华"标语，解放军三军仪仗队持枪伫立。这是首次有国家最高领导人在"七七"这一天参与官方纪念。教学设计时，如何结合课程标准，将这些时事信息融入其中？

参考书目

1. 齐世荣, 徐蓝. 义务教育〈历史课程标准(2011版)〉解读. 北京：北京师范大学出版社, 2012年.

2. 朱汉国, 王斯德. 义务教育〈历史课程标准(实验稿)〉解读. 北京：北京师范大学出版社, 2002年.

3. 朱汉国, 王斯德. 普通高中〈历史课程标准(实验)〉解读. 南京：江苏教育出版社, 2003年.

4. 教育部基础教育司、师范司. 普通高中新课程教师研修手册：历史课程标准研修. 北京：高等教育出版社, 2004年.

5. 皮连生. 教学设计. 北京：高等教育出版社, 2000年.

6. 何克抗. 教学系统设计. 北京：高等教育出版社, 2006年.

7. 聂幼犁. 历史课程与教学论. 杭州：浙江教育出版社, 2003年.

8. 袁从秀. 中学历史教学设计与案例研究. 北京：科学出版社, 2013年。

9. 何成刚. 历史课堂教学技能训练. 上海：华东师范大学出版社, 2008年.

10. 陈志刚. 历史课程本体研究. 天津：天津教育出版社, 2012年.

---

① 郑林. 普通高中历史课程标准编订中的核心问题探讨. 历史教学. 2013(11)：3—8.

第四章　中学历史教材与教学设计

学习导言：

　　最广泛意义上的教材是指对人有教育作用的材料。比如："爸爸亲身经历的那些事情对我来说就是很好的教材。"教材一般还是指教师在教学活动中使用的教学材料，但也有广义和狭义之分。广义的教材包含教师在教学活动中使用的所有材料，如教科书、挂图、练习册、声像材料等有形物，还包含师生的经验等。狭义的教材即教科书。所以教材可以说是"根据一定学科任务，编选和组织具有一定范围和深度的知识技能体系，一般以教科书的形式来具体反映"。[①] 本文中的教材采用狭义的概念，即指教科书。

　　新课程改革以来，教材从形式和内容上都发生了很大的变化，它是教育观念、培养目标、教学手段变化的物化反映。它对教学设计也有很大的影响。

学习目标：

1.了解目前初、高中主要的教材版本。
2.认识教材的组织结构及其功能。
3.能够结合课程标准，分析教材的主要内容。
4.能够创造性地运用教材，进行教学设计。

---

① 张念宏.教育学词典.重庆：西南师范大学出版社，1988：299

第一节　初中历史教材特征分析

中国正规的中学历史教材编写是从20世纪初开始的。在一个世纪里,编撰出版了近百套历史教材。新中国成立后,1951年开始新历史教材的编写工作,1956年第一套历史教材编成并在全国中学使用。在长达40多年的时间里,我国中学历史教材都是由人民教育出版社统一编写的,其间历史教材有过几次改革,但一般都是内容的增删。

进入20世纪90年代以后,历史教材改革的步伐加快。一是教材的版本增多,二是教材从内容到形式上都有许多突破。1989年国家教委提出"一纲多本"的原则,1992年国家教委制订了《九年义务教育全日制初级中学历史教学大纲(试用)》,依据此纲,90年代初陆续出版了人教版、北师大版、内地版、沿海版、上海版的初中历史教材,形成了多套教材并行的格局。2000年,教育部组织专家对该大纲进行了修订,颁布了《九年义务教育全日制初级中学历史教学大纲(试用修订版)》,各版本教材又据此进行了修订。

世纪之交,新一轮更大规模的初中历史教材改革又拉开了序幕。2001年,教育部颁布了《全日制义务教育历史课程标准(实验稿)》,据此,先后出版了全新的初中历史"义务教育课程标准实验教科书",共有八个版本,历史教材呈现出百花齐放、百家争鸣的局面,实现了教材多样化。具体情况如下:

版本	出版社	主编
人教版	人民教育出版社	李伟科、陈其
川教版	四川教育出版社	龚奇柱
北师大版	北京师范大学出版社	朱汉国
华师大版	华东师范大学出版社	王斯德
岳麓版	岳麓书社	刘宗绪
中国地图版	中国地图出版社	白月桥
中华书局版	中华书局	宋一夫、龚书铎、陈之骅
河北人民版	河北人民出版社	秦进才

以上八个版本的初中历史教材,都经全国中小学教材审定委员会审查通过,在全国范围内使用,统称为"国标本"。

此外,北京、上海也推出了自己的版本,在本地使用,被称为"北京本""上海本"。"北京本"由郑师渠主编,北京出版社、北京师范大学出版社出版;"上海本"由苏智良主编,华东师范大学出版社出版。

各版本的初中历史"义务教育课程标准实验教科书"在继承以往教材优点的基础上,大胆改革创新,从形式到内容都有许多突破。课程改革10多年来,各版本教材也在不断完善,在相互竞争和借鉴中,初中历史教材建设取得了较大的进步。在新课程实践的过程中,也发现了《全日制义务教育历史课程标准(实验稿)》有待改进完善的地方,教育部遂组织专家进行了修订,并于2011年底向社会公布了修订稿,即《义务教育历史课程标准(2011年版)》。目前,依据修订后的课程标准编写的初中历史教材尚未面世,各地使用的仍是依据《全日制义务教育历史课程标准(实验稿)》编写的初中历史教材。这些教材各具特色,各有优点,从总体上看,它们也具有共性。

历史教材不同于历史专著,也不同于历史通俗读物。在编写原则、组织结构方面,历史教材都有着自己的特点。了解这些特点,对教师更好地理解和使用历史教材,都大有裨益。

一、教材编写的指导思想

1.坚持正确的理论指导,符合国家的方针政策

历史教育作为人文教育中的重要组成部分,在很大程度上受到国家的政治观念和意识形态的影响。作为社会主义国家,我们的教育要培养的是社会主义事业的建设者和接班人。因此,作为国家意志集中体现的中学历史教材,其编写特别重视政策性,力求符合党和国家的各项指导方针和政策,体现历史教育的社会主义性质。

历史学科本身具有明显的思想性,研究历史、编写历史,必须要有指导思想。历史事实是客观存在的,但选择哪些历史知识、如何表述却是主观的,比如,我国历史教材中的"义和团运动",在欧美的历史教材中,被称为"拳民造反";美国人称的"朝鲜战争",我们中国称为"抗美援朝"。究其所以,乃是因为各国历史观的差异。历史观反映的是中学历史教育的价值取向,决定着我们要培养什么人的问题。[①]

新中国成立以来,我国的历史教学大纲都明确地提出要坚持唯物史观。《全日制义务教育历史课程标准(实验稿)》也非常明确地指出,中学历史教材要以历史唯物主义为指导。如《前言》部分,指出"这次历史课程改革要以唯物史观和科学的教育理论为指导";《课程性质》部分指出"通过历史课程的学习,学生获得历史基本知识和技能,初步了解人类社会历史发展的基本过程,逐步学会用历史唯物主义观点分析问题、解决问题";在《教材编写建议》里,也明确地提出"要以辩证唯物主义和历史唯物主义理论为指导,正确阐释人类社会发展的历史,并做出客观评价"。

> 【学者观点】 在中学历史教科书中,仍然以马克思主义史学的基本原理和方法编撰比较适当,因为至今为止尚未出现哪种史观具有马克思主义史学这样系统的理论和方法。文明史观也好,全球史观也罢,都没有像马克思主义史学那样对人类历史从诞生到未来有如此完整的分析和预测,并提供了较为精确的社会发展分析方法。对于中学历史教学而言,一些尚未成熟的理论方法,都不应作为编辑历史教科书的指导理论……

[①] 许斌.中学历史教科书的历史观问题浅议.历史教学,2012(19):14—15.

> 在中学历史教学中,不是不可以提出从全球角度看待历史问题,而是不能以现在的所谓全球史观看待历史问题,尤其是不能以之看待中国和非西方国家的历史事物。因为当代全球史观的标准都是依据西方的历史、依据西方的文化观念所制定的,该标准只是适用于分析西方的历史,而不是普世观念。所以,我们在应用"全球史观"的某些观念和方法分析历史事物时,必须首先明了其方法和观念的局限性——西方中心观。①
>
> 不可否认,全球史观经常夹带着"全球化意识形态",欧美国家的历史教科书往往就是把他们的主流意识形态或价值观与这种所谓的"全球意识形态"混为一谈。文明史观也常常将欧美的民主制特别是美国民主作为政治文明发展的终极模式。现代化史观更是将欧美国家尤其是美国的现代化道路认定为历史发展的必然规律。实际上,我们知道,站在意识形态角度上,并不存在西方人所谓的全球史观,不同的国家、不同的民族都有自己的历史观,即使是同一个国家或同一个民族,也不可能有同一的历史观。因此在这里,全球史观或文明史观就不仅仅是纯粹的学术研究或观点,而是具有明显价值判断的意识形态。②

初中历史教材以唯物史观为指导,首先体现在科学地建构了各时期的历史发展体系,反映了历史发展的基本规律和总体趋势。如中国近代史的发展体系,现行初中历史教材认为,它既是一部争取民族独立和人民解放的革命史,也是一部追求民主、进步和富强的现代化史。川教版八年级上册教材在全书的前言部分"写给同学们",就明确指出:

> 中国近代史是西方列强不断发动侵略战争,使中国一步一步地沦为半殖民地、半封建社会的历史;是不甘屈服于外来侵略和本国封建主义压迫的中国人民,为挽救民族危亡、争取民族独立和人民解放进行艰苦卓绝斗争的历史;也是中国社会逐步摆脱封建经济的束缚和封建王朝的发展模式,向近代化、资本主义化方向发展的历史。

其他版本的教材虽表现形式不一,但都渗透了这种观点。

初中历史教材以唯物史观为指导,其次是体现在教材对相关的历史现象进行了正确的解释,力求使学生学会全面、客观地认识人类社会的历史问题。比如关于"萨拉热窝事件",以前对该事件的严重性认识不足,认为不论有没有突发事件,第一次世界大战都会爆发,但现行教材注意引导学生把各民族反抗侵略与瓜分斗争的正义性同暗杀等恐怖活动相区别。如岳麓版教材在正文中明确指出:"这一突发事件对和平构成了严重威胁,成为第一次世界大战的导火线",在课后还设计了思考题"问题讨论:有人认为没有萨拉热窝事件,第一次世界大战就不会发生。你同意这种看法吗?请说明理由";北师大版教材在该课的辅栏里设计了一个思考题"想一想:你如何评价普林西普的刺杀行为";川教版教材还专门设计了一个主题活动"辩论会:我看萨拉热窝事件"。

---

① 张庆海.中学历史教学中的史学理论问题.长春:长春出版社,2012:95,102.
② 许斌.中学历史教科书的历史观问题浅议.历史教学,2012(10):15.

2. 以课程标准为依据,努力实现课程改革的具体目标和任务

课程标准在很大程度上体现了国家意志,《基础教育课程改革纲要(试行)》规定:"国家课程标准是教材编写的依据";"教材内容的选择应符合课程标准的要求"。所以,初中历史教材的编写都严格遵循课程标准的理念。

历史课程改革的基本理念在于回归历史教育的普及性、基础性和发展性,这些理念在《全日制义务教育历史课程标准(实验稿)》具体体现为:课程宗旨上,把初中历史课定位为公民教育的基础课程;课程目标上,关注"三维目标";课程内容上,淘汰"繁""难""偏""旧";教学方式上,提倡改进教学方法,鼓励学生的自主、探究与合作;课程评价上,提出建立发展性的评价体系。《全日制义务教育历史课程标准(实验稿)》在"实施建议"部分,还就教材编写提出了具体的建议。

总体来看,各版本的初中历史教材在以下方面体现了课程标准的要求:

(1)克服专业化和成人化倾向,体现义务教育的基础性。

现行教材改变了以往一味追求学科体系完整,把中学教材变成大学教材的压缩版的做法,减少了抽象的理论和概念,简化了纷繁复杂的年代,着眼于学生的终身发展,精选典型的、实用的知识内容,并且力求表述的形象和生动。

(2)从"教材"变为"学材",体现时代精神。

新课程强调以学生为本,注重培养学生的自主学习能力、创新精神和实践能力。因此,现行教材努力转变师生的教、学方式,表现在:注重教材内容的启发性,变灌输现成结论为启发学生思考,变学生的被动接受为主动探究,变教师"满堂灌"为师生互动。课内有活动探究的题目,如中图版七年级上册教材第一课,在讲了山顶洞人的生活后,设计了这样一个问题:

> 考古学家可以通过出土化石和遗迹推断古人类的生活,请你就山顶洞人遗址出土的骨针和装饰品展开合理的推测:骨针的出土说明了什么?山顶洞人为什么要制造和使用装饰品?

这样的设计,放在初中阶段的第一堂历史课中,对于提高学生学习历史的兴趣和培养探究思考的习惯是大有好处的。此外,课后习题也尽可能地体现开放性,多为学生的探究活动,如故事会、讨论、辩论、制作、调查等。华师大版八年级下册《社会生活的变迁》一课,设计了课外调查:

> 访谈周围的老一辈,请他们谈谈改革开放前后生活的变化,由班级同学分工合作写出本地区衣、食、住、行、用等方面的变化。

川教版教材还独创了课后的"心得与疑问"栏目,由学生写出自己学习本课的收获、感悟或疑问,在实践中也收到了很好的效果,如有学生写道:

> 古往今来,爱国主义都是中华之魂。热爱祖国是人们光照千秋的高尚情操。面对倭寇对中国东南沿海的骚扰,荷兰人对中国台湾的侵略,戚继光、郑成功率领人民给侵略者以沉重打击,向世人昭示了中华民族的反抗精神。祖国是我们共同的母亲,我们都是她的儿女,无论何时何地,我们都要以祖国母

亲为中心,我们爱她,同时也决不允许任何人去伤害她!①

稚嫩的文笔,记载的却是学生自己的真情实感。还有学生写道:

老师在讲述《凡尔赛—华盛顿体系的建立》时讲到:"这个体系给世界带来的只能是短暂的和平,它所潜藏的各种矛盾和冲突必然导致体系的崩溃和新的战争。"而且据说教师参考书上也是这样讲的。我的疑问是:是否一个体系的崩溃必然带来战争?综观20世纪世界历史,凡尔赛—华盛顿体系崩溃后,的确发生了二战。但二战后建立了雅尔塔体系,这个体系,在20世纪90年代瓦解,世界开始呈现多极化的趋势,却并未发生大规模的战争。这说明:是否发生战争,是多种因素在起作用,我们不能太绝对化了。②

学生敢于提出自己的看法,难能可贵。可见,教材的设计真正立足于学生的学习,为学生提供了自悟和质疑的广阔空间。

值得一提的是,中学历史教材中还首次设置了活动课,丰富了历史课堂教学的形式,这是课程改革的重大成果之一。如北师大版九年级上册就设置了四节活动课:《与哥伦布同舟远航》《工业革命带给人类的"礼物"》《追〈根〉溯"园"——走进美国黑奴的生存空间》《弹〈命运〉论〈英雄〉——贝多芬作品弹奏与赏析》。学生在这些活动中体验、发展,有助于培养学生的创新精神和实践能力。

(3)体现知识与能力、过程与方法、情感态度与价值观的总体目标。

《基础教育课程改革纲要(试行)》规定了基础教育课程改革的具体目标,其中第一条是:

改变课程过于注重知识传授的倾向,强调形成积极主动的学习态度,使获得基础知识与基本技能的过程同时成为学会学习和形成正确价值观的过程。

新课程改变了以往以知识传授为主的单一目标,提出了知识与能力、过程与方法、情感态度与价值观的三维目标。因此,新教材力图使学生在掌握历史知识的过程中,培养能力,学会学习、学会做人。除了精选最基本的历史知识,突出对能力的培养,还注意赋予历史内容以深刻的思想内涵,突出爱国主义教育、国际意识教育和人格教育。

(4)体现内容的层次性。

本着保证全体学生全面发展与因材施教、发展个性相结合的出发点,初中历史教材在内容上也体现了层次性:既有精讲内容,也有阅读内容;既有必学内容,也有选学内容。比如,除正文外,各版本的教材每课都穿插有阅读文字,对正文进行补充说明,增强了教材的弹性。如川教版教材在每本教材的前言部分"写给同学们"中指出:

主栏中的"大字"(宋体字)是学习的主要内容,必须反复阅读、认真领会。

"小字"(仿宋体字)是对大字内容的展开或补充,具体生动,也应认真阅读。

---

① 龚奇柱.义务教育课程标准实验教科书教师教学用书中国历史(七年级下册).成都:四川出版集团四川教育出版社,2012:259.

② 龚奇柱.义务教育课程标准实验教科书教师教学用书中国历史(九年级下册).成都:四川出版集团四川教育出版社,2012:333.

川教版教材设置了打＊号的子目,如中国古代史中的"大汶口遗址""隋朝的灭亡与唐朝的建立"、中国近代史中的"国共两党合作抗日的实现"、世界史中的"开罗会议和德黑兰会议"等,还设置了打＊号的课,如中国现代史中的《世界经济的奇迹》,＊为阅读内容;人教版教材也设置了打★号的课,如中国古代史中的《两汉经济的发展》,并且在教材前面的"说明"中指出:"标有★号的,供各地各校选用"。

3.正确处理继承与发展的关系,坚持与时俱进

各版本的初中历史"义务教育课程标准实验教科书"一方面继承了历史教材编写的经验和优良传统,同时也在编写思想、内容体系、体例结构、呈现方式、装帧设计上都有所创新,体现了与时俱进的精神。正如川教版教材主编龚奇柱先生解说:"事实上,现在编教材都在自觉不自觉地继承过去编教材的优秀成果,又在自己的编写中创新和发展。比如现在教材都用大小字来表述内容,这种形式就是1992年人教版创新,1993年我们编内地版时也采用了。我们在学习中对大小字的功能又做了进一步的研究和发展。又比如说,现在教材在每章之前都有一段导语,这种形式又是1998年内地版教材首创,以后这种形式又被各套教材所采用。它们在采用中又有所发展,我们也不断在改进。"①

二、教材组织结构

1.编排体系

依据课程标准的要求,初中历史"义务教育课程标准实验教科书"建构了新的教材体系,采取了主题与时序相结合的体系,即根据历史发展的基本线索,从古至今地讲述历史;同时围绕表现每一历史时段突出特征的专题进行叙述。体例采用适合初中学生年龄特点的课题体,每课用1课时。这样,整册书分为若干单元(每一学习主题为一单元),每一单元下有若干课。每册书大约有20课左右,另外加上3－4个活动课,分散在相关单元之后。

2.教材的基本结构

(1)总的结构。

按照课程标准的要求,初中历史教材将内容分为中国历史、世界历史两大部分。中国历史由中国古代史、中国近代史、中国现代史三大板块构成;世界历史由世界古代史、世界近代史、世界现代史三大板块构成。

(2)各册的结构。

各版本教材虽名目不同,但大致由以下几部分组成:编写说明、目录、主题课文、主题活动、附录等。如:河北人民版教材每册有"写在前面的话""目录"、主题课文、"活动与探究""附录"(含"历史大事年表""历史学习课外读物推荐""历史学习网站推荐");"上海本"有"说明""前言""目录""主题课文""附录"。

---

①"中学历史课程・教材学术研讨会"纪要.历史教学.2003(9):6.

(3)每一单元的结构。

每单元一般由主题页、主题课文、主题活动等构成。此外,北师大版、华师大版、河北人民版、上海本、北京本教材在每个单元的开始处还设计了单元导言,如华师大版九年级上册第五单元《欧美主要国家的社会巨变》,单元导言内容为:

15~18世纪,人类历史发生了深刻而巨大的嬗变,这是一个不断变革、充满活力的时代。15、16世纪,以意大利为中心的文艺复兴,以哥伦布为先导的新航路的开辟,以马丁·路德为代表的宗教改革,风起云涌,相互激荡,促进了西欧资本主义经济和资产阶级思想文化的发展,推动了世界市场和海外扩张体制的初步形成。17、18世纪,英、美、法资产阶级革命狂飙迭起,掀天揭地,为资本主义勃发猛进扫清了障碍。自此,欧美先进国家在这一世界性历史巨变中居于先导地位。与此同时,人类历史从分散走向整体,真正意义上的世界历史开始了。

言简意赅的导言统领全局,梳理了这一历史时期的发展脉络,勾勒了历史演进的大势,并点明了这一历史时期的主要特征及其在历史上的地位,对教学内容起到了提纲挈领、画龙点睛的作用。

岳麓版在每个单元结束后,还设计了"单元回眸",由"基本线索""知识提要""活动与探究"三部分组成。除了概括本单元的历史基本线索,提示主要的内容,还点明活动的要求和探究重点。如岳麓版九年级上册第二单元《欧美主要国家的社会巨变》,"单元回眸"里"活动与探究"的内容为:

1.就"文艺复兴是复古还是创新"举行一次辩论会。2.通过评价华盛顿、拿破仑等人,掌握评价历史人物的基本方法。

(4)每课的结构。

每课一般由导语、主栏(包括正文、阅读文字、注音、注释等)、辅栏(包括思考题、文献资料等)、课后的学习探究(包括习题、探究活动、拓展阅读等)等构成。

以人教版教材为例,每课一般由10个部分组成:导入框、课文(宋体字)、阅读课文(楷体字)、专栏的文献资料(竖排字)、图表(包括图画、表格、地图和图注)、动脑筋、注释和注音、练一练、活动与探究(包括小讨论、小游戏、比一比、找一找、查找成语故事、寻找变革、判断、分析材料、制表、填图与思考、看图分析、看图猜字、故事会、朗诵比赛、短剧、小制作、动动手、小实验、欣赏与临摹、看一看等)、自由阅读卡。

三、教材知识的选择与呈现方式

1.内容的基础性与时代性

长期以来,初中历史教材忽视了学生的年龄特征和学习心理,存在着"专业化、成人化倾向",使得初中历史教材成了大学历史教材的压缩,初中历史课程变成了历史专业教育课程,内容庞杂、线索繁多,使学生望而生畏。

《全日制义务教育历史课程标准(实验稿)》指出:"历史课程应突出体现义务教育的普及性、基础性和发展性,应面向全体学生,为学生进入和适应社会打下基础,为学生进一步接受高一级学校教育打下基础。"义务教育阶段的历史课程作为公民素质教育的一门基础课程，其性质决定了它是为培养合格公民奠基的，而不是培养历史学家。掌握基本的历史知识是对未来公民素质的基本要求，因此，初中历史"义务教育课程标准实验教科书"非常重视历史基础知识，把它放在了实现历史课程目标的基础地位。教材大量删减了"繁""难""偏""旧"的知识内容，只选择了最基本的历史知识，包括重要的历史人物、历史事件、历史现象、历史概念和历史发展的基本线索，并注意控制知识的广度、深度和难度。

如：人教版七年级上册教材与人教社1992年版的《中国历史（第一册）》教材相比，篇幅缩减了将近30%，课目由27课缩减为22课，各课的内容也进行了相应的缩减。在1992年版的教材中，东晋、十六国和南北朝时期的线索相当繁杂，而课标教材则删减了以前教材中的十六国和东晋的统治、南朝的更替、士族、侯景之乱、北魏分裂、北周统一北方和北周武帝灭佛等内容，分别以"江南地区的开发"和"北方民族大融合"这两件在历史上影响深远、对于认识现在的社会也有极其重要意义的现象和事件为核心展开，简单地勾画出核心内容的背景，便于学生认识历史现象和历史事件之间的联系。①

再如：川教版七年级上册教材内容少而精，简而明，减少了艰深的历史理论和概念。本册书划分为"中华文明的起源""国家的产生和社会变革""统一国家的建立""政权分立与民族融合""中国古代文化（上）"五个单元，以这一时期中华文明的历史发展作为贯穿全书的主线。教材突出了最重要的历史人物、历史现象和历史事件，淡化了社会形态，回避了历史分期和社会性质问题，降低了理论难度，贴近了初中学生的年龄特征和学习心理，更符合初中学生的接受能力。

《全日制义务教育历史课程标准（实验稿）》还指出："课程内容的选择应体现时代性，符合学生的心理特征和认知水平，减少艰深的历史理论和概念，增加贴近学生生活、贴近社会的内容，有助于学生的终身学习。"因此，初中历史教材还注意与时俱进，体现时代性。

一方面，教材注意反映当今时代的大事，有的教材时间下限到了21世纪初，大大增强了历史教材的现实感。如科索沃战争、伊拉克战争、北京申奥成功、中共十六大召开、中国"神舟五号"载人飞船的成功发射和返回等重大事件都在教材中有所反映。

另一方面，注意选择贴近学生兴趣的内容，增加了科技史、文化史、社会生活史的分量，华师大版、川教版、中图版还将文化史单独设为若干个单元。

同时，还注意选择贴近现实的内容，如人教版教材，在讲了百家争鸣后，安排了"小讨论：诸子百家的学说中有哪些积极的东西值得现代社会吸收、利用"；川教版教材把下岗职工再就业工程、职工基本养老保险、失业保险、医疗保险制度等社会关注的重大问题写进了中国现代史中。

2. 知识的科学性

科学性历来是教材编写的重要原则之一，初中历史教材的科学性主要表现在：指导思想正确、历史知识准确、历史观点公允、历史体系完备、语言表述严谨。简单地说，

---

① 李晓风.浅谈新编实验版初中《中国历史》教科书的新观念和新突破[EB/OL].人教网，2002-11-15.

就是要正确地重现历史并解读历史。历史是过去的,但是历史研究是不断发展的,随着时代的发展和史学研究的进展,历史教材既要根据新史料、考古新发现来修正原来的谬误,还要用新的视角和观点重新认识和解读历史。

因此,一方面,教材吸收了为学术界公认的史学研究和考古发现的新成果,如中国古代史部分,各版本教材普遍吸收了"夏商周断代工程"的研究成果,川教版教材还吸收了四川三星堆考古发现的成果。

另一方面,教材吸收了改革开放以来历史研究的新成果和被广泛认同的新见解,摒弃了以往陈旧、片面的观点。如:中国近代史部分,教材吸收了近年来的研究成果,肯定了国民党正面战场的抗战,实事求是地反映了国民党广大爱国官兵的浴血斗争。再如,对于宗教,以前多持否定的态度,视为"麻醉人民的精神鸦片",而现行教材将其视为一种文化现象,如实介绍了三大宗教的起源及其在历史上的作用。川教版教材在九年级上册《古代宗教》一课的导语中,就明确指出:

> 宗教是对社会现实虚幻的反映,也是一种信仰和文化。古代世界,由于人们无法科学地认识自然和社会现象,面对人生的艰辛和困惑,往往借助神灵寻求帮助、寄托理想、获得安慰。在剧变的社会环境中,世界三大宗教先后形成并发展起来。

在课后,还设计了一个学习活动:"探访寺庙 感受宗教",并提出活动的建议:

> 组织或利用旅游参观佛教寺庙,注意观察寺庙的环境、风格,欣赏佛教绘画、雕刻,了解佛事活动。亦可参观基督教的教堂和伊斯兰教的清真寺,了解有关宗教活动和国家的宗教政策。

通过这样的安排,使学生既能了解宗教产生的特定历史背景,理解其在人类文明史上的价值,又能正确地认识和对待宗教,从而正确看待历史上和现实中与宗教信仰有关的重大问题。

3.形式的生动性

在坚持科学性的基础上,根据初中学生的年龄特征,初中历史"义务教育课程标准实验教科书"还加强了生动性,力求激发学生兴趣。

首先是行文活泼、内容形象具体,注意穿插生动的历史情节。以人教版七年级上册教材对"推恩令"这一概念的处理为例,教材回避了"推恩令"这个概念,采用生动的史实进行叙述:

> 为加强中央集权,武帝接受主父偃的建议,下令允许诸王将自己的封地分给子弟,建立较小的侯国。梁王要求将部分封地分给其弟,武帝立即批准。从此诸侯国越分越小。武帝还找借口,一次就削去当时半数的侯国。

这样的处理,使得枯燥的概念变得生动具体,既降低了难度,又增强了教材的可读性。为了激发学生对历史学习的兴趣,各版本的教材在课前导语上也精心设计,如上海本七年级下册第2课《中体西用》,就以一个历史故事作为本课的导语:

1861年,湘军即将攻克太平天国天京上游的最后一道屏障安庆。当时路过安庆的湘军统帅胡林翼视察了战场形势后,十分高兴,策马江边。这时,江面上忽然驶来两艘外国轮船,溯江而上,"迅如奔马"。他脸色顿变,黯然回营,途中还吐了血。从此,忧心忡忡,病情更加严重,不至数月便死了。胡林翼因看到了比太平军更为强大的外敌,忧虑过度而死,而如何筹措应对之策,也成了清廷上下共同焦虑的一道难题。

　　导语用这件极具戏剧性的历史事件设置了悬念,促使学生带着疑问进入新课学习,去了解清廷如何应对内忧外患的困局。

　　除正文外,各版本的教材每课还有阅读文字,叙述也非常生动;课后还有拓展阅读,各版本的称呼不一,但都起到了丰富历史知识,激发学生兴趣的作用,如川教版和岳麓版、上海本的"史海拾贝"、人教版的"自由阅读卡"、北师大版的"每课一得"、华师大版的"课外学史"、河北人民版的"日积月累"、中图版的"知识拓展"等。

　　此外,教材图文并茂,编排新颖。各版本的教材都非常注重图片的运用,以川教版教材为例,中国历史教材(七、八年级)共有历史地图49幅、课文中的插图669幅;此外,每一主题页配有主题图,每篇课文配有题图。① 这些精心选择的照片、地图、图片等,内容典型、画面清晰,与课文相得益彰。教材充分发挥了图片的作用,除了利用图片再现历史情景之外,还注意启发学生观察和思考,如:岳麓版七下教材《隋唐的科学技术》一课,配了赵州桥的彩图,并设计了问题:"观察赵州桥,说一说它有哪些特点?";九下教材《凡尔赛—华盛顿体系的建立》一课,配有地图"第一次世界大战后的欧洲",还设计了问题:"仔细阅读"第一次世界大战前后的欧洲"地图,看一看发生了哪些变化。"

　　【问题探究】 你认为什么样的教材是好教材?各版本的初中历史教材各有特色。如:川教版教材依据课标,而不囿于课标,对知识内容进行了适当调整,并在每课之后创设了"心得与疑问"栏目,以培养学生探究精神;北师大版教材文字表述的文学性较强,注重选用文献资料;人教版教材比较平实,文字简洁浅显,课内外均设计了不少的探究活动;华师大版教材图片精美,单元导言高屋建瓴;岳麓版在每个单元结束后,还设计了"单元回眸",有画龙点睛的作用;中图版教材结构独特,把每课分为"研习升级"之前与"研习升级"之后两大部分,"研习"指研究性学习,体现了编者把每课的教学作为学生研究性学习过程的意图;上海本教材立足于国际化大都市发展的需要,面向世界,增加了世界史内容的比重。

【学者观点】　中学历史教材的评价模型②
(一)知识性维度
1.教材的内容是否具有典型性并能较及时地反映史学研究的新成果?
2.教材的内容以及写作方式是否能够尽量贴近中学生的生活实践和心理特点?

---

①龚奇柱.义务教育课程标准实验教科书教师教学用书中国历史(八年级下册).成都:四川出版集团四川教育出版社,2012:11
②黄牧航.关于中学历史教材评价工具的制定.历史教学.2002(7):24.

3.教材的知识体例是否科学合理?
4.教材是否注意到了相关学科间的知识渗透?
(二)思想文化维度
5.教材是否有利于帮助学生形成历史唯物主义史观?
6.教材能否对学生进行正确的价值观、人生观和道德观的教育,使之形成健全的人格?
7.教材能否引导学生正确对待中国传统文化、世界文化以及两者的关系?
8.教材能否加强学生的历史意识教育?
9.教材能否加强学生的现代意识教育?
(三)心理发展规律维度
10.教材能否调动学生的学习兴趣、激发学生的求知欲?
11.教材是否有利于发展学生的历史思维能力?
12.教材是否采用了多种媒体来帮助学生形成正确的历史表象?
13.教材的练习设计是否有助于激发学生的想象力和创造力?
(四)编制水平维度
14.教材文字的编写是否准确、规范(指的是没有错别字和病句)?
15.教材插图的制作是否科学、精美,有助于学生形成正确的历史表象?
16.教材的版式设计是否丰富多彩,给人一种审美上的愉悦感?
17.教材的印刷工艺质量是否过关?
(五)可行性维度
18.教材与学生水平的适应程度。
19.教材与教师水平的适应程度。
20.教材与教材使用的经济与社会发展水平的适应程度。

各版本的初中历史"义务教育课程标准实验教科书"使用十多年来,成效是明显的。但也存在着一些问题:"从呈现方式上说,新教材都采用了时序与主题相结合的方式,体裁的创新开拓不够;从内容上说,有的教材对个别重要的历史时期或历史事件(如东汉等),仅在注释中简单一提或者基本没有提及,造成知识之间的割裂,跳跃性显得过大;不同版本教材自身的特色也尚未凸现出来。"[1]课程标准在能力要求方面"显得过于空洞,一至三年级都是重重复复地做相同的几件事情,一年级讲岳飞的故事,二年级讲孙中山的故事,三年级讲列宁的故事。故事不是不能讲,但是否应该有不同的能力层次? 如一年级重情节、二年级重条理、三年级重分析等。因此,《课标》的一个突出的问题就是在肯定了学生的心理发展分层次的同时,并没有确定相应的能力目标,而是笼统带过,使'过程与方法'这一课程目标缺乏必要的逻辑性。《课标》对能力要求的含糊空泛必然影响到教材的编写"。导致现行初中历史教材"思维训练内容显得散乱无序,缺乏由浅入深、由低到高的逻辑性"。[2]

---

[1] 朱煜.论初中历史实验教材的编纂、特点与问题.中学历史教学参考,2003(8):15
[2] 黄牧航.论中学历史教材的逻辑结构.历史教学,2003(6):12.

【异域采风】　如何加强教材练习的逻辑性[1]

一些美国教材的做法是——在每一课后面附上思维能力指导的专题,专题的内容是专门设计的,而列举的例子却尽量与该课的内容相结合。这就意味着教材的学科体系逻辑与学生的心理能力发展逻辑同时展开,而两者的结合点就放在每一课的课后练习上。Sol Holt 和 John R.o'Connor 编写的美国中学教材《世界历史探索》所包含的思维训练内容主要包括:"如何浏览教材""如何寻找课文的段落大意""寻找历史信息的渠道""如何掌握重要的历史范畴""如何根据史实得出观点""如何根据史实进行推论""如何使用准确的历史语言""如何利用时间轴表""如何利用历史图表""如何找出历史示意图的错误""如何看懂历史漫画"等。在每一个训练内容中,教材都提供了详尽的方法指引。例如,在《采邑的生活:城堡和茅舍》一课中,课后练习分为两部分:第一部分是传统的题目,目的是检测学生对本课内容的掌握;第二部分就是思维训练专题,题目是"如何根据史实进行推论"。思维训练是从学生的生活经验入手的。

事实:我们正在上历史课。

推论:我们有书本。我们有教师。我们有一个课室学习。我们想知道过去的人们是怎样生活的。

教材进而指出,根据史实进行推论的原理和方法也是一样的,并结合课文的内容提出方法指引。

史实1:贵族住在城堡里并且拥有供狩猎用的土地和马匹。

推论1:贵族很富有。

史实2:农民居住在围绕城堡的村庄里。贵族花大量时间去狩猎、举行宴会和进行战斗。

推论2:贵族基本上不进行任何劳动。农民在围绕着城堡的土地里耕作。

史实3:贵族占据教堂里最好的位置,他们死后的葬身之所也远离一般百姓。

推论3:当时的人们分成不同的阶级。富人拥有许多特权,穷人拥有很少权利。

史实4:贵族和农民都去教堂。

推论4:宗教在人们的生活中起着非常重要的作用。

当然,有些问题是因《全日制义务教育历史课程标准(实验稿)》不完善所带来的,也有些问题是课程改革之初,经验的缺乏、认识的局限所致。现在,随着课程改革的深入和《义务教育历史课程标准(2011年版)》的颁布,有理由相信,依据修订后的课程标准编写的历史教材,将会更好地解决这些问题。

---

[1] 黄牧航.论中学历史教材的逻辑结构.历史教学.2003(6):13~14.

第二节　高中历史教材特征分析

2001年秋季,我国在义务教育课程改革开始实验时,教育部就正式启动了普通高中新课程标准的研制工作,随后形成了"高中课程方案(试行)"和"各学科课程标准(实验稿)",2003年3月31日,教育部印发了《普通高中课程方案(试验)》和"15个学科课程标准(试验)"。广东、山东、宁夏和海南成为首批实验省份,于2004年秋季开展普通高中新课程实验。就历史学科而言,全国共推出四套新课标历史教材,分别是人教版、人民版、岳麓版和北师大版(原为大象版)。岳麓版由曹大为、赵世瑜主编,岳麓书社出版发行;人民版由朱汉国主编,人民出版社出版发行;人教版由人民教育出版社、课程教材研究所、历史课程教材研究开发中心编著,人民教育出版社出版发行;北师大版(原为大象版)由王亚民主编,北京师范大学出版社出版发行。四种版本的教材虽然都"以课标为中心"进行编写,但由于编写人员对课程标准的理解不同、史学理念不同、研究方向不同,甚至历史观点不同等原因,导致不同版本教材在语言风格、内容详略、知识组织、结构安排,甚至史学观点等方面均有较大出入。这虽然有利于"百家争鸣",有利于发挥地方、学校和教师的自主性,可以根据自身实际情况选择和合理使用教材,但也给教师的教学和学生的学习带来了新的考验。如何正确地认识和使用教材,是教师们面临的重要课题。

一、教材设计思想

1.符合时代的需要,具有鲜明的时代特色

20世纪90年代以来,随着全球化进程的逐渐深入,世界各国的交流进一步加强,各国面临的竞争也日益加剧,国际竞争更多地体现在综合国力和国民素质的竞争。许多国家纷纷把发展教育作为参与国际竞争的发展战略,加大了教育改革的力度。总体上来看"世界各国不再单纯地把传授知识作为主要目标,而普遍关注以下几个方面:一是社会责任感的培养;二是个性发展与生存能力的培养;三是创造力与批判性思维的培养;四是交流、合作精神与团队精神的培养;五是国际视野的培养等"。[①] 这些先进的理念也体现在新课程和教材之中。

> **【异域采风】　历史课"人权"教学设计**[②]
> ——澳大利亚学校历史教育透析之六
>
> 澳大利亚《纲要》第五章《历史和公民》的重心是探讨历史教学与公民教育问题……

---

①历史课程编写组.历史课程标准(试验)解读.南京:江苏教育出版社,2004:4.
②何成刚,陈伟国.历史课"人权"教学设计——澳大利亚学校历史教育透析之六.中学历史教学参考.2008(11):20～21.

专业的概念术语过多,学生理解起来困难恐怕是我们历史教师日常教学中比较头疼的问题。如果一上来就告诉学生概念术语的确切含义,不要说是不符合中学生的认知逻辑、学习心理,恐怕也是成人不大认可的,所以这样的导入不但不会引起学生学习的兴趣,反而还引起学生的反感。《纲要》第五章《历史和公民》中,就"什么是人权"的问题,采取的是从具体到抽象,沿着由感性认识到理性认识的认知过程,帮助学生逐步揭示概念本质特征的设计思路。具体而言,就是创设一个虚拟的体验性教学情景,或者说创造了一个宽松、愉悦、开放的课堂讨论气氛。

　　活动一:确定四项优先的人权

　　设想你坐在热气球上,飘浮在空中。在热气球上,你拥有下面的10项权利:(1)无论性别、种族,一致公平对待;(2)受到年轻人的尊重;(3)教育;(4)平等的工作机会;(5)言论自由;(6)家庭里的自主权;(7)生命权;(8)生活在一个干净、环保的环境里;(9)政府所提供的社会保障;(10)投票权。当气球向前飞,一座高山在远处出现。这时你必须抛掉其中的一项权利,使得你顺利跨过高山。记住你所抛弃的权利将永远不会再来。

　　让学生思考以下问题:

　　1.首先选择你想抛弃的一项权利,并在你的权利清单上将其划掉。

　　2.你继续飞行,但是仍然不够高,你必须抛弃另一项权利。

　　3.选择另一项权利,并在权利清单上将其划掉。但你仍然有其麻烦。

　　4.再次做出选择,抛弃另一些权利,直到你剩下四项权利为止。

　　5.简要解释你为什么要保留这四项权利。

　　6.调查班里的其他同学,看看其他人留下了哪四项权利。哪些权利是大多数人所共同保留的?为什么?

　　历史最基本的功能是以史为鉴,课程标准在对学生社会责任感培养方面尤其重视。课程标准规定:"(通过高中历史的学习)总结历史经验教训,继承优秀的文化遗产,弘扬民族精神;学习从历史的角度去了解和思考人与人、人与社会、人与自然的关系,进而关注中华民族以及全人类的历史命运。增强历史洞察力和历史使命感。树立不断完善自我、为祖国社会主义现代化建设做贡献和关注民族与人类命运的人生理想。"

　　北师大版在必修(Ⅲ)第二单元第四课中写道:

　　　　中国古代的科学技术,长期处于世界领先的地位。除了人所共知的四大发明之外,还有许许多多的辉煌成就,对人类的文明做出了重大的贡献。外国学者曾经感慨:"'近代世界'赖以建立的种种基本发明和发现,可能有一半以上源于中国,然而却鲜为人知。"

　　这是对我国古代优秀文化的充分肯定,对弘扬民族精神,增强民族自豪感有积极作用。历史的教育功能是要以历史对比现实,"历史教育不是价值中立的,它总反映我们所处社会的价值观念和社会要求。历史教材作为学校课程的主要内容,也必然会体现出一个国家和民族的核心价值观,为培养适合未来社会发展的合格公民服务"。[①]

[①] 郑林.中学历史教材分析.北京:光明日报出版社,2013:27.

课程标准在强调社会责任感的基础上,也提倡培养学生的个性发展和生存能力的培养。课程标准规定:"通过高中历史课程的学习,培养学生健全的人格,促进个性的健康发展;普通高中历史课程的设置,体现多样性,多视角、多层次、多类型、多形式地为学生学习历史提供更多的选择空间,有助于学生个性的健康发展;进一步激发学生的学习兴趣,拓展学生的历史视野,促进学生个性化发展;确立积极进取的人生态度,塑造健全的人格,培养坚强的意志和团结合作的精神,增强经受挫折、适应生存环境的能力。"

选修课程的开设是学生个性化发展的很好途径。教材在学习方式上设置了很多个性化的内容。人民版教材的"学习思考"板块中有不少的个性化思考题,如必修(Ⅲ)专题六第一课的一个学习思考:

> 你怎样理解"人是万物的尺度"这句话的含义?黑格尔说:"这是一句伟大的话。"你同意这个评价吗?

人教版必修(Ⅰ)第一单元第一课"学习延伸"中这样设计:

> 中国人以祖先的封地、封国为姓氏的,在汉字姓氏中占有很大比重。如:陈姓,就是周武王灭商后,封舜的后代妫满于陈。妫满死后被谥为陈胡公,其后代便以陈为姓氏;许姓,是周武王封神农氏的后代文叔于许,建立许国,后人便以国名许为姓氏。
>
> 你能查查自己姓氏的由来吗?

个性化就是独特的,非一般大众化的东西。个性化是因材施教的前提,也是学生创造力的源泉。个性化教学的基本要求是不能人云亦云,要坚持自己的主见,有自己独立的思考。教学内容、问题设置的多样化能为学生个性化发展提供好的条件。

"创新是一个民族发展的灵魂",学生创造力的培养是教学的重要任务。课程标准也大力提倡创造力的培养,课程标准规定:"充分发挥学生的主体性、积极性与参与性,培养探究历史问题的能力和实事求是的科学态度,提高创新意识和实践能力;培养从不同视角发现、分析和解决问题的能力。"

岳麓版必修(Ⅲ)第一单元第四课"活动建议"中要求:

> 从成语典故、日常生活用语(例如醍醐灌顶、当头棒喝、天花乱坠、回头是岸、一刹那等)中辨析佛教、道教和理学对中国传统文化的影响。

人教版必修(Ⅰ)第一单元第二课"学习延伸"中这样设计:

> 提起长城,人们就会情不自禁地赞叹这一伟大古老的中华文明,在两千多年的漫长岁月中,万里长城犹如一条巨龙,在地球上留下了叹为观止的人工建筑遗存。它蕴含着丰富的思想文化内涵,凝聚着古代中国劳动人民的勤劳、勇敢和智慧。如今,长城已成为中华民族精神的象征。
>
> 据史书记载,秦始皇修筑长城,历时五年,动用了约三十万的劳动力,这个数字相当于当时全国男劳力的十分之一。其中,绝大多数人死于这沉重的徭役。"生男慎勿举,生女哺用脯;不见长城下,尸骸相撑柱!"这首吟咏长城的秦朝民歌,揭示了秦始皇的暴政。唐朝人柳宗元分析秦朝覆亡的原因时,认为是"咎在人怨"。
>
> 想一想,人们对长城的看法为什么会有如此大的反差?

这种延伸是对教材的超越,是个性化的培养模式,对于学生的实践能力和创新意识的锻炼价值是毋庸置疑的。

自主学习、合作学习和探究学习是新课程改革大力提倡的学习方式,四种版本的教材都有充分的体现。"合作学习以小组合作为基本形式,以学生为中心,利用师生、生生之间的合作互动来促进学习,共同完成目标,多边合作、民生和谐、平等交流。"[①]设置讨论是合作学习的常见的方式,其中人教版必修(Ⅰ)第二单元第五课设计了这样一个讨论:

> 我国古代思想家孔子曾断言"唯女子与小人难养也"。从中国思想文化传统看,我们对如此论调不会过分地大惊小怪。然而,出乎意料的是,生活在雅典城邦民主下的思想家亚里士多德对女子的评价竟与孔子如出一辙。他说:"有些人生来就注定应该服从,另有些人生来就注定要统治","男子生来就属上等,女子则属下等,前者治人,后者治于人。"
>
> 请讨论处于同一时代,但相隔万里,彼此隔绝文明中的两大思想家,对上述问题的看法为什么会如此接近?你怎样理解这个问题?

合作学习是指学生为了完成共同的学习任务的一种互助性的学习。合作学习是个体任务和集体任务的统一,不但能培养合作精神、交往能力,也是创新精神和竞争意识的很好的培养方式。讨论的时候学生各抒己见,展开对话、辩论,学习他人长处,展示自己观点,完成思想碰撞,共同深入地完成学习任务。

课程标准把世界看成是一个整体,把中国融入世界中去理解世界。不仅是"国际竞争意识",更有合作,是同呼吸、共命运的关系。课程标准规定:"认识人类社会发展的统一性和多样性,理解和尊重世界各地区、各国、各民族的文化传统,汲取人类创造的优秀文明成果,进一步形成开放的世界意识;树立为祖国现代化建设、人类和平与进步事业做贡献的人生理想;在漫长的历史发展进程中,人类的思想文化经历了由低级向高级发展的历程,并呈现出多元化的特征。在这一过程中,不同特色的思想文化相互碰撞、相互交融,共同发展。"

岳麓版必修(Ⅰ)第七单元第二十六课中写道:

> 2001年,中国加入《制止恐怖主义爆炸的国际公约》《制止向恐怖主义提供资助的国际公约》,积极开展"反恐"外交,与各国合作,共同维护世界的和平发展。
>
> 胡锦涛在中共"十七大"报告中指出:"当今世界正处在变革大调整之中。和平与发展仍然是时代主题","中国致力于和平解决国际争端和热点问题,推动国际和平和地区安全合作,反对一切形式的恐怖主义","中国发展离不开世界,世界繁荣稳定也离不开中国。中国人民将继续同各国人民一道,为实现人类的美好理想而不懈努力"。

教材表述和材料的引用,都特别强调中国和世界的共命运的关系,这就是一种国际意识。

---

① 袁从秀.中学历史教学设计与案例研究.北京:科学出版社,2013:104

2.体现国家的教育方针

教育方针是国家提出的有关教育的总目标、方向和基本原则,是教育政策的总概括,是整个教育行业的行动纲领。它确定的是教育的性质、地位、目的和基本途径等。它对一个时期的教育思想、培养目标和教学行为都产生了巨大的影响。

十八大报告中提到:"努力办好人民满意的教育。教育是中华民族振兴和社会进步的基石。要坚持教育优先发展,全面贯彻党的教育方针,坚持教育为社会主义现代化服务的根本任务,培养德智体美全面发展的社会主义建设者和接班人。"

我国的教育方针强调了教育的社会主义性质,这是教材编写的一个基本原则。辩证唯物主义和历史唯物主义成为教材编写的最基本的理论依据。现行教材的体系、线索、内容分析、结论等都充分地反映了历史唯物主义的方法,生产力、生产关系、意识形态、阶级等概念依然广泛地渗透在教材之中。人教版必修(Ⅱ)前言中写道:

>我们要学习的经济史,内容可以分为三个方面:一个方面是,人类生产工具的不断进步而反映出来的生产力的发展。例如人类使用的工具,从早期的石器,到铁器,到机器,在漫长的历史中不断进步,将人类推向更高的文明;另一个方面是,随着生产力的发展,人们的生产手段和生产形式不断发生变化。例如从一家一户的铁犁牛耕,到社会化的大机器生产,社会财富不断增加;第三个方面是,与各个不同阶段生产力发展水平相适应的社会经济结构、经济运行方式的发展变化。例如从古代的经济到近代、现代的经济,生产关系发生很大变化,社会性质随之变化,人类社会不断向前迈进。经济范围也从一个国家,一个区域,发展到全球。社会经济的发展,也不断改变着人们的生活质量和生活方式。

教材基本上是按照历史唯物主义的"生产力决定生产关系""经济基础决定上层建筑"的思路和方法而叙述的。

岳麓版必修(Ⅰ)第五单元第十八课中有一个小问题:

>为什么说社会主义不是某个天才思想家头脑中的产物,而是人类历史活动的必然前景?

也非常典型地体现了教材编写者进行社会主义价值观教育的目的。

教育方针还强调基础性和人民性,要与"生产劳动相结合",培养"社会主义的建设者"。中学教育属于基础教育阶段,新课程下的教材编写尽量做到了非成人化和专业化的倾向,基本符合学生的心理特征和认知水平,而且很多知识尽量与学生的生活实际相联系,显得亲切自然。如人教版必修(Ⅲ)第三单元第八课中"学习延伸"中写道:

>古代科技对现代还有影响,你能从日常生活中找到中国古代科技影响的事例吗?

人教版必修(Ⅱ)第一单元第一课"学思之窗"中设计了一段材料和两个问题:

>你耕田来我织布,我挑水来你浇园。寒窑虽破能避风雨,夫妻恩爱苦也甜。

这是人们耳熟能详的黄梅戏《天仙配》中《夫妻双双把家还》选段。剧情主要讲述的是董永和七仙女的爱情故事。当他俩为雇主服役期满后,夫妻在归程中憧憬着幸福美好生活。上面的戏词反映了他们的心声。

思考:1.董永和七仙女所向往的生活是什么样的?2.这段戏词反映了我国古代农业经济的什么特点?

克服"繁、难、偏、旧"是新教材编写的目的,新颖、生动、贴近学生生活实际的内容比比皆是,这是新教材的一个很大的进步。

3.严格遵循课程标准

课程标准是国家教育主管部门编制的纲领性文件,体现国家对基础教育课程的基本规范和质量要求。《基础教育课程改革纲要》明确指出:国家课程标准是教材编写、教学、评估和考试命题的依据,是国家管理和评价课程的基础。课程标准体现了国家对不同阶段的学生在知识与技能、过程与方法、情感态度与价值观等方面的基本要求,规定了各门课程的性质、目标、内容框架,并提出了教学和评价建议。

课程标准中的"教科书编写建议"如下[①]:

(1)严格以《普通高中历史课程标准(实验)》为依据,切实有效地实现历史课程在知识与能力、过程与方法、情感态度与价值观等方面的课程目标。

(2)根据教育部普通高中课程计划规定的课时数编写历史教科书。

(3)历史教科书呈现方式应多样化,为师生创造性的教与学,留有充分的空间,有利于学生的探究学习。

(4)历史教科书的编写要有利于学生个性的发展;要为对历史学习有兴趣的学生的进一步发展提供条件。

(5)克服专业化和成人化倾向,增强可读性,适应高中学生的心理特征和认知水平。

三维目标的提出是新课程改革的一大亮点,特别情感、态度和价值观培养目标以其必要性、现实性和可操作性得到了广大教育工作者的高度认可。它符合新时代的人才培养要求和学生实际,情感目标融合在知识与能力、过程与方法之中,让学生在学习过程中自发地产生积极的情感,对价值观的形成是熏陶,是影响,不是教化和硬性的灌输。教材编写者也将这一理念融入了教材之中。人民版必修(Ⅱ)第一单元"导语"部分写道:

在古代中国,农业被统治者看作立国之"本"。比较成熟的农业技术和相对完备的农业管理,成为中国古代经济突出的特征之一。古代中国以先进的农业文明闻名于世。中国人在农业方面的创造,对世界文明的进步做出了卓越的贡献。

情感、态度和价值观是在学习过程中形成的,是建立在史实、推理或论证基础之上的一种体验和感悟,也只有这样,情感、态度和价值观才具有稳定性和持久性。

人教版必修(Ⅰ)第五单元"学习建议"中要求:

---

① 普通高中《历史课程标准》(实验).北京:人民教育出版社,2003:32.

运用分析方法,联系资本主义政治制度发展的基本情况,了解资本主义的弊端,认识科学社会主义的出现是历史的必然性。

注意从宏观上观察问题,认识社会主义发展过程的曲折性。

历史最基本的功能是以史为鉴,只有建立在真实基础上的"历史",才有借鉴的意义,直面历史的所有问题,这才是一种科学的态度。任何"选择性"的历史,"为尊者讳""为贤者隐"的春秋笔法都是对历史的亵渎,从长远来看不但达不到正面的教育目的,反而会适得其反。

课程标准规定必修课每个模块为36学时,共108学时。几种版本的教材编写都遵循了这一原则。其中人教版必修(Ⅰ)为27课,必修(Ⅱ)为24课,必修(Ⅲ)为24课,探究活动课为3课时,总课时为78课时,加上学校和教师必要的检测和其他自主性的活动,是基本符合课程标准的。其他版本教材也大致如此。

根据课程标准要求的教科书呈现方式的多样化,一是教科书版本的多样化,现有的四个版本的教材都有自己的使用地区和群体。二是教科书内容呈现方式的多样化,与以往使用的高中历史教材不同,新编教材主要变化是:采用中外历史合编和专题史的体例。四种版本教材按照自己的理解,在专题的设置顺序上就有一些不同。比如必修(Ⅰ),人教版的一到八个单元分别是:古代中国的政治制度;古代希腊罗马的政治制度;近代西方资本主义政治制度的确立与发展;近代中国反侵略、求民主的潮流;从科学社会主义理论到社会主义制度的建立;现代中国的政治建设与祖国统一;现代中国的对外关系;当今世界政治格局的多极化趋势。人民版的顺序是:中国古代的政治制度;近代中国维护国家主权的斗争;近代中国的民主革命;现代中国的政治建设与祖国统一;现代中国的对外关系;古代希腊、罗马的政治文明;近代西方民主政治的确立和发展;解放人类的阳光大道;当今世界政治格局的多极化趋势。人教版重视横向的中外对比,人民版重视纵向的历史发展时序,差异明显,但各有优劣。

在具体的教学实施建议上,课程标准提出了诸如"举办讨论会""演讲会""编写纪实报道"等教学形式,教材也有很好的体现,如人教版设计有探究活动课"'黑暗'的西欧中世纪——历史素材阅读与研讨";北师大版设计有探究活动课"介绍中国著名科学及事迹"等。

二、教材组织结构

教材组织结构指教材知识体系与呈现方式和编写体例。

1.教材知识体系与呈现方式

高中历史新教材,以高中《历史课程标准》为编写依据,每套共有9本教材,包括反映政治经济思想文化与科学技术三个必修模块的3本必修教材,以及反映《历史上重大改革回眸》《近代社会的民主思想与实践》《20世纪的战争与和平》《中外历史人物评说》《探索历史的奥秘》《世界文化遗产荟萃》六个选修模块的6本选修教材。

现行高中历史教材分成必修和选修两大部分,必修为学校必须开设和要求学生学习的课程,选修可以根据地区、学校和学生实际情况开设。从开设的内容来看,以主题的方式呈现,内容集中,特征明显,个性化强,是必修课程的拓展和延伸,是基本符合高中学生的身心特点和知识需求的。值得一提的是,现在多个省市的高考历史题的选修部分以选做的方式呈现,学生可以根据自己的兴趣和能力任意选做其中的一个试题,这种考试方式进一步强化了选修的意义。

新课程历史教材在知识体系与呈现方式上最大的特点是知识以专题方式呈现。一改沿袭多年的章节体的体例。章节体一度成为我国历史教材编撰的主要体裁,直到新课程教材的出现。这种体裁注重学科体系的完整性和知识的系统性和完整性,对每一个历史事件的背景、经过及影响都叙述清晰,历史的时、空、人、事诸要素都一目了然,是非常便于历史基础稍差的学习者学习的。但是章节体的一大缺点是不利于考察具有同性的一类历史事件的特征,如新课程设置的专题:中国古代的政治、中国古代的农业、二十世纪的战争与和平等。专题式的编排体例使同一问题的内容相对集中,能使学生更全面、更深入地把握一类历史事件,也为探究式的学习方式提供了诸多的契机。因为这种体例是一种类似于历史研究的方式呈现,对于激发学生的求知欲是有激励作用的。但是专题式也有自身的不足,历史的横向联系被打乱,历史的时代特征被淡化,历史的时序性不明显,某些历史规律和历史概念的阐释也不系统。总体说来,章节体和专题式各有优劣,如萧一山在《清代通史》导言所言:"纪传之属,详于状个人而疏于谈群治;编年之作,便于检日月而难于寻始终。"①如果初中历史基础已经较好,在高中进行专题式的学习对提升能力、拓展知识是有好处的。但是如果初中历史基础没有打牢,专题式的教学就会事倍功半。在教学实践中,很多老师都有一个共同的认识,学生如果连朝代顺序都没有搞清楚,就让他学习从战国到明清的专制主义中央集权制度的演变过程,要学好是不现实的。

2.教材编写体例

教材编写体例是指构成教科书的各个组成部分及相互关系,是教科书内容的呈现方式、教科书的组织形式,也是教科书的框架。② 教材编写体例是指教材内容的各功能板块的设置及其比例。

从教材的整个结构来看,现行高中新课程的四种版本的教材除了具备常规教材的一般特点外(编者的话、目录、重要词汇、中英文对照表等),还体现了中学历史教材的特征,如岳麓版的中外历史大事年表,人民版的历史学习推荐书目和网站。这些板块的设置既能方便学生的学习,也为学生进一步的拓展与延伸学习提供了帮助,更是新课程探究学习理念的具体体现。

新课程教材的一大变化是增加了活动与探究性课文。这一类型课文是在以往的历史教科书中很少涉及的。以必修(Ⅰ)为例:岳麓版第三单元第十一课是"综合探究:伏尔泰对英国政体的评论";人教版第二单元有探究活动课"'黑暗'的中世纪——历史素材阅读与研讨";人民版的最后两课是"学习与探究之一秦朝在中国历史上的地位"

---

① 萧一山.清代通史(卷上).上海:商务印书馆,1927:2.
② 聂幼犁.历史课程与教学论.杭州:浙江教育出版社,2003:112.

和"学习与探究之二模拟古罗马法庭"。活动与探究课一定程度上拓展和加深了平时学习的知识,它完全以学生为主体、以能力立意而设计的课题,是新课改理念的具体实践。正如聂幼犁教授所言:"活动与探究性课文集中体现了新时代精神和教育理念,它符合现代教育理论中'以活动促发展'的基本指导思想。即通过在教学活动中构建具有教育性、创造性、体验性、自主性的学生主体活动,鼓励学生主动参与、主动探索、主动思考、主动实践,以期引导学生在历史活动中体验,在历史活动中发展。"

从单元(专题)结构来看,一般都分成导入、课文、单元学习小结部分。导入部分是对本单元(专题)知识的概括,能帮助学生明确学习的要点,理清历史的线索。人民版和人教版还在导入中增加了"学习建议"板块,除了知识上的要求外,还有方法上的建议。如人教版必修(Ⅰ)第一单元的"学习建议":

> 结合我国地域辽阔、民族众多的特点,从地理、历史、政治等多学科综合学习的角度,认识中央集权制度形成与发展的历史必然性。
>
> 实地考察本地文物古迹或参观历史博物馆,增加对政治制度的感性认识,同时了解我国古代历史的辉煌成就,增强作为中华民族一员的自豪感。

从课文结构来看,除了正文外,还有很多的课文辅助小板块。课前的引言或提示类的:探究提示(北师大版)、课前提示(人民版);思考类的:如学习思考(人民版)、学思之窗(人教版);知识拓展类的:如历史纵横、资料回放(人教版)、链接阅读(北师大版)、史学争鸣(人民版);课后测评类的:如自我测评、材料阅读与思考(人民版);解析与探究、自我测评(岳麓版)、探究学习总结(人教版)。此外,各种版本的教材都有十分丰富的地图、图片、示意图、表格等。

课前引言或提示主要是就本课的核心概念、重要史实、基本线索做概要的说明,往往是本课的重点与难点。它既能起到课前提示和导入的作用,也是学习过程中的重要参照和标准,还可以成为课后学生的回顾与测评。

总体说来,课前引言人教版和北师大版相似,岳麓版和人民版相似。人教版和北师大版的课前提示叙述性强,显得简单而生动,作为课前的导入比较合适。如人教版必修(Ⅱ)第一单元第一课的引言:

> 中国农业有着悠久的历史。据传说,神农遍尝百草,找到适合人们食用的谷物和药草,还创制了农具——耒耜,教人们种植谷物。神农氏被尊奉为中国农业的始祖。考古学家在华北和华南都发现了远古时期的粮食作物遗存,特别是距今约一万年的稻谷。这说明中国那时就有了早期农业。中国农业在先民的积极推动下发展迅速,在古代世界居于领先地位。

岳麓版和人民版更强调知识、概念和线索,它的提示更具理论性和概括性。同样的在中国古代农业经济一课中,人民版这样写道:

> 农业是古代中国最基本的经济形式。农业耕作工具的发明和改进,在农业经济发展中起着关键作用。
>
> 中国古代的土地制度和赋税制度使农民遭受沉重的压迫。土地过度集中,导致耕者无其田,阻碍了农业经济的发展,并且往往激起民众暴动。
>
> 以小农户个体经营为主的农业经营方式,是古代中国农业经济的基本特点。

课文辅助部分板块在各种版本的教材中都有丰富的内容,甚至显得略微繁杂。以人民版为例,有学习思考、知识链接、资料卡片、史学争鸣等板块,而一课当中就可能有多个知识链接和学习思考,再加上各种图片、地图、示意图,历史信息的容量是相当大的。这有利于学生以各种方式和渠道获取和拓展知识,激发学习的兴趣,同时也给教师的教学设计带来了一定的难度,关于各种信息的整合和取舍就是一个难题。

课后测评部分,各种版本的教材都十分注重学生的思维品质和能力的培养,问题设置具有开放性和多样化的特点,甚至岳麓版还设置有活动建议栏目,以锻炼学生的动手能力和探究能力。但是相对于课文辅助部分,课后测评类却显得数量不足,往往只有一两个问题而已。

【问题探究】 高中历史应构建怎样的知识体系?

三、教材知识的选择与表达

1. 教材知识的选择

新教材在知识的选择上有以下基本特点:

(1)内容的基础性。

"新课程在课程性质上突出了中学历史教育的基础性、普及性和发展性的性质,明确了中学历史课程属于基础教育的范畴,是提升学生的历史意识、文化素养和人文精神,促进学生全面发展的一门基础性课程。"[①]通过中学阶段的历史学习,可以为学生的进一步的学习和成长打下良好的基础,但它的目的不是培养历史研究工作者。只要学生掌握最重要的历史知识,把握最主要的历史线索,并能提升素质和素养,能达到这样目的的历史知识就是有价值的知识。依据于课程标准的各种版本的新课程教材都做得较好,"繁、难、偏、旧"知识杜绝。我们对照一些知识在大纲版教材和新课程教材呈现上,差别是非常明显的。

新教材人教版必修(Ⅰ)中关于第二次鸦片战争的叙述是这样的:

鸦片战争以后,列强仍不满足既得利益。英国联络美法两国,向清政府提出修订条约、扩大侵略权益的要求,遭到拒绝后,就决定采取武力解决问题。

1856年,英军进攻广州,第二次鸦片战争爆发。随后,法国也加入侵华战争。英法联军攻陷广州,继而北上进逼天津。1858年,清政府被迫分别与英法两国签订《天津条约》……

而大纲版教材是这样叙述的:

19世纪50年代是世界资本主义迅速发展的时代。扩大国外市场,掠夺殖民地,成为当时资本主义的共同愿望。法美两国借口《黄埔条约》和《望厦条约》有12年后修约的规定,英国援引"最惠国待遇"和利益"一体均沾"的条

[①] 赵克礼,徐赐成.中学历史教材研究与教学设计.西安:陕西师范大学出版社,2011:30.

款,它们共同向清政府提出"修约"要求,企图借机进一步打开中国市场,扩大侵略权益。

清政府拒绝了英、法、美三国的修约要求。1856年秋,英国借口"亚罗"号事件,悍然出动军舰袭击广州城;法国借口"马神甫事件",同意和英国共同出兵。英法发动侵略中国的战争爆发了。这次侵略战争实际上是鸦片战争的继续,所以称为"第二次鸦片战争"。

英国派额尔金、法国派葛罗,于1857年率军队到达中国,组成英法联军。1857年年底,英法联军攻陷广州城。两广总督叶名琛被俘,广州巡抚柏贵降敌。英法联军在广州烧杀抢劫,无恶不作,还成立了联军委员会。

很明显,新教材显得简单明了,线索清晰而重要知识也呈现完整。而大纲版教材增加了很多历史概念和细节,这些概念和细节显得比较学术化和专业化,又过于烦琐,对学生的能力提升帮助不大,一定程度上还造成了学生自主学习中理解上的障碍,增加了学习负担。这些知识如果以课文辅助的形式出现会更好一些。新教材对此的改进是必要的。

(2)知识的科学性。

首先,知识要符合最新的科研成果的共识。近年来,随着新历史材料的不断出现,新的科研方法的不断采用,对历史的理解和解读也越来越客观、科学。在史观方面,除了继续坚持唯物史观外,文明史观、全球史观、现代化史观也得到了足够的重视而运用在教材之中,以更完整、更全面、更深入的方式叙述历史。这对于学生们能从多个角度理解历史的全貌是很有帮助的。

在一些具体的史实上,新课程教材也采用了许多新的科研成果,如"夏商周断代工程"的成果,对中国近代宪政发展历程的理解,"全球化"的一些新认识等。有个别瑕疵也在新版中得以很快的更正。如人民版必修(Ⅲ)第一专题第一课中引用了墨子的原文:"下原察百姓耳目之发。""发"应为"实"。此处错误在新版中就得以更正。

另外,对于一些尚存争议的历史知识,教材也不进行刻意的回避,反而引用出来,供学生进行思考。人民版教材就专设有"史学争鸣"板块,就史学界争议的问题引出不同观点,不做评判。这本身就是一种开放、包容、严谨的科学精神,同时也利于学生对知识的拓展和思维能力的培养。人民版必修(Ⅲ)专题一第二课的"史学争鸣"中写道:

有人认为,儒学的本质是消极的、保守的,中国社会要进步,必须彻底"打倒孔家店"。有人认为,儒学的思想原则有积极、健康的一面,如"刚健有为""和与中""崇德利用""天人协调"等,是中国传统文化的基本精神所在。也有人认为,传统儒学可以实现适应时代的转化。

(3)内容的广度与深度符合学生的认知规律。

总体上来看,新教材选择的历史知识全面反映了人类历史的发展进程,能够清晰地展示历史发展的脉络,从基础教育的要求来看,历史知识是完整的。但由于知识以模块和专题的方式出现,难免会造成一些知识的缺失,如人教版对"西安事变"这样的知识就没有涉及。

新教材在深度的把握上也十分注重,既要体现基础性原则,又能为学生能力的提升提供条件。一般而言,教材在课文正文部分以基础性为主,在辅助板块适当地强化了思维的训练。像"学思之窗""解析与探究"就体现了一定的难度,也能为有进一步学习兴趣和拓展需要的学生提供发展空间。

2.教材知识的表达

教材知识的表达是指教材中的各种材料的呈现方式,如行文风格及版式、图文编排等。教材的行文最重要的要求是科学、严谨、规范、流畅;其次要符合历史学科的特点;第三要符合学生认知水平。

教材的编写由专家执笔,经过多次审定,所以教材知识在科学、严谨上是毋庸置疑的。但与多年使用的大纲教材相比,有的地方在简洁和流畅上,稍有不足。人民版必修(Ⅲ)专题一第二课在叙述"罢黜百家"时写道:

> 汉武帝初年,起用儒学之士数百人,在各级部门担任职务。汉武帝向这些儒者咨询治国的方略,让他们阐述"大道之要,至论之极"。儒学大师董仲舒建议皇帝倡导儒学,实践德政,推行教化,养士求贤,当政策应当"更化"的时候就必须"更化"。他认为"天生民性,有善质而未能善,于是立王以善之,此天意也"。这是为君主受命于天提供了理论保障。
>
> 董仲舒主张确立儒学独尊的地位。他提出,应当禁绝与儒学相异的学术,"然后统纪可一而法度可明"。在他看来,文化的"一统"和政治的"一统"是一致的,而文化的"一统"又可以成为政治"一统"的根基。这一观点,得到汉武帝的认可。

大纲版教材这样写道:

> 董仲舒认为天和人息息相关,皇帝要依照天意办事;要用儒家思想统治天下,其它学说都要禁止,这样法令制度才可以统一;应当建立太学等学校,用儒家经典作为教育内容。他倡导的儒学核心是"天人感应""君权神授"。

人民版教材为了讲解透彻,增加了大量的引文,学术味极浓,但是增加了学生阅读障碍,语言也略显累赘。大纲版教材简略而准确,分号的使用让知识点一目了然,正文后附小字和注解帮助学生理解,也可以加深学生的认识。

在语言的生动性、形象性上,各种新教材都有了巨大的突破,非常符合学生认知和审美的特点。岳麓版在讲授中国古代文化时,在很多的列举中都没有使用文言材料,而是翻译成生动的白话文,如必修(Ⅲ)第一单元第一课中的故事:

> 有一次,老子的朋友常枞张大嘴巴问老子:"我的舌头在吗?"老子回答:"在。"常枞又问:"我的牙齿在吗?"老子回答:"不在了。"老子从而领悟到柔弱者生命力可能比刚强者还强的道理。

从版式和图文编排来看,各版本新教材都力求清晰、简洁、美观。其中人民版将各种辅助板块留在了书的边页之处,不影响正文的阅读,空白之处也方便学生笔记,是非常好的编排。人教版的各种辅助板块采用淡淡的彩色背景和小装饰,显得十分清新,不易产生阅读疲劳。

第三节　历史教材与教学设计的关系

新课程改革提倡教师和学生自主的开发课程资源,提倡探究的学习方式,发挥自主创新的精神,可以对教材进行整合、拓展和丰富;另外多种版本教材并行局面的出现,更是改变了教材是唯一"学本"的局面。"在教学理念上,新课程要求教师创造性地使用教材,由'教教材'转变为'用教材教'……'用教材教'是把教材作为认识历史的主要媒介,以它为组织教学内容的体系,利用它来完成历史教学的目标。"[1]这当然是必要的。但是不可否认,教材依然是教学的最主要材料,有不可替代的作用,这是由于教材的性质和地位决定的。教材根据课程标准而编制,依据时代需要和学生认知特点而选择和组织内容,是教学过程中最主要的教学中介物。历史教材与教学设计的关系十分密切,教学目标的设定,教学过程和方法的设计,教学媒体设计都必须以教材为依据。

一、教学目标设计应符合教材所体现的目标,具有一致性

教学目标要根据国家需要、时代精神、教育目标与课程内容而设置。课程标准是教学目标的"纲",它对课程有总的目标和要求,对具体的知识也有细致的知识与能力、过程与方法、情感态度与价值观的规定。课程标准是教材编写的主要依据,教材是教学目标实现的载体和方式,是物化、具体化的教学目标体现。教学目标设计和教材的核心价值是浑然一体的。教师在设计教学目标的时候应以此为依据和范式。在实际操作中,可以根据教材的以下几个方面设计教学目标。

> 【学者观点】　教材与教学目标[2]
>
> 教学目标体现在课程计划、课程标准及各门学科教材之中,它在各门学科教材中表现得最为具体和集中。而教材——应当掌握的知识与认知、思维方式与活动的方式及观念、信念,只有在基本的教学过程展开的基本方向上,才能正确地从目标出发并针对目标,加以选择并体现在教学过程之中。
>
> 因此,可以认为,教学目标是教材设计的灵魂,也是教材设计的出发点与归宿,而教材则是教学目标的具体体现者与分担者。因此,教学目标及其具体化,教材选择及其结构化,教学过程展开的方法及组织诸条件是浑然一体的,不可分割的,统归为教学设计的有机组成部分。

1.根据教材前言设计教学目标

前言写在一册书的前面,一般是对该册模块的总的概括,其内容十分丰富。有对

---

[1] 郑林.中学历史教材分析.北京:光明日报出版社,2013:4.
[2] 曾天山.教材论.南京:江苏教育出版社,1997:100.

本册知识的概述,有对重要概念的解读,有对教学方法的建议,有对达成目标的要求。它对设计教学目标有诸多的启示。在知识与能力、过程与方法、情感态度与价值观方面都有要求或建议。在知识与能力方面,如人教版必修(Ⅰ)的前言写道:

> 在漫长的人类文明史中,政治活动是人类社会生活的重要组成部分。通过了解这些历史内容,我们能够正确认识历史上出现的重大政治斗争,把握人类社会发展的基本线索和规律;理解政治变革是社会历史发展多种因素共同作用的结果;通过对历史的回顾,还能够更清醒地把握当今中国和世界的政治特点及未来走向。

"了解""认识""把握""理解"是典型的能力要求行为动词,对政治史的教学设计有很好的示范作用。

在过程与方法方面,人教版必修(Ⅰ)的前言又写道:

> 历史唯物主义告诉我们,一切事物都是发展并相互联系的。在我们看似杂乱无章的历史表象后,实际上存在着由历史发展线索构成的经线,以及与政治有关的经济、思想文化等内容编织的纬线。在学习这册书时,我们可以回顾初中学过的通史内容,联系必修Ⅱ和Ⅲ,注意政治历史中的经济和文化背景,并注意把中国置于世界政治历史发展的大坐标中。

前言不但建议用联系的方法学习历史,而且还有具体的方法指导:进行横向的政治、经济和思想文化的联系和比较,还可以纵向地与初中的通史内容进行联系和比较。

关于情感、态度与价值观目标,前言也涉及了。如岳麓版必修(Ⅲ)前言写道:

> 说到自由、平等、民主、科学以及社会主义等今天耳熟能详的术语,大家都知道它们在现代社会中的作用,也能明白它们的深刻含义。但是,你知道它们是怎么提出来的吗?你知道它们在历史上经历多少争论吗?为了把这些理想变成现实,人类遭遇了多少挫折,花费了多大代价?
>
> 我们将在这里与中外历史上的思想文化巨匠握手,认真审视他们的思想文化成果,分析这些成果的作用,理解和尊重世界各地丰富多彩的民族文化传统,增强对祖国优秀文化遗产的认同,以批判继承、独立思考和开拓创新的精神,投身于创造社会主义新文化的伟大事业。

高中北师大版的前言也提及了情感、态度与价值观,如:

> 相信同学们经过积极主动的学习,不仅能获得丰富的历史知识,而且会进一步增强民族自豪感和社会责任感,形成开放的全球意识和国际视野,树立积极进取的人生态度,确立为祖国的社会主义现代化建设,为人类和平和进步事业献身的人生理想,成为国家的栋梁之材。

初中川教版《中国历史》(八年级下)在"写给同学们"中写道:

> 它叙述了1949年中华人民共和国成立以来,中国共产党领导各族人民进行社会主义现代化建设的历史……其中,一至三学习主题是按中国现代历史发展的三个阶段,以时间的先后为序,分别反映新中国政权的建立和巩固、社

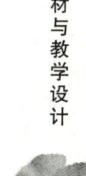

会主义制度的建立和进行社会主义道路的探索、建设有中国特色的社会主义理论的形成和实践等历史内容……

中国现代历史是中国有史以来发生变化最大的一段历史。学习中国现代历史,可以帮助你们感受我国社会主义现代化建设的巨大成就,了解我国的基本国情,认识社会主义现代化建设过程的曲折和漫长,体会坚持中国共产党领导、坚持社会主义道路的必要性,从而坚定建设中国特色的社会主义的信念。

对于历史课学习和本教材的使用,这里提出两点建议:

第一,认真学习、合理使用教材……教材中的图像、图表和地图,为"再现"历史提供了一些形象资料,须加以注意。辅栏中提出了读、看、记、想、说、议等方面的要求,希望你们在老师指导下,动脑动手动口,按顺序完成,以优化学习过程。

……

"写给同学们"从语言到表述方式都十分符合初中的特点,内容概括简明扼要,方法建议明确直接,情感目标准确规范。对教学目标的设计和表述起到了很好的示范作用。

当然前言中所涉及的目标是整个模块知识的目标,是总体的要求,一般都比较宏观。具体到每一节课的教学目标设计的时候可以借鉴,不能照搬,还要根据本节课的知识和学生的实际情况加以设计。

2.根据教材导语或课前提示设计教学目标

导语出现在每一专题(单元)的前面,导语是标题的展开,又是正文的浓缩和提炼,揭示了章节的主要内容,基本探索,重点、难点以及知识的内存联系,起着提纲挈领的作用。"[1]导言在高中每个版本都设计有。北师大版以探究提示的方式出现,最为精炼。如必修(Ⅱ)第一单元的探究提示:

古代中国农业的主要耕作方式和土地制度
古代中国手工业的发展及其特征
古代中国商业的发展及其特点
明清资本主义萌芽极其缓慢发展的原因

非常简略的作了本单元知识上的概括,从语言的表述上适合于知识目标的设计。

高中人教版和人民版在导语后附有学习建议,对过程与方法有具体的指导。如人教版必修(Ⅱ)第一单元的学习建议:

采用列表的方法,从生产工具、耕作方法和农作物等方面,说明中国古代农业发展的基本情况。

联系古代工商业发展的情况和重农抑商政策,认识古代经济政策对工商业发展的影响。

运用地图,观察古代经济区域的分布特点,了解中国古代经济重心南移的趋势。

---

[1] 赵克礼,徐赐成.中学历史教材研究与教学设计.西安:陕西师范大学出版社,2011:89.

把知识与能力、过程与方法有机地融入在一起,"说明""认识""了解"是能力要求目标,"采用列表""联系""运用地图"是方法设计。在设计教学目标的时候,这是一种很好的形式——对教学目标进行整合。知识与能力是基础和载体,知识与能力目标要通过过程与方法来实现,情感、态度与价值观也在学习知识与提高能力的过程中得以形成。很多老师都认为三维目标的设计不应该截然分开,它们应该是一个整体,应该进行整合形式的表述。

> **【学者观点】 三维目标的表述整合策略**[①]
>
> 课程目标的三维目标是从宏观角度来论述的,并没有结合特定的具体的学习内容。知识和能力目标、过程与方法目标、情感、态度和价值观目标同存于课堂教学过程中,是一个整体。有些教师片面地理解三维要求,在形式上每一节课都列出三个方面,不管是否恰当,有没有教材内容的载体。这不仅是形式主义的做法,而且这样表述也割裂了对历史认识的不同层次和角度,缺乏整体性,显得机械、烦琐、凌乱。因此,我们要具有三维目标的意识,但在表述教学目标的过程中又要注意各目标之间的联系和影响。叙写时,作为一个单元目标大的方面可分为三个方面表述,而作为课时目标有时不需要分解为三个方面,可以整合表述,"一气呵成",将"三维"的内涵要求体现到目标的具体内容中去。

高中的各版本都有"课前提示",它是对本课内容知识的综述,或背景知识的拓展或设置问题激发学生学习的兴趣。从目标设计的角度来看,主要对知识目标的设计起指导作用。如人民版必修(Ⅰ)专题二第三课的课前提示:

日本帝国主义在中国制造了九一八事变、卢沟桥事变,犯下了南京大屠杀罪行。

在民族危机面前,国共结成抗日民族统一战线,正面战场和敌后战场互相配合,共同抗击日本侵略者。

1945年,中国人民第一次取得了反对帝国主义侵略的完全胜利,成为中华民族振兴的转折点。

3.根据教材内容设计教学目标

虽然各种版本的教材都是根据课程标准而编写,但由于编写者的认识不同,不同版本之间在材料的选择,知识的组织与表达还是存在着很大的差别。虽然说课程的总目标应该是一致的,但是不同的知识呈现可能就会在知识与能力、过程与方法上存在着不同的选择。以高中人教版和岳麓版为例,从使用新教材的老师反馈来看,普遍认为岳麓版编写得稍难一些,而人教版略显简单。下面以对雅典民主的评价来看,人教版写道:

[①] 赵克礼,徐赐成.中学历史教材研究与教学设计.西安:陕西师范大学出版社 2011:156.

雅典民主的理论与实践,为近代西方政治制度奠定了最初的基础。民主氛围创造的空间,使雅典在精神文化领域取得了辉煌的成就。

但是,雅典民主仅限于占城邦人口小部分的男性公民。对妇女、外邦人、广大奴隶而言,民主却是遥不可及。雅典民主只是"成年男性公民当家做主"的政治制度。

雅典民主更是小国寡民的产物。过于泛滥的直接民主,成为政治腐败、社会动乱的隐患。狭隘的城邦体制,最终无法容纳政治和经济的迅速发展。公元前4世纪后半期,日渐衰微的希腊被北部崛起的马其顿王国所灭。辉煌一时的城邦民主制度,湮没在历史的尘封中。

该部分内容叙述得条理清晰,简略而生动。这部分内容在过程与方法目标的设计上,要求学生自主学习、探究学习都是可以的。我们再来看看岳麓版对这部分的表述:

在古代君主专制盛行的情况下,雅典民主为人类提供了一种集体管理的新形式,创造出法治基础上的差额选举制、任期制、议会制、比例代表制等民主的运作方式。这一伟大创举为后世民主政治的发展积累了宝贵经验。

……

古代世界是以男性为中心的父权和夫权社会,雅典也不例外。

雅典民主不是现代意义上的民主,而是男性公民的民主。它在充分发挥积极作用,促成雅典政治、经济和文化臻于极盛的同时,又残忍地窒息、限制了社会另一部分成员的自身发展能力。它既是伟大文明的催化剂,又是社会不公的一种暴力机器,这是其最大的历史局限。

岳麓版教材在这一部分的叙述相当完善,语言也精当而优美。同人教版相比,它引用的民主概念过多,如"差额选举""议会制""比例代表制"等,引用的古代社会特点的名词"父权和夫权社会"等学生都可能感到陌生。所以在进行教学方法设计的时候,要充分考虑到教材内容,比如这部分设计成教师讲授或者补充材料给学生阅读就比较适合。

二、教材是教学内容设计最重要的素材

教材内容只是教学内容的一部分,但教材内容往往是最重要的一部分。教材体现着课程标准要求,内容的选择上也都是代表着人类社会在某一方面知识的典型成就。教学内容设计的外延虽然要大于教材内容,实践中也常常如此,但是那也仅仅是对教材的补充或者拓展,能够完全取代教材内容的教学内容是不可能的。当然在教学内容设计的时候,我们可以充分挖掘、整合、拓展教材内容。

1.深入挖掘教材内容

课文中除了正文外,还有许多辅助板块,如各种引文资料、图片、表格、思考问题等。辅助板块是对正文的解读、补充、延伸,只要设计得当,可以对学生知识的巩固、能力的提升和情感的熏陶起到独特的作用。纪连海老师的一堂《从清明上河图看北宋城

市经济》引起了巨大的反响,《清明上河图》在高中北师大版、人教版和岳麓版均有提及,而且人教版和岳麓版还附有插图(局部)。纪老师以图为切入点,从图中挖掘出了"坊""市""夜市""服务性行业""商业竞争""民族交往""对外贸易"等等北宋的经济状况。其史学功底让人佩服,其教学方法让人耳目一新。

【延伸阅读】 从清明上河图看北宋城市经济[①]

师:我们还可以看到,很多商店的铺面上都有用于招徕顾客的招牌和幌子。招牌最初是一种无字的布帘,以后帘上逐渐题了店铺名号,继而又被题了文字的木牌代替,多用以指示店铺的名称和字号,也可称为牌匾。"幌子"原指窗帘、帷幔,古时酒店用布旗招徕顾客,所以酒旗也称"幌子"。后来加以引申,凡商店门面上展示的标志,统称为"幌子",主要表示经营商品的类别或不同的服务项目,也就是行标。商店一般多用实物、装载实物的工具或实物模型做"幌子",也有以灯具、旗帘和文字牌匾为幌子的。你们从《清明上河图》中看到了哪些招牌和幌子呢?

师生共同查找:《清明上河图》第一页上图左侧(图10)中街路北"赵太丞家"两侧有落地的招牌广告,西面"治酒所伤真方集香丸",东面"大口中丸口肠胃口","五劳七伤口口口";街南有挂着"解"字的当铺,还有"李家输卖门""久住王员外家口"等老字号;再往北一点还有"杨家应症""王家口明疋帛铺""梅大夫往风""刘家上色沉檀楝香铺"等。《清明上河图》第一页上图右侧(图11)是写着"香茶"字样的茶肆,在桌案上摆放着茶具;茶肆隔壁挂着"正店"招牌,再往西是"孙羊店"(课件演示:相关图片)。

师:据统计,除景物的遮挡外,图中有商家设置的广告招牌23处,广告旗帜10面,灯箱广告4块,大型广告装饰彩楼、欢门5座。北宋城市经济中广告文化的发达由此可见一斑。商家用招牌和"幌子"做广告的策略,具体源于何时,并无统一说法,但从唐代陆龟蒙"小炉低幌还遮掩,酒滴灰香似去年"的诗句来看,不晚于唐代,招牌和"幌子"已经出现。但如此的普及,还是北宋以后的事情。而这也是北宋城市经济与汉唐相比,在经营手段方面进步的一个重要表现。(课件演示板书:2.经营手段:招牌幌子大行其道)

师:不知道大家注意到没有,"正店"两字旁边,大门上面的是什么呢?

生:两个灯箱广告。(课件演示:灯箱)

师:刚才说到《清明上河图》中有灯箱广告4块,其中就有这两块(图11)。问题在于:你做广告就得了,为什么非得采用灯箱的形式呢?换句话说,这灯箱是干什么用的呢?

生:应该是店主人为在夜间招徕顾客用的。

师:很对,这可以说就是夜市广告。由此,我们就进入下一个环节:北宋城市经济中,市的营业时间问题。在北宋以前,夜市往往为官府所严禁。入宋后,东京城夜市日益兴旺,政府亦不再禁止。《宋会要辑稿·食货》卷六七记载了宋太祖

[①] 纪连海.从清明上河图看北宋城市经济.历史教学.2009(7):24—25

> 赵匡胤于乾德三年(公元965年)对开封府所下的诏令(课件演示:材料五):"京城夜市至三鼓已来,不得禁止。"自此以后,夜市不断发展,宋徽宗年间尤盛。可以说,夜间商业活动的出现,表明了东京城市商业贸易活动的活跃,同时,城市长期以来作为政治、军事中心而实行的严格时间管理制度,到这时由于经济因素的增强而渐渐松懈,反映出大都市经济中心地位的上升。(课件演示板书:3.经营时间:夜市开始兴盛)

2.对教材内容进行整合

在进行教学设计的时候,完成对教材内容的整合是必要的。首先,不同的版本内容有差异,有的地方差异还是十分明显的,根据教师风格和学生实际取长补短是教师常做的工作。其次,如前文所言,专题式的体例割裂了历史的时序性和某些历史事件的整体性,不便于学生掌握某个历史时期总的时代特征,也不便于探寻某些历史事件的发展规律,进行历史的整合一定程度可以弥补这一缺陷。黄牧航教授认为:"历史知识是教师与学生共同建构出来的,而不是照本宣科,学生死记硬背出来的。在建构的过程中,历史教科书起到了一个重要的桥梁作用,教师要善于利用这个桥梁,但千万不能够把这个桥梁视为历史知识本身。"[1]邓如刚老师在《先秦、秦汉史二轮复习》的高三研究课上,对历史进行了大胆的整合,将先秦、秦汉的政治、经济和文化整合在一起,将不同版本的知识整合在一起,将必修与选修的内容整合在一起,并进行了同一时期中外的比较,有一定的启示意义。

【案例4-1】 二轮复习之先秦、秦汉史教学设计[2]

教学目标:
1.通过学生的自主学习,整合先秦与秦汉的基础知识,构筑知识体系。
2.通过老师的讲解,明确二轮复习的价值和意义,带着期望投入到二轮复习中去。
3.通过小组合作学习,共同理清政治、经济和文化史之间的关系,深化知识理解。
4.通过竞赛活动,活跃课堂气氛,缓解高三学习的紧张情绪。
重、难点:
1.重点:构筑先秦和秦汉史的网络知识体系。
2.难点:总结时代特点;探寻历史规律;中西文明的比较。
学情分析:
高三下期学生,学习积极性高、动力足。但部分同学情绪不稳定,或期望值过高,短期内达不到目标而信心动摇;或面对艰苦的高三学习而产生的巨大的身心压力无法释解,造成一些心理问题,影响到学习;或者未能合理地安排学习时间,大打疲劳题海战术,学习效率不高。

---

[1]黄牧航.历史教学与学业评价.广州:广东教育出版社,2005:59.
[2]设计者为重庆市外国语学校邓如刚老师。

我校文科学生基础一般,从第一次诊断考试来看,达到重本有效人数不多。班级学生基础和能力差距也很大,各种层次的同学都占有一定比例。这使得教师在上课时对知识的量、难度的把握和方法的选择上都造成一定的困难。

教学内容:

先秦和秦汉历史部分(不同版本的整合,必修及选修的整合)

课时

1课时。

教学过程

导入(略)

1.根据考纲在教材中找到相关内容(略)

2.制作思维导图

师:主干的知识我们是找完了,但是这些知识过于分散,要把它们记住有一定的困难,我们得想想办法。很多人用思维导图的方式来做,就是用某种结构图的方式将知识整合在一起,同学们现在也尝试做一下。给同学们几分钟时间,小组同学可以相互探讨,做完的同学在黑板上给大家展示一下。

同学们点评。教师点评并展示教师制作的思维导图。

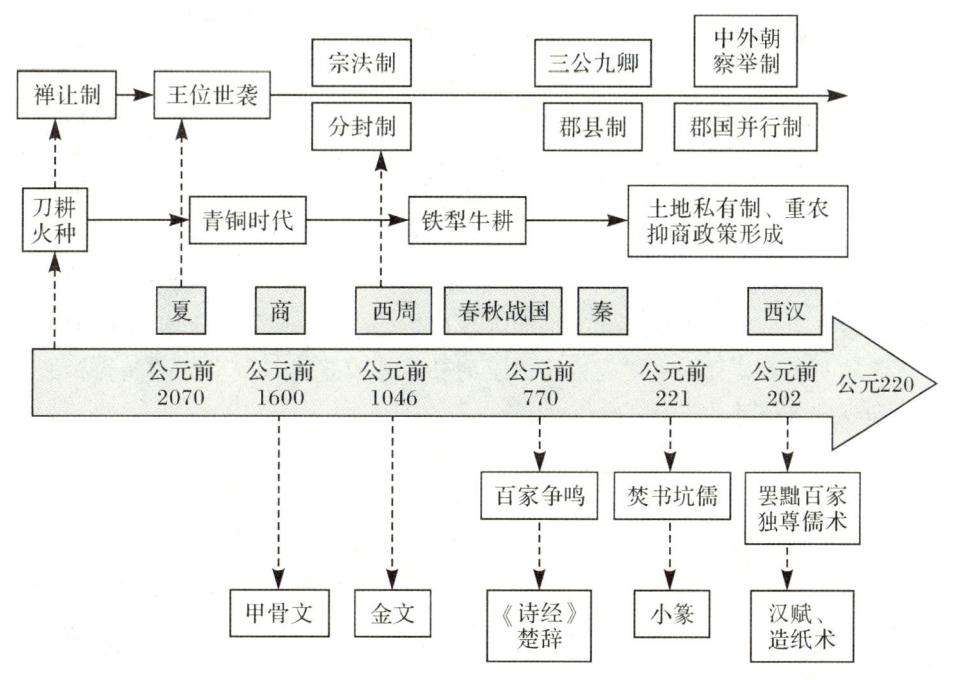

图4-1 先秦、秦汉思维导图

该"导图"以时间为轴心,注重了知识的历史时序性,因为时序是历史最基本的要素。它不但有横向的联系,而且可以纵向的比较,即每一个时期都可以理清它的政治、经济和思想文化的基本概况。

3.总结时代特点

师:思维导图是对基础知识的整合,我们还可以根据这些知识提炼出历史的规律。先秦和秦汉具有很明显的时代特征,下面就请同学们根据思维导图分别就政治、经济

和思想文化三个方面概括一下。(由同学们根据提示完成)

政治

政治制度：中国早期政治制度(宗法制、分封制)确立、发展并逐步瓦解,专制主义中央集权制度形成(战国)并得以初步发展(汉承秦制)。

社会形态：经历了从原始社会、奴隶社会(夏、商、周)到封建社会的发展过程。

国家统一：国家由分裂走向了大一统；是统一的多民族国家的奠基时期。

经济

(1)生产力：不断进步(从刀耕火种到铁犁牛耕、兴建水利工程等)。

(2)土地制度：原始公有——井田制——封建土地私有制。

(3)经济政策：重农(稳定小农经济)抑商；发展官营手工业；加强经济管理(统一度量衡、设置机构)；完善赋役制度。

(4)对外贸易：发展起来(丝绸之路)。

思想文化

中华文明的奠基时期：周代宗法制、诸子百家思想奠定了中华文化的方向；"罢黜百家、独尊儒术"确立了儒家的独尊地位。

时代特点的概括要建立在基础知识非常熟悉的基础之上,它更是一种能力,以一种"大历史观"把握历史的能力,它可以加深对基础知识的深刻理解。

4.进一步挖掘

师：时代特点仅仅是宏观的把握,历史是宏观和微观的统一体。在时代特点之下,我们还可以挖掘出许多的历史问题。请思考以下的问题：

唯物史观认为："经济基础"决定"上层建筑",请用春秋战国到秦朝的史实加以说明。

理解：经济基础是指一定社会中占统治地位的生产关系各方面的总和。经济基础是同物质生产力一定发展阶段相适应的占统治地位的生产关系各方面的总和。

上层建筑是指建立在一定经济基础上的社会意识形态以及与之相适应的政治法律制度和设施等的总和。

经济基础(生产力相适应的生产关系)

上层建筑(政治、思想、法律、艺术等)

参考要点

随着铁器和牛耕(生产力)的推广使用,私田得以大量开垦,井田制(生产关系)受到冲击。为了增加国家税收,一些国家开始实施变法(商鞅),废除井田制度,确认土地私有,小农经济逐渐形成。

一家一户为主体的小农经济具有分散性和抵御自然灾害能力弱等特点,需要强有力的政府支持和保护；同时也为了加强管理和保证国家赋役的需要,专制主义中央集权制度(上层建筑)应运而生。

社会的大变革使得一些思想家从不同的角度和立场出发,提出了自己的主张。如儒家痛心社会秩序混乱,主张以德治国、维护周礼；法家主张顺应时代变化,主张改革变法。社会形成了"百家争鸣"的局面(上层建筑)。但随着专制主义中央集权的建立,思想上也趋于统一。

可见,经济基础的变化决定了上层建筑的变化。

5.纵横比较、联系热点

师:不要忘记,先秦和秦汉也只是历史的某个阶段而已,我们还可以更加发散一点,还可以中外联系,古今联系。下面请同学们思考一个问题:

腐败是涉及政权存亡的重大问题,战国秦汉时期的统治者们也设计了诸多防止腐败的办法,请举例说明这些办法有什么特点?古代的雅典也为防止腐败设计了一些制度,与战国秦汉时期统治者们的设计有何不同?

举例

战国秦汉:"塞私门之请"(商鞅);设置监察机构(御史大夫;监御史等);选官注重考察道德素质(察举制);发扬儒家"德治""仁政"思想,推行法家"严刑峻法"等。

雅典:限制统治者权利(轮换、分权等);提高公民地位(公民大会、陪审团、陶片放逐法等);制定成文法典(《德拉古法典》)等。

不同

目的:战国秦汉的措施是为维护专制皇权、巩固统治;雅典:防止贵族专横,保证公民权益。

措施:战国秦汉以严厉的监控、惩治和教化为主;雅典注重发挥民主机制。

影响:监控和惩治手段不断强化,教化也未起到重要作用;促进了雅典民主政治的繁荣,民主、法制观念影响深远,奠定了西方近代民主制的基础。

6.活动:"原创试题(选择题)大赛"(略)

广东东莞常平中学的蒋方桢老师在北师大版《拿破仑的文韬武略》中开始采用常规的教学设计方式,四平八稳地完成了教学步骤。最后下来"感觉内容繁杂""头绪混乱",课后学生对本课知识内容的掌握不尽人意。蒋老师认真反思后,重新进行了教学设计。

【案例4-2】 初中课堂教学知识串线——以《拿破仑的文韬武略》为例[①]

因为课堂效率不高,我不断进行教学反思,对教材进行加工处理,以人物为主线串讲本课,大胆取舍,对教学内容进行压缩。课堂教学围绕拿破仑"夺权——称帝——内外政策——结局"进行。

"夺权"突出"时势造英雄"。内交外困的情形下,1799年他发动了"雾月政变",成为"第一执政",系列战争使其头角渐露。"称帝"着重讲述1804年法兰西第一帝国建立,进入资产阶级帝制时代。"内外政策"突出其在位期间颁布的第一部民法典——《拿破仑法典》,运用史料"我真正的光荣并非打了40次胜仗,滑铁卢之战抹去关于这一切的记忆。但一样东西是不会让人忘却的,它将永垂不朽",引导学生分析法典在欧洲国家中的影响、地位等。"结局"引导学生分析其对外战争、识别前后期战争性质变化的原因,进而归纳拿破仑政治败亡的必然结果。最后组织学生评价拿破仑的前后期内外战争、评价"伟大和荒谬只差一步"的拿破仑本人。

本课教学在课标的指引下,对教材进行优化、整合,引导学生将知识点串成线,再

[①]蒋方桢.初中课堂教学知识串线——以《拿破仑的文韬武略》为例.中学历史教学.2012(11):58.

到一个基本的知识面,从而减轻了学生的负担,提高课堂教学的有效性。但要注意的是,教学串线往往把纷繁的历史知识用各种符号制成简明的图示,如果学生只是记住梗概而忽视具体、丰富的历史知识,就会大大降低学习的质量,教师应该根据教材特点及自身需要进行选用。

【案例评析】 蒋老师对教材的整合使得线索更加清晰,知识更加明确集中,重点更加突出,而且按照课标要求并没有知识点的缺失。这样的处理是可取的。

3.拓展教材内容

拓展教材内容可以深化对知识的理解,可以激发学生的学习兴趣,可以为一部分有兴趣的学生提供更多的发展空间,还可以强化和升华学生的情感与价值观。拓展教材内容要依据于教学目标,不能天马行空。依据教材内容,进行延伸、补充是常用的方法。

历史课程网上赵文龙老师的一篇文章——《讲不讲邓稼先,是个问题!》对拓展教材内容进行了探索。赵老师对教材的拓展着眼于对学生情感、态度与价值观的教育,从课堂实践来看,赵老师的设计是成功的,正如其文中所言:"有什么东西已经无声地沉进孩子们的心田,即使再让他们去记忆那些枯燥的知识点的时候,他们可能想起,那些知识点背后的故事,那些枯燥数字背后的奉献和牺牲。"这种拓展不是多余的,三维目标之中,价值观无疑是最重要的,这也是开设历史课程的价值所在。赵老师的工作是值得充分肯定的。

【延伸阅读】 讲不讲邓稼先,是个问题![1]

人教版必修Ⅲ第七单元现代中国的科技、教育和文学艺术中的第19课——建国以来的重大科技成就,第一个问题是从两弹一星到载人航天。如何解决这个问题,教材重点描述了两弹一星研制背景,两弹一星研制的具体成就以及载人航天工程的进程。

以上知识点是学生应知必会的知识点,如果按照以上的知识结构重复一遍,教学任务似乎也完成了。但是教材为什么还涉及钱学森回国及对两弹一星研制的贡献,钱学森艰难回国不是考试的内容,学思之窗中邓小平的那段话也不是考试的知识点。教材为什么要加上这些内容呢?

很显然,"醉翁之意"不在考试,在于情感态度价值观也。

从情感态度价值观来看,钱学森归国是很好的情感教育的材料,除此之外,还有一个更典型的情感教育材料是两弹一星的元勋——邓稼先。与钱老相比,邓稼先把自己的宝贵的生命献给了两弹一星,这样的"苟利国家生死以,岂因祸福避趋之"无疑会对学生的人生观和价值观产生一些影响。但考试肯定不考,讲还是不讲呢?

踌躇再三,还是决定要讲邓稼先。

---

[1] 赵文龙,节选自历史课程网。网址:http://hist.cersp.com/jcyj/jcll/201012/11893.html

有关邓稼先的材料很多,查阅资料之后,仿照百度的做法,我给学生介绍了邓稼先的几个人生镜头。

镜头一:1947年着学生装的杨振宁和邓稼先先后登上轮船来到美利坚留学。

镜头二:西装革履的邓稼先在威尔逊总统号轮船上(取得学位后的第九天)1950年8月,踏上归国的旅途。26岁。1958年从人们视野中消失。

镜头三:茫茫戈壁滩上,穿着旧军大衣的邓稼先在风沙中勘测原子弹实验场(数年后罗布泊蘑菇云升起,整个世界震惊)。与此同时,他的同学杨振宁在美国大学教书,优越的条件和自身的勤奋使他攀登上诺贝尔物理学奖的高峰。

镜头四:1964年10月原子弹试爆成功后,他又同于敏等人投入对氢弹的研究。按照"邓—于方案",最后终于制成了氢弹,并于原子弹爆炸后的两年零八个月试验成功。法国用8年、美国用7年、苏联用4年。

镜头五:戈壁滩上,某次核弹点火后未爆炸,众人面面相觑,邓稼先说了句"我是总指挥",然后只身走进实验场双手捧出哑弹,邓因核污染而罹患癌症。

镜头六:1972年,邓稼先担任核武器研究院副院长。1979年任院长。1984年,他在大漠深处指挥中国第二代新式核武器试验成功。

镜头七:1985年,因癌扩散离开罗布泊基地回京,他在国庆节提出的要求就是去看看天安门。

镜头八:1986年7月16日,国务院授予他全国"五一劳动奖章"。同年7月29日,邓稼先去世。

临终遗言"不要让人家把我们落得太远……"

八个镜头讲完,我的眼睛有些潮湿,学生的眼圈也红红的。我接着讲了郭永怀殉职的故事,并让孩子们看了核基地的遗址和1964年10月16日中国第一颗原子弹爆炸成功的两幅照片,一副为基地工作人员的欢呼,一副为腾空的原子弹蘑菇云。此时的教室内寂静鸦雀无声,但从孩子们的表情我知道,有什么东西已经无声地沉进孩子们的心田。即使再让他们去记忆那些枯燥的知识点的时候,他们可能想起,那些知识点背后的故事,那些枯燥数字背后的奉献和牺牲。

有人曾说,读历史就是读人心,我们的历史恰恰缺乏的就是人心,历史考试中缺乏的也是人心,从考试技术来说,人心也是最不可测量,否则就不会有人心叵测这样的成语。

但是缺乏人心的历史还能叫历史吗?

我为未来耕作,希望在学生的心田中撒下一颗善良的种子!

【问题探究】 举例说明,如何使教材成为教学设计的素材之一?

三、教材为教学方法设计提供了诸多范式

促进学习方式的转变本身就是新课程背景下教材编写的基本要求,不同版本的教材都设计有形式多样的活动课、富于探究精神的练习、各种阅读材料等,这些都是教学方法设计得很好的依托。

1."学习建议"的学法指导

高中人民版和人教版都设计有学习建议板块,是很好的学法指导。如人教版必修(Ⅰ)第四单元的学习建议设计有:

有条件的,可以到当地爱国主义教育基地参观,也可以访问战斗老英雄,取得第一手资料,深化对教学内容的理解。

与本单元教学内容有关的影视资料较多,可以适当利用,充实教学内容。

不但有学法,还有教法建议,根据内容设计,针对性强,也切实可行。人教版的学习建议不但有各种不同的教学方法建议,而且深刻地体现了新课程教学方法转变的理念,有非常好的教学指导意义。

相比高中的"学习建议",初中教材的学法指导体现得还要更明显一些。如川教版在每一课后都有固定的"学习活动"版块,川教版《中国历史》(八年级下册)第三学习主题第11课的"学习活动"安排的是社会调查:

社会调查:了解基层民主政治建设

建议:回家调查所在的村(街道)的村民委员会(居民委员会),了解民主选举、民主决策、民主管理、民主监督的实行情况。调查时做好记录和录音,调查结束后对记录进行整理。

民主不仅是理论,更需要实践。该活动对培养学生的公民素养极具意义。在方法上要求的录音和对记录的整理工作也是非常细致必要的指导。

2.课前提示的导入功能

高中的各种版本教材都有课前提示。人民版重知识,北师大版和人教版语言生动活泼,而且补充了一些材料,用作课前导入是合适的。如人教版必修(Ⅰ)第七单元第23课的课前提示:

在近代中国历史上,"外交"同"屈辱"总是联系在一起的。周恩来曾义愤填膺地说:"中国的反动分子在外交上一贯是神经衰弱怕帝国主义的。清朝的西太后、北洋政府的袁世凯、国民党的蒋介石,哪一个不是跪在地上办外交的呢?"

此段提示用作导入,简单、直接、生动,又带有情感,能激发学生学习兴趣,为进一步的学习打下基础。

岳麓版的课前提示也独具特色,用了很多设问方式,如必修(Ⅰ)第二单元第七课的课前提示:

古罗马从弹丸小国到地跨欧、亚、非三洲的庞大帝国,演绎了一部血与火的编年史,同时也是一部从共和走向集权的制度史。古罗马的兴衰成败虽已成过去,罗马人创造的文明成果却千古犹存。那么,古罗马究竟实行了怎样的政治和法律制度?留下了哪些文明遗产?

设置问题,留下悬念,虽然略显简单,也不够生动,但直接而显得效率很高。

初中的几种版本也有课前提示,如人教版《中国历史》七年级下册第一单元第一课中的课前提示:

> 相传,隋朝时扬州出现了一种绮丽的花,名叫琼花。隋炀帝知道后,急切地要到扬州去观赏。长安、洛阳到扬州路途遥远,那时陆路交通很不方便,他就发动数百万民工开通了一条大运河。隋炀帝乘着龙舟从洛阳直通扬州……通人性的琼花讨厌这个暴虐的君主,自行败落了,不让他看。隋炀帝大失所望。隋炀帝专为看琼花开通大运河的说法对不对?大运河对我国历史发展有什么重要作用?隋朝为什么能完成这样大的工程?下面我们就来了解一下隋朝的历史。

该课前提示不但有精彩的故事,还配有与故事相关的彩图,把该提示用作课前导入,是非常完美的。不但如此,故事后的连续几个问题,不但是该课探究问题的引领,更有史学方法的指导,是极具导向性的课前提示。

3.课后测评的学法指导

新教材的课后测评不再是单一的试题呈现,思考、探究和活动建议成为课后测评的主题,即使是试题,也体现着新课程改革的学法指导理念。如高中岳麓版必修(Ⅱ)第一单元第一课的"解析与探究":

> 仔细比较课文中的农具插图,谈一谈它们是怎样逐步改进的,这种进步对农业生产有什么意义。

论从史出是历史学的基本要求,让学生从丰富的史料中提炼历史信息是锻炼学生能力的有效方法。本课还设计有一个活动建议——走一走,看一看:

> 观察一下自己家乡农村或城郊地区的农田,看看农民种植的都是些什么作物,注意联系家乡所处的地理位置并对照本课所讲的中国历史上稻、麦农作物区的不同起源和特点,说说自己家乡是哪些农作物的主产区。

身边处处是历史,学习历史还可以用实地考察法,这种教学方法的设计不但是一种科学精神和课改理念的体现,更因符合学生生活实际而能激发学生学习历史的兴趣。

新教材是新课程改革的主要成果,教材的每一个地方都闪烁着观念的转变,只要善于发现,我们会挖掘出许多的教学方法。

初中教材更是强调对学习方法的指导,这是符合初中生身心特点的。高中生更可能因为对历史知识本身有直接兴趣而认真学习历史。初中生由于知识的储备略少,思维活动还偏于简单初级,学习过程中间接的兴趣就显得比较重要,多开展一些活动,多增加一些学生参与的学习方式更能吸引他们的注意。如初中川教版《中国历史》(八年级下)第一课的"学习与探究"要求:

> (1)齐唱《没有共产党就没有新中国》。
> (2)组织观看影片《开国大典》。
> 建议:有条件的学校可课后组织学生观看。

四、教材是教学媒体设计的基础

媒体设计主要是通过优化的方法和手段来提高教学效率,它受到教学目的和教学内容的制约,而教材是教学目的、教学内容、学习方式的综合体现,显然是教学媒体设计的基础。新教材呈现出的历史信息相当丰富,除正文外,各种历史材料(文献、地图、表格、示意图等等),这都可以成为媒体设计的素材。如果能把几种版本的素材整合起来,那更是不小的素材库,省去了到处查找素材的烦恼,教师可以根据自己的需要选择使用。

综前所述,教材是进行教学目标设计,教学内容设计,教学方法设计和教学媒体设计的重要依据和材料。科学理评教材,认真分析教材,真正践行"用教材教"的教学理念,实现教材与教学设计的完美结合。

思考练习

1. 初中历史"义务教育课程标准实验教科书"采取"主题与时序相结合"的体系,你认为有何利弊?
2. 简述高中历史课程标准与高中历史教材的关系,谈谈你对高中历史教材特征的认识。
3. 教材在哪些方面能为教学设计提供启示?

实践操作

以下是高中人民版必修(Ⅲ)专题二第一课中的部分内容,请根据内容完成一教学设计片段。

指南针和方向测定技术

指南针是利用磁铁在地球磁场中的南北指极性而制作的指南仪器。最初的指南仪器称作"司南",大约出现在战国时期,是将天然磁石经人工琢磨后制成的,样子如同一只圆底的勺。它在平滑的盘上自由旋转,静止的时候,勺柄就会自然指向南方。《韩非子》中提到过这种"司南"。

北宋军事学著作《武经总要》中提到一种指南鱼。这种指南鱼用薄铁叶裁成,用地磁场磁化法使它带有磁性,然后让指南鱼浮于水面,就可以指向南方。北宋学者沈括在《梦溪笔谈》中记载了用磁石摩擦钢针制作指南针的技术。

指南针应用于方向测定,对于军事和经济生活有着重要的作用,尤其是对于航海事业的发展意义特别重大。北宋的《萍洲可谈》中记述了中国航船在海上航行的情形,说"舟师"夜晚观星,白昼观日,如果是阴天,则依靠"指南针"辨别方向。成书于南宋的《梦梁录》中也写道:"风雨冥晦时,惟凭针盘而行。"

中国的指南针在12世纪末至13世纪初由海路传入阿拉伯,然后再传入欧洲。

指南针为明代航海家郑和远航东非等地提供了条件。就世界范围来说,指南针的发明和应用,为哥伦布发现美洲的航行和麦哲伦的环球航行提供了技术保证。

参考书目

1. 中华人民共和国教育部印制订.全日制义务教育历史课程标准(实验稿).北京:北京师范大学出版社,2001年.
2. 中华人民共和国教育部印制订.义务教育历史课程标准(2011年版).北京:北京师范大学出版社,2002年.
3. 教育部基础教育司组织编写.全日制义务教育历史课程标准(实验稿)解读.北京:北京师范大学出版社,2002年.
4. 教育部基础教育课程教材专家工作委员会组织编写.义务教育历史课程标准(2011年版)解读.北京:北京师范大学出版社,2012年.
5. 皮连生.教学设计.北京:高等教育出版社,2000年.
6. 曾天山.教材论.南京:江苏教育出版社,1997年.
7. 中华人民共和国教育部.普通高中历史课程标准(实验).北京:人民教育出版社,2010年.
8. 朱汉国等.普通高中历史课程标准(实验)解读.南京:江苏教育出版社,2004年.
9. 赵克礼,徐赐成.中学历史教材研究与教学设计.西安:陕西师范大学出版社,2011年.
10. 何成刚.历史课堂教学技能训练.上海:华东师范大学出版社,2008年.
11. 袁从秀.中学历史教学设计与案例分析.北京:科学出版社,2013年.
12. 黄牧航.历史教学与学业评价.广州:广东教育出版社.2005年.
13. 郑林.中学历史教材分析.北京:光明日报出版社.2013年.

第五章　高中历史教学设计

学习导言：

　　成功的教学设计是课堂教学的前提和保障，初中、高中都属于基础教育学段，历史课程属于非专业历史教育课程，有一些教学设计理念是相通的，例如：教学设计的科学性、可行性、有效性；教材与学习资源的关系；教师与学生在课堂学习中的地位；教学三维目标的制定；教学评价的过程性与结果性相结合，等等。然而，由于高中历史教学课程设置、教材编写体例、学生的知识和年龄水平不同，客观上需要综合考虑这些因素，采取不同的课堂教学设计方法，符合高中教学和高中学生成长的需要。本章将从现行高中历史教学的模块式、专题式教学特点及"一标多本"的教材实际出发，通过对高中历史教学内容的分析，对高中历史教学设计的常规方法及其不同模块内容教学设计的特殊性进行探讨，通过对不同教材版本的教学设计案例解析，力图比较全面地认识高中历史教学设计。

学习目标：

　　1.宏观了解高中历史课程的主要内容，并能理解其结构体系。

　　2.能认识高中历史政治、经济和思想文化模块的主要内容，并能把握各模块内容结构的基本特点。

　　3.学会从宏观、中观、微观的视角对模块、专题及课的教学内容进行分析。

　　4.掌握高中教学设计的基本策略，并能根据各模块内容的特点、运用多种史观进行有效的教学设计。

　　5.能运用教学设计的基本理论对教学设计案例进行创新性的评析。

第一节　高中历史教学内容分析

一、高中历史课程内容设置概述

现行高中历史课程力图克服传统历史课程设置中存在的弊端,即大纲版教材时期初高中内容重复、体例重复,不能很好地体现初高中历史课程的特点,因此,客观上要求在初中历史课程的基础上,根据普通高中教育的性质、任务以及课程目标和基本要求,遵循时代性、基础性、多样性和选择性的原则,规定适合高中学生学习的课程目标和学习内容,为其进入社会和高一级学校奠定基础。

对照初中课程内容发现,高中历史课程内容安排具有三个明显特点:中外混编、模块式和专题式。

高中历史课程包括必修课和选修课两个部分,其中,必修内容分三个模块:政治文明历程、经济成长历程、文化发展历程,每个模块的学时、学分相同,分别为 36 学时、2 学分。

普通高中历史选修课是供学生选择的学习内容,旨在进一步激发学生的学习兴趣,拓展学生的历史视野,促进学生个性化发展,选修内容包括两个部分:选修课程一包括六个部分:《历史上重大改革回眸》《近代社会的民主思想与实践》《20 世纪的战争与和平》《中外历史人物评说》《探索历史的奥秘》《世界文化遗产荟萃》。选修课程二指校本课程选修。

每个模块的内容都是按照中外混编的方式来呈现学习内容,模块内部又按照专题而非时序,分别呈现该模块的学习内容。模块加专题的课程体系有其特点:

第一,兼顾体现历史的时序性。每一专题具有一定的独立性,但同一模块内部的专题按照历史发展时序排列。专题内容分别展现人类社会在政治、经济、文化思想等领域中的发展进程及规律。

第二,反映历史发展的整体性。无论必修课程,还是选修课程,各模块专题内容包括了古今中外重要的历史内容。通过这些专题,有利于学生了解人类社会在政治、经济、文化思想等领域中的发展全貌。这本身反映了整体史观等新的史学观点对高中历史学习的积极影响。

第三,一定程度上避免了和初中历史课程的重复。随着高中教育范围的扩大,相当数量的初中学生会选择继续在高中学习,因此,客观上要求高中历史课程必须呈现不同于初中的内容,达成和初中历史课程不同的学习目标,模块加专题的形式,加上具体学习内容的调整,较好地实现了这个目标。

当然,课程标准规定的新体例也给教师的教学设计带来了一些困难,主要表现在:

其一,专题内容之间的时间跳跃性大,连贯性不够。

其二,各专题内容间的逻辑排列基本上先中国史后世界史,虽然有的教材版本进

行了调整,但是,如何在教学设计中体现从世界视野来观察中国历史,仍然是部分教师感到比较难的问题。

其三,不同模块中出现内容重复现象。

根据高中历史课程设置现状,对以上内容进行科学、有效的教学设计,遵循高中历史教学基本规律的指引,力图解决或者避免其不足,总结出一些具有针对性的教学设计方法,通过对一些案例的剖析,总结成功经验,避免失败教训,不断完善。

二、"一标多本"的高中历史教材现状

2003年,颁布《普通高中历史课程标准(实验)》,新课程强调历史教材呈现方式的多样化,打破以往"一纲单本"的形式,出现了"一标多本"的状况,教材形式和内容更加丰富多彩。"一标",指的是教材根据统一的课程标准进行编写。"多本",指的是存在多种教材版本,除了上海自编教材外,其他地区使用的教材分别由人民出版社、人民教育出版社、岳麓出版社、北京师范大学出版社编写,本章中简称为人民版、人教版、岳麓版、北师版(原为大象版)。

由于编写人员对课程标准的理解、史学修养等方面的不同,导致不同版本教材在编写体例、素材选取、内容详略、史学观点等方面各具特色,这既为教学设计的创新提供了多种可能,又在客观上为教师进行教学设计增加了难度。因此,要求我们在进行教学设计之前,首先要了解自己面对的教材特点,并借鉴其他版本的优点,才能最大限度地实践"用教材"的新课程理念。

(一)编写体例不同

从几个版本的高中历史实验教科书结构来看,这些共同的积极探索值得肯定:

从内容上看,教材把学习内容分为课文正文和辅助材料两个部分。前者主要体现编者对课程标准知识要求的理解,呈现历史知识;后者是对前者的拓展、补充,一般涉及学习方法、拓展问题、相关资源。

从形式上看,为适应高中专题式学习的要求,实验教材在编写体例上进行了积极探索,基本打破了初中历史教材和原高中大纲版教材的编年体体例,从模块结构、单元结构(或专题结构)上进行了自己的诠释,以单元导入帮助学生适应专题学习,了解本单元的学习任务、主要内容、相互关系、学习提醒,又在每课学习前设置了课文引导,通过对课文重点内容的提示,激发学习兴趣。

这些做法,进一步丰富了教科书的结构体系,有利于教材工具性作用的发挥。同时,不同版本的编者又力求编出自己特色,现简述如下:

从叙述体例上来看,虽然同为专题式,但是,又存在不同之处。人民版和岳麓版基本按照课程标准的叙述方式,每个模块按照先中国史、后世界史的顺序呈现,甚至在每个单元下设置课的顺序也和课程标准内容叙述相仿。人教版虽然每个单元围绕一个中国史或者世界史的主题编写,但是,单元的排列顺序大致按照时序。

从辅助内容来看,呈现出多姿多彩的状况。例如:人民版和人教版在每个单元内容结束后设计了单元小结,帮助学生厘清知识逻辑结构,都对部分重要的历史人物和

历史事件名词设立了中英文对照表。人民版、人教版和北师版注重拓展学生学习的时空,设置了课外读物推荐书目和历史学习网站栏目。人民版联系史学研究,设置边栏思考问题,培养学生的历史思维。人教版的"探究的主要问题"和"重要概念"两个栏目,提出学习任务,培养学生整理和概括历史知识的能力。岳麓版增设了中外历史大事年表,便于学生对知识进行整理、比较。

因此,我们在进行教学设计时,不能片面认为自己面对的教材就是唯一教学内容,应该在课程标准的指导下,了解其他教材,适当借鉴那些有利于完善自己教学的部分,帮助学生学习。

(二)史实选取差别

课程标准对知识内容的规定是简洁精炼的几句话,但是,为了进行科学、合乎逻辑的诠释,不同版本编者会围绕这些规定,按照自己的理解选取不同史实,由此,也就出现了不同版本之间的知识差异,因此,给我们进行教学设计的启示就是,不要过于拘泥于自己版本教材列举的史实,适当参考其他版本的理解,把重心放在如何达成课程标准的学习要求上,对教材进行优化。

【案例 5-1】 课标要求:列举侵华日军的罪行,简述中国军民抗日斗争的主要史实,理解全民族团结抗战的重要性,探讨抗日战争胜利在中国反抗外来侵略斗争中的历史地位。

下面是某老师对此进行的教学分析:

抗日战争是中华民族近代反侵略史上的重要内容,因此,设计重心应该围绕"中华民族反侵略"来进行,沿着这条逻辑关系来展开教学:中华民族为什么要抗战、怎样抗战、抗战胜利有什么历史意义。由于初中历史对此学习主题已经进行了比较详尽的介绍,因此,只选取与这几个历史事件相关的材料:九一八事变;七七事变;抗日民族统一战线建立;南京大屠杀;淞沪会战;百团大战;抗战胜利历史意义。选取材料时,注意形式多样,引导学生分析得出结论。通过纵向比较中国历史上的反侵略斗争和横向比较第二次世界大战,理解中华民族坚持斗争的精神。

【案例评析】 关于抗日战争,不同版本的教材选取史实不同,因此,教师不应该把设计重点放在具体史实的记忆分析上,而是抓住这几个词语进行设计:罪行、主要史实、全民族抗战、反侵略;历史地位。

当然,在选取日军罪行和中国抗战的主要史实时,可以参考不同版本的教材:

人民版:九一八事变;七七事变;八一三事变;南京大屠杀;细菌战;"以华制华";《八一宣言》;瓦窑堡会议;东北抗战;一二八事变;长城抗战;察哈尔民众抗日同盟军;一二九运动;西安事变;国共合作为基础的抗日民族统一战线的形成;淞沪会战;平型关大捷;台儿庄战役;洛川会议;百团大战;枣宜会战;中国共产党第七次全国代表大会;日本投降;抗战胜利意义。

人教版:九一八事变;一二八事变;伪满洲国建立;华北事变;七七事变;全面抗战路线;淞沪会战;南京大屠杀;潘家峪惨案;七三一部队;百团大战;远征军赴缅甸作战;日本投降;抗战胜利意义。

岳麓版:九一八事变;《八一宣言》;西安事变;七七事变;国共合作为基础的抗日民族统一战线形成;细菌战;毒气战;淞沪会战等国民党正面战场作战;南京大屠杀;"杀人比赛";平型关大捷;敌后抗日根据地;百团大战;"三光政策"与反"扫荡";日本投降;抗战胜利意义。

比较后发现,共同的史实:九一八事变;七七事变;淞沪会战;南京大屠杀;百团大战;日本投降;抗战胜利意义。对课程标准中提到的"罪行"和"主要史实",不同版本的编者根据自己的理解,呈现的史实各不相同,然而,它们都可以诠释这两个词语。因此,在进行教学设计时,应该改变以前过多依赖教材知识点解读的方式,把关注重点放到课程标准上,根据教学需要,选择恰当史实进行设计,只要学生能够达到课程标准的学习要求即可。

【问题探究】 如何科学运用多套教材进行教学设计?

三、高中历史教学设计基本策略举要

(一)用模块目标指引教学目标

课程标准表述为三个维度的目标:知识与能力、过程与方法、情感态度价值观。在教学设计中,有的老师过于拘泥这个分类在具体某课的体现,制定的教学目标显得支离破碎,因此,在教学目标制定中有必要引入顶层设计理念,运用系统论的方法,统揽全局,充分考虑教学目标层次之间的关系,寻求历史教学目标实现的方法。

首先,从高中历史课程的总体学习目标来看,可以用一句话统领——"通过高中历史课程的学习,培养学生健全的人格,促进个性的健康发展。"既然课程标准的制定过程中调查了学生需求,力图尊重学生发展,从学生的知识基础以及兴趣出发,确立课程标准以及学习内容,那么,教学目标当然也必须围绕学生发展的需要来拟定。关于学生发展的基本要求,1996年,国际21世纪教育委员会主席雅克·德洛尔向联合国教科文组织提交了一份《教育——财富蕴藏其中》的报告,提出了21世纪教育的四大支柱:学会认知(learning to know)、学会做事(learning to do)、学会共同生活(learning to live together)、学会发展(learning to be)。这对我们制定教学目标具有很好的启发作用。

其次,根据高中模块式教学的特点,在进行相应模块下的每课教学设计时,除了要看该课的学习要求,还应该用模块目标来统率所有的教学设计。现根据课程标准表述,简要介绍如下:

必修(Ⅰ)政治文明史:"了解中外历史上重要政治制度、重大政治事件及重要人物,探讨其在人类历史进程中的作用及其影响,汲取必要的历史经验教训"。

必修(Ⅱ)经济成长史:"了解自古以来中外经济的发展和社会生活的变迁,以及人类为发展社会经济、改善生活所做出的努力,进一步加深对人类社会发展进程中经济和社会生活领域的认识"。

必修(Ⅲ)文化发展史:"了解中外思想文化发展进程中的重大事件、重要现象及相关人物,进一步从思想文化层面了解人类社会发展的基本特征"。

细分之后发现,各个模块既有自己的模块目标,同时,又服从于高中历史教学的总目标,二者互相呼应,指引我们通过教学设计来共同完成高中历史教学的课程目标。

【案例 5-2】 课标要求:了解《权利法案》制定和责任制内阁形成的史实,理解英国资产阶级君主立宪制的特点。

下面是某老师对岳麓版《英国的制度创新》一课的教学分析:

本课包括两个子目的学习内容:从《大宪章》到《权利法案》;责任内阁制的形成。因此,在教学中,应该选取《大宪章》和《权利法案》中的部分文献原文,让学生通过阅读、解析,了解英国历史上限制王权传统的来历,区别《大宪章》和《权利法案》的不同之处,理解君主立宪制的特点,再联系责任内阁制的形成,对英国的政治制度创新形成整体印象。

【案例评析】 表面看来,这个教学分析似乎符合课程标准规定,达成了教学目标,但事实果然是这样吗?如果我们把该课放到必修(Ⅰ)的模块目标下去考虑,不难发现其中的不足之处。

必修(Ⅰ)模块的要求是:"政治活动是人类社会生活的重要组成部分。它与社会经济、文化活动密切相关,相互作用。了解中外历史上重要政治制度、重大政治事件及重要人物,探讨其在人类历史进程中的作用及其影响,汲取必要的历史经验教训,是高中历史学习的基本内容之一。"依据这一模块主题,我们可以进一步思考:

英国的君主立宪制怎么体现了政治活动在人类生活中的重要性?
英国君主立宪制确立过程中如何体现出它与社会经济、文化之间的相互关系?
英国的君主立宪制度在人类历史进程中有哪些作用和影响?
我们从英国的君主立宪制度确立中可以汲取哪些经验和教训?

通过这样层层追问之后设计的教学,显然比之前的案例更加丰满,可以帮助学生在学习该课时,不但懂得了英国的制度是什么,而且还学会从人类政治文明历史的长河中去观察、分析英国的政治制度,深刻理解"创新"的内涵。

(二)结合专题式体例进行教学设计

高中的必修教材采取专题形式编排内容,这是与初中教材通史体例相比很大的不同,相应地,需要调整教学设计方法。

在通史体例下,教学设计主要是立足于教学内容逻辑时序性的特点,按照历史发展时序来呈现内容,让学生明白重大历史事件的先后关系,掌握历史脉络。在专题体例下,要求在每个专题内进行教学设计时,要体现该专题的核心理念,每课的目标必须服从专题目标,把课题放在专题下进行考量。学生通过几个专题的学习,建构该模块重要概念、重要内容的知识体系。

在具体教学设计中,还要善于分清楚每个专题的历史主题和历史问题,历史主题是贯穿该专题的线索,是进行该专题教学设计时必须时时围绕的中心,而历史问题是从历史主题发散开来、实现从不同侧面理解历史主题的目的。

例如,人民版必修(Ⅰ)包括以下八个专题:古代中国的政治制度;近代中国维护国家主权的斗争;近代中国的民主革命;现代中国的政治建设与祖国统一;现代中国的对外关系;古代希腊、罗马的政治文明;近代西方民主政治的确立与发展;解放人类的阳

光大道;当今世界政治格局的多极化趋势。基本涵盖了古今中外的重要政治文明内容:专制与民主;革命与斗争;国际格局与外交关系,等等。

【案例 5-3】 人民版《走向"大一统"的秦汉政治》一课的教学分析

课标要求:知道"始皇帝"的来历和郡县制建立的史实,了解中国古代中央集权制度的形成及其影响。

本课包括了三个子目内容:"六王毕,四海一";海内为郡县;百官公卿。秦朝建立了我国历史上第一个统一的多民族国家,它所奠定的大一统局面影响了中国的悠久历史,因此,有必要联系初中内容,让学生分析:秦是怎么统一中国的?秦统一中国具有什么重大历史意义?秦统一中国后采取哪些措施巩固其统治?

【案例评析】 本课属于第一主题"古代中国的政治制度",共设立了四课:中国早期政治制度的特点;走向"大一统"的秦汉政治;君主专制政体的演进与强化;专制时代晚期的政治形态。讲述了从秦汉到明清我国专制主义中央集权制度的产生和发展,因此,这个概念内涵是进行四课学习中都要把握的主线索。

案例中明显存在的问题是,没有把握本学习主题的主要线索——专制主义中央集权制度,因此,在处理课文三个子目之间关系时,偏离了单元专题思想,这就冲击了第二、三两个子目重点知识的学习。实际上,二者是因果关系,秦的统一是建立专制主义中央集权制度的前提,教学设计重点应该放在第二、三两个子目上,帮助学生理清楚专制主义中央集权制度的内涵,即君与相的关系、中央和地方的关系。"海内为郡县"揭示中央和地方的关系,"百官公卿"揭示君权与相权的关系。应该结合史实分析,证明这两个关系在秦汉时期是如何体现的、对中国社会带来哪些深远影响。

(三)联系社会与生活,拓展学习资源

教育部《基础教育课程改革纲要(试行)》指出,"加强课程内容与学生生活以及现代社会和科技发展的联系,关注学生的学习兴趣和经验,精选终身学习必备的基础知识和技能。"这里面包含了生活化教学的基本思想,对此,刘金赟指出,"以生活为中心,将抽象的形式化教学建立在学生丰富的生活背景上,引导学生通过探究、合作等学习方式理解学科知识,通过掌握学科知识体系、思维方法以及做人的道理,培养学生学以致用,创造性的解决生活中实际问题的能力。"[1]就目前的高中历史新课程而言,生活化不但是其重要目标,也是进行高中历史教学设计的常用策略。

首先,联系社会与生活是高中历史课程教学的需要。

如果从历史学习最为基本的方法"论从史出"和历史学习的基本意义"以史为鉴"出发,不难得出结论:历史课程学习必须联系社会与生活。正如黄牧航所指出的,学习历史是为了"更好地帮助我们学生从历史的角度认识当前的社会,知道世界发展的潮流,从而感悟人生的意义、明确个体的责任。"[2]

课程标准认为,"在内容的选择上,应坚持基础性、时代性,应密切与现实生活和社

---

[1] 刘金赟.生活化教学概述.生活教育,2006(4):48—51.
[2] 黄牧航.史学观点的转变与高考历史试题的命制.中学历史教学参考.2008(3):3.

会发展的联系,关注学生生活,关注学生全面发展。"这句话指出了高中历史课程学习的一个基本概念:关注学生生活,这些是高中历史教学首先应该考虑的问题,当然也是教学设计首先应该考虑的问题,而这两个基本任务必须紧密联系社会与生活,一方面,发挥历史学习对学生成长的借鉴功能,在社会和生活中检验历史教学的效果,另一方面,树立大历史观,联系社会和生活,从中挖掘历史学习资源。

有学者认为,高中历史课程任务"首要的也是关键性的问题,是如何变历史学科知识体系为历史学习知识体系,即把史学界的研究成果(历史学科知识)转变为适应历史教学,尤其是适合高中学生学习的课程知识,使课程内容与社会进步、学生经验有机联系起来,为他们的自主学习和主动学习提供良好的课程环境,充分发挥课程的发展性功能。"①"高中历史新课程尽可能地避免了专业化、成人化的倾向,内容的选择更加体现时代性,注重贴近学生的生活和社会,有助于学生的终生学习。"②

其次,联系社会与生活,是高中历史课程拓展学习资源的需要。

课程标准鼓励各校因地制宜开发历史学习资源,并给出明示,"凡是对实现课程目标有利的因素都是课程资源。历史课程资源既包括教材、教学设备、图书馆、博物馆、互联网以及历史遗址、遗迹和文物等物质资源,也包括教师、学生、家长及社会各界人士等人力资源。"

如何结合社会与生活拓展高中历史学习资源?可以从空间和时间两个方面进行思考:

从空间上来说,学生生活的社区、地区、国家、世界,只要和历史学习相关的资源都可以选取,例如上述资源中提到的图书馆、博物馆、历史遗址、遗迹。

从时间上来说,由于历史发展的延续性,现代社会生活中往往可以寻找到历史的痕迹;由于历史学习以史为鉴的特点,可以用历史学习中总结的规律、方法去研究分析社会生活中存在的一些现象,寻求与历史事实之间存在的联系,甚至可以从历史事实进行合理推测社会生活的变迁趋势和未来需求。

第三,联系社会和生活,要注意"泛生活化"的倾向。

"泛生活化",意即在进行教学设计时,未能把握好使用联系社会与学生生活拓展学习资源的度,流于社会与生活资源的堆砌,而没有从历史学习出发,对此设计具有学科特色的探究问题。因此,这种设计并非真正贴近教学特定对象,即学生的生活,不能真正引起学生在历史学习中的讨论和探究,可能导致课堂学习在呈现贴近学生生活优点的同时,却忽视、弱化了历史学科学习特点。

综上所述,在高中历史教学设计中有必要联系社会与生活、拓展学习资源,开启一个更加宽阔宏大的历史学习领域。

【案例 5-4】《经济腾飞与生活巨变》(岳麓版)一课的教学分析:

《经济腾飞与生活巨变》在学习"中国社会主义建设发展道路的探索"单元中具有重要地位,因为这一课可以体现前面三课的结果和意义,即《中国社会主义经济建设的

---

①姬秉新,李稚勇,赵亚夫.理解与实践高中历史新课程——与高中历史教师的对话.北京:高等教育出版社.2005.2

②姬秉新,李稚勇,赵亚夫.理解与实践高中历史新课程——与高中历史教师的对话.北京:高等教育出版社.2005.32

曲折发展》《经济体制改革》《对外开放格局的形成》,同时,又从侧面呼应下一个单元"经济全球化的趋势",体现了经济全球化趋势对中国建设的影响。因此,在进行本课教学设计时,应该结合四个子目的内容"从数据看沧桑巨变""城市化进程加快""中国进入互联网时代""时尚中国",从正面、积极的角度,选取社会生活中的典型事例,并注意学习资源呈现形式的多样性,包括文字、数据、图片、音频、视频等多媒体形式,让学生通过直观感受改革开放带来的经济发展和生活巨变,养成关心时事的好习惯,拥护和支持党的领导。为了增强学生的参与意识,在教学过程中应设计一个"学生谈改革"的活动环节。

【案例评析】 这种教学设计的基本思路是正确的,从内容上,既注意到中国自身纵向发展的脉络,符合本课编者的思路,又注意到横向看世界影响中国,符合历史课程标准的内容规定;从教学实施来看,注重选取社会生活中的典型事例,具有强烈的生活化特色,容易引起学生的学习兴趣,形成活跃的课堂气氛,有助于教学目标的实现。

但是,如果仔细审视其教学分析,会发现其中存在"泛生活化"倾向,在表面活跃和传递正能量的同时,没有注意引导学生进行深入、辩证的分析,不利于培养学生的分析能力,提升学习效果。所以,有必要对其进行进一步完善,建议增加如下教学环节:

首先,真正读懂课程标准对这个单元学习内容的规定。

课程标准对本单元的要求是:

(1)概述 20 世纪 50 年代至 70 年代我国探索社会主义建设道路的实践,总结其经验教训。

(2)了解中共十一届三中全会有关改革开放决策的内容,认识其对我国开创社会主义现代化建设新局面的历史意义。

(3)讲述家庭联产承包责任制和国有企业改革的主要内容,认识改革与社会发展的关系。

(4)概述我国创办经济特区、兴办经济技术开发区、开辟沿海经济开放区和开发开放上海浦东的史实,分析我国对外开放格局初步形成的特点。

(5)了解我国建立社会主义市场经济体制的过程,认识其对我国社会主义现代化建设的意义。

显然,其中的逻辑关系是:在 20 世纪 50—70 年代我国社会主义建设经验教训的基础上,十一届三中全会制定了改革开放的决策,指引我国走上建设有中国特色的社会主义道路,促进了我国社会主义现代化建设事业。那么,作为当前还在继续进行的改革与开放,到底应该如何引导学生进行思考呢?

第一,从辩证看问题和实事求是的立场出发,设计两个方面的思考方向:

一方面,认识改革开放的积极意义。从课本的四个子目出发,可以查找下列问题相关的学习资源:我国经济发展统计数据、城市化概况及其对人民生活带来的影响、信息时代如何影响人民的生活方式、人民群众的衣食住行改善状况。学生通过分析这些资料,便于形成改革开放带来的整体积极意义。

另一方面,就当前社会存在的社会问题,选取一两个有重要探究价值的问题,组织学生进行讨论,让学生理解进一步深化改革的必要性,培养学生的社会责任感。如:

改革开放过程中提出的让一部分人先富裕起来,然后带动更多的人走向富裕。然而,根据数据统计材料,目前贫富差距悬殊问题比较突出,尤其是城乡贫富差距悬殊正呈扩大化趋势,这个问题应该如何解决?各地在大力抓经济建设的同时,却出现了环境污染、食品安全、教育资源不公平等社会问题,改革开放要如何科学、健康、可持续地推进,这个问题如何解决?据调查,现在部分农村青年存在一种不愿继续上学、不愿留在农村种田,依赖进城打工的观念。由此产生了一系列新问题,如留守儿童教养、个别地区耕地荒芜等等,这些问题如何解决?

第二,为了避免学生割裂、孤立地学习本课内容,从知识建构出发,有必要引导学生思考:我国现代化建设取得巨大成就的原因有哪些?实行改革开放是唯一原因吗?联系必修(Ⅰ)的内容思考,中国经济腾飞与国际形势变化有何关系?

第三,引导学生分析材料,培养学生理性思考问题的能力和态度:联系必修(Ⅰ)思考,我国国民经济发展有什么意义?社会商品和服务供给的能力大大提高,可以得出哪些经济结论?为什么城市化进程加快是我国现代化发展水平的重要指标?根据本课学习的四个子目内容,如何理解经济的全面协调发展?

这些问题的答案不是简单的是否型问题,可以促进学生在学习过程中的深层思考,培养思维能力。

显然,增加上述问题后,可以一定程度上克服案例中的"泛生活化"倾向,增加本课的思维程度,更能吸引学生基于自身的社会经验参与学习研讨有价值的问题,让学生通过本课学习完善单元知识结构,辩证全面地认识改革开放对中国社会的巨大影响,理解正确决策与人民群众在历史发展进程中的不同作用。

【异域采风】"一定要有趣!如果你上的课让你自己都感到枯燥,我敢说它也会让你的学生感到枯燥。比方说你要上一节关于美国内战的课。如果你让他们记住时间、战役以及将军的名字,他们学不到什么东西,但如果你让他们去研究士兵的服装、生活环境以及医疗设施,把各大战役表演出来,分角色扮演重大决策的制定,让他们活蹦乱跳地走进那个时代,他们永远都不会忘记,你也不会。"[①]

(四)注重信息的选取和解析,开展史料教学设计

由于历史过去性的学科特点,许多研究对象已经不复存在了,因此,只能通过历史资料所提供的"证据"来辅助学习,没有史料支持的论断,会显得枯燥和难以理解。

在新的教育形势下,当探究学习成为学生的学习能力和学习方法强调的概念、实践,有必要把史料教学设计提到一个更高的程度。学生不仅仅是学习教材中固有的知识,还应该学会获得历史知识的方法和能力,尤其是阅读和解析史料的学习方法,进而能提出观点、解决问题。

史料运用在高中历史教学设计中具有十分重要的地位。事实上,当我们面对"一

---

① 李茂.在与众不同的教室里——8位美国当代名师的精神档案.上海:华东师范大学出版社.2012:180

标多本"的历史教科书时,就已经感觉到选取信息在当前历史学习中的重要性。在具体进行教学设计时,尤其是那些没有史料支持的重点、难点知识,我们是直接给学生呈现历史概念、历史结论,还是让学生通过必要的历史材料阅读解析得出结论?显然,是后者。事实证明,史料教学在创设学习情境、激发学习兴趣、培养思维能力和探究意识,具有特别重要的意义。

那么,史料教学设计有哪些基本要求呢?

首先,从形式上,提供与学习主题相关的文字、图片、音频、视频等丰富多彩的历史资料。

在这些形式之中,文字和图片比较常见,长期以来,史学研究和史学著述也为寻求这两种形式的信息提供了可能性。随着现代信息技术的发展,音频、视频也走进课堂,成为学生学习历史的新型信息形式,比文字、图片更加直观、生动。

其次,从目的上,明确史料教学设计的直接目的和根本目的。

部分教师在进行史料教学设计时,往往首先考虑史料能否激起学生兴趣,能否充分论证教科书上的某个结论,诚然,这样考虑也没大错,然而,如此显得太过功利。史料教学设计不是课文内容的点缀,其根本目的是通过促进学生学习方式的转变,培养他们的理解、分析、归纳问题的能力。

第三,从方法上,注意培养学生的史料解析能力,多角度多层次研究、充分利用史料。

史料与结论之间是因果关系,应该注意在教学设计环节中,通过学生阅读分析史料,从中得出推论。这种用"把史料放到它的背景之中"的做法,可以加深学生对"论从史出"的掌握。

一般来说,可以采取的常规做法有:从历史学科而非语文学科的角度出发阅读史料,不必为其中个别字词的含义而困惑,重点是关注其中与历史事件、历史人物、历史事实相关的信息,再比较鉴别不同信息,得出历史结论和历史概念,等等。

【案例5-5】《列强入侵与民族危机》运用史料进行教学设计片段:

由于本课与初中历史学习内容存在重复,学生对1840至1900年间西方列强侵略中国的主要史实已经比较清楚,没有必要简单重复,因此,在进行本课教学设计时,准备在新的史学观点指导下,采用史实教学设计法,通过列出与本课内容相关的重要史料,引导学生从不同侧面分析评价历史事件,置于两个文明碰撞和民族爱国情感的背景下来理解本课内容。

……

中国皇帝为了制止自己臣民的自杀行为,既禁止外国人输入这种毒品,又禁止中国人吸食这种毒品,而东印度公司却迅速地把在印度种植鸦片以及向中国私卖鸦片变成自己财政系统的不可分割的部分。半野蛮人维护道德原则,而文明人却以发财的原则来对抗。一个人口几乎占人类三分之一的幅员广大的帝国,不顾时势,依然安于现状,由于被强力排斥于世界联系的体系之外而孤立无依,因此竭力以天朝尽善尽美的幻想来欺骗自己,这样一个帝国终于要在这样一场殊死的决斗中死去。在这场决斗中,陈腐世界的代表是基于道义原则,而最现代社会的代表却是为了获得贱买贵卖的特权——这的确是一种悲剧,甚至诗人的幻想也永远不敢创造出这种离奇的悲剧题材。"

——马克思《鸦片贸易》

【案例评析】 鸦片战争是中国近代史的开端,是中国近代史学习中的重要内容。一般教学设计思路是,分析课文中介绍的国际、国内背景以及战争结果,得出中国"落后就要挨打"的结论。初中的教学可以这样设计,但显然不符合高中实际,不利于提升高中学生的学习兴趣和学习能力。主要理由是:简单化、重复化,观察问题的视野不够开阔,不适合高中历史新课程的需要。

围绕该教师提供的史料思考,能使学生加深理解其中"文明、非正义"与"落后、正义"这对矛盾之间错综复杂又对立统一的关系,围绕鸦片贸易的道德原则与经济法则,在此基础上演出了离奇的历史悲剧——鸦片战争。

【人物介绍】 菲利普·比格勒是美国著名历史教师,长期执教高中,当选1988年美国"全国年度教师"。克林顿总统在颁奖仪式上说:"在比格勒20多年的从教生涯中,他的学生不仅学习了历史,还亲历了历史。他把他的教室变成了虚拟的时间机器。通过对历史事件的模拟,他使学生领悟了民主与公民的意义,这是影响他们一生的意义,这也是我们希望每一个美国人都领悟的教义……他在历史课上大量使用幻灯、古代器物、旧报纸、仿制品以及其他各种方式来再现历史。他还为学生制作了一个历史学习网站,上面有各种研究信息的链接,内容从图书馆资料到已故政治人物的尸检报告,无所不包,还有作业信息和其他历史网站的链接。"[1]

(五)优化教学设计,"用教材"而不是"教教材"

传统历史教学中的教材从知识上具有很强的权威性,教师在备课时把教材上列举的所有知识点进行分析,并要求学生完整掌握,这实际反映了传统教学的三个中心:学科中心、教师中心、教材中心。中学历史课程过于强调历史学科知识的完整性与知识逻辑体系的严密性,要求学生完整掌握历史学科知识,不但教材编者这样编写,教师在教学时还要进一步完善其知识体系,形成"知识八股",例如,历史事件被千篇一律地解构为时间、地点、人物、起因、经过、结果这几个环节,不利于发挥历史教学设计的创新性和灵活性。

随着新课程改革后提出"用教材"的理念,要求我们要树立正确的教材观,对教材必要的重视而非崇拜教材,应该根据教学实际,在高中历史课程理念和课程标准的指导下,钻研教材,把握教材的编写意图,了解设计内容在高中历史学习中的地位,达成教学目标,促进学生的发展,进而引导学生活学历史。

由此,必然要求我们在教学设计中形成新的教材观,把握主干知识、重大事件和重要人物,采用多种方式、多种学习资源来诠释历史、学习历史,教材只是最重要的一种学习资源,却不再是高高在上的唯一学习资源。这就为我们的教学设计打开了一扇窗,处理好课程理念、课程标准、教材、教学设计的关系,带领学生运用历史学习中学到的方法,观察广阔的世界。

---

[1] 李茂.在与众不同的教室里——8位美国当代名师的精神档案.上海:华东师范大学出版社.2012:63—66

【案例 5-6】《近代西方资本主义政体的建立》(岳麓版)包含四课内容:英国的制度创新;北美大陆上的新体制;欧洲大陆的政体改革;综合探究:伏尔泰对英国政体的评论。其中,第四部分为自学内容。

课标要求:

(1)了解《权利法案》制定和责任制内阁形成的史实,理解英国资产阶级君主立宪制的特点。

(2)说出美国 1787 年宪法的主要内容和联邦制的权力结构,比较美国总统制与英国君主立宪制的异同。

(3)知道法兰西第三共和国宪法和《德意志帝国宪法》的主要内容,比较德意志帝国君主立宪制与法国共和制的异同。

(4)分析资产阶级代议制在西方政治发展中的作用。

下面,通过分析、比较对这个单元三种不同教学设计的知识安排,可以看出在使用教材上存在的三个层次,从中认识、比较而形成正确的教材观。

第一种教学设计:

第一课时:英国的制度创新

一、从《大宪章》到《权利法案》

二、责任内阁制的形成

第二课时:北美大陆上的新体制

一、联邦宪法的制定

二、1787 年宪法

三、维护联邦统一的斗争

四、两党制

第三课时:欧洲大陆的政体改革

一、走向共和的曲折历程

二、法兰西第三共和国宪法

三、德意志帝国的体制

第二种教学设计:

第一课时:英国的制度创新

一、英国君主立宪制的形成

1.《权利法案》的制定

2.责任内阁制的建立

二、英国君主立宪制的特点

第二课时:北美大陆上的新体制

一、1787 年宪法

1.制定背景

2.主要内容

3.历史意义

二、联邦制的权力结构

1.从邦联走向联邦

2.联邦制的意义

三、美国总统制与英国君主立宪制比较

第三课时:欧洲大陆的政体改革

一、法国的共和制

1.走向共和的曲折历程

2.法兰西第三共和国宪法

二、德意志帝国的君主立宪制

1.建立背景

2.《德意志帝国宪法》

3.德国代议制的曲折发展

三、德意志帝国君主立宪制与法国共和制的比较

第三种教学设计：

第一课时:代议制基础知识

一、代议制的基本内涵

二、代议制的主要模式

三、代议制与民主道路的关系

第二课时:西方主要国家代议制的建立(英国、美国、法国、德国)

一、建立途径

二、主要特点

三、比较异同

第三课时:代议制的国内影响

一、英国:民主改革循序渐进

二、美国:权利制衡社会发展

三、法国:政体演变曲折反复

四、德国:专制主义借尸还魂

第四课时:主要政治发展模式对世界的影响

一、英国模式

1.仿效英国模式的国家

2.美国资产阶级民主制度的建立

二、法国模式

1.仿效法国模式的国家

2.中国资产阶级民主制度的建立

3.俄国资产阶级民主制度的建立

三、德国模式

1.仿效德国模式的国家

2.日本资产阶级民主制度的建立

【案例评析】 针对相同教材,三种不同教学设计选取知识点的不同,反映了目前在教学设计中存在着不同的教材观:

教材观一,照本宣科,完全依据教材设计学习内容。

从第一个教学设计选择内容来看,首先,教师认为第四课属于选学内容,在设计中完全忽略,没有充分发挥岳麓版教材编排的优点之一:通过综合探究课的设置,培养学生探究能力,适度拓展学习内容。

另外,完全按照教材编排子目,缺乏对课程标准的领会,采用简单化的方式来"教教材"。反映出教师缺乏对新课程背景下的教材认识和运用观念、方法。事实上,教材已经不再是以"教师教学和学生学习的资源"身份出现,而是"教师教学和学生学习的资源和工具",表面看来,就是增加例如"工具"一词,但是,新课程改革后的"资源",并非"唯一资源",而"工具",则意味着教材要提供帮助学生完善学习方法、查阅参考等功能,而不是仅仅识记教材知识点。

教材观二,根据课程标准的基本要求,对教材进行一定的优化、整合。

从第二个教学设计选择学习内容可见,教师已经具备一定的课程标准意识,知道在课程标准的指导下,对教材内容进行一定的优化、整合,已经具有了"用教材"的理念,正确把握教材的功能定位,基本符合课程改革的理念。

从案例可见,这一类教师已经能够在课程标准的指导下,理清知识脉络,明确教材的重难点知识,突出英国君主立宪制、美国总统制、德国君主立宪制、法国共和制的建立背景和基本原则等核心知识,并按照课程标准的建议,通过比较异同点,培养学生的分析比较能力,加深知识理解。

但是,对课程标准中规定的"分析资产阶级代议制在西方政治发展中的作用",把握得不够到位,是通过分国别的方式进行碎片化处理,没有进行专门的总结,不利于学生形成总体印象。

教材观三,依据课程改革理念来整合教材。

从第三个教学设计可见,其教学的逻辑顺序打破了教材的固有安排,所选择的知识点是在认真研读了课程标准后,按照自己的理解,立足教材、整合教材、创生课程,具有正确的教材观。

其中值得一提的是,围绕本单元的核心词语"代议制"层层深入,从代议制的由来、建立、对本国及其世界的影响几个方面来进行教学,既包括本单元的知识要点,又兼顾了本模块政治文明史的主线索之一:民主制度。由于对知识进行了适度拓展,通过纵横联系,有利于学生形成立体知识结构。

这个案例启发了我们,不同的教材观会直接影响到教学设计。当我们看到一个好的教学设计在处理教材、开发资源等方面让人眼前一亮时,其实背后蕴含了设计者对教材的理解和把握,蕴含了正确教材观对教学设计的影响。

(六)在教学设计中注意结合学习内容,适当运用新的历史观

史学观点是认识历史的视角和阐释体系,融入新的历史观念,这是高中历史新课程与旧课程相比最本质的变化,除了基本的唯物史观,还引入了现代化史观、文明史观、全球史观等。

唯物史观认为,历史的主体是人,人类活动受制于所处的物质生活条件;生产方式决定社会生活、政治生活、精神生活的一般过程;社会存在决定社会意识,社会意识能动地反作用于社会存在;生产力和生产关系、上层建筑和经济基础的矛盾,是推动一切

社会发展的基本矛盾,在阶级社会中表现为阶级矛盾和阶级斗争;人民群众是历史的创造者;等等。

革命史观(也称阶级斗争史观)认为,阶级社会中阶级矛盾不可调和,阶级斗争是阶级社会历史发展的直接动力,集中反映该社会发展阶段的基本矛盾。

文明史观认为,人类社会发展史就是人类文明演进的历史,这个发展过程既包括横向的物质文明、政治文明、精神文明,也包括纵向的从渔猎采集时代、农业文明时代到工业文明时代,承认文明的多元性,重视文明的交流与融合。

全球史观(又称整体史观)将整个人类历史看做一个整体来研究,"研究的是全球而不是某一个国家或地区的历史;关注的是全人类,而不是局限于西方人或非西方人。"[①]全球史不等于国别史或地区史的简单叠加,重在揭示不同地区和国家历史之间的相互联系、影响。在教学设计中应注意人类文明的统一性和多样性,不同文明的相互理解和尊重,在整体世界发展中去认识重大历史事件。

现代化史观(也称近代化史观)人类历史是由传统社会向现代社会变迁的过程(传统农业社会向工业社会的变迁过程),包括政治法制化、民主化,经济工业化,思想文化科学化、理性化,社会生活现代化。这实际上也是必修的三个模块教学设计的重要线索,可以让我们在进行教学设计时,不局限于该课课程标准的具体规定,从而使教学设计主线更分明。

社会史观从社会角度观察历史,研究领域包括社会变迁史、社会日常生活史、社会习俗史、家庭婚姻史、城市进化和人口流动史、社会保障史、社会政策史、人与环境关系史等;本质是大众化、生活化,是"所有人的历史"或称为"社会习俗的历史"。由于历史之间的相互影响,为我们在教学设计时拓展学习资源提供了更广阔的渠道。

了解不同史观的基本内涵,可以帮助我们在进行教学设计时,根据学习内容的需要选择相应的观点,就算是同一个历史事件、历史人物,由于采用不同的历史观,也会呈现不同的结论,有利于培养学生的探究思维和多角度思考问题的能力。

【案例 5-7】 某老师对《辛亥革命》一课运用不同史观组织素材的案例:

1.辛亥革命的背景:

从革命史观来分析:列强的侵略加剧、清末"新政"激化了社会矛盾。

从近代化史观来分析:近代中国人民探索救国救民道路的诸多史实,革命派与改良派的论战,近代中国工业的发展,近代西方文化在中国的传播。

2.辛亥革命的经过:

从革命史观来选择史料:中国同盟会的成立、黄花岗起义、武昌起义、袁世凯篡夺革命果实。

从文明史观来选择史料:三民主义、《中华民国临时约法》、使用公元纪年、剪辫令、促进工商业发展的一系列法令。

3.如何引导学生评价辛亥革命:

第一种:有的人说辛亥革命成功了,有的人说失败了,你如何看待?

第二种:阅读材料,结合所学知识回答问题

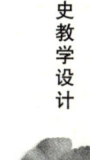

[①]斯塔夫里阿诺斯.全球通史.北京:北京大学出版社.2006:3.

材料一 民国初年,全国报纸总数高达500余家,不少报纸以"民主""民权""民国"和"国民"命名;全国报纸发行总数达4200万份,"读报者虽限于少数人,但报纸发表之意见,有公众的或私人议论,几乎下等之苦力,亦受其宣传"。

材料二 民国三年,戴季陶在乡村遇见一个老农,因戴氏身着日本服装,老农遂问其国籍。戴称"予中华民国人也"。老农"忽作惊状,似绝不解中华民国为何物者"。当戴氏告诉老农"你也是中华民国人"时,老农茫然惶然,连声说:"我非中华民国人,我非中华民国人。"

材料三 近二三十年来,有些学者注重从现代化角度研究中国近代史,认为中国的现代化就是从传统农业社会向现代工业社会的转变,涉及到政治、经济、文化等方面。1840年以来中国错综复杂的历史,可以用"从传统到现代"这一思路作解释。

问题:

(1)仅凭材料一,你将如何评价辛亥革命?

(2)仅凭材料二,你将如何评价辛亥革命?

(3)按照材料三的角度,你将如何评价辛亥革命?

(4)综合三则材料,你会如何评价辛亥革命?

(5)通过对以上材料的分析,你认为在评价历史事件时应注意什么原则?

【案例评析】《辛亥革命》是历史教师比较熟悉的学习内容,各地赛课也经常将其选为课题,然而,这个教学设计由于使用了不同史观来指导,充分显示了新课程教学理念在教学设计中的运用,彰显了教师在教学设计中的创新精神和扎实的专业功底,也让学生思维得到训练,学会从不同侧面观察、分析问题。

在革命背景部分,列强的侵略加剧、清末"新政"激化了社会矛盾,这两个原因是辛亥革命背景分析经常使用的维度,然而,如果只是从这个维度分析,势必后面的两个部分就会沿着革命思路发展:如何解决这民族矛盾和阶级矛盾两个问题?辛亥革命在解决民族矛盾和阶级矛盾方面具有什么重要意义?显然,这只是辛亥革命的历史侧面之一,当作者加上近代化史观之后,学生对辛亥革命在中国近代史上的重要地位才会得到更丰满的凸显,由此深刻理解辛亥革命的价值与意义。

高中历史教师经常觉得教学时间不够,原因之一是在历史事件过程部分学习花了太多时间,过于强调历史事件先后顺序。如果用传统的事件史教学方式来设计,别说辛亥革命事件,可能其中一个事件的学习就需要一节课,然而,换一个思考问题的视角,从文明史的角度来组织素材,选择那些对近代中国历史发展影响最大的历史事件与历史现象,更能看清历史发展的脉络:三民主义和《中华民国临时约法》对民主与法治的探索;使用公元纪年和剪辫令对近代社会生活的影响;促进工商业发展的一系列法令对近代中国经济发展的促进作用,这为第三部分辛亥革命的评价奠定了知识基础。

评价辛亥革命部分,第一种问法是很多教师采用过的问题,表面看来,这个问题注意到全面看问题,然而,再度审视这个问题,会发现其实这个问题学生作答时缺乏可操作性,成功、失败、看待,不够具体,结论不是学生自己分析得出,而是设计者首先划定了两个范围。第二种方法则让学生的结论有材料支撑,不但渗透了史观学习,还引导学生形成论从史出的好的学习方法。

第二节 政治史专题教学设计

一、政治史内容的概述

(一)模块目标

政治史在高中历史课程模块中属于必修(Ⅰ),着重反映人类社会政治领域发展进程中的重要内容,主要表现为重要的政治制度、政治事件及其重要历史人物。因此,了解这些重要的制度、事件和人物,探讨它们在人类历史进程中的作用与影响,从中汲取必要的历史经验教训,是我们在进行必修(Ⅰ)教学设计时必须首先了解的重要教学目标。

政治史历来是历史学习的重要内容,政治、经济、文化的互相影响,才共同组成丰富多彩的历史内容,但是,从学习内容到能力要求上,必修(Ⅰ)与以前历史课程中的政治史内容呈现出不同特点。

历史课程标准要求:"通过学习,了解人类历史上重要的政治制度、政治事件及其代表人物等基本史实,正确认识历史上的阶级、阶级关系和阶级斗争,认识人类社会发展的基本规律;学习搜集历史上有关政治活动方面的资料,并能进行初步的归纳与分析;学会从历史的角度来看待不同政治制度的产生、发展及其历史影响,理解政治变革是社会历史发展多种因素共同作用的结果,并能对其进行科学的评价与解释;理解从专制到民主、从人治到法治是人类社会一个漫长而艰难的历史过程,树立为社会主义政治文明建设而奋斗的人生理想。"

为了方便与课堂教学设计的三维目标对应,结合高中历史课程要求,也可以这样理解上述规定:

知识与能力:

(1)了解人类历史上重要政治制度、政治事件及其代表人物等基本史实。

(2)对政治制度进行科学的评价与解释。

过程与方法:

学习搜集历史上有关政治活动方面的资料,并能进行初步的归纳与分析。

情感态度与价值观:

(1)正确认识历史上的阶级、阶级关系和阶级斗争,认识人类社会发展的基本规律。

(2)从历史的角度来看待不同政治制度的产生、发展及其历史影响,理解政治变革是社会历史发展多种因素共同作用的结果。

(3)理解从专制到民主、从人治到法治是人类社会一个漫长而艰难的历史过程,树立为社会主义政治文明建设而奋斗的人生理想。

(4)懂得从中国国情出发,学习和借鉴中外人类政治文明的有益成果,提升民主法

治意识,增强个人的公民素养。

实际上,上述三方面的目标是相辅相成的统一体,要基于政治制度的理解、政治事件和政治人物的了解,来掌握技能和方法,培养和熏陶情感态度与价值观。

(二)知识结构

必修(Ⅰ)有九个学习专题：
1. 古代中国的政治制度
2. 列强侵略与中国人民的反抗斗争
3. 近代中国的民主革命
4. 现代中国的政治建设与祖国统一
5. 现代中国的对外关系
6. 古代希腊罗马的政治制度
7. 欧美资产阶级代议制的确立与发展
8. 从科学社会主义理论到社会主义制度的建立
9. 当今世界政治格局的多极化趋势

从专题名称可见,知识呈现方式不是惯常的编年体例,逐一编排历史事件,而是选择一些有较大影响的历史事件、历史现象和历史人物,每个专题反映的政治发展特征,既有一个历史时期某个国家(区域)的维度,也有某一类社会形态的维度,专题之间既相互独立,又相互联系,一定程度上避免了求大求全的严密学科知识体系,有利于学生掌握重点,减轻学习负担。

其中,专题1到专题5主要介绍中国政治史内容,既包括君主专制中央集权制度、近现代中国的革命斗争、现代中国的民主法治建设和祖国统一等重要的内政问题,又包括反侵略斗争、现代中国的对外关系等外交问题,从不同侧面反映中国政治史的重大问题。

专题6到专题9介绍世界历史发展进程中的主要政治内容,6、7专题介绍西方民主制度的发展,专题8介绍19、20世纪的新型社会制度——社会主义制度从理论到实践的过程,专题9则让学生了解当今世界的政治格局变化情况。

通过每个专题的学习,让学生对古今中外政治领域中的重要内容有所了解,从历史角度来了解主要政治制度的缘起、发展、变迁及其历史影响,在历史的联系中,通过一些贴近社会与学生生活的学习资源分析,获取历史智慧,从而更好地认识国情、认识世界,发挥历史学习的借鉴作用。

(三)教学设计知识要点

为了在教学设计中把握专题知识要点,现按照课程标准顺序,分别概要介绍九个专题的主要知识脉络,并从教学设计角度给出建议。

1. 古代中国的政治制度

政治制度是一个内涵和外延都比较宽泛的概念,从先秦到明清,中国古代政治制度史内容很丰富,为了突出重点,本专题通过宗法制、分封制与君主专制中央集权制度的学习,了解中国古代政治制度发展史,其中,尤其是君主专制中央集权制度,成为本专题的主线索。

进行本专题教学设计时,除了第一部分的中国早期政治制度之外,后面几课都要围绕君主专制中央集权的主线索来思考,课程标准的第二条到第四条,实际上就是君主专制中央集权的形成、发展过程。围绕这个过程,对其特点、影响形成正确认识。

对君主专制中央集权制度的理解可以从两个方面进行思考,即如何解决中央与地方的关系、君主和大臣的关系?在其发展的每个历史时期进行教学设计时,可以把由此衍生出来的其他内容例如科举制、三省六部制、内阁制等,大概划分到前面的两个维度中去,可以解决内容繁杂带来的主次不清问题,脉络清晰。

当然,宗法制和分封制是学生学习的难点知识,因此,在教学设计中应注意选取学生容易理解的学习资源,深入浅出地帮助学生克服学习障碍。

2.列强侵略与中国人民的反抗斗争

课程内容只规定大致的范围和原则,对具体知识点不作过细的规定,这是高中历史课程的一大特点。这个特点在本专题中表现得最为突出。

"列举 1840 年至 1900 年间西方列强的侵华史实,概述中国军民反抗外来侵略斗争的事迹";"列举侵华日军的罪行,简述中国军民抗日斗争的主要史实"。"史实""事迹""罪行"具体包括哪些?这是广大教师在教学设计时觉得不好操作的地方,在实际操作中,不必在选择史实上过多考虑,建议把思考重点放在这两句话上:"体会中华民族英勇不屈的斗争精神";"理解全民族团结抗战的重要性,探讨抗日战争胜利在中国反抗外来侵略斗争中的历史地位",再适当参考其他版本教材选择史实,反而让教学设计赢得更大的发挥空间,突出创新性。

3.近代中国的民主革命

本专题的历史事件规定很清楚:太平天国运动、辛亥革命、五四运动、中国共产党成立、中国共产党领导的新民主主义革命,这些都是中国近代史上的重大事件。

在进行本专题教学设计时要注意的方面是,囿于课时,注意教学环节设计紧凑,对历史过程等初中已经学习得比较好的知识点,不必做过多拓展,重在选择恰当的学习资源,探究其历史影响。

4.现代中国的政治建设与祖国统一

本专题在教学设计时考虑的主要线索是民主、法制、统一。通过对这三条线索发展过程的清晰设计,不但让学生掌握中国现代史上的重要政治制度等史实,而且学会反思历史,总结历史经验和教训,理性看待当今的一些政治现象。

5.现代中国的对外关系

外交是国家政治活动的重要组成部分,本专题的主线索非常清晰,包括中国现代史上的重要外交活动、外交政策、外交成就。通过学习,理解我国由于实行正确的外交

政策,提升了中国的国际地位,为维护世界和平、创建社会主义建设的良好国际环境作出了艰苦的努力。

本专题教学设计应注意联系国际国内时代背景知识,高屋建瓴地设计教学环节,由于学生对外交史内容普遍学习兴趣较大,因此,通过一些生动具体的细节学习,对于帮助学生加深对现代中国的认识、提升民族自豪感,具有特别的教育意义。

6.古代希腊罗马的政治制度

高中历史课程内容选择的都是人类社会发展过程中最具影响力的重大历史事件、历史现象与著名的历史人物。这些内容既体现了人类文明的演进过程,同时也涵盖了在人类文明演进过程中所形成的具有现实意义的价值观念与道德准则,使学生学习之后能够内化成自身的经验,形成良好的世界观、人生观。因此,在本专题教学设计中,不需要过多渲染古代希腊、罗马历史知识,而是强调古希腊的民主和古罗马的法治形成过程中的主要史实,理解其对世界政治文明的深远影响,有利于培养学生的现代公民素养。

7.欧美资产阶级代议制的确立与发展

代议制是欧美进入近代社会以后的重大历史变革,经过了曲折反复的历史进程,当然,由于各国的具体情况不同,又呈现出不同的模式,因此,这对本专题的教学设计提供三点建议:

首先,突出各国代议制形成过程中的主要史实,通过相关文件的解析,深入理解各国政治制度的情况。

其次,注意不同国家代议制形式、权力分配方式的比较,明确在实质不变的前提下,各国由于自身情况的不同,采用了不同形式,但是,只要促进了本国的社会发展,为世界文明作出贡献,就应该予以肯定。

最后,从世界政治文明发展的方向,充分认识资产阶级代议制在西方政治发展中的作用,以及对世界政治文明产生的深远影响,从而对文明之间的相互影响的历史观形成正确认识。

8.从科学社会主义理论到社会主义制度的建立

科学社会主义理论是产生于19世纪的一种重要政治理论,该理论及其影响下产生的一系列政治事件,在世界近现代历史上产生了极大影响,因此,要帮助学生完整掌握世界政治发展进程,需要对此内容进行精心设计。

客观来说,学生对科学社会主义往往看似熟悉而实则陌生。一方面,学生在日常生活中经常看到马克思主义、社会主义等词语,另一方面,由于社会原因等因素的影响,学生对科学社会主义的内涵缺乏理解,尤其是从历史发展的角度,对这些问题的认识不够。科学社会主义产生的历史背景是什么?如何从《共产党宣言》的文本学习马克思主义的基本内容?马克思主义有什么重要意义?马克思主义有哪些重要实践?等等。因此,进行本专题设计时,应该秉承历史主义的原则,选取适当的学习资源,让学生学会客观认识评价马克思主义的产生、发展,正确看待其实践过程中的成绩与不足,并联系现实,用发展的眼光看待马克思主义、社会主义的未来。

9.当今世界政治格局的多极化趋势

20世纪中叶以前,欧洲始终处在国际关系总体格局的核心位置,然而,随着雅尔塔体系形成,欧洲的核心地位逐渐淡化并被美苏取代。20世纪末,雅尔塔体系瓦解,世界进入多元竞争的多极化时代。

本专题主要内容包括:美苏两极格局的形成;美苏"冷战"对战后国际关系发展的影响;世界多极化趋势在曲折中的发展;多极化趋势对世界历史发展的影响。

教学设计中注意宏观与微观相结合。一方面,从大处着眼,抓住两极到多极这条国际格局变化的主线索。另一方面,从小处着手,结合学生初中学习过的有关内容,选取形式多样的学习资源,对雅尔塔体系、杜鲁门主义、马歇尔计划、北约与华约、欧共体、日本崛起、不结盟运动、中国的发展与在国际舞台上的作用等史实进行分析,进而提高学生处理历史信息的能力和从历史角度观察、理解国际关系的能力。

二、政治史教学设计的基本策略

(一)突出模块主题

必修(Ⅰ)的主题就是人类社会政治领域发展进程中的重要内容,通过相关重要的政治制度、政治事件、政治人物的学习,培养学生的基本政治素养。因此,在进行本模块教学设计时,应时刻运用这条主线进行审视,在选取学习资源时,对那些与模块主题关系不大或者没有关系的内容,可以进行大胆删减。

【案例5-8】《代议制的确立和完善》(人民版)情景导入课堂实录:

师:大家看过这个笑话么?(屏幕出示文字材料)

一个青年人问禅师,"我很富有,却不开心。我该怎么办呢?"禅师答曰:"何谓'富有'?"年轻人回答说,"我有千百万的银行存款,在北京中心城区有三套房子。这可以称为富有了吧?"禅师默然、握住青年人的手。青年醍醐灌顶似的顿悟道:"大师,您是想告诉我,我应该心存感恩,回报他人吗?"禅师说,"不是……我是想说,土豪,我们可以做朋友吗?"

生:(全部笑起来)

师:(出示2014年第39届八国集团首脑会议合影照片)同学们,你认识这些土豪么?

生:奥巴马、普京,其他的不认识。

师:这些是美国、英国、法国、德国、意大利、加拿大、日本和俄罗斯的国家领导人,他们2013年6月在英国北爱尔兰开会,因为刚好八个国家,所以叫八国首脑会议。这些国家实力强大,就像最近流行的网络词语土豪一样。你知道他们是怎样变成土豪的么?

生甲:不知道。

生乙:发展经济。

生丙:百年大计,教育为本。

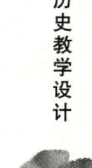

师：我们今天来了解一下这个问题吧，请大家打开课本，翻到《代议制的确立和发展》一课。

【案例评析】 好的情景导入有利于学生对课堂学习内容充满期待、有所了解，但是，必须围绕主题进行设计，这里的主题，既包括该课的学习主题，更应该在模块主题的指导下进行。既然必修（Ⅰ）的学习主题是政治文明史，代议制又是西方近代民主制度建立的重要内容，作为"专题七西方民主政治的确立和发展"的第一课，情景导入设计最好围绕"民主"进行。但是，上述案例却违背了基本设计原则，至少有如下不足：

第一，哗众取宠。新课程强调历史学习要联系社会与学生生活，表面看来，案例中的笑话和图片是这样做，而且课堂气氛很活跃，但是，从历史课堂学习出发，笑话资料与本课学习无关，纯属为了取悦学生而不符合历史学习需要。

第二，偏离模块主题。必修（Ⅰ）的学习主题是政治文明，但是，教师的问题指向不明，"你知道他们是怎样变成土豪的么？"国家综合实力强大的原因是多方面的，而且，这张图片的时间背景是2013年，学生无法从这个空泛的问题去思考英国代议制的确立和发展。

第三，疏离该课主旨。本课的学习内容主要是：了解《权利法案》制定和责任制内阁形成的史实，理解英国资产阶级君主立宪制的特点。然而，案例设计没有与此建立联系。

（二）掌握重要概念

重要概念就像知识网络上的一个个点，正是通过把这些点进行纵向、横向的立体序列化，才能建构学科知识体系。必修（Ⅰ）既然是政治史，其中必然有很多政治概念，例如：分封制、宗法制、三省六部制、内阁制等政治制度等等。在教学设计中，对这些概念的学习不能停留在简单的词语识记上，应该设计相应的学习环节，帮助学生准确、牢固、系统地理解这些概念，从而达到较好的模块学习目标。

一般来说，常见的方式有以下两种：

第一，名词解释法。

对一些专门词语，可以用准确、规范的语言对概念进行解释，然后以此指导后续学习。例如，专制主义中央集权制度、马克思主义、科学社会主义，等等。

第二，分析综合法。

通过对学过的历史现象、历史事件进行分析综合，从中揭示出本质规律、本质特征，进而形成历史概念，其实也就是一个感知历史——形成概念的认识过程。例如，民族区域自治制度。

第三，归类比较法。

历史发展既有相似性，又有特殊性，因此，有必要把两个或者两个以上的历史事件、历史现象进行比较，分析其异同点。一般有两种情况：一是性质相同而特点不同，通过比较来明确其历史特点，并探究形成这个特点的原因。例如，比较英国和美国代议制。二是表象似是而非而实质迥异，通过比较明确其实质。例如，中国明朝内阁与英国内阁制；君主制、君主专制、君主立宪制。

【案例 5-9】《明清君主专制的加强》(人教版)教学设计片段:①

(通过学思之窗理解宰相制与内阁制的区别,使学生更好地理解内阁制)

【学思之窗】 有的学者以张居正为例,认为明朝的内阁首辅是宰相,你认为这种看法对吗?

同时给出一段史料:

(明朝)国家并未正式与阁臣以大权,阁臣之弄权者,皆不免以不光明手段得之。此乃"权臣",非"大臣"。故虽如张居正之循名责实,起衰振弊,为明代有数能臣,而不能逃众议。

——钱穆《国史大纲》

思考:宰相制与内阁制有何区别?

(宰相制,宰相被制度赋予决策大权,其地位十分巩固。而内阁大学士大权在握的现象发生,但其权力并不来自于制度及其职位,而来自于最高统治者的个人支持与信任。他们一旦失宠,其地位便会一落千丈。因此,尽管有人认为明代的首辅即变相重设的宰相,但其权力与前代宰相已不可同日而语,更谈不上制约皇权。可见,内阁制不同于宰相制,内阁制是君主专制强化的产物,根本不可能真正制约皇权)

【案例评析】 废除宰相制是《明清君主专制的加强》一课的重要内容,也是作者预设的学习难点,为了帮助学生理解宰相制,上述案例片段中材料解析和比较分析的方法,让学生不但掌握明代君主专制加强的史实,而且对学习中可能出现的误区进行辨析,从而有助于形成明清时期我国君主专制中央集权制度进一步加强的知识掌握。

(三)抓住主要线索

在模块式教学的新要求下,教学设计应该跳出传统教学中常见的求大求全地讲授历史事件的做法,抓住主要线索设计教学,有助于明确学习主题,避免芜杂。这里所说的主要线索,既包括必修(Ⅰ)的主线,也包括课时学习主线。

关于必修(Ⅰ)的主线,课程标准明确指出,"从专制到民主,从人治到法治是人类社会一个漫长而艰难的历史过程"。围绕这条主线,一共安排了九个学习专题。

中国史部分大致依照时间顺序,选取了如下突出内容:古代中国政治制度;列强武装侵略与中国人民的反抗斗争;近代中国的民主革命;现代中国的内政外交。

世界历史方面选择的内容是:古代希腊罗马的政治制度;欧美资产阶级代议制的确立与发展;从科学社会主义理论到社会主义制度的建立;当今世界政治格局的多极化趋势。

【问题探究】 任选必修(Ⅰ)某一专题,说明教学设计如何突出教主线?

---

① 李庆忠,唐凌.高中历史课程实施与案例解析.桂林:广西师范大学出版社.2007:179—180.

【案例5-10】 《民族国家的统一之路》(岳麓版)教学设计片段:[1]

【学习新课】 学生看书,教师展示问题:

(1)德国为什么要统一?你从德国的统一之路看出德国与其他几个国家有何不同?

(2)统一后的德国是怎样的政体?比较德意志帝国宪法和法国1875年宪法,国家元首、政府首脑、议会各自拥有的权力如何?

(3)为什么德国保持了浓厚的军国主义传统?希特勒为什么会有那么多人拥护和支持?

(经过15分钟的看书及小组讨论,教师组织学生进行全班讨论)

【课堂探究练习】 师:同学们,下面我们来做一个学习与探究题:

在欧美各国一一走上资本主义发展道路的同时,19世纪末20世纪初的中国,专制的清王朝已极度腐朽。有识之士都认识到中国已走到历史的转折点上,这时清朝派出了由亲王载泽为首的考察团到欧美考察政治制度,想仿效西方进行政治改革,一行人中有清朝官员、清朝早期的留学生、有新思想的学者,他们满怀着期待……

假如你是他们中的一员,考察完英美法德四国后,你认为中国可以学习哪一个国家的政治制度?理由是什么?

【案例评析】 课程标准对本课的学习规定是:知道《德意志帝国宪法》的主要内容,比较德意志帝国君主立宪制与法国共和制的异同。设计者让学生阅读教材时思考的几个问题,实际涉及德国政体的前提、内容、影响,紧紧围绕本课学习主线,并通过"比较德意志帝国宪法和法国1875年宪法,国家元首、政府首脑、议会各自拥有的权力如何?"使学生加深对两国政体特点的理解。

尤为值得肯定的是,设计者在课堂探究练习部分的精心设计,通过有史可查的背景资料,让学生思考当时的中国可以学习英美法德四国中哪一个国家的政治制度,不但呼应了本单元的学习主线"近代西方资本主义政体的建立",而且呼应了必修(Ⅰ)的学习主线"从专制到民主,从人治到法治",让学生通过思考、讨论,明确了专制主义、军国主义是人类文明进步的大敌,整体脉络非常清晰。

(四)用文明史观指导教学设计

文明史观,通常被称为文明史研究范式,是研究历史的一种理论模式。文明史观认为,一部人类社会发展史,从本质上说就是人类文明演进的历史。由于经验主义错误,导致部分教师在进行政治史教学设计时对文明史观的重视不够,事实上,人类文明史既包括思想文化艺术文明,也包括政治文明和经济文明,三者共同组成整个人类社会文明,因此,有必要强调文明史观在必修(Ⅰ)教学设计中的重要性。

历史课程标准要求,学生"树立为社会主义政治文明建设而奋斗的人生理想"。围绕"政治文明"这个核心词,必修(Ⅰ)选择内容注意了对认识现在社会有重要意义,传递民主、法治等概念,特别突出了制度文明,包括中国古代政治制度的演进、古代雅典罗马民

---

[1] 李庆忠,唐凌.高中历史课程实施与案例解析.桂林:广西师范大学出版社.2007:186-190.

主法制的发展,全面阐述了两种政治制度发展的历程,肯定了资产阶级代议制的发展和历史地位,对新中国的政治文明成就和具有中国特色的民主政治体系也做了充分反映。

政治文明建设的核心是制度创新,课标和教科书从文明史角度客观叙述了中国古代政治制度的演进、雅典民主制的发展,全面阐述了两种政治制度发展的历程。从英国渐进的制度创新、美国政治新体制的完备、法国共和制的曲折历程、德意志帝国宪法的制定等方面,阐释了资产阶级代议制的发展和历史地位。对新中国成立以后,在政治文明方面的成就和具有中国特色的民主政治体系也做了充分反映。

在对中西政治文明发展过程的把握上,教材传递出的则是不同文明在相互交融与借鉴中发展的观念,承认文明的多元性,不同文明从自身实际出发,探索解决政治问题的方式,共同为世界文明作出贡献。古代中国的选官制度、社会制度有值得肯定的方面,而西方的民主制度则对近现代世界历史发生极大影响。

【案例 5-11】《古代希腊民主政治》(人教版)教学实录片段[①]:

(教师引导学生阅读教材,列举雅典民主政治演变的过程。并回顾第一单元"古代中国的政治制度",列举中国早期政治制度的演变过程。然后,分别让学生用模拟身份的方式演示雅典公民大会和陪审委员会、中国古代的分封制和宗法制)

师:(展示"雅典民主行政图示"和"西周行政图示",如下)

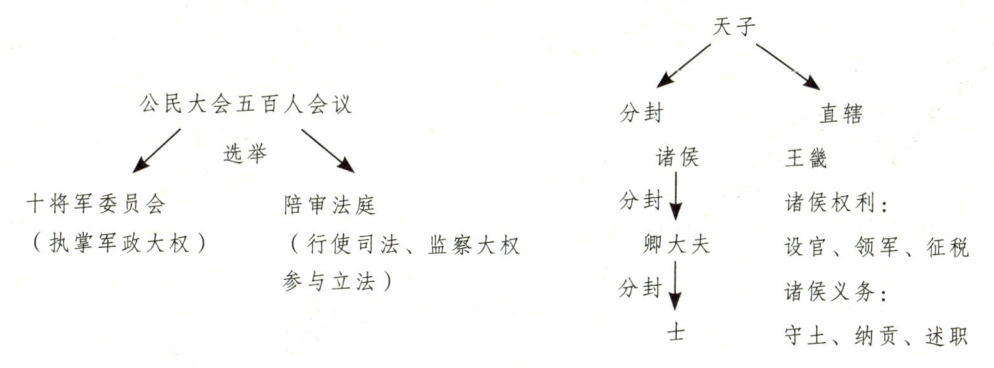

```
公民大会五百人会议                          天子
        ↓                               ↙    ↘
       选举                            分封    直辖
    ↙       ↘                          ↓      ↓
十将军委员会   陪审法庭                  诸侯    王畿
(执掌军政大权)(行使司法、监察大权      分封    诸侯权利:
              参与立法)                 ↓      设官、领军、征税
                                       卿大夫   诸侯义务:
                                       分封    守土、纳贡、述职
                                       ↓
                                       士
```

师:同学们,古代中国和古代雅典政治制度呈现出很大的不同,它们各自的特点是什么呢?

生:中国是专制政治,雅典是民主政治。

师:对。中国的君主政体,具有终身制、世袭制、君主专权、个人独裁的特点;雅典的民主政体,具有选举制、任期制、人民主权、集体领导的特点。

生:老师,为什么古代中国和古代雅典的政治制度会呈现出这样不同的特点呢?

师:问得好!下面我们一起来对比"古希腊主要城邦分布图"和"西周分封示意图",不同的自然地理对它们各自的政治制度会产生怎样不同的影响?

【案例评析】 这个教学片段给人耳目一新的感觉,充分体现出文明史观的基本观点。通过中西古代政治文明成果的融合、比较,让学生对古代中国和古代雅典的政治制度主要内容、特点、形成原因产生结构性的认识,整合了原本孤立的两个部分知识,有利于建构知识体系。

[①] 齐健.走进高中历史教学现场.北京:首都师范大学出版社.2012.6:133-134

第三节 经济与社会生活史专题教学设计

一、经济与社会生活史内容概述

(一)模块目标

经济活动和社会生活是人类活动的基础,人类的社会生产或经济活动总是与一个社会中的经济制度、经济活动参与者的积极性以及经济活动的效益有着十分密切的关系,因此,要把握某一历史时期社会经济活动的本质,必须从这三个方面出发,充分感受其丰富多彩的内容。

同时,还要引导学生思考,人类经济活动的直接目的和根本目的分别是什么?既要看到经济活动最大限度地创造了社会财富,又要看到,为了推动社会全面发展,实现最大限度的公平,经济与政治、思想文化之间的密切联系,经济活动不能迷失道德方向,分清主观目的和客观结果,培养崇高的文化追求和社会和谐发展的历史责任感。

必修(Ⅱ)主要学习人类社会经济和社会生活领域发展进程中的重要内容,课程标准表述学习目标为:"通过学习,了解历史上中外经济发展和社会生活变迁的基本史实;学会搜集、整理和运用人类经济活动和社会生活方面的相关资料,理解历史上不同国家与地区的社会经济发展模式,并对其做出科学的评价与解释;进一步认识我国的基本国情和世界经济发展趋势,培养为我国社会主义现代化建设而奋斗的社会责任感。"

为了方便与课堂教学设计三维目标对应,也可以这样理解:

知识与能力:

1.了解历史上中外经济发展和社会生活变迁的基本史实。

2.理解历史上不同国家与地区的社会经济发展模式,并对其做出科学的评价与解释。

过程与方法:

了解历史上中外经济发展和社会生活变迁的基本史实

情感态度与价值观:

理解历史上不同国家与地区的社会经济发展模式,并对其做出科学的评价与解释。

通过三维目标,进而赋予了经济史教学的公民教育价值,经济史和社会生活史不仅是政治史和文化史的基础,其本身也具有独特的教育价值。

(二)知识结构

必修(Ⅱ)的知识框架是通过八个学习专题来建构的。每个专题反映了一个历史时期某个国家、区域或某一类社会形态中经济发展的基本要素和特点,从历史角度来了解一种经济制度或经济现象的缘起、发展、变迁及其历史影响,在古今相通、中外相联的视角里汲取历史的经验教训,更好地展望中国和世界经济的发展趋势,懂得经济活动当以人为本的道德诉求,更好地理解科技与生活的人文情怀。

必修(Ⅱ)有8个学习专题:

1. 古代中国经济的基本结构与特点
2. 近代中国经济结构的变动与资本主义的曲折发展
3. 中国特色社会主义建设的道路
4. 中国近现代社会生活的变迁
5. 新航路的开辟、殖民扩张与资本主义世界市场的形成和发展
6. 罗斯福新政与资本主义运行机制的调节
7. 苏联社会主义建设的经验与教训
8. 当今世界经济的全球化趋势

8个专题中,中国史、世界史各占4个专题,分别介绍影响中国、影响世界的经济内容,其中,有必要引起关注的是,中国史部分增加了近现代社会生活的变迁,这是以前高中历史课程中没有专门学习的新内容,而世界史部分则客观呈现了资本主义和社会主义两种社会制度下经济运行的内容。

(三)教学设计知识要点

为了在教学设计中有的放矢,把握专题知识要点,现按照课程标准顺序,分别概要介绍8个专题的主要知识脉络,并从教学设计角度给出建议。

1. 古代中国经济的基本结构与特点

本专题主要分为两个部分内容,即:中国古代主要经济行业的发展和主要经济政策。

在对主要行业发展的知识把握方面,除了农业方面强调掌握主要耕作方式和土地制度之外,手工业和商业的发展都只需要掌握基本史实,从而把教学设计重心转移到总结行业发展特点上面去。

在经济政策学习中,主要强调"重农抑商"和"海禁",分别从对内和对外两个方面解读对中国古代经济发生的影响。

2. 近代中国经济结构的变动与资本主义的曲折发展

鸦片战争对中国近代社会的经济影响,主要表现在由此产生的经济结构变动。本专题教学设计有必要给学生辨析中国民族工业和资本主义两个词语,以必修(Ⅰ)中的列强侵略导致中国半殖民地半封建社会开始、加深、形成、结束为背景,理解中国资本主义产生的历史背景及其曲折发展的过程,辩证看待资本主义在中国近代历史发展进程中的地位和作用。

3. 中国特色社会主义建设的道路

作为中国历史上一个全新的经济现象,社会主义经济发展走过了一条艰难曲折的道路,其中既有正面经验又有反面教训,为了帮助学生了解现代社会经济发展,在内容

选取上应该把重心往后移,围绕"中国特色社会主义建设道路",深度剖析我国怎么走上这条道路、中国特色社会主义道路的主要经济内涵是什么,从而深刻认识其对我国社会主义现代化建设的意义。

由于本专题内容比较贴近现实,因此,在教学设计可以设计一些调查活动,让学生通过调查身边的经济现象、收集经济数据、了解人们的经济观念变化情况,加深对专题内容的理解。

4.中国近现代社会生活的变迁

本专题主要通过近代以来人们物质生活和社会习俗变化的学习,探讨变化的历史因素。了解近代以来的交通、通讯工具、报刊、影视、互联网等现象,探讨这些现象对社会生活的影响。由此,教学设计应该注意贴近社会,突出人文色彩,采用多样的学习资源。

在对本专题进行教学设计时,教师应该有所准备的是,由于这个专题内容学生很感兴趣,容易营造活跃的课堂气氛,但是,课堂也因此可能出现失控现象,师生可能被有趣的历史现象吸引,而忽略把感性认识上升为理性认识,探讨这些现象背后深藏的历史原因,以及对社会生活的影响。

5.新航路的开辟、殖民扩张与资本主义世界市场的形成和发展

从经济意义来说,新航路开辟后,世界各大洲才真正联结在一起,所以,本专题内容把握上应该把"联结"作为核心词,探讨新航路开辟与世界市场形成的意义,辩证评价资本主义列强在建立世界市场过程中的殖民扩张与掠夺的手段,充分肯定两次工业革命对世界市场发展带来的影响。

进行教学设计时,一方面要充分肯定世界市场形成对人类社会经济带来的深远影响,另一方面,也要说明世界市场的作用在各个国家和地区的表现不相同,当人类因此进入近代社会时,有的地区获利颇丰,有的地区却付出了血的代价。

6.罗斯福新政与资本主义运行机制的调节

罗斯福新政是初中历史学过的内容,因此,在教学设计中,应注意避免重复,对1929—1933年资本主义世界经济危机爆发的原因、特点和影响,以及罗斯福新政的主要内容,只需要有所了解即可,关键是如何认识罗斯福新政的特点,它的成功实践,在资本主义自我调节机制形成中具有哪些积极意义?进而推及到二战后主要资本主义国家的经济发展,从国家干预、福利国家、第三产业和新经济等方面引导学生归纳总结当代资本主义的新变化。

7.苏联社会主义建设的经验与教训

作为在20世纪存在了半个多世纪的国家,苏联极大地影响了世界历史舞台,从经济层面来说,总结其经验教训有利于帮助学生正确认识社会主义制度。

具体来说,主要内容包括:战时共产主义政策向新经济政策转变,是俄国国内战争后苏维埃政权的必然选择。高度集中的斯大林模式成为制约苏联经济持续发展的主

要原因,虽然苏联历任领导人试图对此进行改革,但是,都未能从根本实现变革,从而导致苏联陷入经济泥潭,最终走向解体,这为我们认识社会主义改革的复杂性、艰巨性和曲折性,提供了难得的历史素材。

8.当今世界经济的全球化趋势

经济全球化和政治多极化是当今世界的两大特点,进行本专题设计要考虑的主要问题有:二战后美国为主导的资本主义世界经济体系形成,对世界经济有哪些影响?如何认识世界经济全球化与区域集团化之间的关系?世界贸易组织在全球化进程中有什么作用?全球化进程中出现了哪些问题?应该如何解决?中国如何在全球化背景中促进自身经济发展?

在解答上述问题时,应充分调动学生的知识储存,把二战后国际格局变化、欧洲兴起等知识作为背景资料,对政治和经济之间相互影响的关系形成认识,并联系中国现代史有关内容,形成整体知识体系。

【问题探究】 请分析"古代中国经济的基本结构与特点"专题在中国古代经济史学习中的地位。

二、经济与社会生活史教学设计的基本策略

(一)突出模块主题

课程标准对经济史的地位给予了充分肯定:"在人类发展进程中,经济活动是人类赖以生存和发展的基础,它与社会生活息息相关,并在社会政治、文化的发展中起决定作用。"学习必修(Ⅱ),要求学生能"了解自古以来中外经济发展和社会生活的变迁,以及人类为发展社会经济、改善生活所做的努力,进一步加深对人类社会发展进程中经济和社会生活领域的认识"。同时,加强经济史的教学设计,对于帮助学生认识我国当前的社会主义现代化建设,初步认识一些世界经济现象,具有特别重要的现实意义。

【案例 5-12】 《精耕细作农业生产模式的形成》(岳麓版)教学目标的拟定:[①]
一、教材分析
本课是岳麓版高中历史必修教材(Ⅱ)第 1 单元"中国古代的农业经济"的第 1 课。《高中历史课程标准》对本课的要求是:"知道古代中国农业的主要耕作方式和土地制度,了解古代中国农业经济的基本特点。"本课所涉及的是古代中国农业的主要耕作方式,是了解古代中国农业经济基本特点的重要方面。

我国大陆得天独厚的自然条件和地理环境,孕育了中华民族以农耕为主的经济形态。自古以来我国就是农业大国。古代中国的传统农业是典型的精耕细作农业。这种以一家一户为经营单位,在小块土地上耕作,高投入的个体小生产农业,自然经济色彩浓厚。

[①] 李庆忠,唐凌.高中历史课程实施与案例解析.桂林:广西师范大学出版社.2007:205—206.

重点：中国古代农业耕作方式的主要特点

难点：小农经济的特点

二、教学目标

1.知识与能力

了解古代农业体系所包含的主要内容；知道最早的农耕区域、主要农作物名称、古代主要农具、重要水利设施等；初步理解我国古代各地区各民族人民在长期的农业生产实践中形成的多元交汇的农业体系；掌握"精耕细作"的含义。

2.过程与方法

了解古代文物资料和相关图片的价值，及其与文字材料相印证的关系；通过有关图片的讲解与感知，认识是古代劳动人民以杰出的创造才能和智慧推动了生产力的发展。

3.情感态度与价值观

通过学习，了解我国古代农业经济的基本特点，认识以"多元交汇"和"精耕细作"为主要特点的我国古代农业文明在世界农业文明史上的地位和影响。

【案例评析】《精耕细作农业生产模式的形成》是必修（Ⅱ）的第一课，恰当的教学目标设计和实践，会对学生必修（Ⅱ）学习起到示范作用。首先，设计者在课程标准指导下进行教材分析，明确了本课的学习主线，由此确定了教学重点和教学难点。其次，三维目标制定符合必修（Ⅱ）学习要求。知识与能力目标，细分为四个方面。既有具体知识列举，又通过"了解""知道""初步理解""掌握"这几个词语的表述，使目标有所侧重、具体可行。过程与方法目标，设计学习必修（Ⅱ）经常运用的文物资料、图片、文字相互印证的基本学习方法，并提出了"生产力"这个必修（Ⅱ）学习中的常见词语，明确在人类经济发展过程中，劳动人民发挥的重要作用。情感态度与价值观，突出我国古代农业文明在世界农业文明史上的地位和影响，有利于培养学生的民族情感。

【异域采风】《罗斯福新政》教学设计片段：[①]

教学目标

1.学生将能够识别和描述新政。

2.学生将能够评估新政对经济的影响。

3.学生将展示对"3R"（救济、复兴、改革）的理解。

学习资源

一组关于新政的照片（第一手材料）及学习任务；《新政疗伤》政治漫画（第一手材料）

学习活动

1.热身：在经济危机中政府如何帮助人们？可能有哪些政策或计划？

2.讨论：评论百日新政中的"3R"。

（1）救济——迅速提供基本的生活必需品，包括食物、日用品、金钱等。

[①] 何成刚等.国外历史教学案例译介.北京：北京师范大学出版社.2013：158—159.

(2) 复兴——政策或计划的首要目标是促进美国经济的复兴。
(3) 改革——政策或计划的首要目标是确保大萧条不再发生。
3. 阅读——将全班分为六个小组,并分别完成一项学习任务。
4. 展示——每个小组简要介绍各自完成的学习活动。
5. 观察——合作完成对《新政疗伤》漫画的练习。
6. 评论——新政的成功之处;新政对今天的影响;新政存在的问题。
7. 总结——政府在经济危机中应该扮演什么角色?

评价活动
形成性评价:
口头回答——学生口头回答教师的提问,并进行小组展示。
书面回答——学生回答对新政的评估,以及对《新政疗伤》漫画的观察。

(二) 采用计量史学方法

计量历史学出现于第二次世界大战后,史学、统计学和数学相结合而形成的一门新学科,通过运用数学方法对历史资料进行定量分析,进而得出客观、公正的历史结论。这是研究经济史的常用方法,在教学设计中,通过各种数据构成的科学性、系统性材料,锻炼学生依据史实辨析、理解、运用史料的能力。但是,由于部分学生不会读图表,抓不住主要信息,不能将图表信息转化为文字信息,加上对数据的处理方式不正确,只能对所给的数据进行计算,把握不住数据所反映的本质和总体发展趋势,故一定程度上影响了必修(Ⅱ)的学习效果,需要教师在教学设计和实践中予以关注。

【案例 5-13】 某老师《伟大的历史性转折》(人民版)教学设计片段:

三、改革的成效如何?

材料 《国民经济和社会发展总量与速度指标》统计表

指标	总量指标 1978年	总量指标 2008年	平均增长速度(%)
国民总收入(亿元)	3645.2	302853.4	9.8
国内生产总值(亿吨)	3645.2	300670.0	9.8
农林牧渔业总产值(亿元)	1397.0	58002.2	6.1
城镇居民人均可支配收入(元)	343	15781	7.2
农村居民人均纯收入(元)	134	4761	7.1

备注:统计指标均按可比价格计算。

——摘自中华人民共和国国家统计局编《中国统计年鉴2009》

探究:从上表统计数据的变化趋势中,你得出什么结论?结合本课学习内容,你对促进经济发展有什么理性思考?

【案例评析】 课程标准对本课的要求是:了解中共第十一届三中全会有关改革开放决策的内容,认识其对我国开创社会主义现代化建设新局面的历史意义。讲述家庭联产承包责任制和国有企业改革的主要内容,认识改革与社会发展的关系。概述我国创办经济特区、兴办经济技术开发区、开辟沿海经济开放区和开发开放上海浦东的史实,分析我国对外开放格局初步形成的特点。

其中的多数目标可以通过文字资料或者图片资料解析完成,但是,如何达成"认识改革与社会发展的关系"要求?案例设计者采用了计量史学方法,采用数据来自于国家统计局,权威、可信,通过具体数据,有利于学生形象、直观地得出结论,避免了主观色彩,其结论更让学生信服。

(三)介绍必要的经济学常识

必修(Ⅱ)涉及很多经济学概念,需要加以讲解或者设计有效的学习环节,帮助学生学好经济史。

【案例 5-14】 《战后资本主义世界经济体系的形成》(岳麓版)案例:如何理解"固定汇率制"?[①]

岳麓版必修(Ⅱ)《经济成长历程》的《战后资本主义世界经济体系的形成》一课,课文主要说明了战后美国通过建立以美元为中心的国际货币金融体系、国际贸易体系,以及国际货币基金组织、国际复兴开发银行、关税和贸易总协定三大支柱,建立起以美国为中心的资本主义世界经济体系。其中,美国为什么要规定"固定汇率制"呢?这是美国经济霸主地位确立的关键和突出表现。布雷顿森林体系规定,美元与黄金挂钩,1盎司黄金=35美元的官定价格,每一美元的含金量为0.888671克黄金,以黄金为价值基础,各国政府或中央银行可用美元按官价向美国兑换黄金,即美元黄金本位制。布雷顿森林体系同时规定,其他国家的货币与美元挂钩。把美元的含金量作为各国规定货币平价的标准,各国货币与美元的汇率可按各国货币含金量与美元含金量之比来确定,这称为法定汇率。例如,1946年一英镑的含金量为3.58134克,一美元的含金量为0.888671克,则英镑和美元的含金量之比1英镑=4.03美元就是法定汇率。这样美元就取得了高于其他货币的地位,"各个行星围绕着太阳转,各国货币转绕着美元转"。

由于美元与黄金挂钩,享有特殊地位,美国可以利用美元负债来弥补其国际收支赤字,从而使持有美元储备的国家的实际资产资源向美国转移。可以通过发行纸币而不动用黄金进行对外支付和资本输出,有利于美国的对外扩张和掠夺。这就极大地加强了美国对世界经济的影响。

【案例评析】 理解"固定汇率制",是对第二次世界大战后美国建立经济中心地位理解的关键经济知识,通过案例设计中的专业介绍,让学生联系必修(Ⅰ)明确战后美国一家独大的经济地位,从而为理解20世纪70年代后布雷顿森林体系解体,有人会说布雷顿森林体系"死而不僵"。另外,掌握固定汇率制,也可以让学生对现代社会中的货币升值等经济现象深刻认识和理解。

---

①何成刚等.历史教学设计.上海:华东师范大学出版社.2009:126.

(四)从社会史观角度进行设计

社会史观主要指从社会的角度观察历史,着重研究历史的结构和进程,是高中历史新课程中采用的新史观。

经济史实质上是物质文明史,而物质文明包括物质生产和物质生活两个层面。长期以来,我国的经济史教学,只讲物质生产史,不讲物质生活史。课程标准明确将社会生活史纳入经济史领域,指出经济活动与"社会生活息息相关",要求学生了解"社会生活的变迁",了解人类为"改善生活所做出的努力"。基于这一理念,课标在经济史模块中设置了"中国近现代社会生活的变迁"专题,在教学活动建议中一再提示活动要"结合生活实际"。

【案例5-1】 《物质生活和社会习俗的变迁》(人民版)教学过程设计:

阶段目标	教师活动	学生活动	媒体运用
导入	播放小品 提问切入课题:从这段小品中感受到什么?	看录像思考问题。 生:感受到中国老百姓的物质生活和生活习惯在改革开放前后发生了巨大变化。	播放视频
展示一: 服饰的变迁 (一)近代(鸦片战争后——新中国成立) ①代表性服饰 ②阶段特征 ③分析服饰的变化原因 (二)现代 1.代表性服饰 ①阶段特征 ②原因	图片展示代表性服饰: 男装:西装中山装、长袍马褂 女装:旗袍、上衣下裙 引导学生归纳得出:中西合璧,不土不洋,新旧并存 教师总结:西方资本主义入侵及其影响;国内资产阶级政治运动的影响;民主、自由、平等思想的传播;穿着舒适度和实用度。 引导学生分组讨论概括: 第一阶段:新中国成立后——十一届三中全会前 a代表性服饰:中山装、列宁装、连衣裙;军装、干部服 b阶段特征:强烈的政治色彩,朴素单一 第二阶段:十一届三中全会至今 ①代表性服饰:异彩纷呈 ②阶段特征:个性、大方、多样、时尚 引导学生多角度分析得出: 改革开放,思想解放; 社会生产力的发展; 人们生活水平的提高; 审美观的变化、外来影响。	仔细观察图片,概括服饰的变化特征,分析服饰的变化原因 分组讨论:服饰特征和原因 看ppt,并做相关知识记录 看ppt,尝试说说	幻灯片展示多媒体

(续表)

阶段目标	教师活动	学生活动	媒体运用
展示二:饮食文化的变迁: 1.中餐:八大菜系 2.西餐的传入 3.中西餐区别	出示文字和图片资料,包括中餐八大菜系、主要西餐菜品、票证时代、"菜篮子工程" 布置分组探究问题:中西餐饮食文化的主要区别有哪些?西餐传入中国对中国有什么影响?20世纪50—80年代,国家为什么要发放财物票证?导致当今中国产品丰富的主要原因是什么? 教师对学生的回答进行小结: 烹任方式、食品种类、就餐环境、礼节要求存在明显;中餐追求美味;西餐讲究营养 教师总结:我国生产力发展缓慢,物资匮乏,当时实行计划经济管理体制。 十一届三中全会后,坚持以经济建设为中心,实行改革开放,生产力发展迅速。 中国共产党的正确领导。	学生阅读分析资料,分组回答	幻灯片展示多媒体
展示三:住房的变迁	出示文字和图片资料,包括近代中国建筑(传统民居、西方建筑),及其屋内主要家具;安居工程新闻报道视频 设置探究问题: 合作探究一:近代以来我国人民居住条件变化呈什么趋势? 合作探究二:西方传统建筑有什么文化特点? 总结设问:新与旧、中与西这两对矛盾的复杂交织构成了中国近代建筑的特殊面貌。这种"新"却不是从中国传统建筑的内部自然地演化出来的,而是随着列强的刺刀从外部强加在中国土地上的。与中国传统的庭院式平面布局的住房结构不同,西方的独院式的洋房、里弄住宅更加多元化,而且设计科学合理,房间布置灵活,视野开阔。因此,能被当地的居民和富商接受。	个别提问回答问题 从传统建筑内向、封闭到新旧结合、中西合璧的外向和开放发展 西方传统建筑注重反映宗教文化,特点:直率敞朗,和盘托出,整齐划一,均衡对称。西方建筑文化以外向和开放著称。	幻灯片展示多媒体
展示四:习俗风尚的变革	展示文字及图片资料,包括缠足、剪辫子、包办婚姻 设问:近代以来,中国有哪些社会习俗的变化? 小结:婚姻习俗,断发易服,废止缠足,其他社交礼仪、丧葬等习俗 设问:我国习俗发生变迁的历史原因有哪些? 小结:不适合近代工业发展的需要;清末排满,反清革命兴起;移风易俗 对比分析女子缠足和放足后的图片资料,其变化的主要原因是什么? 小结:受西方民主平等思想的影响,反映了妇女地位的提高。	阅读材料和浏览幻灯片思考 在教师引导下讨论	幻灯片展示多媒体

(续表)

阶段目标	教师活动	学生活动	媒体运用
知识点整合	教师小结：通过同学们的准备和活动的展示，我们大致了解到了近代以来在吃、穿、住、习俗四个方面变化的相关史实，尤其是中共实行改革开放后，人民生活水平，精神风貌有了根本的改变，请同学们归纳其变化呈现的总趋势和特点。 合作探究 变迁的总趋势和特点 近代以来物质生活和习俗变迁的原因	在教师引导下，回顾本课知识回答 1.总趋势：从封闭到开放，逐渐走向世界。 2.特点：巨大、深刻、不断发展、中西合璧、多样化等。 3.外因：西方的思想文化、物质文明和生活方式的涌入。 4.内因：(1)思想解放，向西方学习思潮，戊戌变法，辛亥革命等促进了人们思想解放。(2)经济的发展，科技的进步。(3)改革开放等提高了生产力。(4)政策因素。	幻灯片展示多媒体

【案例评析】 课程标准对本课的学习要求是：了解近代以来人们物质生活和社会习俗变化的史实，探讨影响其变化的因素。设计者基本按照教材内容编排顺序，从衣食住行四个方面去引导学生掌握相关史实，采用了大量图片和文字资料，充分发挥多媒体教学的优点，并在最后的知识整合部分对本课内容进行了归纳总结，初步达到了课程标准要求。但是，这个设计还可以进行优化，由于衣食住行四个方面的变化因素有重复部分，因此，可以把教学环节整合成两个部分，第一个部分主要是一些基本史实掌握，第二个部分选取有典型意义的学习材料，通过学生的阅读解析，总结出变化的主要原因。此外，设计对学生的学习主体地位关注不够。其实，和本课相关的内容，在必修(Ⅰ)和本书的其他部分内容学习中已经有所涉及，可以充分调动学生的学习参与，通过回顾旧知的方法，触类旁通，让本课的教学设计显得更加灵活。

第四节　思想文化史专题教学设计

一、思想文化史内容概述

(一)模块目标

必修(Ⅲ)主要为思想、文化、科技等领域发展的历史。历史课程标准要求："通过学习，了解中外历史上思想文化领域的重大事件、重要现象及相关人物；学会收集并综合分析思想文化发展进程中的相关资料，探讨思想文化在人类历史发展中的重要作用

及其影响；认识人类思想文化发展的多样性，理解和尊重世界各地区、各国家、各民族的文化传统，增强对祖国传统文化的认同感，树立自觉传承祖国和人类思想文化遗产的意识。"

为了方便与课堂教学设计三维目标对应，也可以这样理解：

知识与能力：

了解中外历史上思想文化领域的重大事件、重要现象及相关人物。

过程与方法：

学会收集并综合分析思想文化发展进程中的相关资料，探讨思想文化在人类历史发展中的重要作用及其影响。

情感态度与价值观：

(1)认识人类思想文化发展的多样性，理解和尊重世界各地区、各国家、各民族的文化传统。

(2)增强对祖国传统文化的认同感，树立自觉传承祖国和人类思想文化遗产的意识。

重视思想文化史的学习，是高中历史新课程的一大特色，学习必修(Ⅲ)，对于学生具有特别的教育意义。课程目标统一在思想文化的旗帜之下，从人类社会发展过程中的思想文化成就出发，学习、思考、感悟，有助于培养学生的文化认同感，进一步提升学生的人文素养，追求真善美。

(二)知识结构

必修(Ⅲ)的知识体系包括8个专题：

1. 中国传统文化主流思想的演变
2. 古代中国的科学技术与文化
3. 近代中国的思想解放潮流
4. 20世纪以来中国重大思想理论成果
5. 现代中国的科学技术与文化
6. 西方人文精神的起源及其发展
7. 近代以来世界科学技术的历史足迹
8. 19世纪以来的世界文学艺术

必修(Ⅲ)的内容有重中轻外的特点，8个专题中，中国史部分占5个专题，从时间纵向涉及古代、近代、现代中国的思想、科技、文化发展的历程，不但有利于培养学生的传统文化意识，也了解近现代中国走出封闭，学习西方，并在学习西方过程中不断结合自身实际而创造自己新文化的历史过程，培养学生的开放意识。世界史部分占3个专题，主要介绍西方尤其是近现代西方思想、科技、文学艺术成就的发展，这些内容不但影响了西方的历史与现实，也对我国文化发展具有不可小觑的意义。

从知识分布来说，基本选择了思想、科技、文学、艺术这四个领域的重大事件、重大成果，体现了思想文化不断发展、完善的过程。同时，8个专题涵盖了中国与世界的重大思想文化成就，呈现出文化发展多元性、交融性的特征。

(三)教学设计知识要点

为了在教学设计中把握专题知识要点,现按照课程标准顺序,分别概要介绍8个专题的主要知识脉络,并从教学设计角度给出建议。

1.中国传统文化主流思想的演变

中国古代思想成果甚多,因此,进行本专题的教学设计,关键要抓住"主流思想"即儒家思想在中国古代史上的发展过程。涉及的重要历史人物有孔子、孟子、汉武帝、董仲舒、朱熹、陆九渊、王阳明、李贽、黄宗羲、顾炎武、王夫之等人,不是空泛地谈思想,而是结合历史人物所处的时代背景来理解其思想,是我们在教学设计时应该考虑的设计原则。此外,对理学、心学等理解难度较大的内容,在设计中应该思考如何降低学生的学习难度。

2.古代中国的科学技术与文化

本专题的内容比较丰富,包括了科技、艺术、文学三个部分,其中,艺术又涉及书法、美术、戏剧,因此,在进行教学设计时,一方面,应该充分调动学生的相关知识储备与学习能力,注意借鉴其他学科的知识来作为学习资源。另一方面,注意突出历史学科特点,不要把历史课上成了音乐课、美术课、语文课、科技课。

3.近代中国的思想解放潮流

近代中国是一个波澜起伏的时代,在屈辱中蕴涵着奋起的力量,就思想内容而言,本专题选择了维新变法思想、新文化运动的主要内容、马克思主义,而这几个内容在进行教学设计时,无一例外都应该把落脚点放在对中国的历史影响上,有利于培养学生的爱国精神和创新精神。在评价历史人物及其思想时,应注意时代性和阶段性,把握辩证全面的原则。

4.20世纪以来中国重大思想理论成果

从时间范围来看,本专题包括了近代和现代两个时段,与前一专题存在一定的交叉性。近代部分主要选择孙中山的三民主义思想和早期毛泽东思想,现代史部分突出邓小平理论和"三个代表"重要思想。

在教学设计内容中,除了需要掌握这些思想的主要内容外,还应该从中国历史发展的角度出发,高屋建瓴地设计这些思想是怎样影响中国历史发展的,从而加深对其历史地位的认识。

5.现代中国的科学技术与文化

现代中国的科技文化发展走过了一段曲折的道路,应注意让学生联系必修(Ⅰ)和必修(Ⅱ)的内容,深刻理解"百花齐放、百家争鸣"的方针在中国社会主义文化建设中的探索与思考,由此,有助于总结新中国科技文化事业发展的经验和教训,更好地理解新时期我国的科技文化成就。

新中国的教育发展内容,表面上看来与科技发展、双百方针是并列关系,实际上,深层次探讨,与前二者之间存在着互为因果的关系,一方面,教育发展情况影响科技发展,另一方面,科技发展、双百方针的贯彻与否,反过来影响着教育事业的正常发展。

6.西方人文精神的起源及其发展

本专题的学习不但具有思想史发展的意义,而且对学生的人生观和世界观具有正面引导作用,可以帮助他们更好地认识现实。

本专题的学习内容层层递进,从古希腊人文精神的内涵,到近代人文主义的含义,再到启蒙运动时期人文主义思想的发展,围绕"人"的价值观展开学习。因此,在进行教学设计时,首先要明确人文精神的内涵与意义,结合课文内容,理清三个发展阶段思路。其次,注意联系学生已经学习过的必修（Ⅰ）和必修（Ⅱ）的相关主题,帮助学生理解思想文化与政治、经济之间的辩证关系,进而提升自己的人文素养。

对苏格拉底、薄伽丘、伏尔泰、卢梭、康德等人的观点,只需要掌握其主要部分。

7.近代以来世界科学技术的历史足迹

近代科技史的内容很多,本专题重点学习经典力学、进化论、蒸汽机、电气技术、相对论、量子论、网络技术。在进行教学设计时,应充分调动学生的积极性,参考物理、生物、信息技术等其他学科的相关知识和理论,并从历史发展的阶段特征出发,讨论近代以来科学技术取得辉煌成就的原因有哪些？对社会发展带来哪些影响？

科技成就的取得离不开科学家的探究和勇气,因此,在制定学习目标时,可以从这个点切入,培养学生的创新思维和追求真理的勇气。

8.19世纪以来的世界文学艺术

本专题内容主要包括19世纪以来世界文学、美术、音乐、影视等领域的主要代表作品,并对这些成就的取得原因和历史影响进行探究,值得一提的是,在对音乐成就的学习要求中,强调了具有新史观意味的时代性、多样性和民族性,需要在教学设计中引起重视。

【问题探究】 试分析必修（Ⅰ）（Ⅱ）（Ⅲ）内容间的关系？教学中如何实现其有机联系？

二、思想文化史教学设计的基本策略

(一)联系时代背景

思想文化与政治、经济之间有着密不可分的关系,经济是基础,政治是经济的集中表现,文化是经济和政治的反映；一定的文化由一定的经济、政治决定,又反作用于一定的经济和政治,给予政治、经济以重大影响。因此,在进行本模块教学设计时,探讨重大思想文化成就出现的原因时,有必要联系必修（Ⅰ）和必修（Ⅱ）的内容,理解其时代背景,当然,还要从该成果领域的纵向发展进行思考,考虑其独立性和传承性。

另外,在分析思想文化成果的影响时,也应该联系政治史、经济史的相关内容进行:

就政治领域而言,思想对政治决策的影响力,早已在历史教学设计中采用,还有必要看到的是,随着民主和法制建设的发展,人们为了参与政治生活,需要更高的文化素养,世界范围内的反对文化霸权主义的斗争,成为当代国际政治斗争的重要内容,文化已经成为国家综合实力的重要组成部分。

就经济领域而言,应该明确经济发展中科学技术的重要作用。为推动经济建设、发展教育事业、培养各种高素质的人才、提高劳动者的素质越来越重要。文化产业迅速崛起,文化消费更加丰富,文化生产力在现代经济总体格局中的作用越来越突出。

【案例 5-15】 某老师《神权下的自我》(人民版)教学设计片段:

师:在古希腊、罗马文化放射出灿烂的光芒之后,基督教会统治西欧达千年之久,历史进入了黑暗的中世纪。有的同学会说:"我也常听人说黑暗的中世纪,中世纪到底是什么样子的?"下面请大家通过几幅艺术作品来品味中世纪的表情。

我们来看第一组表情,这是夏特尔教堂的雕像《四个圣徒》,大家从这幅雕像中感受到了什么气息?

生:威严、居高临下。(这组雕塑可以说是基督教会垄断一切的写照。)

师:我们再来看从这尊名叫《安东尼·奥索》的塑像,你能体会到中世纪人们怎样的精神状态。

生:萎靡不振,毫无生气,活得真没劲。

师:在这样一种生活氛围下,丝毫看不到人该有的生机和朝气。一切欲望都被禁锢,只剩下基督面前的无尽忏悔和对教会指令的绝对顺从。

再来看中世纪的第二组表情:从 14 世纪意大利印刷工厂的繁忙景象中,我们能够得到哪些历史信息呢?

师:经济上,14 世纪,意大利首先出现了资本主义萌芽。接下来,仔细观察这两位放贷者的动作和神情,你又看到了什么?

生:其中一位放贷者的手里拿着圣经,但是眼睛已经不由自主地望向了钱币。

师:这说明人们发财致富、改变生活方式的欲望变得更加炽热,对生活充满了希望。而就在这个时候,一种恐怖的黑死病开始在欧洲蔓延。我们通过一段视频了解一下。(播放视频《文艺复兴》)

师:黑死病笼罩下的欧洲,人们脸上的表情不仅有恐慌,还应该有思考,请同学思考这样一个问题:你认为黑死病给人们的思想带来了哪些变化?

生:对神权失去信心,权威与传统遭到了摒弃。

师:他们在思考:人,应该怎样看待自己,应该如何对待生活?

【案例评析】 课标要求是"知道薄伽丘等人的主要作品和马丁·路德等人的主要思想,认识文艺复兴和宗教改革时期人文主义的含义"。上述案例是该课的导入新课设计,设计者采用观察图片创设学习情境,形象、直观,通过回顾中世纪时期的社会发展情况,自然把话题引到在这个巨大变革时代,应该如何看待"人"上来,为后面文艺复兴和宗教改革时期人文主义的学习奠定基础。

【异域采风】《人类只是另外的物种吗?》教学设计片段①

教学环节

1.通过提示学生在《什么是革命》案例的互动中对17世纪新思想的关注,为这一活动建立情境,然后引导他们前往19世纪。可以运用时间线索,引导学生回顾在关键阶段所学的主题。

2.为学生展示19世纪英国一系列的重要探险、发现、调查和发明的图片。学生以"头脑风暴"的形式,找出描述这种进取心和好奇心的词语。

3.为学生展示19世纪英国重要传统、礼仪和规矩的图片。学生以"头脑风暴"的形式,找出描述这些图片所反映现象的词语。

4.讲述或通过播放视频告诉学生,达尔文及其于1831年乘坐"皇家海军"号军舰从比格斯海峡到南美洲和太平洋岛屿的故事。

5.图解达尔文的发现,解释他如何获得关于自然选择的思想,以及如何撰写《物种起源》的。

6.提示学生联系对19世纪英国社会的认识,说出达尔文的思想对维多利亚时代的影响。

7.提供与达尔文进化论相关的史料。小组合作,根据自己的理解将史料归类,并说出持相关态度的原因。

8.采访每个小组(每组可持有一个特定态度或多种态度)。每个小组必须解释下面的问题:为什么说人类与其他动物一样是进化链中的一个环节?

教学策略

1.基于对史料的推论和综合,得出关于维多利亚时代社会状况的结论。

2.解释达尔文进化论产生复杂影响的原因。

3.理解当代对达尔文进化论的态度。

(二)突出历史学科特点

必修(Ⅲ)的主要内容是思想文化和科学技术,与其他学科联系比较多,因此,教师们往往从那些学科中借用了较多的教学资源,与历史课进行一定程度的整合来进行教学,但是,应该始终坚持的原则是:整合的目的应该是为历史课所用,为实现教学目标而使用。

从以往的教学观察来看,有的老师在进行思想文化部分的教学时,往往没把握好这个度,一堂课上下来,有的生动,有的深刻,有的热闹,自主、探究、合作都有,但是,让人不觉得是历史课,或者说,没有历史课的味道,偏离了历史学的基本原则如论从史出、史料的真实性、前因后果、历史启迪、演变与逻辑,等等。没有认识到,思想文化史具有自身独立发展、不断创新的过程。在教学设计中,不仅要体现这些内容自身的发展过程,还要与具体的历史结合起来,否则就成了语文课、音乐课、美术课、科技课,唯独不是历史课。

---

①何成刚等.国外历史教学案例译介.北京:北京师范大学出版社.2013:34—35.

【案例 5-16】《中国古典文学的时代特色》(人民版)教学设计片段:

探究一:《诗经》中的历史

硕鼠硕鼠,无食我黍! 三岁贯女,莫我肯顾。逝将去女,适彼乐土。乐土乐土,爰得我所。硕鼠硕鼠,无食我麦! 三岁贯女,莫我肯德。逝将去女,适彼乐国。乐国乐国,爰得我直。硕鼠硕鼠,无食我苗! 三岁贯女,莫我肯劳。逝将去女,适彼乐郊。乐郊乐郊,谁之永号?

——《诗经·魏风·硕鼠》

(1)这首诗选自《诗经·魏风》。先秦时期曾先后有两个魏国存在。一个是西周至春秋时期存在的小国,一个是战国时的魏国。你认为"魏风"中的魏国是前者还是后者? 请阐述理由。

(2)后世有人认为此诗的作者是一位地主阶级的文人。你认为是否正确,为什么? 请阐述你的理由。

(3)根据此诗,你还可以看出当时社会在经济、政治方面有哪些特点?

探究二:宋词中的历史

东南形胜,三吴都会,钱塘自古繁华。烟柳画桥,风帘翠幕,参差十万人家。云树绕堤沙,怒涛卷霜雪,天堑(qiàn)无涯。市列珠玑,户盈罗绮,竞豪奢。

——柳永《望海潮》

(1)你从这首词中,读到了哪些历史信息呢?

(2)你认为"户盈罗绮"中的"户"指的是"住户",还是"商户"呢? 请阐述你的理由。

(3)对于柳永所写"钱塘自古繁华"你赞同吗?

探究三:明清小说中的历史

子兴叹道:"老先生休如此说。如今这宁、荣两门,也都萧疏了,不比先时的光景。"雨村道:"当日宁、荣两宅的人口也极多,如何就萧疏了?"冷子兴道:"正是,说来也话长。"雨村道:"去岁我到金陵地界,……那里象个衰败之家?"冷子兴笑道:"亏你是进士出身,原来不通! 古人有云:'百足之虫,死而不僵。'如今虽说不及先年那样兴盛,较之平常仕宦之家,到底气象不同。如今生齿日繁,事务日盛,主仆上下,安富尊荣者多,……这还是小事。更有一件大事,谁知这样钟鸣鼎食之家,翰墨诗书之族,如今的儿孙竟一代不如一代了!"

——《红楼梦》第二回"贾夫人仙逝扬州城冷子兴演说荣国"

(1)据红学家考证,《红楼梦》所处的是清代雍正、乾隆时期。冷子兴所说的"子孙一代不如一代"的代表便是贾宝玉。他反对读经典,认为程朱理学是朱熹、程氏兄弟杜撰的,不屑仕途,不考功名。这一点,在一定程度上可以看作是作者曹雪芹自己思想的反映。请问:这种思想产生的社会根源是什么?

(2)如果用"百足之虫,死而不僵"来形容当时的社会,你将如何理解?

探究四:中国古典文学发展趋势及其原因

(1)结合必修(Ⅰ)和必修(Ⅱ)的内容,思考:从汉赋到明清小说,中国的主要文学体裁出现的时代原因有哪些?

(2)结合本节内容,思考:从汉赋到明清小说,中国的主要文学体裁变化趋势如何? 怎么评价这个趋势?

【案例评析】 课程标准要求是"知道诗经、楚辞、汉赋、唐诗、宋词、元曲、明清小说等文学成就,了解中国古代不同时期的文学特色"。然而,课程标准对必修(Ⅲ)模块规定:了解中外思想文化发展进程中的重大事件、重要现象及相关人物,进一步从思想文化层面了解人类社会发展的基本特征,是高中历史学习的基本内容之一。因此,本课在设计中充分挖掘课程学习资源,设计了四个探究模块,把课时目标与模块目标紧密结合起来,体现历史学科特色。

(三)降低学习难度

面对深奥枯燥的思想理论,学生学习的兴趣不高,学习的难度较大。教学中要能把深奥的理论通俗化、笼统的表达条理化、书面的语言智慧化,于平淡之中见神奇,于深奥之中见通途。

【案例 5-17】 《宋明理学》(岳麓版)教学设计片段:[①]

师:理学的可贵之处在于继承了儒家讲求"浩然之气"的传统,注重人的道德修养,注重宇宙、社会与人的和谐统一。这为中华民族注重气节操守、勇于承担社会责任的精神产生了很大的影响。但天理与人的欲望之间产生了矛盾又该如何选择呢?理学的回答是"存天理,灭人欲"。下面的一组图片是长期流传于中国的二十四孝故事。请大家对这些故事中的道德标准做一下评判。

扇枕温衾 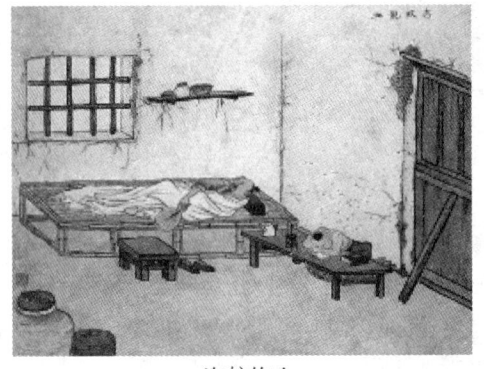　　　　　　　　　　　　　　　恣蚊饱血

扇枕温衾:黄香,东汉人。九岁丧母,事父极孝。酷夏时为父亲扇凉枕席;寒冬时用身体为父亲温暖被褥。

恣蚊饱血:吴猛,晋朝人。八岁时家里贫穷,没有蚊帐,蚊虫叮咬使父亲不能安睡。吴猛总是赤身坐在父亲床前,任蚊虫叮咬而不驱赶,担心蚊虫离开自己去叮咬父亲。

生:画面上的两个小朋友太感人了,生活中的孝行就在这些细节之中,对照起来我们平时对父母太缺少这些细节的关爱了。

生:小时候妈妈为给我赶蚊子经常一宿不睡,亏那当爸爸的睡得着,似乎孩子受这样的罪就是天经地义的。不过对照一下,我的妈妈比吴猛的爸爸好太多了,我比起吴猛差太远了。

---

① 设计者为山东省实验中学钟红军老师.

尝粪忧亲

庾黔娄，南齐高士。父亲病重，医生说："要知道病情吉凶，只有尝一尝病人粪便的味道。"庾黔娄于是就去尝父亲的粪便，并夜里跪拜北斗星，乞求以身代父去死。

生：恶心死了，简直为了作秀不择手段啊。就我了解，那时候选拔官员孝行是一个重要指标，当时通讯传媒都不发达，大家又都争着当孝子，不来点儿"绝的"很难引起别人注意。二十四孝的用意是在给大家树立榜样吧？这种榜样能效仿吗？效仿起来有意义吗？

生：刚才这位同学提到当时科技不发达，我倒有别的想法。那时候没有B超没有化验，要救父亲的命可能这种做法是这个儿子的唯一选择。现代科技发达了，感动中国的人物田世国捐肾救母付出了比这更大的代价。时代不同，科学水平不同，两位儿子却都表现出为了救父母义无反顾的勇气。有一点我跟刚才的同学意见相同，就是必须发自感情。

郭巨埋儿

郭巨，晋代人，对母极孝。后家境逐渐贫困，妻子生一男孩，郭巨担心，养这个孩子，必然影响供养母亲，遂和妻子商议：不如埋掉儿子，节省些粮食供养母亲。挖坑时，在地下忽见一坛黄金，夫妻得到黄金，回家孝敬母亲，并得以兼养孩子。

生：我看到画上那个可爱的小宝宝，都要让这个白痴气疯了。母亲是一条生命，孩子也是一条生命。所有的道德最起码应该建立在尊重生命的前提下吧？这种道德简直就是活生生地杀人啊。

生：还有什么一坛黄金也纯粹是编人的，就是为了愚弄人去实践这种鬼话。

师：刚才大家的发言有感动、有怀疑、有厌恶、有愤怒。理学的思想不仅仅是停留在理论性的研究，而且已经通过类似二十四孝图这样的通俗教材传播到民间。它把对道德的追求渗透到百姓心中，也以超出人性的道德枷锁束缚、毒害着国人的精神。

父父子子之孝为社会秩序的起点，有了它就会很自然地延伸到君君臣臣之忠。从元朝开始朱熹的《四书章句集注》成为科举考试的内容，明代承袭这一作法，这就确定了程朱理学在思想界的统治地位。

【案例评析】《宋明理学》是很多老师都感到比较难设计的一课，课程标准的规定语言非常简练：列举宋明理学的代表人物，说明宋明时期儒学的发展。但是，理学是什么？如何认识理学？钟老师巧妙选取了一个切入口，用讲故事的方式，让学生有话可说，评价理学影响下"孝"的表现，从而为后面全面评价理学做好铺垫，学生自然理解了理学的消极影响：三纲五常维系专制、扼杀人的欲求。

(四)把握知识线索

其实,不管进行哪个模块的教学设计,都应该注意把握知识线索,之所以在必修(Ⅲ)部分特别强调,是因为必修(Ⅲ)内容比较杂,如果教师心中没有明晰的线索,有可能旁枝逸出,偏离学习主题。确立学习主题时,应该在历史课程的总体目标指引下,结合单元主题和课时主题,设计相应的教学环节。

【案例 5-18】《欧洲的启蒙运动》(人教版)教学设计分析:[①]

一、教学设计思路

《欧洲的启蒙运动》属于思想文化史内容,教师在正确分析启蒙思想产生及其特点的基础上,应充分认识到杰出启蒙思想家追求科学与理性、敢于批判旧制度的革命精神。启蒙思想家把文艺复兴以来对人的解放思潮提升到理论和制度设计层面,并提出了法治和民主政治等构想,对近现代资本主义民主政治的产生与发展起到巨大的推动作用。教学设计拟依据建构主义理论,激发学生发现问题,进行自主探究、合作学习。根据内容需要教学方法上还可以采用观察学习法、材料学习法和思辨学习法。

……

三、教材分析

(1)本节内容抽象、理论性强,学生不易理解。因此,教学中要明确重点,突破难点。

教学重点:启蒙思想家的主张。

教学难点:本节内容涉及六位思想家的主张,极易混淆,所以着重分析启蒙思想家的个性特点及产生个性特点的原因(如:思想家的出身、地位、所接受的教育程度、文化氛围影响等);

(2)本节具有承上启下的地位与作用。前承文艺复兴,后启资产阶级革命时代的到来。启蒙运动是第二次资产阶级的思想解放运动,其重大贡献即确立了民主政治的理论基石,具有前瞻性、革命性和进步性。

【案例评析】 在"西方人文精神的起源及其发展"专题中,古典文化、文艺复兴和宗教改革、启蒙运动分属不同历史阶段,因人文主义而联为一个整体,人文主义在各个阶段的表现与内涵是有差别的。古希腊时期是人文主义的起源,思考人活着的意义是什么;文艺复兴和宗教改革是人文主义的发展,文艺复兴回答的是人应该过怎样的生活;宗教改革回应的是人应该过怎样的宗教生活;启蒙运动是人文主义的高峰,解决的是人应该过怎样的政治生活。

做任何教学设计前,都必须先分析学习内容和学习者,确立总体设计思路。在分析学习内容时,清晰的知识线索有利于优化教学设计环节。案例中,设计者始终围绕人文主义主线进行思考,既考虑到启蒙运动时期人文主义的内涵,又注意到该思想对近现代资本主义民主政治的产生与发展所起的巨大推动作用。这为下一步确立恰当的教学目标、设计教学过程准备了重要前提。

[①] 广东省教育厅教研室.高中新课程历史优秀教学设计与案例.广州:广东高等教育出版社.2006:207.

【异域采风】 从诗中看林肯①

这是一节穆尔(Moore)老师教的高级中学美国历史课,该班刚学过国内战争。穆尔老师知道学生仍然把战前的林肯看成是优柔寡断和虚弱的人,他们对林肯理解不够深刻,尽量与林肯本人的感受相近,穆尔老师决定使用冲突模式来帮助学生做分析。

为了导入冲突模式的使用,穆尔老师大声地读了林得塞的诗的一节——林肯在一个深夜中散步。

有事情表明凶多吉少,

在这座小城里,已经灯火阑珊。

早餐时分,一个身影在走动,他不休息。

他在老房子附近走来走去。

穆尔老师和班级讨论词汇:Portentous,穆尔老师问大家:为什么林肯总统走来走去?

步骤 1

穆尔老师:当时这个国家的情形如何?林肯所面临的危机是什么?尽量用事实说话。

萨利:时间向后倒一点,在密苏里州危机中,美国南部奴隶主同北部资产阶级在国会就密苏里成立新州是否采取奴隶制进行了争斗。这件事,更加集中了奴隶制,同时也提高了州的权力。

杰西:南方需要废除奴隶制,废奴领袖加里森(Carrison)的思想事实上统治了南方。

穆尔老师:这是事实还是推测?

杰西:是事实。

穆尔老师再黑板上写道:加里森要求统一南方。

本:南北之间对奴隶制的白热化争论暂时减轻了一会儿紧张的形势。

穆尔老师:你能够证明它吗?

本:虽然局势紧张度减轻了,但它并不能说明1850年争论的结果,于是没有再继续分析了。

这个班级继续收集数据,找到像堪萨斯—内布拉斯加(Ansas-Nebraska)法案,斯科特案件(Dred Scott Decision)、萨姆特堡(Fort Sumter)战役,以及林肯相信这些都与他很靠近。林肯也知道在宾夕法尼亚(Pensylvania)的钢铁工人以及纺织工人无法与英格兰相竞争,因为没有南方的交通支持,他也知道奴隶制的痛苦。

本:他认识到代替温和派,几乎每个人都变得愤怒了。

珍妮:而他并不知道如何对待萨姆特堡(Fort Sumter)。

穆尔女士决定做步骤 2 了。

①唐劲松.点击中美课堂——中美教学模式操作性比较.北京:教育科学出版社.2010:152—156.

步骤 2

穆尔女士：我想有足够的背景了，你们想想林肯在深夜散步是为什么呢？他的感情是如何的，为什么？

雪莉：他很愤怒。

穆尔女士：为什么你认为他很愤怒？雪莉。

雪莉：因为他通过他自己的秘书和别人做出决定，他们用自己的观点代替了林肯的观点，他们所想干什么便干了，完全没经过林肯的同意。

安：我想他感到被背叛了。

穆尔女士：为什么他感到被背叛了？

安：因为，他觉得不能相信任何人，这件事以前，他曾经说过："如果你连国家秘书都不能相信，你还能相信谁"。

本：回到雪莉所说的，我不认为他感到愤怒，我想他优柔寡断和感到没有威信。

穆尔女士：为什么你认为他优柔寡断和没有威信，甚至比愤怒还厉害？

本：如果你愤怒你通常采取行动，如果你优柔寡断，你就慢慢的。记住，《纽约时代》曾描写他优柔寡断，如果你愤怒，国家秘书和别人将会更害怕他，不敢越过他。

泰得：不过有人说他优柔寡断是因为他软弱，但我并不认为他的优柔寡断来源于软弱。

穆尔女士：你能够解释一下你所说的吗？泰得！

泰得：我还要再考虑一会儿。

穆尔女士：你去想吧，同时，你们其余的人思考这个：林肯先生的优柔寡断是源于软弱还是力量，还是别的什么？（沉静）

泰得：一个虚弱的人也许能够独自一个人，所有说话的人都要保卫萨姆特堡，并知道那意味着战争，需要勇气去等候。林肯的优柔寡断来源于他的智慧和情感，并不来自于害怕，他看清了藏在南方背后的东西，他也看出新国家并不能够幸存于战火，他还看到，一个战争是多么恐怖。但他却无力阻止这一切，只有把头脑冷静下来思考。

珍妮：是的，送到萨姆特堡的信息正如泰得所说的那样，他试着给出一个有面子的信心来。

穆尔女士：那是什么，珍妮？

珍妮：刚才说他仅仅是提供决定，不是弹药。

在做这些时，他是阻止形势恶化，不是具有侵略性。

杰瑞：我想到了这些——愤怒、悲愤、挫败、优柔寡断、没有权威、背叛、害怕，被这些冲突所包围，所以他不能入睡，他只好散步。

（因为班上在讨论步骤 3 和 4，还稍早一些，穆尔女士想进行第 5 步）

步骤3和4

穆尔女士：我知道你们都没有当过美国的总统，也没有试图阻止一场战争，但你们或者你们中的任何一个人都知道，在一个不可避免的情形中，你将要试图阻止麻烦而且你所做的似乎一无是处？（暂停）

雪莉：是啊，对于我而言这几乎不可能会发生。当我的叔叔被弄到越南战场时，他非常害怕，他相信自己是一个忠实的爱国者，他相信遵守准则，但他却不知道他为什么要去，他说如果你在一个似乎没有什么是正确的环境中，那是非常可怕的。林肯正处于这样一个环境中，他没有被战争所迷惑，他知道那不过是个噩梦，但他却不能停止他。

穆尔女士：你们剩下的同学能够比较出林肯在同样的处境下，人们的做法吗？

塞莱：是的，年轻人看来，美国总统感到无助是十分可笑的。

保罗：林肯不能让南方和北方的领袖坐下来谈判吗？

珍妮：塞莱，你说总统的无助指的是什么？

塞莱：我不能十分肯定，正是林肯他自己看得清那些围绕在他身边的东西，就像国会、议会的信息，所以他才没有被战争迷惑。

泰得：他看到一幅巨大的图片。我的意思是，他不喜欢奴隶制，但他深知南方依赖的是什么，他并没有对任何人发作，他只是为他们感到惋惜，这有点像夏里的叔叔，他只是感到无助。

穆尔女士：你认为可以把这些领袖弄到一起进行谈判？

塞莱：我认为不会这样，这就是我所指的大的图片，他知道有这么多的武力——每个人都已经控制不住了——在南方；在北方，恐怖分子——很难改变事情的方向。

泰得：不是武力，而是情感，人们感到这样强烈地要求采取行动。

珍妮：他们真是没有考虑到结果，很少有人有这样的观点，那就是为什么他要散步。

逐渐地，学生们想象一个人在慢慢散步并进行斗争的图画。一个幽灵，开始把人们引向害怕，不是他自己，而是那种处境，引导可怕的战争，无法控制。通过试着理解这些人的感情，学生们更加理解了林肯，就像那会儿他们就在事实面前一样，他们也看到了在顶峰的这个人的无助和没有威信。

这些仅仅是导言，没有人能够准确地知道林肯在想些什么。但通过想法和感情的行为，林肯的行为证实了学生的总结。所以说，我们能够试着学习在复杂的环境下，想象这些事件会如何发展。历史检验了概念和想法，但感情也在其中扮演了一个因果关系的因素，他们有很少的容易得到的文件，但他们可以扮演一个大的角色，忽略他们因为他们难以记忆，也许会模糊过去的画面，我们要仔细记住我们想要得到的。

思考练习

1. 现行高中历史教材具有哪些特点？如何结合这些特点体现教学设计的有效性？
2. 你认为必修（Ⅰ）教学内容有何特点？如何在教学设计中体现新史观的运用？
3. 在必修（Ⅱ）的教学设计中，如何解决学生因为经济学常识储备不足而影响学习效果的问题？谈谈你的设想。
4. 必修（Ⅲ）的知识体系有什么特点？如何根据这些特点进行创新教学设计？

实践操作

1. 请用文明史观分析，如何评价中国古代史上专制主义中央集权制度的历史地位。
2. 请对"从科学社会主义理论到社会主义制度的建立"专题进行以史为鉴的教学分析。
3. 专业词语太多是学生学习必修（Ⅱ）时经常感到困难的问题，请选择一课内容进行教学设计，并总结你有哪些设计方法的成功探索。
4. 请对"概述古代中国的科技成就，认识中国科技发明对世界文明发展的贡献"进行教学分析。
5. 联系社会与生活，请对"建设中国特色社会主义理论"进行教学设计。
6. 请结合必修（Ⅰ）和必修（Ⅱ）的相关内容，运用政治、经济、文化之间互相影响的原理，分析"近代以来科学技术的辉煌"学习专题。

参考书目

1. [美]R.M.加涅等.教学设计原理.王小明等译,上海:华东师范大学出版社2007年.
2. [美]斯塔夫理阿诺斯.全球通史.吴象婴等译.北京:北京大学出版社,2006年.
3. [德]马克斯·韦伯.世界经济史纲.胡长明译.北京:人民日报出版社2007年.
4. [英]肯尼迪.大国的兴衰.王保成等译.北京:中信出版社,2013年.
5. 何成刚等.国外历史教学案例译介.北京:北京师范大学出版社,2013年.
6. 刘泽华,汪茂和,王兰仲.专制权力与中国社会.天津:天津古籍出版社2005年.
7. 陈旭麓.近代中国社会的新陈代谢.北京:中国人民大学出版社,2013年.
8. 张海林等.近代中外文化交流史.北京:南京大学出版社2003年.
9. 陈炎.中国审美文化简史.北京:高等教育出版社,2007年.
10. 李泽厚.美的历程.北京:三联书店,2009年.
11. 袁行霈等.中华文明史.北京:北京大学出版社,2006年.

第六章 初中历史教学设计[1]

学习导言：

初中历史课程是义务教育的基本课程之一，在学生的发展中承担着培养人文精神的重要功能。在历史课程体系中，初中历史教学与高中历史教学既有历史教育功能与历史学习方法的共性，更有明显的初中学生阶段特征。这种学段差异性表现为历史课程内容的差异、历史课程目标的差异、学生学习历史方法的差异，把握这些共性与差异因素，是进行初中历史教学的基本前提。本章将从中国史、世界史两大内容体系的角度并以典型案例来探讨初中历史课的教学设计特点，还将对活动课、复习课两种特殊课型的教学设计进行探讨。

学习目标：

1. 理解初中历史教学内容的课程结构。
2. 掌握教学内容分析的基本策略。
3. 掌握初中历史教学设计不同环节的技术路径。
4. 知道初中历史活动课、复习课的设计思路。
5. 对设计案例进行分析。
6. 能设计出结构规范、适应性强、教学理念先进的教学框架。

---

[1] 本章所引用案例除特别说明外，其余部分来自 2010 年"国培计划"初中历史团队研修学员共享案例，对提供案例的老师未能一一感谢表示歉意。

第一节　初中历史教学内容分析

根据国家义务教育课程体系总体规划和历史课程标准要求,初中历史的课程内容体现了普及性、时代性、基础性特点。普及性是指避免历史学科专业化、成人化倾向,不刻意追求历史学科体系的完整性,而是以时代变迁为明线,以影响历史发展的重大历史事件、人物为点,形成一个兼顾时序性与主题性的可选择的学科学习内容架构。在这个课程架构中,充分尊重学生初中阶段的心理特征与认知特征,减少历史理论与历史概念,去掉繁难偏旧的课程内容。时代性是指课程内容以爱国主义为灵魂的民族精神和以改革开放为灵魂的时代精神为暗线,选择历史课程内容,使历史课程内容贴近社会生活,贴近学生生活。基础性是指课程内容定位于培养公民必须具备的基本历史知识、基本历史特征、基本历史规律,培养公民具备基本的历史思维,形成公民基本的历史修养。把握这些课程特点,是进行教学内容分析的前提。教学内容分析就是在全面把握这些课程理念的基础上,对所学中学历史教学内容进行全方位的分析和研究,从而制定教学设计方案的过程。

一、把课程标准内容变为教学内容

课程标准是学科的课程规划,它具有概述性、导向性,但是它没有对课程内容的结构、表现形式、内涵进行明确的解释,中学教师难以直接作为教学的基本内容,需要把课程标准的内容进行解剖分析,选择作为教学的基本内容。

"实验稿"课程标准中关于"贞观之治"的要求是:列举"贞观之治"的主要内容,评价唐太宗;知道武则天的基本史实。[①] 教师在分析后,把课程标准内容变为教学内容,明确"贞观之治"教学要点包括:(1)唐朝的建立(在隋末农民战争中李渊建立唐朝传位李世民);(2)"贞观之治"(唐太宗李世民统治时期,吸取隋亡教训,轻徭薄赋,发展生产;任用贤才,虚心纳谏,使社会经济出现繁荣景象。这是本课的教学重点部分);(3)女皇武则天(武则天从皇后到皇帝,是我国历史上唯一的女皇帝,当政期间,继续实行唐太宗发展农业生产、选拔贤才的政策,使唐朝社会经济进一步发展)。

【案例 6-1】　"实验稿"课标对"文艺复兴"的教学要求是:知道《神曲》,复述达·芬奇的主要活动,初步认识文艺复兴对欧洲资本主义社会的产生所起的作用。[②]以下是某老师在九年级历史教学中对"文艺复兴"这一教学内容的分析:文艺复兴是一场发生在 14 世纪至 17 世纪的思想文化运动。14~17 世纪,是欧洲社会的转型时期,是中世纪向近代过渡的时期,也是欧洲社会经历最为重大变革的历史时期。这一时期,欧洲的各个领域都发生了重大变革。在政治方面,中央集权取代了封建割据,现代

---

① 2011 年版历史课程标准的要求是:知道唐太宗和"贞观之治"。
② 2011 年版历史课程标准的要求是:知道《神曲》、莎士比亚的戏剧等,初步理解文艺复兴对人的思想解放的意义。

意义上的国家终呈雏形;在经济方面,发生了以农业为根本的经济向重视商业的经济结构转变,资本主义生产关系逐渐确立,封建生产方式被淘汰;在宗教方面,罗马教廷的大一统被彻底打破,宗教的无上权威不再存在;在思想方面,神学让位于科学,现实主义取代了对来世的憧憬;在社会方面,新兴的市民和资产阶级成为社会的主要力量,人们的社会地位不再一成不变,更多取决于个人的奋斗和成功;在文化艺术方面,人文科学成为教育的主要内容,对人、人性和人的生活的描写和歌颂成为文学的主旋律,艺术则更多地表现为对古典艺术的赞赏和模仿,成为个人对美的追求的时尚表现形式。这一切的变革都与文艺复兴运动紧密相连,或者说,是文艺复兴成就了所有的这些变革。文艺复兴运动也就成了这一时期的象征,为近代以后资本主义政治、经济和文化的发展奠定了理论、价值和道德上的基础,是近代以后欧洲社会迅速发展的重要根源。

文艺复兴运动在本质上它是一场资产阶级的思想解放运动。它与新航路的开辟,一起成为人类社会跨入近代社会门槛的突出性事件。

【案例评析】 课程标准的基本要求是通过文艺复兴运动的代表作品、代表人物来感知文艺复兴运动,发现文艺复兴的历史意义。该教学内容分析站在历史唯物史观的角度,分析了文艺复兴运动的历史背景、主体内容、历史影响,把单一的历史课程点变为了丰满的历史教学内容。

二、把教科书内容变为教学内容

教学内容分析的基本结构包括宏观、中观、微观三个层次,宏观就是依据课程标准,对历史教科书进行分析,认识教科书特点,使历史教学更加准确地反映课程教学意图。中观就是对教科书单元教学内容进行分析,认识单元教学内容特点,把握单元教学内容的基本线索和内容结构,使历史教学的各个模块相互联系、融会贯通。微观就是对课时教学内容进行全面的分析研究,把课程标准、教科书内容化解为课堂学习内容。

【案例6-2】 以下是某老师对"贞观之治"一课的分析:本单元共有8课,是隋朝和唐朝的历史。"贞观之治"是中国封建社会繁荣与开放社会的开创时期。经过唐太宗、唐高宗和武则天三朝代的励精图治,中国古代社会走向繁荣。"贞观之治"和"开元盛世"在中国古代社会走向繁荣中占有极其重要的地位。学习"贞观之治",使初中学生知道中国古代重要的历史人物唐太宗李世民、女皇帝武则天、著名谏臣魏征等;知道重要的历史现象"贞观之治"是如何出现的;通过中国古代繁荣与开放社会的开创激发学生民族自豪感,树立民族自尊心和自信心。

【案例评析】 教科书的内容是编者按照自己对课程标准的理解呈现的学习材料,教师在对"贞观之治"课文的分析上,提出了"贞观之治"的学习主题目标,按照历史逻辑的结构对"贞观之治"进行分析,完成了从教科书到教学内容的转变。

三、寻求教学内容的内核

教学内容需要发现自身的内在意义，需要在纵横发展的历史线索中找到自己的位置，形成历史知识的坐标点。

【案例6-3】 河北省廊坊师范学院荣宁老师对人教版初中历史教材《中国历史》第八册(下)第二单元"社会主义建设道路探索"以专题讲座和篇章结构相结合，对4课教学内容进行分析：

"探索社会主义建设道路"这一单元，包含1953年到1976年近23年所发生的历史事件。由于时间跨度大，内容多，难点多，重点多，因此在教学过程中，首先应该高屋建瓴地给学生做总体概述，在专题结构的基础上，把这一时期分为三个发展阶段，并对每个阶段的特点逐一概述，以便使学生对该单元的主要特点和内容有更深刻的认识和了解。

(1)从新民主主义向社会主义过渡(1953年～1956年)

教师应该给学生总体概述这个过渡时期的主要特点，为何要从新民主主义向社会主义过渡？应该使学生认识到我们中国新民主主义革命胜利以后，要经过这样一个过渡时期。这是中国社会的特点，因为原来的中国是半殖民地半封建国家，不是独立发展的资本主义国家。革命胜利以后，建立的社会是包括多种经济成分的新民主主义社会，过渡时期的起点不是资本主义，而是新民主主义，终点也不是社会主义全部建成，而是以社会主义改造完成，社会主义制度的初步建立为标志。这个时期内容主要包括：过渡时期总路线、"一五"(1953～1957)计划建设、人民代表大会制度的建立、三大改造完成、社会主义制度建立。

(2)探索建设社会主义道路(1956年～1966年)

教师应该在深刻了解中共第一代领导集体探索中国社会主义建设道路的艰辛历程，使学生深刻认识到从1956年9月中共八大的召开，到1966年4月"文革"爆发之前，这十年是中国共产党领导全国人民开始建设社会主义时期，也是中国共产党在探索社会主义建设道路上曲折前进的十年。这十年的历史，比较复杂，比较特殊，充分体现了探索性、曲折性。这十年，随着国际形势的变化，苏共二十大赫鲁晓夫对斯大林的批评，中共领导人也提出以苏为鉴，毛泽东先后发表了《论十大关系》《正确处理人民内部矛盾》。中共八大的召开，使我国在社会主义道路探索中总结经验，明确了方向。但是，由于"左"的思想的影响，最终导致"大跃进"运动的爆发。大跃进、人民公社化运动，给我国带来了严重的灾难。全党为了克服"大跃进"错误又作了许多艰苦的努力，重新把社会主义建设事业推向前进，社会主义建设中也涌现出很多英雄人物。在这十年中，党在探索社会主义建设道路的过程当中，正确与错误，成就与失误，经验与教训，始终是交织在一起的，社会主义事业的发展呈现出起伏大、反复多的状态，这是这段历史的一个显著的特点。在理清这个线索的基础上，教师可以着重对这个时期中共八大、大跃进、人民公社化运动等内容进行教学，并可对这个时期涌现的英雄人物让学生进行总结。

(3)探索的失误——"文化大革命"的十年(1966年～1976年)

教师首先应该把我们党"十一届六中全会"关于"文化大革命"的定性做介绍。即历时十年的"文化大革命",其发生不是偶然的,它是1957年以来的党的"左"倾错误进一步发展的产物,既有党的领袖毛泽东在领导上犯错误的主观原因,又有复杂的社会历史的客观原因,此外,还有党内少数阴谋家别有用心的利用。使学生深刻认识林彪和江青两个反革命集团的主要罪行,正义力量同"左"的错误和两个反革命集团进行斗争的情况。认识"文化大革命"对党和国家造成的严重危害,认识必须彻底否定"文化大革命"的必要性。

【案例评析】 把握教学内容的核心,需要教师从多角度、多层次地分析历史问题,多角度是指从某个或几个特定的视角对同一事物进行分析。多层次是指从表象、感性、理性等不同认识层次对同一事物进行分析。荣宁老师对本单元进行全方位的剖析,勾画了本阶段的历史发展全息图,也明确了学习的核心。

四、从教学内容到学习内容

教学内容是按照课程的基本结构进行编排,力求实现学科性结构化,它需要教师作为学生学习的转化器,引导学生将其从教学内容转化为学习内容。以下是某老师关于文艺复兴运动的分析:

【案例6-4】 学习文艺复兴运动的学生,是已经进入义务教育最后学段的九年级学生,学生对世界古代历史知识比较陌生。西欧中古时期,宗教在政治、经济、思想文化上起主宰作用。这一历史现象在中国古代史上没有出现过,学生缺乏联想的依据。但是对文艺复兴时期出现的众多文化巨匠及其作品,学生有一定的知识基础。同时,这一时期的中学生,已具备一定的理性思维,喜欢思考现实生活中遇到的种种问题,求知欲强,喜欢自主学习,在追求独到见解的同时,渴望得到别人的认可。

根据课标的要求和学生的实际,教师在对本教学内容做了分析之后,确定的教学重难点是文艺复兴兴起的背景和文艺复兴运动的影响。依据重难点,确立的基本教学方式是先学后教。课前给学生预习的提示,课堂上以学生预习后产生的问题为中心,进行启发引导,在教师的启发下,指导学生一步步探求未知,最终了解文艺复兴产生的背景和在当时的形势下,这样的思想解放运动对欧洲乃至整个世界产生的巨大影响。

【案例评析】 从教学内容到学习内容的转化的基础是学生学情的分析,根据学情确定学习的内容、方法与策略。

【问题探究】 从教学内容到学习内容的转化,是教师进行教学设计的基础。请思考在转化过程中的障碍有哪些?

五、教学内容分析的意义是"教什么"和"为什么教"

(一)历史教学内容分析就是寻求"教什么"

教学内容分析主要依靠课程标准、教科书两个显性材料,教师的具体工具就是教

材,因此教学内容分析就是分析教材。①当然,教学内容分析应该源于教材而高于教材,可以从教材内容出发,但不要拘泥于教材,因为教材内容是有限的,不可能反映出历史的全面内容,教师要依据自己的专业知识,对教学内容做出分析,对学生形成正确的价值观给以积极影响。通过教学内容分析,认识教材的优点,发现教材存在的问题,教学中发挥优点,弥补缺陷。教学内容分析能够厘清教学内容的板块内容结构,使历史教学各个板块融会贯通,相互联系,把握板块教学内容结构。分析单元教学内容,认识单元教学内容在教材中的地位,把握单元教学内容的基本线索,掌握教学内容特点。分析课时教学内容,明确教学内容之间的前后联系和知识本身的内在联系,把握知识的科学性,挖掘教学内容的思想性。在分析教材内容基础上,认同历史教学"教什么",既是把握历史教学的内容,也是聚焦了历史教育的价值"为什么教"。明白了"为什么教""教什么",才能在此基础上进行教学方法设计、教学活动设计、教学评价设计,也就是"怎么教"。

(二)历史教学内容分析的基本步骤

1.内容定位分析

分析教材、确定教学内容在教学中的地位,对教学内容准确定位。通过对教学内容进行深入分析,准确地对教学内容进行定位,是为了解决为什么要学习这些历史教学内容的问题。

2.教学目标分析

分析教材、依据历史课程标准确定课时教学目标,是完成教学任务、落实教学目标的基础。通过分析教科书,依据历史课程标准确定课时教学目标,是为了解决历史教学学什么的问题。如果没有明确、具体、可操作的教学目标,教学任务就无法完成,课时教学目标的落实就无从谈起。因此,必须在对教学内容分析的基础上,依据历史课程标准和学生认知水平确定课时教学目标。

【案例6-5】 以下是某老师确定的"贞观之治"一课的教学目标:

知识与能力目标:1.了解李渊建立唐朝,传位李世民,李世民即唐太宗,年号贞观;2.列举"贞观之治"的主要内容;3.评价唐太宗;4.知道武则天从皇后到皇帝,继续发展农业生产、选拔贤才,使唐朝社会经济进一步发展的史实;5.培养学生列举问题、评价历史人物和叙述历史问题的能力。

过程与方法目标:1.通过师生共同归纳概括"贞观之治"的内容,使学生初步掌握列举问题的方法;2.通过师生共同评价唐太宗,使学生初步学习评价历史人物的方法;3.通过叙述武则天从皇后到皇帝,发展生产、选拔贤才的史实,使学生学习叙述问题的方法。

情感态度与价值观目标:充分肯定唐太宗和武则天为中国封建社会的繁荣和开放所作出的贡献。

---

① 分析教学内容不等于分析教材,但是分析教材、用好教材是一线教师的最直接方法。

【案例评析】 该教学目标分析具有可操作性,但是在"知识与能力"部分太琐碎,不具备简洁性。

3.内容结构分析

分析教科书、提炼教学内容提纲,使教学内容系统化、条理化。教师依据教科书内容用精炼的文字准确地表述教学内容,提炼一个系统完整的教学内容提纲是历史教学必须完成的工作。教学内容提纲一般要做到简明扼要,提纲挈领,准确精练。如下图。

第12课 星星之火,可以燎原

一、南昌起义
- 时间:1927年8月1日
- 地点:江西南昌
- 领导人:周恩来、朱德、贺龙等
- 经过:南昌起义→南下广东→受挫分兵
- 意义:打响了武装反抗国民党反动统治的第一枪

二、秋收起义
- 时间:1927年8月1日
- 地点:湘赣边界
- 领导人:毛泽东
- 经过:攻打城市失败→文家市决策,退向农村→三湾改编,建立党对军队的绝对领导→建立井冈山革命根据地。
- 结果:失败,转向农村

三、井冈山革命根据地的建立和井冈山会师
  井冈山会师:1928年4月

4.主体内容分析

通过对教学内容正文分析,对教学内容进行系统梳理,全面把握教学内容,避免历史教学中的遗漏,进而准确把握教学重点难点。

【案例6-6】 某教师这样分析"唐朝的民族关系"教学内容:唐朝国势强大,民族交往增多,虽有战争,但"患难相恤、暴掠不作""和同为一家",成为民族关系的主流。通过了解唐代民族关系史,能进一步加深对繁荣与开放的社会时代特征的认识和理解。本课主要通过引导学生学习唐与突厥和吐蕃等民族交往的史实来认识唐代民族关系的突出特点——"和同为一家"。

【案例评析】 该教学分析,对唐代与少数民族关系的分析线索不清,内容把握不够准确。如:"患难相恤、暴掠不作""和同为一家",成为民族关系的主流的表述是以偏带全。而另外一老师根据上述分析,提出如下分析建议:第一,唐朝是我国多民族国家进一步发展的重要朝代;第二,唐朝时期边疆各族得到发展,对中华民族的发展做出了杰出贡献;第三,唐朝的繁荣和发展,促进了唐与边疆各族的友好关系和经济、文化的交流;第四,唐朝的民族关系特点是虽有战争,但和平交往是主流。唐朝是我国多民族

国家进一步发展的重要时期,唐朝的强盛对周边各少数民族有很强的吸引力,加上唐朝统治者实行开明的民族政策,所以唐朝与各少数民族的关系范围更广,数量更多,形式多样,关系也更加融洽,在西北和东北奠定了祖国疆域的基础。

【案例6-7】 湖南省长沙市第一中学瞿建湘老师在《万千气象的宋代社会风貌》(人教版七年级下册第11课)一课是这样分析教学内容的:

1.该课所反映的教学目的与史学背景。社会生活史是新课程新引进的教学内容,为什么要引进?社会生活史是历史的重要组成,历史不只是重大人物和重大事件的舞台,发生在每个人身上每一天都不可或缺的生活,恰恰是构筑历史文化的宏大背景,它既是经济、政治、文化的反映,又反过来影响推动其发展。讲社会生活为什么放在宋代?两宋是古代中国社会发展的一个标志性时期,海外诸多学者对其兴趣相当浓厚,多将其定位为"近世的开始"。其关键性证据之一就是平民力量上升,商品经济繁荣,城市生活丰富。中国作为一个丰富多元的平民社会,从宋代开始了。

2.该课重点难点的多样性与可能性。按照教师用书,重点讲服饰饮食,难道人生真就是吃穿二字?重点讲瓦子,难道生活就是娱乐至上?与其他课的中心突出不同,这课内容多而琐碎,然而生活就是琐碎的,纵观琐碎的林林总总,恰恰就是生活的面貌,该课标题"万千气象"就是其定位,是一个关于教材重点的好的选择。教材中关于衣、食、住、行、娱乐、节日的每一部分,都不分轻重,都是不可或缺的,它反映的是宋代社会风貌的万千气象,它凸显了该课重点是宋代社会生活的多样性、丰富性。当然还可思考造成宋代生活丰富多样状态的历史原因等等。重点可以不一样,难点就可以更多样,不同的学情,不同的教学导向,都会导致难点各不一样。城里孩子对农村生活陌生,他们对传统习俗的淡漠。农村学生则对城市生活多样性、对区域文化的差异性了解不多,这是一种城乡学情差异,如理解瓦子与勾栏的差异是乡村学生而不是大城市学生的难点。还有基础强弱、历史兴趣浓淡等等学情差异,这种差异必然导致难点不同。

3.该课教材的编写方式所表达的历史内涵。教材分述衣食住行和娱乐节日,引导学生体会宋代社会生活的丰富多样;引导学生用开放包容的心态理解尊重多样性,明白百花齐放才是春天;引导学生认识历史不仅属于大人物、大事件,平民生活史也是历史不可或缺的一部分。这都有助于学生对历史的理解更形象,更深入。

4.该课内容与其他课知识之间的合纵连横。宋代社会风貌的每个方面都呈现出多样性,而造成多样性的原因千差万别,这种原因则和其他课的内容紧密联系,仅以教材服饰一段为例,引导学生明白丰富多彩的宋代社会生活,是宋代社会经济繁荣的体现,是民族交往与民族融合的结果;引导学生感受到中华文化浓郁的生活气息,提升中华民族历史和文化的亲和力与认同感,增强民族自豪感。

【案例评析】 瞿建湘老师从教学目的与史学背景、教学重点难点分析、历史内涵、历史结构四个维度对教学主体内容进行分析,其中有历史学习的厚度——历史课程价值,有历史学习的宽度——历史知识结构,还有历史学习的长度——历史文化意义,更有历史学习的宽度——历史学原理,形成了一个生态的历史学习图谱。

第二节　中国史教学设计

"2011版"历史课程标准对实验版历史课程标准中国史的内容进行了较大幅度的调整,以学习心理学和历史科学的视野,组建了新的初中历史课程内容。它基本依托历史发展的时序性,包括中国古代史、中国近代史、中国现代史三个阶段共83项学习内容。中国古代史包括史前时期、夏商周时期、秦汉时期、三国两晋南北朝时期、隋唐时期、宋元时期、明清时期(鸦片战争前)等7个阶段。中国古代史是学习要点最多的部分,它以中华文明的发展为主线,涵盖政治文明、经济文明、社会文明、精神文明,贯穿着多元文化的交融,贯穿着民族交融,贯穿着中国先民的创造与智慧,充满着民族自信、民族自豪、民族自尊。中国近代史开始于1840年中英鸦片战争,结束于1949年中华人民共和国建立,包括清王朝晚期和中华民国时期。中国近代史是中国半殖民地半封建社会逐渐形成到瓦解的历史,也是中华民族对外反抗帝国主义侵略,对内反对封建专制统治,为求得民族独立和人民解放,努力实现国家富强和人民富裕而奋斗的历史。中国近代史包括27项学习内容,它是中国历史的急剧变化时期,充满了矛盾与变化。中国现代史是中国共产党领导全国各族人民进行社会主义革命和建设的历史,也是为国家富强和人民幸福而不懈努力的历史。中国现代史包括16项学习内容,以1949年中华人民共和国的成立为开端,是中华民族的伟大复兴史。

一、教材分析

(一)教材分析需要厘清基本结构

【案例6-8】　甲午中日战争上承两次鸦片战争,下启帝国主义瓜分中国的狂潮。它大大加深了中国社会的半殖民地化程度,是中华民族危机最严重的时期。也正是这场战争,促成了自鸦片战争以来前所未有的民族觉醒。此后,中国人民为反抗列强侵略,争取民族独立,进行了一次又一次救亡图存的探索,所以,危机也是转机。因此,本课在教材中起着承前启后的作用,地位举足轻重。

在2001版课程标准上,其要求是:列举《马关条约》的主要内容,说明《马关条约》与中国民族危机加剧的关系。其基本学习内容包括黄海海战、《马关条约》、瓜分中国的狂潮。

【案例评析】　前文中的教材分析依托课程标准的要求,站在近代史的基本发展角度,厘清课文学习内容自身的逻辑关系,分析了学习甲午中日战争的基本历史意义。在教材分析中,教师为了表达学习内容的历史时序性与思维的连贯性,经常使用的词语是"承前启后",作为设计者确实需要理解在历史学习内容的"承前启后",但是不可滥用。以甲午中日战争为例,它是近代资本主义侵略中国的典型,从某种意义上讲,它

对中国人民的影响不亚于八国联军的侵略。在前面的侵略战争中，都是西方列强靠着"坚船利炮"背后的强大资本主义打败了中国，中国人不得不学习西方。但是，同时代开始近代化起步的日本却击垮了中国，让中国人警醒。它确实对于中国人的近代民主革命起到了催化剂的作用，堪称"承前启后"。

（二）教材分析的不同思路

【案例6-9】[①] 江苏苏州工业园区第十中学方定红老师关于《难忘九一八》的教材分析是：《难忘九一八》是八年级上册中国历史第四单元第一课，包括"九一八"事变、西安事变两部分。从"九一八"事变到西安事变期间，日本侵华加剧、中日民族矛盾日益上升，中国社会各阶层以不同的方式投身抗日，而蒋介石的"攘外必先安内"论调和行为激起了国人的不满和国民党内部分裂。西安事变的和平解决引发了中国社会的一系列转折，奠定了抗日战争胜利的基础，所以本课内容不仅起着承上启下的作用，而且在第四单元中华民族的抗日战争乃至整个近代史上都具有重要地位和作用。同时，学习本课对当今世界和平、发展，构建和谐社会的主旋律具有现实意义。

【案例6-10】[②] 江西省萍乡市第六中学刘建萍老师关于《难忘九一八》的教材分析是：本课是第四单元"中华民族的抗日战争"的开篇课，主要介绍了两个重大历史事件，即"九一八"事变和西安事变。这两个历史事件的发生：一是导致中国人民开始了局部抗战，二是促使国共两党从内战转向合作抗日。掌握本课内容，将为全民族抗战内容的学习打下坚实的基础。

【案例评析】 方定红老师和刘建萍老师都在分析中明确了本课的教学内容包括九一八事变和西安事变，并分析了这两个历史事件在中国近代的历史意义和影响。方定红老师的分析还包括了历史事件的背景，对历史事件的影响的分析贯穿着近代与现代。

教材分析可以首先分析课标要求，笔者在设计《开放的中国走向世界》（川教版《中国历史》八年级下册第9课）时提出，本课以深圳等经济特区的建立为例，探讨经济特区在社会主义现代化建设中的作用和影响；认识邓小平理论是改革开放和社会主义现代化建设的指导思想。它还需要分析课程内容的地位，也就是它在课程中的时空关系。这课隶属于第三学习主题——建设中国特色社会主义，是中国现代史的必修重点内容之一。本课生动地再现了我国对外开放格局初步形成的过程，并以深圳经济特区和上海浦东新区开发开放所产生的重大影响，来说明我国实行改革开放的总方针是完全正确的。本课既和前面第7课《伟大的历史转折》、第8课《农村和城市的改革》一起构成了改革开放从提出到实施的完整体系，也为后面第10课《世界经济的奇迹》、第12课《沿着中国特色社会主义道路前进》作了很好的铺垫。

---

① 2012年全国初中历史优质课说课教学设计。
② 2012年全国初中历史优质课说课教学设计。

二、学情分析

学情分析解决什么问题？发现学生学习的知识基础、能力基础、学习情感基础，它与教材分析、课程目标是相对应的，它确定教学中的重点与难点。不管形式如何，学情分析就是完成学习的基础与需求之间的链接点，也就是找到教学上所说的最近发展区。一般意义上讲，学情分析的形式可以表述为"学生学习基础、学生学习需求"，也可以表述为"学习已知、学习未知、学习需求"等。

【案例6-11】 四川省乐山市外国语学校谭继洪老师在川教版八年级下册《开放的中国走向世界》的学情分析中指出，八年级学生已不像七年级学生那样对历史课充满新鲜与好奇，也没有九年级学生面临的升学压力，更由于功课的增加以及观念上的影响，他们对历史课的学习兴趣与学习主动性开始下降。经过一年多的学习，八年级学生的理解、分析、概括、比较能力有了一定的提高，且具备一定的逻辑思维能力，学习的创造性得到了一定的发展。乐山学生处于西南二线城市，远离对外开放的前沿，但发达的资讯使他们对改革开放30周年、金融危机、两会、世博会等社会热点有所了解。

【案例评析】 找到学生学习的身心阶段特征，发现学生学习本段历史的基础、学习的障碍，这是谭继洪老师分析学情的基本思路，有利于准确寻找教学策略和学习方法指导策略。

三、教学目标

教学目标是怎么来的？它是建立在课程标准、教材分析、学情分析的基础上，寻找课程价值与学生学习需求与基础的节点。教学目标定位准确与否，依赖于教师对于教材的定位、学生的学习把握情况。

【问题探究】 请分析"教学目标学习化、学习目标任务化、任务目标行为化"对教学目标设计的价值。

【案例6-12】 淮北市第二中学侯静老师在《甲午中日战争》中确定的教学目标如下：

维果茨基的"最近发展区"理论提出，教学要利用学生已有发展水平与教学要求之间的矛盾来促进学生的发展。教师要正确地认识学生现有发展水平和其潜在的发展可能，合理组织教学，使教学建立在学生通过一定努力可能达到要求的智力发展水平和知识水平上，即"跳一跳，摘到苹果"。

知识与技能：知道以黄海海战为代表的甲午中日战争中的主要战役；列举《马关条约》的内容，并分析其影响。

过程与方法：对探究问题进行深入思考，展开讨论，合作学习；学生学会从材料中获取和解读有效信息的方法。

情感态度价值观：学习邓世昌等民族英雄不怕牺牲的爱国主义精神，认识到抗击外来侵略、捍卫民族尊严是中华民族的优良传统。

【案例评析】 侯静老师以维果茨基的"最近发展区"理论作为教学的基本指导思想，找到了学生学习"甲午中日战争"的定位。

【案例6-13】 江苏苏州工业园区第十中学方定红老师关于《难忘九一八》的教学目标是：通过学习，使学生知道"九一八"事变，了解中国局部抗战的开始；知道西安事变，理解西安事变和平解决的意义；提高讲述历史事件、阅读史料、初步运用历史唯物主义观点分析问题的能力；激发情感共鸣，增强爱国主义情感和民族责任感。

【案例6-14】 江西省萍乡市第六中学刘建萍老师关于《难忘九一八》的教学目标是：知识与技能——知道"九一八"事变，了解中国局部抗战的开始；知道西安事变，理解和平解决西安事变的意义。过程与方法——通过观看历史影视资料、阅读史料、讲述故事、小组讨论等方法，让学生自主学习，了解有关史实；通过辩论、记者访谈、对比分析等形式，引导学生合作探究西安事变和平解决的历史意义。情感态度价值观——充分体会日本侵华给中华民族带来的危亡感；学习抗日民族英雄的优秀品质，感受在西安事变的和平解决过程中国共产党以民族利益为重的博大胸襟，培养对国家和民族的历史责任感。

【案例评析】 方定红老师对课程目标进行有机整合，其表述简明扼要。刘建萍老师按照知识与技能、过程与方法、情感态度价值观三维视野，对教学目标进行分解。他们的风格反映了目前教学目标分析的两种思路，都具有教学的指导性。

【问题探究】 在《开放的中国走向世界》中，某老师的三维课程目标如下，请做评述。

1.知识与能力

(1)本课学生要掌握的基本知识：第一次提出办特区主张的人物和时间；经济特区的建立、特点及其影响；上海浦东的开发开放；对外开放的主要模式；全方位对外开放格局的形成。

(2)在能力上，主要培养学生自主学习知识和运用知识的能力，以及与他人合作交流的能力。

2.过程与方法

(1)通过识读《经济特区示意图》和《对外开放新格局》示意图，进一步培养学生的识图能力和历史空间感。

(2)通过分析经济特区与特别行政区的异同和晚清"门户开放"与新时期对外开放的异同，提高学生运用横向比较和纵向比较的方法来认识历史问题的能力。

(3)通过重点剖析深圳、上海浦东两大窗口城市，让学生逐步熟悉历史学习和研究中的个案分析法，提高材料解读能力。

(4)通过制作我国对外开放格局形成过程的图表，培养学生的制表能力、创新能力、表达能力。

3.情感态度与价值观

(1)了解经济特区"杀出一条血路"的壮举,激发学生开拓进取的精神和创新意识。

(2)通过了解对外开放以来取得的辉煌成就,使学生明白对外开放是我国社会主义事业繁荣昌盛的强国之路,并逐步确立为祖国现代化建设做贡献的人生理想,激发学生的爱国热情。

(3)结合本课学习,引导学生得出"邓小平理论是改革开放和社会主义现代化建设的指导思想"的结论。

四、教学理念

淮北市第二中学侯静老师在《甲午中日战争》的教学设计反思中写道:本节课以课标为中心,创造性地整合了教材,以"冰心的警醒[①]""冰心的哀痛""冰心的嘱托"为主线,使几个探究性问题环环相扣,圆满地完成了教学目标。本节课还注重了初中学生的心理特征和认知体验,通过多种教学手段,多方面地调动了学生学习历史的兴趣。学生通过讨论法、史料分析法、探究与合作学习法,积极主动地参与到了历史教学活动中来。本节课还突出了学生的主体地位,注重了对学生学习能力和思维能力的培养,以及健全人格的塑造,有助于他们更好地从历史的角度观察和思考社会与人生,发挥了史学的育人功能。

江苏苏州工业园区第十中学方定红老师关于《难忘九一八》的教学反思认为,教学中力求贯彻"一课一中心"的教学理念,把教学重点的两个历史事变的发生、发展、影响归结到一条暗含的主线,就是在民族危亡的紧要关头,中国各阶层最终都能以民族利益为重,一致对外。让学生认识到捍卫国家主权和民族尊严,是近代以来中华民族的优良传统。

(一)教学理念包括历史学习的基本理念

中学历史学习的基本理念就是站在历史发现的视野,选择历史研究的基本思路,确定历史学习的定位,研究历史事实的立意。在中学历史教学中,其基本定位不是把学生当作历史学家来做培养,但是,需要培养基于历史研究的历史素养,故把历史研究与学习素养作为中学历史教学的首要定位。学习历史的基本定位,包括学生发现历史素材、分析历史素材、寻求历史意义的基本过程,用历史研究的基本观点即"论从史出、经史致用"在历史事实中发现历史的基本特征,寻找一种指引人类发展的人文精神。当然,除此之外,还包括一些基本历史观,如"唯物史观、全球史观、文明史观、近代史观"等等。在这个意义上而言,教学的理念就是研究历史的基本理念。

在中国古代史的教学中,我们的历史学习课程内容包括很多反映中国古代文明的

---

①冰心的父亲曾经参加过甲午海战,她多次立意要将甲午海战写成一部书。但每当提笔,冰心便激动得大哭。加上冰心创作该作品时已经年迈,因此,她的《甲午战争》只开了一个头,留下了两页手稿,其中一页上有冰心"以百年国耻激励后人,教育后人,前事不忘,后事之师"两行手书。这句话无疑是整部作品的重要立意,所以单独地写在另页上。

成就,特别是古代中国社会的技术与科学文化成就引领着世界文明的进步,推动了世界的发展与进步。我们教学这些课程内容的立意是什么?让学生站在祖先的历史成就上欣慰,慨叹我们的历史成就,让学生躺在历史的成就上睡大觉?还是导引学生分析我国古代文明成就的要素,特别是挖掘先民的探究精神和开拓意识,激发学生的责任感,并将历史责任感转为为学习的动力与情感。看起来,前者是在培养学生的民族自豪感、民族认同感、民族自信力,但是难以形成历史教育的真正教育意义。而后者是基于历史责任的角度来思考民族自豪感、民族认同感、民族自信力,显然培养出的历史素养才是理性的、历史的。

同样,中国近代史,是中国的一部屈辱史。在教学的定位中,若把它的重点放在引导学生看中华民族的苦难,其实就变为了诉苦大会,失去了历史的教育意义。我们品味苦难的角度,应该是站在历史的视野看中国近代苦难多灾的成因,看我国近代仁人志士追寻民族独立、民族选择、民族发展的道路,从某种程度而言,近代史的道路问题[①]特别重要,就是他们的历史责任感、探索与精神,才赢得今天我们的幸福生活。

在中国现代史,新中国的社会主义道路探索在曲折中前进,我们取得了社会主义建设的巨大成就,特别是改革开放以来的物质文明建设、精神文明建设、生态文明建设、政治文明建设的大发展,但是我们也有许多难以回首的历史教训。现代史的教学定位和立意不只是局限于感知这些历史事实,应该站在历史道路探索的角度,发现在中国共产党的领导下,我们的探索精神与民族复兴梦的日渐实现,这才是历史课程的核心意义。

历史课程学习的意义与时代价值就在于熏陶学生的历史感,培养学生的历史观,提升学生的世界观、人生观、价值观,让社会主义的核心价值观和以爱国主义为核心的民族精神在学生的内心世界得到培育,确保我们的人才方向,实现人文意义。

(二)教学理念还包括学生学习的共同教育原理

学科课程内容和学科的基本价值选择是学生学习的基本载体,它决定了学生在学习不同学科时的学习思维差异性。但是,过分强调学科差异性,就是在忽略学生学习的基本原理性。在我国日渐风行的教育变革思潮中,出现了很多新颖的教学理念,都特别具有冲击力。但是就教学的基本原理而言,教学的理念主要包括教学的主体角度、教学的策略角度、教学的目标角度,比如"学生主体,因材施教、以学定教,自主学习、合作学习、探究学习,发展性学习"等等。我们再反观这些理念,从教育的原理意义而言,都有承载的教育价值,但是我们很多时候在曲解或者片面理解其教育内涵,反而会"邯郸学步"。回到教育的基本意义,回到教育的基本原点,才是我们确定教学理念的准星。

在中央电视台《百家讲坛》上登台的纪连海老师、袁腾飞老师刷新了中学历史教师的形象,在一定意义上给大众进行了历史普及课。现在已经调入北京市海淀区教师进修学校的袁腾飞老师出版了《历史是个什么玩意儿》(共四卷),是以被称为"史上最牛历史老师"——袁腾飞的妙语重新诠释中国史和世界史,将那些原本枯燥乏味的历史

[①] 中国社会的发展及其道路问题。

段落变得趣味横生,将原本趣味横生的历史段落变得精彩绝伦。

以国家强力推进的第八轮基础教育课程改革,是对我国基础教育成果和现代课程意义的辩证发展,它倡导的主要教学理念包括:帮助学生确立通过努力能够达到的目标;教学方式应该服务于学生的学习方式,怎样学就怎样教;教学要密切联系学生的生活世界,让教学内容与生活世界结缘;教师要激励学生,努力完成富有挑战性的学习任务;及时反馈、沟通教师—学生、学生—学生之间的信息交流;让学生自由地思考,充分发展,给他们想象思考的空间和自由;帮助学生去发现学会知识对个人的意义;注重让学生理解、探究,而不是让学生记忆现成的结论;扩展学生的知识面,提高综合学习课程的能力;师生平等共处,教师是平等中的首席,营造和谐、融洽的学习气氛。

【案例 6-15】 湖南省长沙市第一中学瞿建湘老师认为《万千气象的宋代社会风貌》(人教版七年级下册第 11 课)的设计思路可以多元解译:

(1)紧扣教材为主的教学设计。立足教材,从中挖掘历史,其方式或侧重可以有多种:基础知识的概括归纳与罗列,直接借助教材感悟宋代生活;现象成因探讨,如服饰多样性可看出经济的发展、民族的融合、封建思想的盛行等,如饮食可以看出地域文化、商品经济、民族交流等,又如住房多样体现出贫富差距、阶级差别的存在;充分运用教材所列的插图和事例。

(2)图文材料为主的教学设计。充分运用材料,从材料中形象地感悟历史,面对初一学生要注意将古文翻译成白话文。除教材材料之外,可以更多地采用宋代艺术作品、历史文献,如《清明上河图》等风俗画、宋代壁画、雕刻等,还有大量的宋代笔记、诗词,如《东京梦华录》等文字作品。

(3)活动设计为主的教学设计。充分调动学生积极参与性,通过活动设计推动学生掌握、理解和运用知识。如"东京、临安一日游""游记短文来找茬"等,更积极有效的活动可设计为"给相关影视拍摄设计场景和道具",你可以随意选取某个情景设计,由学生提出场景具体情形设计和道具样式,再由另一批学生点评是否合理是否需改进。如《水浒》中武松打虎前武松喝酒、《射雕英雄传》《天龙八部》等主人公酒店喝酒等,这些都涉及宋代交通、酒家的房子、各种人物的服装、桌上的酒肉等,也可以涉及瓦子、节日等,老师还可以加入其中。

(4)教师讲授为主的教学设计。百家讲坛式的教学并非不可,这也是可取的教学设计,关键在于教师丰富的知识储备和高超的表达能力。

【案例评析】 教师教学设计的多元性决定了教学的开放性,教学设计的民主性决定了教学的生命性。瞿建湘老师从学生可以把握的学习出发,设计了 4 种教学思路,很大程度上体现了教学思想的多元性与民主性,促进学生的主体意识的发展。

五、教学重点难点

(一)教学重点难点在于寻找历史学习的意义

某老师在进行《中华民族的抗日战争》的第二课《宁为战死鬼不作亡国奴》确定的

教学重点是卢沟桥事件,教学难点是正确认识南京大屠杀及日本极力掩盖南京大屠杀的事实。从教学论的角度,教学的重点、难点均为学生学习的重要支点或者重要堵点,学生学习的重点不在于"卢沟桥事件"本身,而是对"卢沟桥事件"背后所包含的历史意义做出理解与思考。站在历史教育哲学的角度,可以考虑的核心问题是"卢沟桥事件是否可以避免?",其实就是思考中国全民族抗日战争爆发的必然性与偶然性,学生通过"卢沟桥事件"的学习,培养历史发展的必然性思维。历史教学的意义不简单在于学生记住了多少历史事件,而在于对历史事件的内在规则即历史逻辑进行分析。所以本课教学重点应该修改为"理解卢沟桥事件发生的必然性与偶然性"。在本课中,中国军民的抗战是本课学习的主要价值取向,在大敌面前,一致抗战,是民族精神的大义,它激荡了在落后国家下的民族精神,所以本课还应该确定另外一个重点"感悟全民族抗战的伟大意义"。就教学难点而言,教师认为需"正确认识南京大屠杀及日本极力掩盖南京大屠杀的事实"。该观点本身是不严谨的,"南京大屠杀及日本极力掩盖南京大屠杀的事实"已经是国际公认,这个历史事实是不容篡改的,不容篡改的历史事实就谈不上什么正确认识。教师的主要疑难在于怎样引导学生把历史的惨剧和民族的悲剧与学生的现实责任相结合。学习历史的意义在于怎么避免历史悲剧的重新发生。在当今的世界,发生同样悲剧的时代背景与国内背景已经不存在,可以引导学生从悲剧发生的国内背景、国际要素分析,得出结论为现代中国已经屹立在世界,成为不可忽视的重要国际力量。所以本课的教学难点可以调整为"引导学生把历史的惨剧和民族的悲剧与学生的现实责任相结合"。在近代史教学的价值导向上,由于其主线包括外国侵略中国的历史、民族的抗争历史、民族的道路选择历史,如果把教学的支点定位为痛诉外国侵略的罪行和中国人民的抗争,这只是看到了历史学习的表面意义。历史教学的核心意义在于回到当时的历史背景,回答历史的"为什么",从而提出"怎么样"。

【问题探究】 请对下述案例做评述:

某老师在《秦的"统一"》一课中确定"秦的统一"是本课的重点。他认为,"统一"是本课的主题,"扫六合"是建立统一国家;"建立中央集权",统一货币、度量衡和文字,是巩固统一的国家;秦朝的疆域,是统一国家的表现。"统一"是秦汉时期的重要特征,也是这一时期对中国历史的重要贡献。"统一"也是中国历史的一条主线,是中国两千多年历史发展的主旋律。教师以课件演示扫六合的过程,通过讨论,探索理解秦灭六国的原因和秦统一的重要意义。教师通过观看连环画来理解统一货币、度量衡和文字的作用。

(二)教学重点难点的指向要具体明确

在《难忘九一八》的教学设计中,教师甲确定的教学重点是"九一八"事变、西安事变,教师乙确定的教学重点是"九一八"事变的影响,他们都确定西安事变的和平解决为教学难点。不同的教师针对不同学习群体,有着不同的学习起点,在教学设计与处理上应该要有差异。但是,作为教学重点难点的基本要素应该主张明确、指向具体。在本课中,理解西安事变的发生既是教学重点,也可以是教学难点。但是教师需要明确理解西安事变发生的必然性与偶然性、中国共产党处理西安事变的政治智慧、西安事变和平解决的历史必然趋势所昭示在当时外敌入侵下民族团结的民族精神才是本课学习的难点。"九一八"事变作为本段历史的重要事件是正确的,它是日本全面侵略战争的开始,也是日本破坏一战后建立的"凡尔赛—华盛顿体系"的最显著事件,给中华民族带来了深重的灾难,在近代中国历史上具有重要地位。但是,从教学的角度而言,其意义与价值在于引导学生分析"九一八"事变发生的历史必然性与偶然性,在于引导学生分析历史事件的内在影响与培育学生人生观的时代意义。所以,本课的教学重点表述为"分析九一八事变、西安事变发生的历史原因和影响",教学难点表述为"理解西安事变和平解决的意义"。

【案例 6-16】 广西玉林市玉州区九中杨幼梅在《国共合作抗日》课中认为,台儿庄战役、百团大战分别是国共两党在正面战场和敌后战场取得的大捷,具有典型意义,充分体现了"国共合作抗日"这一主题,也是开展爱国主义教育的重要素材,所以确定的重点是台儿庄战役、百团大战。她认为学生理解中共深入敌后建立抗日根据地的原因和明白中国进行抗战并最后取得胜利的最伟大的力量是广大人民是比较困难的,所以中国共产党深入敌后创建敌后抗日根据地的原因为本课的难点。

【案例评析】 找到历史发展的关键点,找到历史发展的支点,是寻找学生学习历史的重点、难点的途径。台儿庄战役、百团大战是抗日战争的重大影响战役,是国共两党抗战的纪念碑,杨幼梅老师因此确定为重点。敌后抗日根据地在抗日战争中发挥着重要作用,它是中国抗战能够取得最后胜利的重要因素,也是中国独特的战略态势,所以教师确定为教学难点。

【问题探究】 请对下述案例做评述:

某老师在《秦的"统一"》一课中确定"封建专制主义的中央集权"是本课的难点。他认为,由于七年级学生的年龄特征决定了其知识水平和理解能力,因此"封建专制主义"和"中央集权"这些历史术语对于初一学生来讲是抽象的、较难理解的。教师教学中突破难点的方法是用"课本情景剧《朝会》、幻灯演示、学生动手绘制"的方法理解专制主义中央集权制的层级关系。

六、教法学法

(一)传统方法有存在的必然性

在某老师设计《秦的"统一"》一课中,教师提出除传统教法外,还将使用情景教学法、自主学习法、合作探究法等。采用小组合作探究秦朝统一的原因、意义;通过创设"孔虚经商"的情景,让学生掌握秦朝巩固统一的措施及其作用。传统教学方法是什么?情景教学法、自主学习法、合作探究法是不是传统教学方法?传统教学方法具有什么价值与意义,是不是传统教学方法都该被取代呢?在教学改革的新思潮中,"自主合作探究学习"成为一个时髦的流行语,似乎再提传统的教学方法就是没有跟进教学改革的浪潮,似乎就是没有真正服务教育。在教育的基本规律而言,教与学的基本方

法有发现式、接受式两大类,在之下可以衍生变数。不管时间的流逝和社会的变化,传承人类教育思想精华,充分尊重与发挥教师、学生的教学主体性,根据学科课程知识的特点,依托"反思性"为历史教学的基本方法,研究并发现不同课型[①]、不同教师专业发展段、不同学生群体的教学方法。

从教师的教学方法而言,最基本、最直接、最经济的教学方法是讲授法[②],但是在课程改革的浪潮下,讲授法却被看为"课程改革的阻力"[③],这是对人类传承的基本教学经验的否定,不一定就是教育的进步。由于历史知识所反映的是过去人类的文化活动,它具有不可再生性、不可直接观察性,它是以间接学习为主,需要以"听、看、思"多通道来学习历史。而听教师讲授历史,使文本的历史、教师的历史与学生理解的历史相碰撞,形成学生的历史思维。讲授法是教师教学历史的基本方法,如何讲授历史是历史教师的基本功。讲授法是人类教学实践的智慧结晶,不在于讲不讲的问题,关键在于教师"为什么讲""讲授什么""如何讲授"。如果没有解决这三个讲授法的本源问题,教师不如把课堂时间完全还给学生。教师讲授的内容应该是丰满、具体的,教师的讲授与分析应该是形象、深刻的,教师的教学语言应该是简洁、明了的,这样的讲授就能够适应学生的兴趣、情趣,能够使学生得到启发,就会实现学生与教师在课堂的互动,使学生的历史思维得到发展。在教师讲授的过程中,需要历史课程的理解、历史思维的建立、教育传播的路径等三个基本支架,前二者是历史教师的学科功底,而后者就是历史教师的普通教育学基础,三者缺一不可。

【案例6-17】 教师利用多媒体播放《七子之歌》并出示诗内容:你可知妈港不是我真姓?我离开你的襁褓太久了,母亲!但是他们掳去的是我的肉体,你依然保管着我内心的灵魂。三百年来梦寐不忘的生母啊!请叫儿的乳名,叫我一声"澳门"!母亲!我要回来!母亲!

师:谁知道这首诗的名称和作者?

生:《七子之歌》,作者闻一多。

师:该诗写于1925年3月,是闻一多有感于近代西方列强强占我国领土而作。全诗共分七个部分,将七处地方喻为与母亲离散的孤儿。这首诗所表现的是我国哪一处地方被列强霸占?

众生答:澳门

师:澳门是被西方哪个国家强占的?(葡萄牙)现在请一名学生向大家讲述澳门被占的历史。(学生根据课本小字部分讲述)

师:历经446个寒暑,1999年12月20日,举国欢腾,万人空巷。澳门在这一天终于回归祖国,他离开祖国母亲的怀抱确实太久了。

【案例评析】 情景、问题是教师讲授澳门问题的基本路径,在情景中熏陶学习动因,在问题中寻找学习的方法,讲授法成为这两种教学法的基本平台。

---

① 就课型而言,笔者建议在新课、复习课的基础上,按照历史课程内容差异分解为政治史、经济史、文化史、生活史、社会史,从不同的课程内容选择不同的教学方法。

② 也称为谈话法。

③ 一些教师认为讲授法是教师学生教学形态变革的反证,谁使用讲授法,谁就是在反对课程改革,已经发展到"谈讲色变"。

教师要改进教学方法与教学手段，改进以讲述为主的方法，实现教学方法的多元化。教师要组织参观、访问、社会调查等丰富多彩的教学实践活动，探索如学生自主学习、合作学习、探究学习等新的教学途径。教师要为学生学习营造兴趣盎然的学习环境，激发学生学习历史的兴趣。教师要引导学生转变学习方式，变被动接受为学生主动学习，主动学习教科书和有关历史书籍，主动提出问题，主动探究问题。

（二）合作学习是改变教学的基本形态

在教学的基本原理中，实施合作学习是学习的一个基本途径，也是一种基本方法。就教师教学与学生学习而言，需要在共同的价值取向基础上建立专业学习社群，形成师生学习共同体。

在专业学习社群中，学习者之间各种不同的交流与互动使每个学习者自身能够深深感受到自己在被大家所关注、关爱和尊重着，从而在心灵上会产生一种强烈的归属感，这不仅有利于学习者自身的心理健康发展，更有利于学习社群的整体性与持续性发展。

专业学习社群是一种集体性的合作学习、探讨与研究，注重教师与学生之间的知识分享与技能切磋，通过观摩与互动来提供建设性的意见，以促进学习者得以持续性的改进与发展。学习者之间的关系平等互利友好，他们之间不论专业水平、知识层次，都受到一致的尊重。学习者毫无保留地传达与分享自己的观点，从而增进彼此的感情，促进彼此的发展。学习者会互相观摩、支持、检视自己的学习与教学行为。同学之间、师生之间互相信任、尊重和关怀，要求相互扮演辅导者的角色。

同学之间一方面互相支持彼此的学习与教学成就，也协助对方解决困难。学习者的主要任务是确立正确的专业学习态度与价值理念，积累相关的专业知识与技能，掌握一定的专业发展技巧与方法，并通过与他人的合作探讨与学习开创自身的创造性思维，获得持续学习与发展的本领。教师作为社群中的成员除了具备一定的学习能力之外，更重要的是要具备教学者所应具备的教学技能与水平，要根据学生的学习情况和不断积累的经验去做相应的改变，以便促进学生的全面与创新发展。

【问题探究】　请对下述案例做评述：

在《诸子百家》中，教师把学生按小组分为"儒家""道家""法家"，以三组的角度分别研习当时的百家争鸣。儒家（第一小组）同学甲介绍孔子，形成对孔子初步了解；同学乙回答孔子的思想、教育主张，进一步了解孔子；教师引导学生理解孔子的思想和教育主张含义，加深对孔子的了解；学生呈现儒家经典语句欣赏（樊迟问仁。子曰："爱人。"立爱自亲始！三人行，必有我师焉！礼之用，和为贵。己所不欲，勿施于人。子曰："君子成人之美，不成人之恶。小人反是。君子和而不同，小人同而不和！"）达成情感教育。道家（第二小组）同学甲介绍老子及其思想主张，初步了解老子；引导学生理解老子的无为而治，进一步理解道家思想；学生品析道家名句（民之难治，以其上之有为，是以难治。我无为而民自化；我好静而民自正；我无事而民自富；我无欲而民自

朴。),对道家思想做再研究讨论。法家(第三小组)由学生甲介绍韩非子,初步了解;结合韩非子语句(国无常强,无常弱。奉法者强则国强,奉法者弱则国弱)让学生回答韩非子的思想主张,理解其思想主张。

(三)在争论中发展的讲学稿

回到学生的学习视野关注教师的教学设计,从学生学习的意义生长来进行教学设计,是近年来中学历史教学改革的变化点。以江苏省南京市溧水县东庐中学为代表,讲学稿式的教学设计日渐在我国传播,以讲学稿为载体的教学形态日渐成熟与完善。目前,讲学稿已经衍生为多种形式,诸如导学稿、讲学稿、学案等。观其变数多端,其根本特点在于从学生学习的角度思考学习的过程,实现课程的学本化。用好讲学稿,确实为学生学习历史提供了一个支柱,这是一个新的教学形态。

【案例6-18】 成都龙市龙泉驿区二中芮勤老师的川教版七年级上册第七课《战国争雄》导学案包括点击新目标、链接旧知识、课堂进行时(情景导入、课堂热身、新课解读)、课堂小结(课堂大练兵、课后谈收获)四大部分,"点击新目标"就是站在学生学习的角度提出本课的学习目标是记住战国时期的起止时间,记住"战国七雄",了解战国时期战争的特点和著名战役及军事家,理解"合纵"与"连横"的含义。"链接旧知识"是对本课的学习基础的回应,要求学生填写春秋时期的起止时间、春秋五霸和上节课所涉及的成语,以具体的课程知识任务引导学生回顾学习基础。"课堂进行时"是本课学习的主要阶段,即"新课学习"阶段,教师在本环节中,以多元情景导入新课,从学生的多元学习行为的角度作为学习的主体线索,学生在其中要主动参与,"初读课文、勾画要点、完成填空"对"战国的起止时间、战国时期的战争特点、战国时期的外交特点"感知,学生看《战国形势图》,填写战国七雄的地理方位;学生分析材料,得出战国战争的特点;学生以秦为中心,设计其"合纵、连横"外交路线示意图,并结合材料对"合纵、连横"的外交政策进行评价;学生完成本课知识结构图,完成历史同步训练选择题;学生提出本课的学习收获与疑问。

【案例评析】 导学案的定位是教师指导学习、学生自主学习、学生问题导引学习的教学形态,在导学案中,历史学习的逻辑思维成为最关键的要素。芮勤老师通过师生共学,实现学生学习的体验与历史思维的同步发展。

以该案例为代表,学案类型的教学设计已经超越了一种简单的教学设计方式,其根本表达的是一种教学思想导引下的教学范式:学生为中心的主体式学习,站在学生的需求与基础角度,以学生学习行为设计目标;在学生学习的角度,以学习学习行为为指引,完成历史学习的思维建构。

诚然,讲学稿也是教学变革的双刃剑,它需要思考三个问题。其一,如何防止学案成为作业题单,实现学习的三维课程目标统一;其二,如何针对不同学生、不同班级、不同课型设计不同的学案,实现教学的差异性;其三,学案需要对学生的学习情况进行收集与梳理,作为教师教学指导的基础,在历史教师任教班级较多的前提下,如何把握不同班级的学情及时反馈?

(四)情景教学受到关注和青睐

情景教学法是指在教学过程中为达到既定教学目标,从教学需要出发,综合运用多种教学手段,积极创设历史情境,将历史"复原",使那些久远的、陌生的历史"重现"在学生面前,寓教于"情"于"境",使学生在身临其境、感同身受的状态中达到主动地学习历史知识,主动地利用历史知识分析、解决历史问题和现实问题。

历史知识的真实性、过去性、丰富性、生动性、综合性的特点,决定了在历史课的教学中特别需要氛围的渲染,需要情景的体验,需要心灵的沟通,以创造一种良好的学习气氛,激发学生的学习兴趣。这对增加历史课的教学实效性是至关重要的。因此,在历史课教学中,引进和推广情景式教学是十分必要的。只有想方设法营造课堂气氛,把学生引入教学内容所创设的特定情景中,才能使学生与教师所教授的内容产生思想、情感上的共鸣,激发学生学习的兴趣和学习的积极性、主动性。

历史课情景教学包括创设导语情景、创设故事情景、设计问题情景、利用语言情景、设计表演情景、复现历史情景、创设音乐情景,激发学生的兴趣,有助于突破难点,启迪思维,陶冶情操,培养学生能力。情景的创设是学习的基础,但是如何利用情景开展历史学习与研究,才是情景教学的关键。在教学的基本视野而言,就是充分发挥学生在历史学习中的主动性,在情景中进行体验学习与探究学习。

【案例6-19】 在学习八年级上册《洋务运动》时,正好是我国嫦娥二号发射成功后不久,教师在引课时,用多媒体播放了嫦娥二号升空的精彩片段,学生看得啧啧赞叹,一种民族自豪感油然而生。教师乘机解说,从这里我们看到了我国综合国力的增强和科技水平的提升。嫦娥二号完全是由我国自主研发,自主制造的。教师趁热打铁提问,大家知道我国的机器制造业是什么时候兴起的?怎样兴起的?我们一起在新课的学习中寻求答案。学生探求知识的兴趣立即被调动起来,情绪高涨地进入了新课的学习。

【案例评析】 情景需要问题跟进,教师通过"嫦娥二号"创设导语情景,既自然地引出了教学内容,又激发了学生学习历史知识的兴趣,也调动起学生探求的热情。

实物和模型不仅能形象地反映历史的真实情况,而且是许多重要历史知识的直接来源。如学习长城、秦始皇陵兵马俑等古代著名的工程时,教师展示相关图片、实物和模型,让学生身临其境,感受到这些工程的雄伟壮观,从而产生强烈的民族自豪感。

由学生自己扮演历史角色,使历史人物不再是书本上平面的人物,而是有血有肉、活生生的。虽然,学生的表演很青涩、很稚嫩,但是角色已经融入了学生的理解和创新,学生对历史角色产生亲切感,很自然地加深内心的体验和对教材的理解。与此同时,学生的说话、观察、模仿、思维、想象、分析、理解等能力在不断被开发,增强了历史课的趣味性。

（五）图像分析挖掘历史的本源

【案例 6-20】 上图是熟悉的《开国大典》经典照片，其描述的内容是毛泽东主席在天安门城楼宣告"中华人民共和国中央人民政府今天成立了！"。这幅图的历史题材相当丰富，最经典的角度是品味中国现代历史的变迁：中华人民共和国的成立，中国共产党领导中国人民取得的新民主主义革命的胜利；图中历史人物刘少奇、高岗等的变化，反映中国特色社会主义发展的曲折历程。

【案例评析】 图像分析其实也是史料研习的一种，它是特殊的史料，其在历史学习中具有直观性，增加历史信息的直观性，复原历史情境，提供历史细节。在很多图像中，其蕴含的历史意义值得深入挖掘。对图像挖掘的通道有三：历史图像情节细节，历史图像的历史背景，同类历史图像的比对分析。

【问题探究】 "翻转课堂""微课""慕课"是三种目前的课堂变革形态，请分析它们在初中历史教学中的利与弊。

七、教学过程

【案例 6-21】 广西玉林市玉州区九中杨幼梅在《国共合作抗日》[①]课，根据有效教育的相关理念和学生的实行情况，设计了三个教学环节：创设情景，导入新课；构建平台，学习新知；归纳小结，巩固练习。

第一环节：创设情景，导入新课。教师在导入新课这一环节，先播放《大刀进行曲》，用威武雄壮、慷慨激昂的歌声渲染课堂气氛，调动学生的学习情绪，引起学生的学习兴趣和探究欲望。教师适时提出问题："1937年日本发动七七事变，挑起了全面侵华战争，中华民族到了生死存亡的紧要关头。国难当头，国共两党如何携手合作共同抗战，取得了哪些重要战役的胜利呢？"

第二个环节：构建平台，学习新知。根据教学内容的需要，教师构建了两个教学平台，其中对基础知识的认知，通过第一个平台来完成。

---

① 2010年全国初中历史优质课获奖作品。

平台一:精读细找,梳理基础知识。教学流程如下:

1.根据学生的认知规律,教师先出示以下问题:

①国共两党第二次合作是如何一步步实现的?它的形成有什么重大的历史意义?

②国民政府在正面战场先后组织了哪四大会战?

③找出台儿庄战役和百团大战的时间、指挥者、战果和历史意义。

④抗战开始后中国共产党实行怎样的抗战路线?

让学生带着问题自主学习课文。教师巡堂指导,适时帮助学生解决疑难问题。组织学生在小组内进行交流,让他们互相谈谈自主学习的收获,互相释疑。请两三个小组代表发言,让他们把小组的学习收获与全班同学分享,教师进行适时的评价和补充,起指导点拨作用。这四道基础性问题,面向全体学生,对学生自主学习起到很好的启发和指导作用。小组内交流学习成果,利于学生对这些基础知识的互相补充与完善,也利于同伴互学,从而培养学生互助互学的良好学习习惯。全班内分享学习成果,使这些基础知识再次得到了强化与巩固,有效地落实了基础知识,同伴互助互学凸显。这一平台的构建,既充分体现了学生自主、合作、探究的学习方式,又有效地落实了基础知识,达到了教师的预期目的。

对本课重、难点的学习,教师设计了第二个教学平台。

平台二:深化认识,巩固拓展。

教学流程如下:

(1)播放《百团大战》的相关视频,出示以下两段史料:①"战争的伟大之最浓厚的根源,存在于民众之中。"——毛泽东

②争取抗战胜利的中心关键,在使已经发动的抗战发展为全面的全民族抗战。只有这种全面的全民族抗战,才能使抗战得到最后的胜利。——1937年8月《关于目前形势与党的任务的决定》等,营建问题情境,引导学生提出新的疑难问题。

(2)学生质疑、释疑。因为有了平台一"梳理基础知识"的铺垫,加上视频和史料的情感冲击,学生的思维非常活跃,纷纷从不同的角度提出了他们疑问和看法。一位平时不善发言的同学提出的问题"中国共产党为什么要发动百团大战?为什么要深入敌后建立抗日根据地?"得到大家的称赞。另一位同学比较突出,他提出了这样两个问题:①为什么国民政府在正面战场节节败退?②为什么国民党在抗战后期消极抗战,而加紧对中国共产党根据地实施封锁?

(3)老师充分肯定学生提出的问题并及时地鼓励学生。

(4)学生共同筛选出最想了解的问题,利用学生人力资源,师生共同解决。

这个环节掀起了整堂教学的高潮,学生在质疑、思疑、解疑的过程中,产生了激烈的思维碰撞,学生个性得到了张扬,本课知识在生生互动和师生互动中得以进一步的落实和延伸。

充分利用教材中的情感因素教育学生是历史教学的基本目标,立足历史,服务未来是历史教学的基本功能。知识落实了,重难点突破了,教师抛出这一开放性问题:"国共两党合作抗日,实现了全民族的抗战,最终赢得了抗日战争的伟大胜利。通过本课的学习,请说说今天我们为完成统一大业,实现中华民族的伟大复兴可以从中得到一些什么启示?"学生先独立思考,接着在四人小组内交流各自的想法,然后再全班分享。在学生发言的过程中,教师发现学生的思维比较开阔,既能从历史学科的角度去想,也能联系时事政治,说出了许多让教师惊喜的看法,学生在想、在说的过程中,热爱国家、盼望国家统一的情感得到升华,民族责任感油然而生。

第三个环节:归纳小结,巩固练习。在这环节,教师设计了这样一道题目:"请结合今天所学内容,为学校广播站开设的《回顾历史》栏目拟一份有关台儿庄战役和百团大战的广播稿。"通过写广播稿的形式,对本课进行一次完整的归纳。学生以六人小组合作完成,并进行作品展示。

【案例评析】 回顾杨幼梅老师的设计具有以下三个特点:1.教师抓住关键要素构建有效平台,充分尊重了学生学习的主动权,重视对学生自主学习的指导、注意培养学生良好的学习习惯。2.充分调动学生的"看""听""讲""想""做"等各种感官,顺应学生的心理和生理变化特点,适时进行动静转换,学生兴趣高,学得主动,学得积极,收到了良好的学习效果。3.小组合作学习效果比较明显。在有限的课堂时间里,小组合作都能按时按量按质完成小组合作学习的任务,每个学生在小组合作的过程都有自己的想法或做法,参与面非常广,主动学习、合作探究的学习习惯得到了很好的培养。

第三节　世界史教学设计

初中世界历史课程内容包括世界古代史、世界近代史、世界现代史三个阶段,一共包括44项学习内容。世界古代史从早期人类的出现,直到公元15世纪末期,其间大体经历了原始社会、奴隶社会和封建社会,它以多元文明形态的发生、发展为主线,以各文明形态出现的时间概念、所处的空间概念构成世界古代文明史。世界古代史包括14项学习内容,它主要反映不同古代文明的发展及其交汇。世界近代史是16世纪前后至20世纪初资本主义制度产生和发展的历史,在这一历史阶段中,世界各地区前资本主义文明的相对孤立和相互隔绝状态,被日益发展的资本主义世界市场和血腥的殖民扩张所打破,人类逐渐步入相互联系、相互依赖的阶段,进而产生了真正意义上的世界历史。世界近代史包括15项学习内容,它按照资本主义制度产生、确立、发展并向世界扩张最后形成资本主义世界体系的时序性编排教学内容,它包括资本主义自身的发展及其内在矛盾、资本主义对其他文明形态的冲击所带来的进步与野蛮的冲突、资本主义世界体系的形成及其多元性,这是人类文明史上冲突最尖锐的时期,也产生了高度发达的人类文明。世界现代史主要叙述的是20世纪初以来世界历史发展的基本进程。进入20世纪以来,世界日益成为一个密不可分的整体,构成了世界各国既相互依存又相互竞争的复杂局面,完整意义上的世界历史终于形成。世界现代史按照发展特点分为三个历史时期,19世纪末20世纪初到1945年二战结束为第一阶段,1945年二战结束到1991年冷战结束为第二阶段,冷战结束到现在为第三阶段,一共包括15项学习内容。世界现代史贯穿着战争与和平、和平与发展、社会主义与资本主义、民族解放运动与殖民体系瓦解、科技发展与全球问题,最后世界走向政治多级化、经济全球化。在世界现代史,人类经历了有史以来的最大两次世界大战,也经历了人类的政治大飞跃,开始建立社会主义制度,也产生了人类的巨大物质财富和科技巨大成就,人类开始反思世界的持续与和平发展问题。

一、学情分析

(一)分析学情就是找到学生学习的出发点

学情分析是学生学习的基础,也是教师教学的基础。在《美国的独立战争》①一课中,教师对25名学生进行了随机抽样调查,从学生已经知道、学生想要知道的历史学习内容进行分析,发现学生的历史前知识储备比较丰厚的,提出的"美国怎么就能打败当时那么强大的英国?""美国为什么没有皇帝?""美国为什么把自由女神作为标志……"等问题表达了学习的基本需求,而这些基本学习需求也反映了当前历史教学的基本特点,即学生由于信息的多元通道,对历史的事实性、叙述性知识已经有基础或者了解,恰好对于历史的结构型知识和历史思维问题没有形成,诸如此处的学生学习需求"美国取得独立战争胜利的原因、美国的国家体制"就是本课的基本历史学习任务。教师基于分析,提出了本课的学习目标如下图所示,其基本学习发展点就是"美国独立战争胜利的历史原因与美国国体与政体的历史源革",课程目标中的三维目标均围绕它而展开。

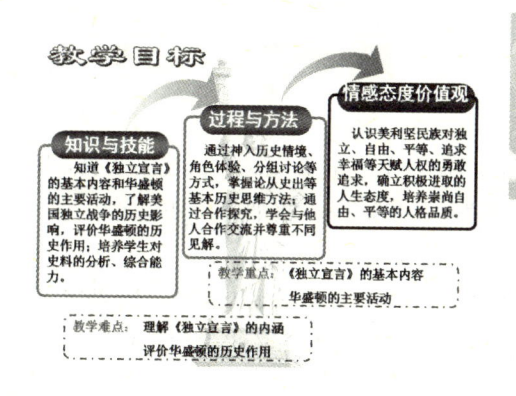

教学目标

知识与技能：知道《独立宣言》的主要内容和华盛顿,了解美国独立战争的历史影响,评价华盛顿的历史作用;培养学生对史料的分析、综合能力。

过程与方法：通过神入历史情境、角色体验、分组讨论等方式,掌握论从史出的基本历史思维方法;通过合作探究,学会与他人合作交流并尊重不同见解。

情感态度价值观：认识美利坚民族对独立、自由、平等、追求幸福等天赋人权的勇敢追求,确立积极进取的人生态度,培养崇尚自由、平等的人格品质。

教学重点：《独立宣言》的基本内容 华盛顿的主要活动

教学难点：理解《独立宣言》的内涵 评价华盛顿的历史作用

学情调查——关于美国独立战争

时间:2010年4月 班级:初二(1)班 人数:25人

我已知道的	我想知道的
自由女神像 美国打败了英国 美国是个移民国家	美国怎么就能打败当时那么强大的英国?
美国历史很短,没有皇帝 美国曾经有奴隶	美国为什么没有皇帝?
最早的美国人很聪明 白皮肤蓝眼睛个高	美国为什么把自由女神作为标志……

(二)分析学情就是学生学习经验与教学的对话

学情分析的目的是让学生的学习经验与教学设计对话,让学生的学习问题与教师教学对话。

【案例6-22】 教育心理学研究表明:九年级的学生仍然保持着强烈的好奇心,他们感性思维较强、理性思维正在逐步形成;且学生已经学过英、美资产阶级革命,对早

---

①北京青年政治学院附属中学彭博老师教学设计。

期资产阶级革命有一定的认识,也具备了一定程度的解析史料和评价历史人物的能力,为学习本课奠定了一定的基础。

【案例评析】 在这个学情分析中,教师注意了九年级学生的历史学习好奇心与学生学习的基本阶段特征,而且对学生学习本课程的相关内容有分析。但是在学情分析中,需要明确地发现学生在学习本主题内容的基本需求与基本问题,要分析学生学习本主题的障碍要素,而不是泛化地提出学生身心阶段特征。

【案例6-23】 本课的教学对象是九年级的学生。1.知识构建方面:经过七、八年级的历史学习,学生的理解、分析、概括、比较能力都有了一定的提高,学习的自主性和创造性得到了一定的发展。通过一、二学习主题(欧美国家的巨变与殖民扩张和工业革命)的学习,已有知识积累。2.认知心理特点:他们朝气蓬勃,有很强的求知欲,对美国历史有浓厚的兴趣,对美国文化有朦胧神秘、向往之感。通过本课的学习,有利于学生客观公正地看待美国社会。

【案例评析】 教师的学情分析立足于知识构建与认知心理特点两方面,站在学生学习的基本领域来分析学情,具有一定的可操作性和教学的发展性。但是,在学情分析时,我们的认知通道往往局限于课堂中历史学习的内容,还需要扩大历史学习通道的多元性,尤其是在高信息社会下,学习的难点在于去掉大众传说历史,发现现象历史与历史本质的区别。

二、教学重点与难点

(一)"教学"的重点

发现教学重点的出发点是学生学习的角度,而非单一的历史课程内容的角度。在《文艺复兴》一课中,教师确定的教学重点表述为"文艺复兴对欧洲资本主义产生的作用",重视历史影响在历史发展中的要义,但是教学的根本在于学生学习历史、感知历史、反思历史的过程与方法,历史教学的意义在于教会学生学习历史,养成历史思维。故在确定本课重点时,可以确定为"理解文艺复兴对欧洲资本主义产生的作用"。

(二)"教学"的难点

在上述课例中,教师确定的教学难点是"理解人文主义概念",他把学习的主体、学习的基本行为、学习的基本内容三者统一,因为"人文主义"是非中文概念,而且其基本思想在人类文明的进程中熠熠生辉,如何从历史唯物主义的角度看待"人文主义"的本身和历史价值,帮助学生理解其基本意义,成为本课学习的难点。

三、教学方法

(一)教学方法是教法、学法的统一体

在一般意义上讲,教学方法是教法、学法的统一体,教法与学法具有关联关系,教法的目的是导向学生的学法。就学生学习的基本形态而言,包括"看、思、听、做、问、说"六个形式,在不同的表现形式中,它们都应该对这六个要素的组合。

【案例6-24】 根据课标要求,结合本课内容特点和学生学情,我在本课教学中充分利用现代教育技术辅助教学,注重情境创设,实践探索、归纳总结、情感升华,以启发式教学法为主,辅之讨论法、比较法、阅读指导法、观察法等。教师在学法指导上注重以学生为中心,指导学生在自主学习、合作探究的过程中学习历史探究方法,提高解决历史问题的能力。

【案例评析】 在本设计中,教师具有教学的教育技术意识,具备将新课程的核心理念"自主学习、合作学习、探究学习"融入课程的主观课程思想。但是,历史课的教学方法应该是基于"历史学习方法+普通教育学习方法"的演绎,需要明确教学方法的历史课程属性。历史学习的核心方法论是"论从史出、史论结合",它必然是学生学习历史和教师教学历史的基本属性,脱离这个特点,学生难以实现历史学科的课程价值,完成人文性育人功能。

在福建漳州立人学校季广玲《文艺复兴》①一课中,教师确定的教法是:用分层导学教学方法,充分体现老师在课堂上"导"的作用。学法是:在知识教学的过程中,关注过程方法,尽量让学生通过自己阅读思考、观察比较和合作探究等丰富多彩的认识过程来获得知识,让学生真正成为课堂的主人。

在四川省泸州市天立国际学校欧阳菊老师《美国南北战争》②的教学设计中,教师以林肯生平为主线整合教学资源,采用问题探究法等,辅以有效的多媒体资源,以理解历史、对话历史为出发点,引导学生完成学习任务。通过阅读理解、分组讨论、角色扮演等,促进学生自主性学习和多元智慧的发展,让学生"主动参与、乐于探究、积极交流与合作",辩证地观察分析历史与现实问题,在潜移默化中完善学生的精神境界。

(二)教学模式是教法、学法的统整

云南省玉溪市通海县第六中学陈艳老师在《文艺复兴与新航路的开辟》课中,提出其教学方法与学习方法统整为"三疑三探"教学模式,即"设疑自探、解疑合探、质疑再探"。第一环节为"设疑自探",学生依靠《文艺复兴知识简表》(代表人物、国别、代表作、评价)、《新航路开辟知识简表》(航海家、国别、资助国、航行时间、航行路程、主要成

---

① 2012年全国初中优质课说课案例。
② 2012年全国初中优质课说课案例。

就)完成"文艺复兴""新航路的开辟"两个历史主体内容的基本线索学习。第二阶段为"解疑合探",围绕"文艺复兴的实质和意义、新航路开辟的背景和影响"进行探究,以但丁及其作品、达·芬奇及其作品为支点探究文艺复兴的实质和意义,以哥伦布、达伽马、麦哲伦为支点探究新航路开辟的影响。第三阶段为"质疑再探",教师设置悬疑,"有人认为新航路的开辟让东方从属于西方,给殖民地人民带来了深重的灾难,必须全盘否定;也有人认为新航路的开辟促进了资本主义的发展,推动了历史的进步,必须充分肯定。你同意哪种观点?请说明理由。"其基本教学目的是通过争鸣,学生能够从历史唯物主义的角度,站在全球历史观,看待新航路开辟的历史影响。

(三)设置问题是教学的基本思维路径

【案例 6-25】 山西运城康杰初中张毓敏老师在《罗斯福新政》[①]课中设计了如下的问题链条。

思考一:新政要应对的问题是什么?思考二:新政是如何应对经济危机的?思考三:新政的特点是什么?思考四:新政实施后的效果如何?对美国和世界其他各国会产生什么样的影响?思考五:新政能不能从根本上解决经济危机?思考六:通过对罗斯福个人及其改革的了解,作为新时代的青年学生想实现自己的人生梦想,你觉得他身有哪些可贵精神值得你学习?思考七:请在课下查阅,奥巴马应对经济危机的措施,对比罗斯福新政,思考"国家干预经济"的方式是否还有利于应对当前的经济危机?

【案例评析】 张毓敏老师的问题链条,既注意了学习罗斯福新政的基本事实,也关注了学习历史的情意和基本能力指向,还关注了"学史致用"的生活课程观。

【问题探究】 如何把握课堂问题设计的深度与广度?

(四)材料研习是学习历史的基本支柱

历史材料是历史学习的基本生长点,从材料中发现历史的基本信息,对历史的基本信息进行分析与处理从而得出历史结论是历史学习的基本行为。但是由于教材编写的审定制度要求及义务教育阶段教材免费配送对课本容量的限制,教科书的历史材料相当有限,教师的材料研习教学需要适当补充多元的材料。

山西运城康杰初中张毓敏老师在《罗斯福新政》中应用的材料有:文本材料——罗斯福总统炉边谈话、不同学者对罗斯福新政的评价;图片材料——1929年纽约证券交易所股市崩溃、等候领取面包、美国街头的失业工人、美国农场主销毁牛奶;图表材料——美国1919年以来的经济周期、美国生产恢复柱状图(1929—1945)、美国失业率下降图(1930—1944);表格材料——罗斯福新政的内容表(项目、措施、作用)。在对这些多元的材料研习中,学生发展了历史思维。

[①] 2012年全国初中优质课说课案例。

四、教学手段

教学手段在教育科学中的责任是提供教育技术保障,它的作用在于帮助学生寻求学习的多元通道。历史教学中,教学手段起着不可或缺的作用。在教育现代化推进的教育背景下,历史教学的手段包括多媒体网络技术、历史遗址、历史遗迹、历史文献、历史模型、历史地图、历史插图等。诚然,多媒体网络技术可以呈现历史遗址、历史遗迹、历史文献、历史模型、历史地图、历史插图,但是它难以取代学生考察历史遗址、历史遗迹和研读历史文献、历史模型、历史地图、历史插图的"历史感",利用这些历史教学手段开展的研究性学习是历史学习的基本和传承。

五、板书设计

(一)教学设计需要板书设计

随着教育现代化的推进,我国逐渐普及了"校园班班通",教室的多媒体教学设备基本完备,教师教学的基本技术手段是建立在多媒体投影的全媒体,教师的教学呈现形式更趋多元化。在教育现代化的进程中,历史课堂教学需不需要板书设计日渐成为历史教学研究的一个焦点。

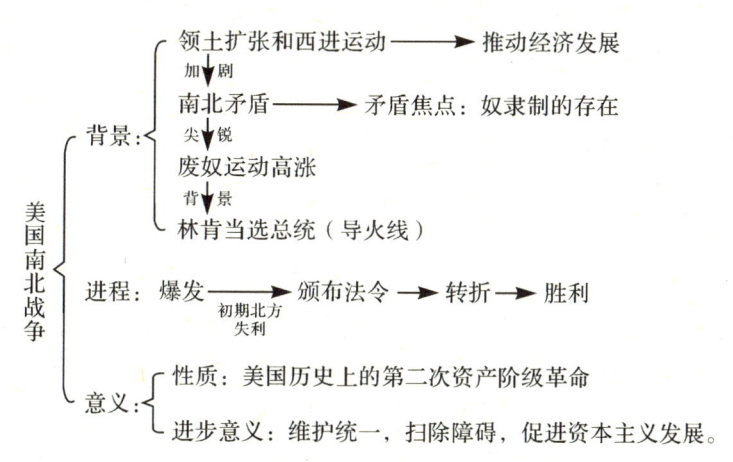

```
           ┌ 背景: ┌ 领土扩张和西进运动 ──→ 推动经济发展
           │      │        ↓加剧
           │      │ 南北矛盾 ──→ 矛盾焦点:奴隶制的存在
           │      │        ↓尖锐
美国        │      │ 废奴运动高涨
南北   ─────┤      │        ↓背景
战争        │      └ 林肯当选总统(导火线)
           │
           │ 进程: 爆发 ──→ 颁布法令 ──→ 转折 ──→ 胜利
           │       初期北方
           │        失利
           │
           └ 意义: ┌ 性质:美国历史上的第二次资产阶级革命
                  └ 进步意义:维护统一,扫除障碍,促进资本主义发展。
```

研究问题的思路是回到教育的基本原点上看教育问题,我们需要思考的是在历史课堂教学中,板书的基本意义是什么?若去掉板书,现在有没有可以代替的技术与规则?板书的基本意义是引导学生建立历史学习的思维过程,形成历史学习的基本结构,是历史知识的内在逻辑架构,它在学习中的意义源质于"提纲挈领"。历史学习的基本意义就是培养学生学习的历史思维过程,形成结构化学习的基本行为。从这个意义而言,板书仍然具备存在的必然意义,它是多媒体教学手段的基本补充,在不断变化的多媒体环境中,教师的板书起到了动态化、结构化的作用。上图的美国南北战争板书就以简洁的形式表达了美国南北战争的背景、进程、意义,学生可以形成对南北战争的研习脉络,在动态的学习中形成历史学习的逻辑思维。

(二)板书设计需要更新

```
┌─────────────────────────────────────────────────┐
│  小结知识                                        │
│                                                 │
│         ┌ 根本原因：封建专制制度阻碍了资本主义的发展。│
│         │ 导火线：三级会议的召开                   │
│         │ 爆发标志：攻占巴士底狱                   │
│  法    │      ┌《人权宣言》的内容和影响           │
│  国    │《人权│                                   │
│  大    ┤ 宣言 ┤ 法兰西第一共和国成立               │
│  革    │ 和共和│                                   │
│  命    │ 国诞生└ 雅各宾派专政（高潮）              │
│         │                                        │
│         │ 影响：推翻了封建专制统治，为资本主义的发展扫│
│         └      清了障碍，同时为其他国家的革命树立了榜│
│                样，是一次比较彻底的资产阶级革命。   │
│                                                 │
│  拿破仑  ┌ 拿破化上台                             │
│  和拿破 ┤ 拿破仑第一帝国建立                      │
│  仑帝国 └ 拿破仑的对内政策和对外战争               │
└─────────────────────────────────────────────────┘
```

上图为《法国大革命》的提纲式板书，揭示了在本课的基本学习结构与逻辑，表达了板书的基本意义。它也日渐成为在教育现代化背景下的板书基本形式。但是，教师也需要利用黑板书写副板书，伴随教学进度呈现。这样既使知识结构比较清晰，又有利于学生学习归纳总结历史知识的方法。

六、教学环节设计

(一)教学基本思想

教学设计的外显形式是教学基本环节，而决定教学环节的基本要素是教学基本思想。按照学科课程逻辑，历史课的教学基本思想包括三个要义：历史学科课程意义、学生学习逻辑、课程论逻辑。在《美国的独立战争》一课中，教师的基本设计思想是"五月花号回来了——走还是留？（聚焦典型群体，做好情感铺垫）便宜茶来了——要还是不要？（透视典型事件，分析根本矛盾）'第一枪'打响了——和解还是独立？（体验艰难抉择，突出教学重点）战争胜利了——拥兵称王还是民主共和？（激活学生思维，突破教学难点）"，其教学核心思想是建构主义，学生经历"转换时空—神入历史—设身处地—参与历史"四个逻辑阶段，形成了"再现情景设置悬疑—分析情景观点交锋—回归情景解答悬疑—反思情景感悟历史"四个意义建构阶段。

教师的基本出发点是阐述自己的课程思想。建构主义是后现代课程观的基本支柱，已经成为学生学习、教师教学的主流词语。教师的立意高远，但是在历史课程教学设计中，需要做到如何把建构主义与历史学习的人文性、反思性、探究性相集合，这是当前教学设计的重大问题，否则就是穿了一张建构主义的外衣，而缺乏历史学习的灵魂。

世界历史是培养学生全球视野、形成人生价值观的重要内容。世界历史学习的主题立意，在于以全球历史观、文明历史观等导引学生的价值发展。世界历史的主要线索包括世界文明的冲突与发展、不同价值文明的发展、世界社会道路发展的走向。不管是在古代史、近代史、现代史,不同民族、国家的文化发展都有自己的基础,其文明发展都有自己的逻辑与必然性,以包容的、尊重的、理解的、开放的视野看世界文明的选择性,走什么道路是其历史的选择,文明的发展具有自身的逻辑联系。在近代史,资本主义伴随着殖民主义在全球扩张,其文明冲突性加剧,如何理解先进文化与暴力血腥的关系特别突出。在很大程度上,理解文明的多元性,就是认同人类文明的生态性。世界历史的教育,就是需要形成本民族文化的认同价值,在此基础上形成文化的包容性、开放性。

(二)导课

【案例 6-26】 吉林大学附属中学郎文荣老师在《文艺复兴》中,以女数学天才——希帕蒂娜之死导入课题。公元 5 世纪,基督教的领袖们鄙视数学、天文和物理学,有人甚至说:"数学家应该被野兽撕碎或者活埋。"希帕蒂娜就诞生在这样一个黑暗的中世纪。受家庭熏陶,她成长为一位相当成熟的数学家和哲学家。415 年 3 月的一天,希帕蒂娜像往常一样到博物院讲学。行至一个教堂旁边,一伙暴徒立刻冲过去,把她迅速拖进教堂。希帕蒂娜高声怒斥他们的无耻行为。灭绝人性的暴徒用锐利的蚌壳割她的皮肉,直割得她全身血肉模糊,奄奄一息,暴徒们仍不罢手,又砍去她的手脚,将她那颤抖的四肢投入到熊熊烈火之中……一颗数学明星就这样陨落了。

在材料后,教师揭示问题:暴徒们和美丽的女数学家并无私仇,为什么却如此残忍的迫害她?其原因在于科学会动摇"神"的绝对权威,愚昧无知的人充当了打手、帮凶。可是社会进步的力量是任何力量,包括"神"都无法阻挡的。

【案例 6-27】 浙江省杭州外国语学校焦晓鹏老师在《冷战中的对峙》一课中,首先呈现二战中美国士兵和苏联士兵在一起的图片,表达战时盟友关系。教师再出示两则材料:

材料一:我们必须强硬对付俄国人,他们不知行止……我们必须教导他们如何知行而止……我们赢得的胜利把领导世界的持续重担放到了美国人民的肩头,全世界应采取美国制度!

——杜鲁门

材料二:谁解放领土,谁就把自己的社会制度推行到他们的军队所到之处。

——斯大林

【案例评析】 导课的意义在于启发问题,启迪思考,开创情景,从而揭示本课的课题。前两则案例以故事、材料导入课题,以疑问产生学习的开端,产生历史学习的动力源与基础。

在华东师大版九年级《世界历史》下册《罗斯福新政》中,山西运城康杰初中张毓敏老师设计了美国新任总统奥巴马与罗斯福总统的跨时空对话,"我无法告诉你你现在应该怎么办,不过我可以带你去看看我当时面临的困境,让你看看我是怎么办的,希望能给你一些启示……"提出在金融危机下,奥巴马总统在罗斯福总统带领下穿越时空,考察罗斯福总统如何应对经济大危机的新政,以两位美国总统的对话导入新课。

(三)教学基本阶段

教学基本思想是教学设计的魂灵,教学基本阶段则是教学设计的骨架和支撑。在教学阶段设计中,教师必须厘清教学的基本阶段,从历史事物发展的内在线索和学生学习的认知发展思考。在思考的前提下,以主题的形式设计基本阶段,而不是简单的做历史大事年表式陈述。

【案例 6-28】 重庆外国语学校左孟灵老师在《法国大革命》[①](川教版九年级上册)中,结合教材结构清晰的特点,为增强学生的参与度,把本课设计成"法国大革命展",将各子目教学内容融入每个展厅,教师就是学生参观的导游。

第一展厅:攻占巴士底狱——情境再现,夯实基础(6分钟)

首先进入第一展厅。通过观看视频,教师带领学生一起感受巴黎人民攻占巴士底狱的排山倒海的冲击。并在播放结束后回答问题,达到夯实基础的目的。再针对两个问题指导学生进行探究式学习。

一是"大革命爆发的根本原因"。通过视频,结合教材内容与学生共同探讨得出:封建专制制度严重阻碍资本主义的发展,是法国资产阶级革命爆发的根本原因。在此基础上,让学生回顾英、美资产阶级革命的原因,比较得出英、法、美资产阶级革命爆发的共同原因。培养学生的比较归纳能力,加深学生对早期资产阶级革命的认识。

二是"攻占巴士底狱"。教师指导学生观察插图,设问:"巴黎人民为什么攻占巴士底狱?"让学生带着疑问自主学习相关内容,从而得出攻占巴士底狱的原因是:巴士底狱是封建专制统治的象征。巴黎人民攻占巴士底狱揭开了法国资产阶级革命的序幕,说明人民在革命进程中的重要作用,初步树立"人民群众是历史创造者"的唯物史观。

攻占巴士底狱揭开了法国革命的序幕,然后教师将带领学生进入第二展厅,亲身体验更加波澜壮阔的法国大革命。

第二展厅:《人权宣言》和共和国的诞生——分析史料,突出重点。(12分钟)

德国教育家第斯多惠说过:一个不好的教师奉献真理,一个好的教师则教人发现真理。这就要求让学生自主学习,授之以渔。因此,这一展厅教师设计了"我是小小史学家"和"图说历史"两个自主活动,让学生掌握《人权宣言》的内容、影响和法兰西第一共和国的相关史实。

第一板块:"我是小小史学家"。教师精选《人权宣言》中的核心内容作为材料,并就此提出三个研究问题:学生结合问题,以自主学习的方式分析教材内容,再进行合作探究,并开展"比比看,谁的研究成果最优秀"的活动,让学生成为"小小史学家"。掌握《人权宣言》是资产阶级的纲领性文件,具有反封建的积极作用,它所倡导的"自由、平等"主要保障的是资产阶级的利益,具有阶级局限性。在这个过程中,以设问的方式调动学生主动学习的欲望,以合作学习营造出活跃的课堂氛围,以相互交流的形式激发出思想的火花。教师再与学生一起总结史料分析的基本方法,达到授之以渔的目的。

第二板块:"图说历史"。文化史学家布克哈特把图像称作"人类精神过去各个发

---

① 2010年全国初中历史优质课获奖作品.

展阶段的见证",认为通过图像可以加深对历史变迁的理解。因此,教师充分利用教材特色——插图和辅栏,设计"图说历史"环节。让学生图文结合地讲述共和国诞生等基础知识,理解法国革命在不断深入发展,得出法国大革命是一次比较彻底的资产阶级革命的基本认识。

最后,教师设问:"雅各宾派政权被颠覆,轰轰烈烈的法国大革命落下了帷幕,法国形势急剧动荡,历史将给谁机会?"教师带领学生进入第三展厅,体验法兰西第一帝国的兴起和衰亡。

第三展厅:拿破仑和拿破仑帝国——合作探究,突破难点。(12分钟)

"拿破仑和拿破仑帝国"改变了法国历史,震荡了欧洲,引起了学生的浓厚兴趣。针对这个兴趣,在教学过程中,教师设计了合作探究拿破仑主要活动的"三部曲"的学习模式:以学生为中心,教师为主导,学生的互帮互学为平台,让学生通过小组合作等方式获取相关知识,发展各种能力。力求实现新课标倡导的学生主动学习,并在多样化、开放式的学习环境中,培养实事求是的精神和探索历史问题的能力。

具体展开教学模式如下:第一步,序曲:梳理知识,把握基础,知道拿破仑的主要活动。为了完成基础知识的教学,教师采用了"知识马赛克"的图表教学法。让学生自主阅读教材,填充内容,知道拿破仑的主要活动的具体内容,为第二、三步活动的开展奠定基础。第二步,主旋律:解析知识,分组探究,分析拿破仑的主要活动。为了让学生对拿破仑主要活动的作用做出正确的分析,教师提供了三个中心议题,学生用不同方式展开分析研究:雾月政变——学生通过短剧表演的形式展现当时法国的内忧外患,揭示拿破仑上台的必然性。拿破仑的对内措施、对外战争——将全班学生分成两个大组,合作探究拿破仑的对内措施、对外战争的作用,展开讨论,教师深入两个组适时的进行正确引导,并最终推选发言人从政治、经济、军事的角度阐述小组观点,老师根据发言情况做及时补充,从而明确拿破仑的对内措施和对外战争都具有两面性。第三步,高潮:教师点拨,突破难点,评价拿破仑的主要活动。通过第二步的合作探究,学生对拿破仑的主要活动的有了正确的认识,突破"评价拿破仑的主要活动"这个难点就水到渠成了。教师针对初中学生认知水平,提示学生评价历史人物和事件的基本方法:即不能脱离人物所处的时代背景,坚持历史唯物主义和辩证唯物主义的观点,让学生自由发言,展开评价。教师总结提炼,强调拿破仑战争的两个阶段和后期侵略战争与第一帝国灭亡的关系。引导学生树立"热爱和平,反对非正义战争"的思想。学生在评价过程中出现对拿破仑个人评价的辩论,教师及时引导学生在课后搜集更翔实的资料,为后面的"主题活动"课中做好铺垫。

留言厅——畅所欲言,心得疑问。

"心得与疑问"是课标川教版教材极富特色栏目,它有利于学生及时抒发自己学习感想,记录自己学习的疑问,也有利于教师了解学生学习的情况,对自己的教学进行及时的反思。在本课教学中我将"心得与疑问"设计为"留言厅",让学生在《英雄交响曲》的背景音乐中先写下自己学习本课的心得和还存在的疑惑,然后让学生畅所欲言,相互交流,教师加以引导、点拨和评价,以实现生生互动、师生互动。

知识小结。在完成参观后,用课堂问答的方式总结全课知识,以提纲形式展示,便于学生掌握。

【案例评析】 左孟灵老师用三个展厅和一个留言厅完整呈现了法国大革命的历史过程。每一展厅设计一个突出的点,如巴士底狱,人权宣言共和国的诞生,和拿破仑帝国,以上半线,真正从学生的认知出发,构建了历史发展的内在线索。

在四川省泸州市天立国际学校欧阳菊老师《美国南北战争》[①]的教学设计中,教师的三个教学阶段以"触摸林肯——导入学习、乱世林肯——设疑释难、我说林肯——探究升华"主题式进行,学生在主题性学习中实现历史学习的升华。在第一环节中,教师以"林肯牌"轿车、"林肯号"航空母舰、美国货币上的"林肯"、美国历届总统排名榜中林肯连续于2006、2008、2009年民意调查排列第一名导引学生学习问题的起点,形成"为什么"。

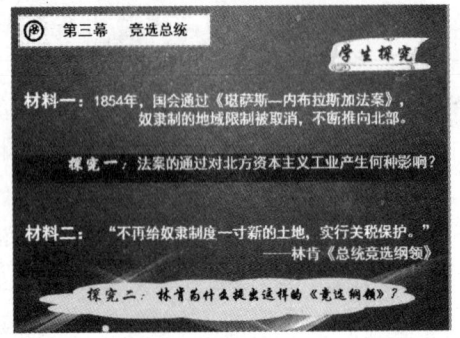

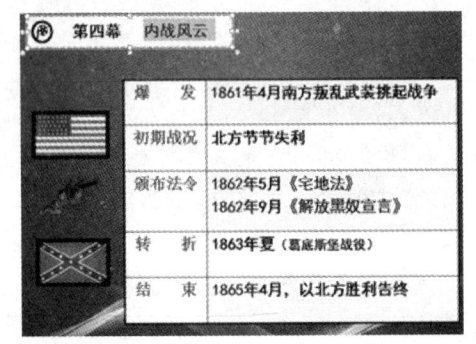

第二环节"乱世林肯——设疑释难",是本课的主要历史内容学习阶段,主要解决"为什么"的问题。教师以林肯为故事主线,从"家族迁徙、南方谋生、竞选总统、内战风云、'船长'殉难"等六幕,揭示本课的主体学习内容。在"家族迁徙"中以美国的版图变化为载体,表述林肯家族的迁徙,揭示美国从独立后的国家版图扩大带来经济制度的冲突背景。在第二幕"南方谋生"中,学生选择林肯、奴隶主3人、黑奴若干、旁白进行角色体验,揭示林肯对黑人奴隶制度的厌恶。在第三幕"竞选总统"中,教师以历史线索表形式出现林肯从23岁到49岁连续7次竞选(州议员、州议长、国会议员、参议员、副总统)失败,而在51岁当选美国总统,引导学生学习林肯的坚持与毅力。在本幕中,教师设置探究问题"林肯为什么提出这样的《竞选纲领》?",其意义在于挖掘当时林肯把握南北资本主义的矛盾与美国发展道路的方向。在第四幕"内战风云"中,教师选用以下材料,1858年6月林肯的演说"分裂之家必不能持久。我相信我们的政府不能永远忍受一半奴役一半自由的状况。我不期望联邦解散,我不期望房子崩溃,但我的确期望它停止分裂。"面对南方戴维斯的挑衅,林肯回应显得坚定而大度:"一根根不可思议的记忆的琴弦,从每个战场和每个爱国志士的坟墓,伸展到这片辽阔土地上每一个充满活力的心房和每一个家庭,只要我们本性中的善念依旧,而且一定会加以拨动,它们终会重新奏出响亮的联邦大团结的乐章。"引导学生分析战争初期林肯政府的态度。面对战争的艰难形式,教师引导学生分析《宅地法》《解放黑人奴隶的宣言》寻找其关于美国未来发展的主要信息。学生扮演林肯,模拟演讲《葛底斯堡演说》经典选段:"……我们要在这里下定最大的决心,不让这些死者白白牺牲;我们要使国家在上帝福佑下得到自由的新生,要使这个民有、民治、民享的政府永世长存。"在本阶段学习结束时,教师引导学生完成《内战风云》表,形成本课的历史线索。

[①] 2010年全国初中历史优质课获奖作品。

第三环节"我说林肯",是本课历史思维学习的主要阶段,其主要意义在于回答历史评价能力和历史再现能力,教师以角色的多元性,引导学生联系美国的发展、国家的统一、奥巴马当选总统,形成初步的历史评价能力。

第四节　历史活动课特点分析及教学设计

活动课程是指在学科课程以外,由学校有目的、有计划、有组织地通过多种项目和活动方式,综合运用所学知识,开展以学生为主体,以实践性、自主性、创造性、趣味性以及非学科性为主要特征的多种活动内容的课程。因而,活动课是以学生的实践活动为主的课程,它不是学科内容的简单拓展、深化,更不是课内容的变相延伸。它是一种主张通过活动方式来构建学生的知识结构、促进学生各方面协调发展及个性培养的教育思想和教学形式。作为一种学习方式和教学方式,活动课程应渗透于学生学习的所有学科、所有活动中,也包括作为人文社会学科基础的历史学科。

历史活动课以探究学习为主要特征,即学生通过不同形式的探究活动,来巩固基本的历史知识和学习历史知识的基本技能,进一步激发学生对历史学科的兴趣或爱好,扩大学生的历史视野,探索掌握历史知识的方法,培养学生收集、筛选、分析、处理历史知识信息的能力,在活动过程中获得记录、描述历史的体验,强化历史在情感态度价值观教育方面的功能。

一、历史活动课的特点

(一)生活性和实践性

由于中学阶段的学生受生理和心理发育规律的限制,让他们像历史学家一样去研究过去的历史,恢复历史的真实面貌,显然是不切实际。因此,历史活动课更多的是要与学生生活的实际相联系,往往相同主题的历史活动由于地域的不同而导致学生的活动目标、活动过程、活动结果都会有很大的区别。

历史活动课注重于学生的切身体验,而这种体验需要每一个参与历史活动课的学生必须身体力行,在动手、动脑、动眼的过程去发现自己以前未曾留意的事物,搞清事物的发展、变化历程,融历史知识、能力水平、观察分析于一体,强调"做"。

(二)知识性和趣味性

兴趣是学习知识的向导,是学习的动力。任何一门课程,都要让学生获得一定量的知识。学生没有一定的知识积累,就不能也不可能奢谈能力的培养。当然,活动课给予学生的知识,要有趣味性。兴趣是最好的老师,要使学生有兴趣参与活动课的学习,达到活动课的目标,课题的趣味性,活动形式的趣味性,评价方式的趣味性,活动过程的趣味性都不可忽视。

(三)实操性和同步性

历史的活动课离不开学生的思维活动和行为活动,使学生处在活动的状态。因此,活动课必须是可操作的,有一定的思维意义,不能单纯地为活动而活动。上《文艺复兴》一课时,一个老师让全班第一排的学生集体向后转,表演模仿"蒙娜丽莎的微笑",初三的学生没有生活的阅历,没有那种满足和幸福感,盲目模仿,就没有什么效果可言。

历史活动课要与课堂教学节奏、教学进度大体一致来安排的,形成多元的历史学习课程通道。在学习了初二上期第四主题《中华民族的抗日战争》之后,可以安排的学习活动课是《抗日救亡歌曲大联唱》《我崇拜的抗日英雄的故事》,也可以配合抗战胜利的国家庆典,开展纪念抗日战争胜利的活动。有老师就设计了《纪念抗日战争胜利六十周年不能忘却的过去》这样的活动课。当然,在特定的社会历史条件下,配合地方史的教学,活动课也可以不完全和教材同步进行,可以针对地方特色开展活动。比如,重庆北碚就开展了《卢作孚思想与北碚近代化建设》[①]的主题活动课,演变成为系列地方课程。

(四)自主性和创新性

开展活动课就是要培养学生的创新思维的能力。老师可以根据当时的具体条件,尽可能地安排学生能够参与探究和创新的时间和空间,激发、鼓励学生探究与创新的欲望。比如自主编写历史短剧,讲人物故事,制作历史文物等。而创新与探究的前提是自主,给学生空间,让学生可以自己选择活动伙伴、活动形式、活动时间、活动评价方式等。只有在学生有足够自主的空间里,才能最大限度发挥学生的主观能动性,实现历史活动课的创新性与探究性。

(五)多样性和互动性

历史的活动课形式多样。可以是一节完整的独立的活动课,例如(川教版)七年级上期第三主题结束之后,设计《我评秦始皇和汉武帝》、(川教版)七年级下期的《走进印刷术》、(川教版)八年级下期的《调查改革开放以来身边的变化》等就是一节独立完整的活动课。它也可以是穿插了一个或两个小活动的随堂课。比如,在学习《原始农耕文化的遗存》一课时,安排学生想象画《河姆渡人的房子》。在讲《远古的传说》一课时,让学生讨论,"治水的方法究竟有哪些""堵,可不可以治水?"等就是随堂课中穿插的小活动。

活动课的多样性还表现在活动形式的多样。可以是全班性的、小组性的,也可以是个人活动。活动形式上,包含朗诵、讲故事、讨论、辩论、小品表演、角色扮演、新编历史短剧等。在学习《红军长征》一课时,通过一个一个生动感人的的故事,让学生了解长征的艰难曲折。新编历史短剧是学生特别喜欢的形式,在学习《唐朝的民族关系》一课时,松赞干布与文成公主初次相会于柏海之滨,学生最喜欢编演历史短剧。手工制

[①] 卢作孚是中国近代著名的爱国实业家,他在重庆北碚开展近代化建设实验,成为近代乡村建设的典范。

作也是学生喜欢的活动方式之一,"水转筒车""翻车"是学生最喜欢做的手工之一。

活动课主要是交流。老师与学生之间,学生与学生之间,学生与自己之间的交流与合作,是活动课的前提。他们彼此分享知识、经验、情感、观念,进而达到教学相长的目的。

二、历史活动课的分类

按照教学进程,历史活动课一般可以分为三类,即教科书预设的活动课、教师创生的活动课、碎片式活动课。

(一)教科书预设的活动课

以川教版初中历史教科书为例[①],每一册都安排了至少三节主题活动课。七年级上册就安排了《创办"历史角"》《我评秦始皇与汉武帝》《三国—南北朝历史综合学习》等。这一类的活动课,在教材上有比较详细的指导,有"活动目标""活动过程""活动注意"等提示,老师在课前只要精心指导,一定可以很出彩。

【案例6-29】 新闻发布会——哥伦布发现了"新大陆"[②]

活动内容

本课内容在(川教版)九年级上册教材第64~67页。主要内容是围绕哥伦布发现"新大陆"的主题,搜索、整理相关的历史、地理资料,举行一次新闻发布会,让学生追寻哥伦布的足迹,深刻体验发现"新大陆"的艰辛和喜悦,了解哥伦布航海经过地区的风土人情,重温哥伦布的壮举。

设计思路

哥伦布是一位伟大的航海家,他为新航路的开辟做出了杰出的贡献。同时,他也是一位殖民者,他开辟新航路的目的是为了掠夺财富。通过学生组织新闻发布会这一活动,主要目的是让学生了解哥伦布发现"新大陆"的历程,获得对哥伦布的整体认识,加深和拓宽对新航路开辟的了解和认识。教师要树立"以学生为本,以活动促发展"的思想,结合九年级学生的认知水平和心理特征,充分发挥学生的主观能动性,引导和帮助学生从课前准备、课堂活动和课后活动拓展三个方向认真组织。课前准备包括组织专题研究和整理搜集资料两个过程;课堂活动是召开新闻发布会,重现哥伦布航海探险的经过;至于活动拓展,则要求学生课后查一查为新航线开辟做出突出贡献的其他著名航海家,编制一份新航海路开辟的大事年表或新航路开辟路线图,并以"哥伦布开辟了新航路"为题,全班出一期黑板报,展示活动成果。

活动目标

1.通过引导学生围绕主题搜集、整理有关哥伦布航海的历史资料,加深或拓展对新航路开辟的了解与认识,培养学生能够根据多种途径获得历史资料、并从中提取历史信息的能力。

[①]各版本均安排有专门的活动课。
[②]本案例由重庆市杨家坪中学姜世菊老师提供。

2.通过指导学生举行哥伦布发现"新大陆"的新闻发布会,开展角色扮演活动,培养学生运用语言表达历史问题的能力和组织协调社会活动的能力,提高集体合作的意识。

3.通过活动再现哥伦布发现"新大陆"的过程,了解哥伦布发现新航路的艰辛,学习哥伦布百折不挠、顽强抗争的精神,增强克服困难的信心和勇气。

4.通过分析哥伦布的新航线,使学生感知新航路沿途的海洋、岛屿、气候、风土人情和主要特产等情况,了解文化的发展与地理环境的关系,知道世界历史的发展趋势是多样性与统一性的,逐步形成面向世界的开放性认识。

活动资源

1.教材的插图、历史地图和史料。

2.图书馆、阅览室中的相关报刊、书籍。

3.互联网上的资料及相关影视资料。

活动准备

1.分工选题:采取自由组合的方式,组成三个专题研究小组:航海可行性论证组、航海探险组、重大影响组。每组设一组长,负责活动的准备事宜。

2.各小组根据自己的活动主题,拟定相关的研究专题,进行小组成员的再分工,按主题查找、讨论、整理资料,最后形成发言提纲,以供课上交流。

3.教师指导学生如何召开新闻发布会,提供必要的参考意见,并要求"记者"先阅读资料,准备好有代表性、有深度的问题以备提问,可涉及航海的条件、目的、过程、结果、影响等各个方面。

4.全班推举一人扮演哥伦布、一人扮演新闻发布会的新闻发布官;每个专题组推举一人扮演哥伦布的同伴。

5.黑板上设计以"哥伦布发现了新大陆"为主题的版面,以突出主题。

活动步骤

1.新闻发布官做开场白,宣布发布会开始。请出哥伦布及其同伴,其他同学是出席新闻发布会的记者。

2.哥伦布作为新闻发言人做主题发言。

3.哥伦布的同伴们讲解航海经历。

4.记者们就课前准备的问题自由提问,了解具体情况。哥伦布及其同伴可通过各种形式直观形象地描述过程和表明自己的观点,进行全班交流。

5.全班同学无记名投票,选出最佳角色扮演者,并给予一定的物质或精神奖励。

6.新闻发布官宣布新闻发布会结束。

7.教师总结、点评,肯定优点,弥补不足,以鼓励学生今后继续搞好类似的活动。

活动拓展

要求学生课后查阅为新航路开辟做出突出贡献的其他著名航海家,编制一份新航路开辟的大事年表或新航路开辟路线图。并以"哥伦布开辟了新航路"为题,全班制作一期黑板报,展示活动成果。

【案例评析】 本课采用了学生非常喜欢的新闻发布会这种方式,介绍了哥伦布开辟新航路的艰辛历程和创新精神。成功地利用了书上的相关知识,动员学生的力量,搜集资料,采用了角色扮演、新闻发言人、讲故事、自由提问辩论、编制大事年表、绘制新航路开辟图、出版黑板报等学生喜欢的形式,评价方式也由传统的老师评价改为学生和老师共同评价,极大地激发了学生兴趣。通过这次主题活动课,学生也掌握了关于新航路开辟的知识,从更高的层面理解了开辟新航路的艰难历程,学习了哥伦布的首创精神。活动课应采取灵活性和机动性相结合的原则。教师要充分调动学生的学习兴趣,让学生发挥各自的聪明才智,创造性地开展活动;要结合学生的活动情况,针对学生在活动中暴露出的问题,给学生以必要的指导,使学生能够从不同角度和层面看待历史问题,加深和拓宽对新航路开辟的了解和认识。

(二)教师创生的活动课

在历史教科书中设计的历史课堂活动课主要起范例的作用,由于学生的个体差异和学校条件差异等客观现实条件差异,这些活动课范例并不一定完全符合教学实际需要,教师完全应该而且能够从实际情况出发,自己设计一些有创意的历史课堂活动课。

设计历史课堂活动课应遵循以下原则:(1)要有明确的活动主题和目的;(2)要适合学生的学习兴趣、知识能力水平和生活经验;(3)要在依托教材的基础上适当拓展活动内容;(4)要选择学生喜闻乐见的活动形式;(5)充分挖掘学校特色的课程文化。

中日关系一直是学生感兴趣的敏感话题。在中国古代史的教学中,就有学生提出"为什么唐朝时日本学习中国并友好交往,明朝时却侵略我们"。在中国近代史教学中,又有学生又提出"为什么日本恩将仇报,发动甲午战争、进行南京大屠杀?"在学完抗日战争后,学生的这种情绪更加严重,再加上日本修改历史教科书,钓鱼岛主权争端,政治人物参拜靖国神社,否认侵略罪行,使它成为中国学生难以忘却的"结",它就成为一个非常敏感的话题。成都实验外国语学校马文燕老师组织了"中日关系的未来"讨论课,后来,根据当时的抵制日货和反日活动中的具体现实情况,又设计进行了一课时"如何看待抵制日货"的讨论课,与"中日关系的未来"构成了一个系列。

【案例6-30】"中日关系的未来"

教学目标:

知识目标:通过教师的讲述与分析,使学生认识中日汉唐时期友好交往的基础是中国制度、文化的先进与国力的强盛。明清以来日本不断发动对中国的侵略,主要原因是中国国力的衰微与制度的落后。通过阅读资料,认识日本民众与日本政府、日本军国主义分子的不同态度。了解我国政府对日的基本政策,了解日本政府对华援助的作用与目的。

能力目标:通过写阅读笔记,提高归纳要点、概括观点的能力。通过讨论与发言,锻炼语言表达及思维能力。通过阅读、讨论等活动,进行收集资料、构建论据和独立思考,培养对历史现象进行初步归纳、比较和概括的能力。通过分析中日关系的未来,学习解决历史问题的一些基本方法,运用历史的眼光来分析历史与现实问题,形成自己的观点,提高分析能力。立足现实,开阔视野,培养学生从长远的、全面的、世界的角度考虑中日关系。

情感、态度、价值观目标:以正确态度区别对待日本民众、政府与军国主义分子。

初步培养反省意识。改变思考问题的角度,从指责别人逐渐到改变自己。理解和尊重其他民族的文化传统,从日本寻找值得学习的文化传统(如忍辱负重、敬仰英雄等),把爱国热情转化为学习动力,为中华崛起而读书。

教学对象分析:八年级的学生大多是十三四岁,处于形象思维为主而抽象思维迅速发展的过程中。本学年语数外的难度加大,又增加了物理学科,还面临着生物地理两门会考,学生课业负担较重。他们大多有强烈的爱国精神,但缺乏理智,带着很大的情绪来看待中日关系。一部分学生缺乏平等观念,把狂妄自大、盲目排外等狭隘观念当成爱国的表现。

教材分析:中日交往的内容分散在七八年级各学期教材中,所以需要教师进行归纳整合。要分析问题,光靠教科书的内容是远远不够的。所以教师又精选了一些文章。第一类是让学生了解现在一些日本人对中国的敌意态度的,包括:《日本,我对你说》(选自水均益《前沿故事》)、《历史题该怎么考》(《读者》2004—20)。第二类是让学生了解一些日本人对历史的反思态度的,包括:《日本老人亲绘弹药埋藏图》(报摘)、《东史郎诉讼案》。第三类是反思中国对历史的态度的,包括:《反省之可疑》《崇明岛在哪里?》(选自龙应台《百年思索》)、《两个受害之城的比较》(《读者》2004—19)、《老兵安在》(《读者》2004—20)、《寻访抗日小英雄王二小牺牲地》。第四类是帮助全面了解日本的,包括:《你还不懂日本人》(《读者》2004—20)、《可怕的"知己知彼"——日本长久以来对中国的"研究"》(选自樊建川《一个人的抗战》)。第五类是介绍中国政府对日态度的,包括:《李肇星答日本记者问》《没有日援,中国也行》(报摘)。

课前准备:布置学生搜集相关资料。印发补充资料贴在各班给学生阅读,要求写出阅读笔记并检查。

教学设计:

开场白:中国与日本是一衣带水的邻邦,很早就开始了友好的交往。现在我们一起来回顾一下。《后汉书》记载,光武帝赐给日本使者"汉委奴国王"金印,20世纪已在日本古墓中出土,成为中日友好交往的物证。唐朝时日本13次派遣唐使到中国学习先进文化与制度,还仿效中国进行了大化改新。日本的文字、服装、建筑、饮食等方面都可看到中国文化的巨大影响。可是,从明朝中叶起,倭寇经常骚扰我国东南沿海。清朝时,日本又发动甲午战争,参与日俄战争、八国联军侵华战争。20世纪30年代,又发动了全面的侵华战争。70年代,中日政府建立了外交关系,中日人民恢复了友好的交往,日本电器迅速进入中国家庭,日本的经济和技术援助也极大地促进了中国的经济发展。可是,日本军国主义阴魂至今不散,一些右翼势力叫嚣"南京大屠杀是最大的谎言",日本领导人屡次参拜靖国神社,散布"中国威胁论",在教科书中回避侵略的事实等等,这些都给中日关系蒙上了阴影。回顾历史,展望未来,中日关系的未来,会如何发展?这节课,同学们就来谈谈自己的看法。尽量进行理智的客观的分析,不要只谈主观愿望,或是简单发泄自己的情绪。

分组讨论五分钟左右。

各组代表轮流发言。最后教师总结。

学生观点大体分三派:主战派,认为日本国力强大,军费开支巨大,还向海外派兵,体现了日本不甘心永远当非军事化国家。外交上有美国支持。中国统一对日本不利,尤其是台湾海峡如果不让日本的运油船经过,日本的运油成本就要提高,这对资源短缺的日本是致命的打击。日渐强硬的政策,体现了日本必然要发动战争。主和派,认为日本资源短缺,禁不起战争,中国是日本最大的贸易对象,如果发生战争损失巨大,为了经济利益,所以日本不可能发动对中国的战争。折中派,综合两派论据,认为大趋势是和平友好交往,但小规模战争、局部冲突也可能发生。

教师总结:早就有同学提出"为什么唐朝时日本与中国那么好,明朝时还来侵略我们"?"为什么日本恩将仇报,发动甲午战争、进行南京大屠杀"?这些同学都很爱思考。通过这节课的讨论,我们就可以找到答案了。为什么汉朝、唐朝时日本不侵略中国?他们不敢。汉唐时期,中国国力强盛,吸引着许多周边国家来学习交流。后来为什么日本就敢来侵略中国了呢?明清时期,中国走在封建社会的下坡路上,政治腐败,国力变弱,就难免成为日本侵略的目标了。我们不仅要看到日本的态度在变,更要看到中国的实力在变。国际关系的根本原则就是弱肉强食。关于未来战与和的争论,同学们考虑日本的因素比较多,从经济、科技、军事实力地理特点,到外交环境,确实考虑比较全面,但是决定因素不能只考虑日本,还要考虑中国。我们向往和平,但绝不畏惧战争。我们要在将来难以避免的战争中占据优势,那就必须具备更强大的实力。《孙子兵法》中提出,最好的计谋是"不战,屈人之兵",含义就是不发动战争,让别人也不敢打你。让我们用实际行动增强国家的实力,未来就掌握在我们手中。

课后作业:以"中日关系的未来"为主题,写成小论文,举办优秀论文展览。

【案例评析】 根据学生学习的实际情况,开发课程资源,让学生自主学习,主动学习,解决学生在学习过程中的困惑,这是组织本次主题活动课的初衷。中日关系一直以来都是一个敏感的话题,而且,也是当今世界的最大的热点问题。学生关注时事,也学习了历史,对于这个问题究竟该有怎样的看法,作为中学生究竟该怎么做?事不辩不明,老师采用了辩论会这种常见的形式,主动为学生提供资料,给学生积极的指导和帮助,让学生在活动中明白,真正体现"做中学"。课后,老师也进行了反思,看到了成功和不足之处。这一类的活动课该经常可以结合地方史来进行。

(三)碎片式活动课

【案例6-31】 在学习《张骞通西域》一课时,这节课的学习目标之一是要培养学生富于冒险和进取精神,有为国建功立业的愿望,对国家忠贞和坚忍不拔的意志品质。课本上有一句话,"这次出使,前后一共13年,历尽艰辛,出去时张骞带去100多人,回来时只有一个人跟随他"。根据这句话,教师设计了一个活动。假如你是一个编剧,现在我们要拍摄一部名为《张骞》的电影,请你想象在这13年中都发生了一些什么事情,让他们历尽艰辛,人数大大减少?这样的教学活动对所有的初一学生而言,很有挑战性,也很能激发他们的想象能力。学生们根据一些生活常识,列举了比如沙漠和戈壁道路难走、昼夜温差大、冰天雪地、疾病、沙尘暴、迷路、缺乏水源、水土不服、野兽、瘟疫、战争、匈奴人的严刑拷打等,根据人性的弱点,在这个过程有很多人死于疾病、野兽、风沙、饥饿、严寒、战争,也有很多人变节投降匈奴,很多人逃亡。只有张骞,一如既往,坚定信念,最后完成了既定的目标。这样的活动,学生通过小组讨论、交流发言,一

方面很有兴趣,一方面深切感知了张骞出行的不易,也就真正体会到了张骞对国家的忠贞和坚忍不拔的意志品质。

【案例评析】 这种碎片式的历史活动课才是历史活动课的一种常态的形式。即在历史随堂课程中加入活动的内容,形式短小活泼,涉及面小,参与容易,和课程内容结合,学生也容易接受,使这类活动课成为活动课的主流形式。

【案例 6-32】 贵州省金沙县逸夫中学赖英以岳麓版七年级上册第 21 课为例,将三国历史故事会延展到以学生学过的历史知识为依据收集成语故事,组织历史活动课。

活动主题:成语知识竞赛

活动目标:1.巩固学习成果,丰富历史知识。2.激发学习历史的兴趣,并从中受到思想教育。3.学习组织知识竞赛等活动的方法。

活动资源:教科书、普及性历史读物、汉语成语词典等有关资料;历史图片、记分板等。

活动过程:1.全班同学分为甲、乙两队,就所学历史知识为依据分别收集成语故事。每队推选数名同学,分别担任主持人、评分员和记分员。两队将所收集到的成语写在纸条上或制成历史图片交给主持人。2.必答部分。先由甲队同学从主持人处抽出一张成语纸条,由主持人向全班宣读,乙队派人讲述该成语的历史典故;然后再由乙队派人抽取纸条,由甲队同学讲述,如此循环往复。评分员可根据回答人的综合表现,如讲述内容是否完整、准确,语言表达是否生动等进行打分。3.抢答部分。由主持人宣读纸条上的成语或出示历史图片,两队用抢答器进行抢答,抢到方同学讲述历史典故。抢答正确加分,抢答错误则扣分。4.根据双方得分多少,评出优胜队。最后,由主持人进行总结。

【案例评析】 用好、用活、用够历史教科书,是发现历史课程资源的有益方法。成语故事生动有趣,富有吸引力,能感染人、教育人。讲成语故事,既锻炼了学生的动手、动口能力,学生在历史情景中追寻历史本原,又增强了情感教育,还会培养了团队合作意识。但是历史教师需要加强历史事实的教育,还历史的本来面目。

三、历史活动课中常见的问题

(一)缺乏目标聚焦

教师为组织活动而活动,没有任务或任务不明确。某老师在七年级上册活动课"编历史小故事"中,教师安排学生自编历史小故事,上课时安排学生上台来讲。你讲一个,他讲一个,看起来很热闹,学生的故事还没讲完,下课时间就到了,一节课结束。据课后检查,有的学生根本没有准备历史小故事,有的学生准备的却是民间故事,不少学生是听听、笑笑,玩了一节课,也没有什么收获。

(二)缺乏教师指导

活动课需要激发、发挥学生的课程主体性,但是教师是他们合作学习的伙伴,教师作为课程的实施者与开发者,需要发挥指导、参与作用。一些历史活动课,教师完全让学生来做,缺少教师的指导和帮助。教师只是安排学生自编历史小故事,而怎么编、编哪些内容、可以参阅哪些资料,学生却全然不知,学生得不到真正的历史思维锻炼。

(三)缺乏角色定位

重视合作,但缺少明确的分工。在活动中,教师都比较重视学生间的合作、讨论。在合作中,可以进行分享和交流,可以使不同学生贡献各自的经验和发挥各自的优势,从而完成个人难以完成或无法完成的复杂任务。在讨论中,学生之间相互质疑,其观点的对立及相互指出对方的逻辑矛盾,可以更好地引发学生的认知冲突和自我反思,深化各自的认识。

四、活动课教学设计建议

(一)激发学生探究欲望

教学实践告诉我们,学生有没有探究欲望,活动的积极性是否高涨,很大程度上取决于话题或问题情境的创设。话题或问题情境的创设宜从学生感兴趣的事情入手,从学生身边的现实生活中常常会遇到的事件展开,这样学生会感到更自然亲切,更有话可说,更有探究的兴致,就能为下一步层层诱导、深入探究打下伏笔。除用轻松的话题开题导课外,让学生观看相关画面、图片,感悟氛围,或播放视频资料、播放歌曲,从画面、歌声、歌词中导入等都不失为开题的好方法。

(二)展开探究拓展问题

活动课的教学过程一般都是围绕问题进行的,问题是探究的驱动力,能引发认知冲突,引发思考探究。问题设计的质量直接关系到学生思维的广度和深度,关系到学生探究能力的培养。

高质量的问题设计,应符合以下要求:(1)能激发学生的探究兴趣和热情;(2)具有思辨性和发散性;(3)问题的难度最好控制在"跳跳才能摘到桃子"上。提问时,尽可能少用那些"是不是""是什么""怎么样"等无效的提问模式,而应多问一些"你是如何理解的""你会怎么做""你是怎么想的""你如何看待与评价"等问题,以引起学生开放的心态,从而给学生更多发散思维的空间。

(三)组织探究性讨论

讨论是一种很好的学习方法与探究方法,有利于学生主体地位的体现,有利于师生之间的互相学习、共同提高,有利于培养学生勤于思考、乐于钻研的精神,有利于发展学生认识问题和分析问题的能力、语言表达能力、探究合作能力、创新能力。讨论的问题可以是教师提出的问题,也可以是学生提出的问题。但不是所有的问题都必须经过讨论才能解决的,组织学生探究讨论的问题,要有一定的思辨性、开放性,要有讨论的价值。如学生思考认识上的困惑点、学生比较关注的社会热点问题、没有现存答案的问题或没有确定性答案的问题都值得学生讨论。

讨论可以在同桌之间、组内同学之间、组际之间开展。教师要鼓励学生畅所欲言。当学生为某一问题争论又离题太远时,教师要及时引导;对学生通过交流仍未解决的疑惑点要加以重点启发,进行巧妙点拨;对学生讨论探究过程中又主动提出的新问题,教师要尊重呵护,并可鼓励、引导学生进一步深入探究。

(四)展示交流探究成果

交流展示探究成果,是活动课的一大亮点,是学生锻炼和展示自己才能的绝佳机会。教师要创设民主的氛围,使学生敢讲、愿讲、乐讲。这一环节教师可以把讲台让给学生,真正让学生唱主角。有的问题,学生课前已查阅过一些资料,课堂上又通过充分的讨论,所以讲起来头头是道,有理有据,令人信服赞叹。有的学生观点偏激,有的学生争论有些激动,这都无碍无妨,教师尽可以让学生放开手脚,自己或积极参与,或认同,或鼓励,或赞叹。对某些问题,学生有不同观点并展开争论时,教师要遵循"延缓判断"的原则,不要急于表态。有些问题本身就没有标准答案,可以仁者见仁、智者见智。教师适时总结与引导,会使探究活动取得意想不到的效果。

(五)拓展延伸历史活动课

历史活动课的设置,是一个单元或几个单元安排一个内容。安排活动课的目的,不在于仅使学生弄懂或学会解决几个问题,重在帮助学生学会分析解决实际问题的方法,重在培养学生探究分析问题的能力,最重要的还在于培养学生探究学习的热情和习惯。因此,历史活动课不能局限于课堂内,必须把学生探究体验活动的热情延伸到课外,有利于在全面完成课堂教学任务的同时,使课内与课外教学活动真正建立起有机联系。

第五节　复习课特点分析及教学设计

复习课,是教学阶段的一个基本环节。按照学习规律,学生需要在每一个学习阶段结束后,对历史学习进行复习,从而建构基本的历史学习线索,深化历史感悟,凝练历史能力。由于其学习的内容、时段发生改变,复习课既要符合一般教学进程的基本规律,同时更要依据自身的教学特点,实现历史复习课"画龙点睛"的课程价值。

一、当前历史复习课的问题扫描

(一)复习课就是知识点的堆积课

复习是一个疏通知识的过程,它必须理清历史知识之间的联系,将中国历史和世界历史的"点"连成"片"并内化为学生的"情感态度价值观"。然而许多教师在教学中往往过分强调了疏通历史知识点,强调知识的掌握,而忽视了能力的培养和"情感态度价值观"的关注。教师往往重历史知识系统本身,很少引导学生思考与历史相关联的知识,很少举一反三,让学生思维发散,实现知识迁移。教师忽视发散历史思维,知识迁移不够,学生的知识复习也只是固化的历史知识,而不是鲜活的历史思维。

(二)复习课就是学生的练习课

"复习"课需要练习但不应是为练习而练习。一些教师在教学中总是用练习代替复习,层层递进,密度不断加大,角度依次变换,难度随之增加。一堂课下来,教师很辛苦,学生很痛苦,事倍功半。时间久了,学生对本应兴趣盎然的历史也失去了兴趣。

(三)复习课就是学习的自习课

在一些历史复习课堂,历史教师没有进行有效的复习指导,学生不知道复习的具体目标,难以把历史复习课目标化解为学习任务,学生的复习是简单的机械记忆。

(四)复习课就是教师的勤劳课

上"复习"课时,一些老师往往表现得主观意识很强,过度发挥教师的主导作用,很少照顾到学生会怎么想、说、做。教师不是调动学生的思路去分析问题、解决问题,而是把学生引入自己预设的思路中,阻碍了学生的历史思维发展。在历史复习课堂教学中缺少教师与学生的交流、学生与学生的交流、学生与教材的交流,使学生处于被动学习的地位。

【问题探究】 请结合教学实践,参考以下观点,谈谈目前历史复习课的弊端。

某老师在总结初中历史复习课教学效益时认为,现在的复习课存在这些问题:没备课,课本机械复读,缺乏趣味性和吸引力;全面撒网题海战,没有突出重点;偏重知识传授,忽视能力培养;设置问题没有梯度,缺乏点评,没有渗透学法指导;冷漠生活,忽视身边时事热点;作业批改不及时,试卷讲评太随意;复习效率低下,没有起到学习的伸展性。

二、初中历史复习课的基本特点分析

(一)以厘清历史学习基本结构为明线

历史学科知识的特点在于基本知识的内在结构性与历史特征的阶段性、时代性,按照历史发展的逻辑,厘清历史的基本线索及其内在联系,是历史复习课的基本形式,从而使学生的历史知识由片段的、碎片的历史发展为结构化、丰满的历史。

【案例6-33】 某老师在中国古代史第一单元《繁荣与开放的社会》复习课设计是这样导课的:"隋唐两代是中国古代史上的又一次大一统时期,在此期间,经济空前发展,文化空前繁荣,民族团结,对外交流密切。这一时期在中国历史的发展中起了非常重要的承前启后的作用,影响了中国其后一千多年的历史发展。"导语直接导入复习

课,进入复习环节。1.隋唐时期政治较为清明,经济发展出现几个高潮,学生容易混淆。教师设计一张表格展示出来,让学生回忆、巩固、记忆;2.以表格形式简要回顾对外交流基本史实,并就鉴真、玄奘的优秀品格展开讨论;在学生填写的基础上,让学生尝试对历史人物进行评价;3.以投影、表格形式展示大运河的开通、科举制的发展,并要求学生对上述事件进行简要评析;4.以连线题的方式,复习隋唐时期的文化成就。

【案例评析】 结构、问题、情感是历史复习课的核心,教师在该课的教学设计中,力求实现本单元教学内容的结构化,通过讨论实现关键问题(历史评价)的目标达成,在复习中升华民族情感。

(二)以发现学生历史学习问题为基础

复习是学习的一种形式,在历史课程论中,发现学生在这一阶段历史学习的问题,以学生历史学习的问题作为历史复习课的起点,带着问题进行复习课教学,这是复习课的任务之一。

(三)以培养学生历史学习思维为指向

复习课需要在历史思维的导引下,对历史课程知识进行主题统整,从而形成对本单元或者本阶段的历史情感、历史思维进行升华。思维学习既是历史复习课的基本特征,也是历史复习课的基本任务。

(四)以学生主动参与反思学习为路径

学习主体学习是学习的有效策略,而历史学科复习课的特征尤需学生主动学习,对本阶段的历史知识、历史情感、历史思维进行反思性学习,在主动学习中提高自己的历史学习能力,提升对本阶段历史课程价值的把握能力,完成复习课的反思性学习功能。

【案例6-34】 山东寿光世纪学校张春荣老师在人教版七年级上册第四单元《政权分立与民族融合》复习课设计中,课前印制学案,课上发给学生,学生根据学案自主复习。复习三国鼎立形成的过程,学生自己独立完成三国时期历史发展线索表,小组内相互交流,看谁做得最好。学生完成表格后用三角形的三个角表现出三国的位置,强化记忆历史地图。学生完成表格后,教师点拨:1.参照时间记时间。古今对照法,也称远近对照法,以公元零年为对称轴,进行前后对照。如公元前221年秦统一,公元后221年蜀国建立。蜀国建立的前一年即220年魏国建立,蜀国建立的下一年即222年,吴国建立。2.三国鼎立的形成是一个重点。注意把握三国的名称、建立时间、建立者、都城。在这里还要注意识读"三国鼎立形势图"中的地理位置。

【案例评析】 复习课需要学生做中学,在教师的指导下,完成本单元的学习线索表,关注学习的难点,完成历史知识的把握与历史情感的体验。

让学生自己全面整理知识的办法,对学生提出了较高的要求,学生对课程标准的把握和老师相比肯定有一定的距离,可能他们整理的知识只是他们认为的重点,并不是真正的重点和主干,这就要求老师对学情有相当的了解才行。为了提高学习的效率,针对不同的学生层面,老师可以研发学案(复习提纲),老师和学生整理同步进行,给学生以一定提示,学生在有一定的基础和掌握了一定的技巧之后,再进行小组合作完成,最后再由学生自己独立完成。

(五)以教师有效导引合作学习为保障

在历史复习课中,教师自身的角色是学生学习历史问题的导引者、合作者、诊断者,教师需要评估复习的内容、达成目标,需要导引其中的历史复习课程线索,从而促进学生从历史知识树的建立走向历史思维树的建设,最终实现由历史教学走向历史教育。

三、初中历史复习课的基本类型及设计

(一)主题式复习课

以历史学科课程知识点为学习主题,对这些学习主题进行复习,是历史复习课的基本类型。以下是某老师在课程点"通过商鞅变法,认识战国时期的社会变革"的复习课教学设计:

【案例6-35】 首先应该让学生掌握商鞅变法的基础史实。如时间:公元前356年;人物:秦孝公支持商鞅进行变法;内容:国家承认土地私有,允许自由买卖;奖励耕战;建立县制;编制户口,加强刑罚;统一度量衡;等等。意义:使秦国经济得到发展,军队战斗力加强,发展成为战国后期最富强的国家,为秦国灭六国,统一中国奠定了坚实的基础。

教师还应注重知识点的细化、拓展与提升。可拓展的内容有:(1)商鞅变法的主要背景是什么?(2)商鞅变法的内容有何不同的作用?(3)商鞅变法为什么能成功?(4)商鞅变法是成功还是失败?评价改革成败与否的标准是什么?(5)商鞅变法有哪些历史启示?(6)商鞅的名言"治世不一道,便国不法古"是何含义?这一名言体现了哪一派的思想?这位改革家有哪些可贵的精神值得学习?(7)改革要想取得成功,需要具备哪些条件?(8)以商鞅变法为代表的战国时期的各国变法,对当时的社会发展起了什么作用?战国时期,各国经过变法,封建制度逐步确立起来,我国封建社会形成。(9)史学界把春秋战国时代称为是社会的"大变革"时代,列举这一时期具体变革的事例。

【案例评析】 该老师复习课的设计思路,就是从知识点的复习开始,引导学生历史思维的发展,以问题为牵引,培养学生的历史学习能力。

(二)单元复习

现在的初中课程内容的呈现形式是以单元呈现,体现历史发展的时序性与主题

性。在上新课的过程中,每学完一个单元,要进行及时的复习。这是新课教学中很重要的,也是很容易被忽略的一种复习课。一个单元的复习课,往往需要安排一个课时。这一类的复习课主要目标是将本单元的基础知识形成知识网络,建立知识树,把握每个学科课程知识的内涵的基础上,厘清本阶段的历史发展特征,从而对历史现象、历史问题进行分析与思考。这种复习课,在上课时,通常以学生的活动为主体,可以由学生自己来构建,小组合作探究来完善,老师总结讲评和提供适度的练习来组成。

吉林省长春市净月经济开发区教育科研中心袁绍萍老师在人教版七年级下册第二单元《经济中心的南移和民族关系的发展》复习课教学设计中对复习课教学设计进行了如下的定位:

【案例6-36】 1.知识与技能目标:通过本单元的复习,进一步了解辽、宋、西夏、金等政权的并立及战争与议和;熟练掌握宋代南方生产发展和商业繁荣的史实,理解中国古代经济重心南移的原因及表现;了解宋代社会生活的大概风貌。能够简要复述成吉思汗统一蒙古和忽必烈建立元朝的史实,说明民族关系的发展。科技文化方面,熟悉"四大发明",认识中国古代科技发明对世界文明发展的贡献。明确《资治通鉴》的作者和体例。以宋词、元曲为例,了解中国古代的文学成就。了解宋元时期书法、绘画等方面的主要成就。通过本单元的复习,进一步培养学生分析、理解、归纳能力;提高析读图表的能力,树立正确的时空概念;提高辩证分析历史现象和评价历史人物的能力。通过对元朝民族融合的复习,启发学生认识元朝民族融合的进一步加强,是在全国统一的条件下,在前代民族融合的基础上实现的,由此培养学生初步运用历史唯物主义观点分析问题的能力。

2.过程与方法目标:教师制作多媒体课件,通过展示本单元历史时间表、历史地图、知识示意图、重要人物像,引导学生从中获取有效信息,启发学生回顾宋元历史内容,加强知识间的纵横联系,从总体上把握本单元的重要事件、现象、人物及发展线索。通过小组合作探究的学习方法,组织丰富多彩的讨论、探究、情景再现等活动,激发学生的兴趣;在知识的迁移和拓展中,理清宋元时期历史发展的线索,联系现实生活,比较宋代社会生活与今天的异同。

3.情感态度价值观目标:通过本单元的复习,一方面正确认识契丹、党项、女真等少数民族对我国北部和西北部边疆地区的开发所做出的重大贡献。另一方面,认识到民族友好、民族融合始终是我国多民族国家发展的主流。增强学习历史的兴趣,激发民族自豪感,树立民族自尊心和自信心,加深对中国历史文化的认同感。从岳飞、文天祥等人物身上学习、借鉴爱国主义精神。

4.复习重点:(1)辽、西夏与北宋的关系,金与南宋的关系。引导学生析读本阶段历史年表、示意图、表格,理清历史发展线索;(2)南方经济的发展和经济重心的南移。通过讨论分析南方经济发展的原因,通过列表了解宋朝经济发展状况;(3)叙述宋代社会生活概貌,结合《清明上河图》,借助想象的翅膀,走进宋代,了解宋代社会生活,并与今天的生活加以比较,认识古今社会的异同;(4)"蒙古族的兴起和元朝的建立""行省制度"及"民族融合"。通过补充资料,联系目前的行政区划以及回族的发展状况复习这一内容;(5)活字印刷术的发明、指南针和火药的应用及向世界的传播。联系伟人对

"四大发明"作用的评价,站在一定的高度理解四大发明传播的意义;(6)司马光和《资治通鉴》与宋词和元曲。引导学生将司马迁的《史记》与司马光的《资治通鉴》相比较,在了解差异中明确各自的特点;联系各个时期的文学成就,复习宋词和元曲,将其置于知识体系之中,注重知识的迁移和拓展。

5.复习难点:(1)正确评价澶渊之盟。分析南方经济发展的原因,分析宋代的社会生活与经济发展、民族融合的内在关系。通过讨论分析澶渊之盟的影响,引导学生用辩证的观点看问题,教师给予适当的启发与点拨。引导学生通过讨论分析宋代经济发展的原因,通过列表了解宋朝经济发展状况。进一步分析宋代的社会生活与经济发展、民族融合的内在关系,用联系的观点看问题,注重历史现象之间内在的逻辑关系。(2)元朝的行省制度。联系现实,引导学生分析行省制度的影响。(3)充分认识中国古代四大发明对世界历史的影响。结合马克思、培根的话,让学生感知四大发明引起的世界面貌的改变,建立其历史的纵横联系。(4)复习宋元时期的文化,形成运用历史唯物主义的观点、方法看待文化现象的能力,探究文学艺术的发展与经济、政治发展的关系。

【案例评析】 该复习课设计定位实现了巩固本单元的知识点与发展学习历史思维的统一,复习的难点选择具有学科发展性,复习的重点选择基于本阶段的历史发展核心问题。

【案例6-37】 对于《经济中心的南移和民族关系的发展》复习课,某老师的复习课教学进程是这样的:1.直接导入。这一时期是我国民族进一步融合,封建经济继续发展的时期。从分裂割据,若干民族政权由并立到逐步走向统一,民族融合进一步加强,经济重心南移,封建生产方式逐步向边疆地区扩展,封建经济继续发展。中外交通发达,海外贸易超过前代。科技有了更大发展,对世界闻名做出重大贡献。

2.辽、宋、西夏、金等政权的并立及其相互关系线索复杂,学生容易混淆。教师设计一张表格展示出来,让学生回忆、巩固、记忆。

3.唐代中后期到五代十国时期,我国经济重心开始南移,这一过程至南宋时完成。以线索形式引导学生回顾这一过程,并让学生归纳、巩固经济重心南移的具体表现。

4.宋代是我国历史上社会生活变化转大的一个时期。究其原因,主要是宋代文化的繁荣和民族的交融,使得各民族在衣食住行各方面相互影响。以衣食住行娱乐为线索,要求学生对上述现象进行简要阐述。

5.蒙古国和元朝的建立,沟通了许多从未与中国文化有过接触的遥远国度,促进了民族融合,奠定了今天中国多民族共同繁荣的基础。以问题为线索让学生简述成吉思汗统一蒙古和忽必烈建立元朝的史实,说明民族关系的发展。

6.学生根据"复习提纲"做选择题、简答题、材料解析题。

【案例评析】 该老师的复习教学设计特点是历史主体线索明确,通过复习提纲、表格梳理、练习巩固,学生把握了单元结构的基本特征,并且在问题探索中升华本单元的学习主旨。但是,该教学设计需要对学生复习课的历史研究问题进行更多的拓展与聚类分析。

(三)毕业总复习课

毕业总复习课是对初中历史学习的总复习,其基本任务有三:形成初中历史学习的主题结构和阶段线索,把握重大事件、历史人物、历史规律的基本内涵,对历史现象做出基于历史唯物主义的判断。它的教学任务不是简单地应对初中历史学业考试,而是把握基本历史知识,建立初步历史能力与思维,并应用这些历史知识、历史思维来解决历史问题的变式。①

海口市第一中学姚实彦老师认为初中历史复习包括三轮,第一轮,基础知识复习,回归教材、单元复习,就是全面撒网、唤醒记忆、知识梳理;第二轮,专题知识复习,关注国别史、关系史、专门史、人物史、图片史、材料史、地方史,就是查缺补漏、归纳概括;第三轮,时政热点复习,关注时事、热点、周年,重点在于理解运用、综合提升。

海口十中温冬晓老师第一轮《专题二:近代化的探索》复习策略是:先明确目标,展示课标要求;进行知识梳理,根据课标复习每课的主要知识线索;进行知识学习的总结,归纳出近代化的特点;自我检测,完成选择题、连线题、材料题;感悟历史,进行自我提升,完成一道讨论题。

初三单元复习与学期的单元复习课既有共同之处,又有很大的不同。相同之处在于都是"学习"树的重新构建,但是,在这一轮单元复习时,要按强化标准的行为要求。历史的学习行为要求一般分为三个层次,属于识记层次的学习要求,在课标中往往使用"列举、知道、了解、说出、讲述、简述、复述"等行为动词,在测试中,这类知识就多出现在选择题中。属于理解层次的学习要求,在课标中往往使用"概述、理解、说明、阐明、归纳、认识"等行为动词,在测试中此类知识的考察多属于中等难度的题目。属于运用层次的学习要求,在课标中往往使用"分析、评价、比较、探讨、讨论"等行为动词,在测试中此类知识多用于出属于难度较大的试题,并且多用于主观性试题的考察。这一轮复习的过程中,特别容易出现的问题就是单纯复习基础知识,过分强调基础知识部分的背诵,实际上,在这一轮复习中,在归纳整理基础知识的同时,要有问题的剖析与适当的练习。典型问题的剖析非常重要,有代表性的例题,既突出重点和难点,也培养学生分析问题,解决问题的能力,掌握学科学习的基本功和解题的方法和技巧。

【案例6-38】 海南省华侨中学沈向宇老师在第二轮《中国古代民族关系专题》复习的基本思路是:1.展示达标指导,明确考试目标。2.内容复习:(1)开拓丝绸之路好男儿——西汉张骞、卫青、霍去病(读地图)(2)北方民族大融合——北魏孝文帝改革(选择题)(3)开放的多民族帝国——唐蕃"和同为一家"(图片材料题、连线题)(4)并立的民族政权及统一的蒙古政权——辽、宋、夏、金、元(读地图,最后总结民族融合的两大方式)(5)真题练习(各地中考题)。

【案例评析】 教师在复习中,根据主题重新整合复习内容,并以基础练习巩固学习效果,又实现了历史学习的学科价值,具有毕业复习的针对性。

---

① 历史学科试题其实就是历史解决问题的变式训练和情景迁移判断,只是在现在的"选择题、填空题、简答题、材料分析题"更多是抽象化的概念,缺乏了历史学习的情景性。从某种程度上讲,历史学科的标准化测试需要不断发展与更新。

在专题复习阶段,学生已经有了相当的基础知识、基本技能,掌握了一定的历史学习方法,了解了一定的历史规律,对历史有了自己的看法和观点。这一轮复习的目标,就是要学生将古代史和近现代史、中国史和世界史纵横串联起来归类复习形成新的知识网络。找出知识点之间的联系和区别是最主要的方法。这时的复习,往往可以联系时事,联系现实生活来进行,让学生学以致用,解决身边的一些问题。找的专题不要太多,不要太杂,要和考点、考试说明和课程标准、教科书密切联系。

所谓横向联系,就是把同一时期的政治、经济、文化等知识相联系。比如在19世纪60年代到70年代,俄国农奴制改革和日本的明治维新,可以从改革的时间、背景、内容、意义、性质和局限性几个方面进行比较,归纳异同。还可以把历史上的所有的改革,如商鞅变法、北魏孝文帝改革、梭伦改革、大化改新、明治维新、俄国农奴制改革串在一起。又如近代重要的资产阶级革命可归类,1640年至1688年英国资产阶级革命、1775年至1783年美国独立战争、1789年至1794年法国资产阶级革命、1861年至1865年美国内战、1917年俄国二月革命。

另一方面,每一历史事件,都前后联系、一脉相承,要把每一个历史事件前后联系起来,使其知识系统化,这就是纵向联系。例如,复习美国的发展史,我们可以按时间的先后顺序,将美国的历史梳理成以下一条线索:美国独立战争——美国内战——美国在第二次科技革命中——美国在第一次世界大战中——罗斯福新政——美国在第二次世界大战中——冷战的实施——"一超多强"时期的美国。我们将每一时期的历史进行复习,然后将前后发生的历史事件进行联系,从而让学生系统地掌握了美国的发展历史。

在专题复习的时候联系热点和考点是必需的。要求我们要关注热点,多角度、多层次地设问,提高学生的应变能力。

【问题探究】 以下是某老师的初中历史复习经验总结,请结合你的实践,分析其意义与问题。

1.利用目录,明确目标。初三总复习一般一节课复习一个单元,所以为了让学生明确一节课的复习目标,同时树立对一个单元知识的整体印象,要让学生充分利用好教科书目录,让其参照课件写下单元中每一课的关键词,再通过关键词联想每一课的主干知识。此环节大约用时5分钟。

2.利用学案,自主阅读。教师提前制作学案,将每单元的知识体系以填空的形式呈现,印发出来人手一份;课堂上,学生以学案为指导,阅读一单元教科书内容,在教科书中画出相关语句,并在学案上填充完整。此环节大约用时10分钟。

3.梳理答疑,突破难点。教师"抓大放小",只针对这一单元的知识难点进行重点解读,可结合典型例题讲解。此环节大约用时15分钟。

4.快速记忆,反馈落实。学生经过自主阅读和教师讲授,初步了解一单元的主干内容,教师通过课件展示若干基础知识的背诵题,要求学生用纸笔当场测验,只写出答案,同桌之间参照课件中的答案进行交换批改。此环节大约用时8分钟。

5.精练试题,提升能力。选择与本单元有关的典型试题,特别是中考原题,进行当堂操练、评讲,训练解题技巧和规范,提高学生的答题能力。此环节大约用时7分钟。

(四)讲评课

有复习就有练习,就有讲评类的教学活动。讲评课其实也是历史复习课的一种类型。目前的历史讲评课主要存在的问题有三:其一,把讲评课变为对答案课。学生事前也做了练习,老师没有批改过甚至没有翻阅过,对学生答题的情况很不了解,就一个题一个题的依次讲答案,没有重点和难点,平均用力,学生不懂的地方依然不懂,懂了的地方反复讲解,浪费学生的时间,更重要的是抹杀了学生的学习兴趣。有些老师甚至干脆直接将答案发给学生,让学生自己核对,放任自流,老师不做任何讲评,初中学生的自我调控能力差,这样的讲评课效果可想而知。

其二,把讲评课变为教师讲的课。老师事先布置了练习,学生也做了,老师也改了,也统计了。但是,讲课时,老师把这些题有重点的重新讲一遍,甚至反复强调。这样的讲评课,缺乏学生的自我反思过程,缺乏学生的自主学习和反馈练习,缺乏针对性与启发性。

其三,把讲评课上成了评价课。一味对优生表扬,对差生批评,占用很多时间,这可能在一定程度上调动学生的主观能动性,但是,对学生的学习没有产生真正的意义。

上好讲评课的要求是"五到位"即:1.讲审题到位,审题是学生答题的基本功,教给学生正确的审题方法,并能举一反三。2.讲规范到位,讲规范就是要求学生答题、书写、标点及表述方法正确、规范,符合一般要求。3.讲问题到位,历史学习都是由一些最基本的问题构成,只有明白了历史问题的真正内涵和外延,才能有清晰的思路,正确理解历史。4.讲误差到位,要求教师对错误的答案归类分析,出现了哪些错误,找出出错的原因,指出正确答题的思维方法。5.讲补救到位,讲补救就是通过教师讲评,让学生明白正误后,及时采取措施弥补,设置历史变式问题,改变学生的学习思维和历史学习方法。

思考练习

1. 教学内容分析的基本步骤是什么?它的核心内容又是什么?
2. 如何选择教学方法?
3. 教学设计的关键环节就是教学过程的设计吗?
4. 目前国内有哪些典型的历史课堂教学模式?对此你有何看法?
5. 调查历史活动课开展情况,并进行原因分析。
6. 复习课与新课的教学任务区别有何不同?

实践操作

1. 请分析"知道赤壁之战和三国鼎立局面的形成"在中国古代史学习中的课程地位。
2. 请对"初步了解联合国和世界贸易组织的宗旨和作用"做内容分析。

3.请依据下文材料,用传统教学方法设计"司母戊鼎"的教学活动。

司母戊鼎是迄今出土的所有鼎中最大最重的,它有一段传奇的经历。1939年3月,这只鼎出土于河南安阳侯家庄武官村的农田中,因鼎太重太大,仅锯出一条缝后悄悄地把鼎埋起来。后来消息走漏,日本人前来搜索,机智的村民想出了办法,他们拿出来一些小件的青铜器和陶罐把日军搪塞走了,才将此鼎留下。抗战胜利后,1946年6月,大鼎重新掘出,但已失去一耳(后来补上),先存放于安阳县政府。同年十月底,当地驻军将大鼎作为蒋介石60寿辰寿礼,用专车运抵南京,蒋介石指示拨交中央博物院筹备处保存,该鼎于1948年夏首次公开展出。后来,国民党政府曾想将此鼎运往台湾,终因过于困难,才打消了这一念头,建国后,此鼎存于南京博物院,1959年拨交中国历史博物馆,现已成为国家博物馆的镇馆之宝。

4.请设计一堂基于自主学习的单元复习课。

参考书目

1. 裴新宁.面向学习者的教学设计.北京:教育科学出版社,2005.
2. 何成刚,夏辉辉,张汉林,彭禹.历史教学设计.上海:华东师范大学出版社,2009.
3. 王向红等.基础教育教学基本功(中学历史卷).北京:首都师范大学出版社,2009.
4. 赵克礼,徐赐成.中学历史教材研究与教学设计.西安:陕西师范大学出版社,2011.
5. 仇世林.名师历史教学设计分析.济南:山东人民出版社,2011.
6. 宾华.中学历史课堂教学设计研究.长春:长春出版社,2012.
7. 杜芳,刘汝明.中学历史教学设计与案例研究.北京:科学出版社,2013.
8. 广东省教育厅教研室.初中新课程历史与社会优秀教学设计与案例.广州:广东省高等教育出版社,2006.

教学设计案例附录

《美国南北战争》课堂教学片段设计
（人教版九年级上册）①

湖北省宜昌市第十四中学　王英姿

导入：林肯是美国历史上的第 16 任总统。他受到美国人民的尊重，马克思赞扬"他是一位达到了伟大境界而仍然保持自己优良品质的、罕有的人物"。他的历史功绩与一场战争紧密地联系在一起，这场战争就是美国内战，史称南北战争。

这场内战惨烈到什么程度？请阅读以下材料（屏幕展示）：

材料1：南北战争是我国历史上最残酷的一幕。伤亡人数超过了 150 多万，成千上万的家庭流离失所，战争所带来的磨难超出我们的想象。

——罗恩·马克斯韦尔《直面历史》

材料2：用了四年战争和几乎 70 万美国人的鲜血——伤亡几乎等同运到北美的奴隶总数——才将宪法中奴隶制的污点洗清。

——安玛丽·丝劳特《这才是美国》

教师：150 万、70 万，是因为统计涵盖的对象不同。但有一点值得思考：美国在二战中伤亡人数 101 万，在越战中伤亡人数将近 40 万。而这这场战争造成的伤亡人数，几乎等同于自此以后 100 多年内美军在对外战争中伤亡数的总和。

问题1：美国出兵伊拉克仅仅死亡 4000 多人，国内的反战情绪就异常高昂，前总统小布什的民众支持率因此而大跌。南北战争是美国的一场内战，死伤了那么多人，但林肯却能永垂史册、受到美国人的崇敬，这是为什么？

故事1：1860 年是美国大选年，共和党代表林肯当选为美国新一任总统。消息传出后，诗人费罗写道："这是伟大的胜利。这是对国家的拯救，这是自由的胜利。"与此同时，南方的一些政客们也喜形于色，"这是最好的借口"，"我们的人民永远不会同意一个黑色共和党人的统治！"1861 年 3 月，在华盛顿晴朗而干冷、和平而安静的气氛中，林肯就任美国第 16 任总统。一个月后，内战爆发。（在屏幕上展现上述黑体字。）

问题2：林肯当选引起了不同反响，反对的意见是什么？

接着提问：对林肯当选的争议，在他就任总统后进一步升级，引发了战争，这说明分歧很严重，致使兄弟阋墙。为什么南方反对林肯当总统呢？是林肯个人品质有问题吗？

故事2：亚伯拉罕·林肯出生在一个农民家庭。家里很穷，他没机会上学，每天跟着父亲在荒原上开垦、劳动。他一生进学校的时间，加在一起总共不到一年。但林肯

---

① 王英姿.初中九年级（上）《美国南北战争》的教学设计——以故事、材料和问题为思路.历史教学.2009(6)：12—19.

勤奋好学。没钱买纸、买笔,他就用树皮和大地当纸,用果浆、树浆代笔。没有书,他可以走很远去借。一有机会就向别人请教。他放牛、砍柴、挖地时,怀里也总揣着一本书,他从不偷懒,总是到休息或干完活后,才会一边啃着粗硬冰凉的面包,一边津津有味地看书。他常常借着炉火读书读到深夜。长大后,林肯离开家乡独自外出谋生。他打过短工,当过水手、店员、土地测量员,还干过伐木、劈木头的重力气活儿。在一个叫作纽萨勒姆的小村子,林肯当过邮差。那时还没有邮票。如果想寄信就把它交给邮差,邮差再集中交给专职的邮递员。当时邮资相当昂贵,邮费通常由收信人交付。邮差收取邮费后保存起来,直到邮政官员来收取。林肯是这个村的最后一位邮差。居民们不断搬离,于是发出和收到的邮件数量逐月递减。两年后,邮政室关闭了,林肯手中有17美元的邮费。由于种种原因,邮政部门一直没有来收这笔钱。后来,林肯也搬离了这个村子。他当时穷得连日常生活都难以维持,还有债务没有还清。而政府就在这时找到他,要他立即交出几年前的那笔邮资。几分钟后,林肯拎着一个布袋,说"我确信钱都在这里,一分也不少"。袋子里装了一大堆铜币和少量银币,正是乡民们所付邮资的钱币。邮政官员清点后确认,一分不少。林肯没有文凭,后来他自学法律通过考试,成为一名出色的律师。

问题3:政治家是社会公众人物,政治家的道德品质如果不好,那么他的公信度一定很低。林肯的品质有问题吗?没有。那么,为什么因为他的当选会发生战争呢?

问题4:因为林肯是共和党的候选人。民主党反对共和党,因此反对林肯当总统。那么,共和党与民主党的最大分歧是什么问题呢?

看以下材料(展示):

材料3:(1860年5月)共和党全国代表大会在芝加哥召开,这次会议的主旨主要是:

在全国之内,在奴隶制不存在的地方,立法权不得用以助长奴隶制度。应尽快批准堪萨斯州以自由州身份加入联邦。公开买卖奴隶是违反人道主义的犯罪行为。这次会议最主要的任务是选出一名代表,角逐美国总统……

材料4:(1860年4月底)民主党在南卡罗来纳州的查尔斯顿举行全国代表大会,南方最有名的演说家燕西,代表他的选民向大会做了重要发言:"你们(指北方代表)认为,无论是自然法,还是上帝的法律,都没有奴隶制度存在——只有州法律承认它;它是错误的,但你们不能指责报怨它。如果你们改变立场,认为奴隶制度是正确的、也许你会大获全胜,脑海中也不再有反对奴隶制度的想法……"

——[美]詹姆斯·鲍德温《亚伯拉罕·林肯传》

依据材料,请同学分析:共和党和民主党最大的分歧是什么?

问题5:民主党为什么说共和党是"黑色"的,谁能解释?人权和民主、自由已经写进了1787年宪法,美国为什么还存在奴隶制呢?

教师:奴隶制产生于北美殖民地时期。看教材"三角贸易"示意图,绿色航线表示从非洲西海岸运送奴隶到北美。从那时起,越来越多的黑人奴隶被贩卖到美国,他们成为弗吉尼亚、马里兰、南卡罗来纳等南方各州的主要劳动力。南方主要是种植园经济,种植烟草、大米、蔗糖和棉花。当时世界四分之三的棉花产自美国南部。种植园主要依赖奴隶生产。奴隶不用付钱,超负荷劳动,大大降低了棉花的成本。三角贸易始

于新航路开辟后,到 19 世纪中期,奴隶制在南方存在了 300 多年,当时美国人口只有 3200 万左右,而黑人奴隶大约就有 400 万,分住在南方 15 个州。

1787 年的美国制宪会议就制定了 1808 年后废除奴隶制的目标。此后,北方州基本废除了奴隶制。当时美国的工业集中在北方。工业的发展也需要自由劳动力。更重要的是,奴隶制的野蛮性不符合人道主义和人权观念,因此,1807 年,英国禁止了奴隶贸易;1833 年,英属殖民地废除了奴隶制;1848 年法属殖民地也废除了奴隶制;拉美各共和国在同一时期都废除奴隶制度。美国在此期间出现了废奴运动。这说明,人类进入 19 世纪后,认识奴隶制的残酷和罪恶已经不存在障碍。奴隶制既不符合工业发展和自由经济的需求,也有违资本主义社会的基本原则。

问题 6:为什么到 1860 年美国还存在奴隶制呢?讲述以下案例。

故事 5:1857 年美国最高法院受理了这样一起案件。爱默生军医是德雷德·斯科特黑奴的主人。他把这名黑奴从家乡路易斯安那州带到自由州伊利诺伊州,在这里居住了一年有余。随即他带奴隶去了北方的明尼苏达州,斯科特在这里和爱默生的女黑奴结婚。两年后,爱默生带着这两名奴隶和他们在明尼苏达州生的孩子回到了易斯安那州。斯科特认为,由于主人把他们带到了自由州,在这片土地的法律下,应该给他们自由身份;他们的孩子出生在自由州的土地上,不应该再变成奴隶。组成高法的九位法官中有五位来自蓄奴州。判决时,七位法官认为,奴隶仅仅是主人的物品,不应该把奴隶视为人;既然奴隶不是人,那么美国任何法院都无法提起诉讼。首席法官写到:"无论斯科特本人,还是他家庭中的任何人,在被带到自由土地上时,都不能获得自由;甚至主人把他们带到自由州并成为那里的永久居民,奴隶注定还是奴隶"

——[美]詹姆斯·鲍德温《亚伯拉罕·林肯传》

问题 7:此案中,法官维护奴隶制的观点哪句话最关键?这个案例能够说明什么问题?学生讨论,然后教师总结。

教师:"奴隶仅仅是主人的物品,不应该把奴隶视为人。"这句话很关键。如果成立,以"私有财产神圣不可侵犯"的原则,奴隶制的存在就有法律根据。但是,天赋人权、人生而平等已经写入 1787 年宪法。奴隶也是人,有生命权、自由权和追求幸福的权利。这是反对奴隶制的法律根据。这一矛盾正是美国建国之时就没有解决的。美国地方"自治"的理念很强,各州之间的法律并不一致,至今如此。因此,联邦政府无法强行废除奴隶制,奴隶制也不会轻易退出历史舞台。我们要明白:在当时背景下,奴隶制的废存不仅涉及经济利益,还有价值观和历史渊源问题。所以,任何一个反对或限制奴隶制的人就任美国总统,南方各州都会不满意,南方不仅仅是针对林肯个人。但是,林肯的态度也很关键。

教师:林肯对奴隶制是怎样表态的呢?我们看看林肯的讲话(展示):

材料 5:我无意直接或间接地在蓄奴州干涉奴隶制。我相信我没有合法的权利,而且我也不想那样做。……从宪法和法律角度看,联邦是不可分解的。

——1861 年林肯的就职演说

教师:请注意,林肯说他不想干涉奴隶制的存在。也就是说,他不想得罪南方的种植园主们。显然,这也会引起北方一些人的不满。林肯又怎样解释呢?

故事 6:有人认为林肯对待政敌的态度不够强硬,对他说:"你为什么要让他们成为朋友呢？你应该想办法消灭他们才对。"林肯温和地回答："我难道不是在消灭政敌吗？当我使他们成为我的朋友时,政敌就不存在了。"

教师:林肯还说他"没有合法的权利"。林肯是总统啊,怎么会没有权利解决奴隶制问题呢？我们再看他下面这段话：

材料6："一幢裂开了的房子是站立不住的,我相信这个政府不能永远维持半奴隶和半自由的状态、我不期望联邦解散,我不期望房子崩溃,但我的确期望它停止分裂。"

——1858年林肯的演讲

问题8:你们怎样理解这段话？

教师:我不希望美国分裂,这就是林肯的基本态度。这是总统的职责决定的。林肯对奴隶制的态度是温和的。

问题9:林肯首先考虑的是什么问题呢？

教师:对,是联邦政府的统一和稳定！他虽然反对奴隶制,却主张通过和平的方式解决奴隶制,比如给奴隶主补偿金等措施。他要在有利于维护联邦统一的前提下解决奴隶制度问题。理智的政治家不会贸然行事。但是,南方并不领情啊。林肯就任的一个月后,南方另立政府,公开分裂,挑起了内战。这样,林肯政府就是为维护国家的统一而战,南方被置于叛乱的位置。这对林肯来说是政治上的一个胜利。打仗也得有理由啊。理由不充分,自然不会得到民众的支持。美国当时有40多个州,宣布脱离联邦政府的有9个州,美国面临分裂的危机。

问题10:看,南方联盟控制的地区大约占美国领土的1/3,尤其是弗吉尼亚州,位置很关键,里士满是南部联邦的首府,距美国首都华盛顿那么近。虽然北方得人心,然而,战争之初,北方却在军事行动上一再失利,华盛顿一度告急。这是为什么呢？

故事7:战争爆发后,政府颁布了征兵令,原计划只征集两万五千名志愿兵,很快报名人数超过了10万。招募志愿者原定期限是90天,许多人认为战争不会太久,认为南方根本不会有太强的抵抗力,甚至说："痛快地鞭笞一顿奴隶主,不过是吃早饭前的热身运动！"……

但是,南方各州在叛乱前就已经做了充分战争的准备。战争也迫使一些人做出两难的抉择。

林肯政府正规部队的最高指挥官温菲尔德·斯科特将军已经76岁了。林肯内阁决定,选用一名年轻的军官来指挥联邦军队。最后决定任用来自弗吉尼亚州的罗伯特·爱德华·李将军(以下简称李将军)。李将军的父亲曾是华盛顿将军麾下最为忠诚、勇敢的军官。李将军也曾说："我简直无法想象还有比联邦分裂更大的灾难。"但是,当他接到政府的任命书后,他犹豫了。弗吉利亚一旦脱离联邦,他能向她开战吗？他的同族和朋友都是弗吉尼亚人,他无法同室操戈。他认为自己最高的荣誉是献身弗吉利亚。弗吉尼亚加入了南方叛乱的一方,李将军随即向美国政府递交了辞呈。三天后他被任命为弗吉利亚军队的指挥官,后来当上了南方军队的最高统帅。

问题11:李将军的选择说明什么问题？

教师:北方在战争之初的失利,有很多原因：1.林肯政府从心理上始终不愿意进行战争,因此开始时处于被动状态。对战争形势估计不准,对南方军队的实力也了解不够。实际上,南方军队中良将辈出,多数毕业于西点军校,军事素养很高。2.美国独立

后,为了防止独裁和专制,充分保证人民和地方各州的民主、民治和民享的权利,国家军队以民兵为主,只有极少的正规军。于是美国成为世界上典型的以民兵预备役为主的国家,允许民兵自备枪支。这是自独立战争以来的传统。战争爆发后临时征兵,军队缺乏训练和必要的经验,战斗力不强。3.林肯的前任总统顾问班底中,有许多南方人和同情南方的北方人。林肯当选后,他们帮助南方,甚至将武器运送到南方。美国的海军当时在远离本土的海洋深处,林肯短时间之内无法召回海军。战争陷入了胶着状态。在很多应征者和志愿者看来,这场战争的目的就是为了废除奴隶制度。越来越多的人不耐烦了,希望尽快废除奴隶制,早日结束战斗。林肯仍在等待时机。

问题12:林肯为什么不在战争开始时就解放奴隶呢?看他的解释:

材料6:"在这场战争中,我的最高目标是拯救联邦而不是拯救或摧毁奴隶制。"

"如果我能拯救联邦而不解救任何一个奴隶,我愿意这么做。如果为了拯救联邦需要解放所有的奴隶,我愿意这么做;如果为了拯救联邦而需要解放一部分奴隶而保留另一部分,我也愿意这样做。""我不会去做任何对联邦有损的事,也不会去做任何对联邦无益的事。"

——1862年8月林肯给贺瑞斯·格里雷的信

教师:这是林肯在1862年8月,针对部分人要总统立即宣布结束奴隶制度,给贺瑞斯·格里雷的一封信中做出的答复,被刊登在《纽约报论坛》上。你们能理解吗?

教师:战争持续一年多了,南方军队不断向北方推进,北方怎样彻底扭转被动局面?时机成熟了,林肯经过缜密思考,于1862年9月,以军队总司令的名义颁布了《解放黑人奴隶宣言》。

材料7:(在叛乱地区)"为人占有而做奴隶的人们都应在那时(指1863年元旦)及以后永远获得自由","合众国政府行政部门,包括陆海军当局,将承认并保障上述人等的自由"。

——《解放黑人奴隶宣言》

问题13:林肯为什么这个时候颁布《解放黑人奴隶宣言》?《宣言》是否体现了拯救联邦的目标?请同学们仔细分析《宣言》的内容。

教师:要注意:第一,《宣言》只废除叛乱各州的奴隶制度,这样就稳定了中立或接受联邦统治而没有参加叛乱的蓄奴州;第二,《宣言》9月发布,3个月后生效,这就起到瓦解南方联盟的作用,只要停止参加叛乱,政府会允许继续保留奴隶制度;第三,允许奴隶作为自由人参加北方军队,这就将解放奴隶与维护联邦统一结合起来了。获得自由的奴隶踊跃参军,成为骁勇的战士,北方军队从此实力大增。同时,几十万黑奴从种植园逃走,极大地削弱了南方分裂势力,加速了战争胜利的进程。林肯政府不仅广泛地赢得了民心,使民众对国家充满了信心;也赢得了国际支持。英国本来与南方各州关系密切,随着宣言的发表,英国立即表明了捍卫人权的立场,站到了林肯政府一边。英国是当时世界的头号强国,如果英国继续支持南方,后果很难预料。战争进行到1865年,南方的败局已定。一个民族的内战在人们心里留下的阴影,往往多少年都挥之不去。美国内战是否也是这样呢?

故事8:战争到了1865年3月,南部统帅李将军明白大势已去,向北方军队统帅格兰特提出了投降谈判的要求。他拒绝了率领部下打游击的建议,向北军统帅格兰特交出了自己的佩剑。他不想再看到美国青年流血。他投降后也许会被当作战犯绞死。他提出的要求是：希望北军善待他的士兵，并允许那些带着马匹从军的人能够带着牲口回家春耕。格兰特同意了这些要求，承诺南军官兵只要在誓约上签上"永不打仗"就可以回家了，而且"以后不会受到合众国政府的打搅"。格兰特给予李将军以军人的尊重，他不让士兵鸣炮庆祝胜利。

  教师：格兰特也是在执行林肯政府在此前颁布的《大赦和重建宣言》。这个宣言宣布：一切参加过叛乱的人，只要停止对抗行为，宣誓忠诚并捍卫美国宪法和联邦政府，都可以免罪，同时恢复除了奴隶以外的所有财产。即使是叛乱的首脑人物，如果向总统提出特别申请，表明自己的改过之意，也可以获得特赦。不仅如此，在著名的葛底斯堡公墓，同时埋葬着双方阵亡的将士。林肯政府的宽容和善待，消弭了战争给南北方带来的仇恨，不仅在形式上拯救了联邦，而且在民族心理上没有留下裂痕。真是"兄弟再携手，一笑泯恩仇"，美国从此走上了快速发展的道路。林肯诚恳地向国民呼吁用宽容和谅解重塑一个南北统一的美国，但他得到的回应是子弹。1865年4月14日林肯被暗杀。这表明奴隶制的根除还有待时日。有人说：林肯倒下了，他却拯救了美国。诗人惠特曼把他比喻为英勇而睿智、掌控国家命运之舟的船长。

《我评秦始皇、汉武帝》主题活动课实录
（川教版七年级上册）

重庆市杨家坪中学　姜世菊

一、教学目标

1.巩固拓展重要人物秦始皇、汉武帝的历史事迹；

2.学会分析评价历史人物的一般原则和基本方法，并初步加以运用；

3.初步学会收集、整理相关历史信息的方法，培养学生运用材料说明观点的能力；

4.让学生独立思考，敢于发表自己见解，勇于探讨、争论的个性，以及善于倾听、合作学习的良好学风；

5.认识统一对历史发展的影响，进行维护国家统一的观念的教育；

6.树立初步的评价历史人物的唯物史观；把促进生产力的发展，推动社会进步作为评价历史人物的第一标准。

二、课前准备

1.确定活动的内容和形式。根据初一学生特点，可采用角色扮演、历史短剧、讲故事等活动形式，以多种方式再现秦始皇、汉武帝的功过和当时的社会历史状况。

2.制订活动计划并公布。

3.引导学生掌握一些基本的收集资料的方法，并要求学生自己收集整理秦始皇、汉武帝事迹的有关资料，并形成自己的观点。

4.引导学生学会如何进行人物评价，讲解人物评价的基本原则和方法。

5.引导学生了解一些基本的辩论技巧。

三、重、难点

重点：确定主题活动的方法，教会学生怎样参与活动。

难点：主题活动的组织实施流程。

四、教学流程

1.导入新课

播放《三国演义》主题曲《滚滚长江东逝水》，让学生在低沉的旋律中，了解浪花淘尽英雄的客观事实。指出：谁是英雄？什么样的人可以被称为英雄呢？同学们还曾记得毛泽东有一首很著名的词叫《沁园春·雪》，里面有一句对我们今天的主角秦始皇和汉武帝的评价，有同学知道是怎样的吗？（学生回答"惜秦皇汉武，略输文采"。）那么，他们究竟是什么样的人呢？

2.讲述新课

教师：昨天，我走路时，一不小心走进了一个隧道，它竟然是时光隧道，我又回到了秦朝，还碰见了秦始皇。我向他转达了同学们的愿望，说自从同学们学习了他的事迹之后，都很想见见他，他一听，也非常高兴，立即就答应来见见我们。想见他吗？

学生："想！"

教师:"有请秦始皇!"

(多媒体展示:秦始皇的画像)

(在同学们热烈的掌声中,秦始皇的扮演者××同学在两名侍卫的护卫下,款款上台。"秦王扫六合,虎视何雄哉!挥剑击浮云,诸侯尽西来。"他们一边上台,侍卫们一边朗诵。他以第一人称的口吻,详细介绍秦始皇)朕就是秦始皇,朕可不是一般人,朕是中国第一个封建皇帝,朕曾对中国历史做出过巨大贡献。朕武功盖世,公元前230—公元前221年,仅用十年时间,朕南征北战灭六国,统一了中国,功不可没;在各位大臣的辅佐下,朕建立了专制主义中央集权制度;为了加强各地的经济文化交流,朕统一了全国度量衡、货币、文字,当时的人们对我更是感恩戴德;朕又派兵南征越族,北击匈奴,扩大了国家的疆域,使秦朝成为历史上第一个统一的、多民族国家;随后,朕又调集民工,北筑长城,南修灵渠,给子孙后代留下了旷世工程。绝不允许任何人反对朕,背叛朕。那些骗朕的儒生、方士,全被朕活埋了,那些对朕统治不利的书籍、思想,禁止传播,使举国思想统一,作为一代帝王,朕有功于历史,也有过于人民,功过是非,等待你来评说。(长时间的掌声)

(多媒体展示:秦始皇的功过,其中,"功""过"两字用较大号字。)

教师:秦始皇的是非功过,等待你来评说。但是,要评价一个历史人物,必须将他置于一定的历史背景之下。看他的行为是否能促进生产力的发展,是否有利于社会的进步。

(多媒体展示《人物评价的标准》,让学生阅读。)

他说他"统一六国,功不可没",那在统一六国之前,形势又是怎样的呢?

学生:"连年战争,争夺激烈。"

学生:"很多人战死。"

学生:"民不聊生。"

学生:"人民渴望统一。"……

教师:第一小组推荐的一位同学要给我们讲述六国统一之前的一次著名战争"长平之战"的故事。

(学生××生动讲述了长平之战的故事,当他讲到战争之后,赵军40万人被活埋的凄惨事实时,配了低沉的背景音乐。他的讲述得到了全班同学及所有听课老师的掌声。)

教师:战争是残酷的,正如刚才这位同学所说,"一次战争之后就活埋了40万人,也就毁掉了至少四十万个家庭"。秦始皇统一六国,在很大程度上避免了人民遭受战乱之苦,可谓功不可没。

教师再请第二小组表演短剧《可怜的商人》(第二小组四个学生上台表演,他们准备的道具有:盐、象牙筷、皮衣,自制的战国时期各国的货币若干。主要情节:在货币、度、量、衡统一前,一个刚出道的商人由于不熟悉各地的货币、度、量、衡,最终血本无归。)

教师:刚才四位同学的表演非常精彩,反映了国家分裂,度量衡和货币制度混乱对经济发展的不利影响。因此,秦始皇统一度量衡、货币、文字功不可没。

看来,秦始皇确实有卓越的功勋,可是怎么在秦朝,却到处都有人哭泣,到处都有

人叹息呢？请第三组同学表演节目《孟姜女哭骂秦始皇》。（第三小组五位同学上台，表演的节目是《孟姜女哭骂秦始皇》）

"谁是秦始皇？谁是秦始皇？秦始皇在哪里？"（一个女子边泣边喊，看她白衣白裤，头伤还带着小白花，眼睛都哭肿了）

教师：这不是孟姜女吗？她怎么到这里来了？

（孟姜女上台，边哭边说）"我千里寻夫，找到的却是一堆白骨，我要向秦始皇问个明白，他修长城到底要干什么？我要他还我夫来。"（秦始皇在侍卫的簇拥下走上台来）

侍卫：你要干什么，后退到五步之外。（并紧张地拔出佩刀）

秦始皇：你是谁？何方人士？你哭什么？找朕干吗？

孟姜女边哭边说：民女孟姜女。我有些事想不明白，想向你请教。我一天到晚在家里辛勤耕作，大半的收成都交给了你，你都拿去干什么了？我年幼的弟弟才十五岁，就去参军打仗，攻打越族，越族人又没惹你，为什么要打他们？我老爸一大把年纪了，你还让他去修路，你可真做得出来！而且，他又没说不去，只说了一句"等一天，让我喝了女儿的喜酒再走"，结果就被你们砍去双脚，你好狠心呀！可怜我夫年纪轻轻，结婚才三天，就为修这石头城活活累死了。你叫我怎么回去告诉我瞎眼的婆婆啊！你倒是说说，修长城来干嘛？说不出理由，我要你替我夫偿命。

侍卫：大胆刁妇，休得无理。

秦始皇：请息怒。只是北有匈奴困扰，如果不修长城，将有更多的人死在匈奴的刀下，我是迫不得已呀！对于你夫君的死，我很抱歉，让我用有生之年做出更多的成就来偿还你吧！（说完，匆匆退下）

教师：同学们的表演非常生动，通过这些活动，我们了解了秦始皇的历史功绩和过错，那么，秦始皇到底是功大于过呢，还是过大于功呢？现在请同学们先分组讨论，形成各自的观点和认识，然后在全班交流。

（学生讨论，教师配一些轻音乐，以渲染讨论的气氛。讨论时间大约为三分钟。）

教师：请同学们提出自己的观点：秦始皇是功大于过呢，还是过大于功呢？（同学们进行了激烈的辩论。在辩论过程中，老师适时点拨。这一过程中，在学生发言中要注意培养学生养成倾听的好习惯。有些同学观点可能并不明确，有些同学的论据和论证可能不充分，还有些同学自己可能混淆史实，教师都没有提出异议，目的在于培养学生独立思考，敢于发表自己见解，勇于探讨、争论的个性，以及善于倾听、合作学习的良好学风。）

辩论之后，教师出示如下板书：

功：1.统一六国，让人们免除战乱之苦，让人们能够安居乐业；

2.统一度量衡、货币，有利于经济的交流和发展；

3.统一文字，有利于文化的交流和发展；

4.建立了专制主义中央集权制度；

5.设立郡县制，废除分封制；

6.修筑长城，抵御外族入侵；

7.修灵渠，有利于交通、灌溉。

过:1.赋税、兵役、徭役都很沉重,给人民带来痛苦和灾难;

2.刑法严苛,人民灾难深重;

3.焚书坑儒,钳制思想,摧残文化。

辩论结束,《少年天子》的主题曲响起,第四小组少年天子汉武帝刘彻的扮演者随着音乐走上讲台。

学生:我就是年轻有为、风度翩翩、英俊潇洒、能文能武的汉武帝刘彻,我小时候接受了严格的教育,十六岁登基为帝,做出了一系列举世瞩目的成就。我的宠臣董仲舒让我自称天子,让我"罢黜百家,独尊儒术"。做天子的感觉可真好,我就依了他,并颁布"推恩令",解决了百余年来一直困扰我大汉的王国问题;至于匈奴人,我让卫青、霍去病去对付他们;另外,为发展经济,我还修建白渠等水利工程,推行进步的农业技术,使农业生产得到前所未有的发展;我还规定货币由国家统一铸造,盐铁由国家垄断经营等,让国富民强;为了让更多的人知道我是天子,我还在长安设立太学,培养弟子员。我一直很佩服我自己,你喜欢我吗?佩服我吗?

教师引入:"刚才他说,他文武双全,知道他的文武双全是怎么来的吗?"(有学生表演了汉武帝少年时刻苦求学的场景。这场景很简单,由第五小组的同学扮演。)

片段回放:

年幼的汉武帝一边练剑,一边背诗,几位老师围着他团团转,他则努力学习,非常虚心。

教师点拨:"宝剑锋从磨砺出,梅花香自苦寒来",经过刘彻的努力,他的确学有所成。小小年纪就饱读诗书,能文善武。他是幸运的,才十六岁就做了皇帝;他也是不幸的,摆在他面前的有许许多多棘手的事。他怎么办呢?俗话说,"一个好汉三个帮",他上台之后就立即下令求贤,看,董仲舒来了!(表演董仲舒上书"罢黜百家,独尊儒术"的场景。)

片段回放:

"汉武帝"高坐正中,两位"内侍"垂手侍立两旁,一名"太监"立于一边,"启奏陛下,儒生董仲舒求见"。"汉武帝"高兴地说:"快请,快请。"董仲舒快步上去,说:"皇上,我提三点建议:第一:您至高无上,是上天的儿子,是天子,世间万物一统于天,人间应一统于皇上;第二:你应'罢黜百家,独尊儒术',只有儒家经典,才能保证您的基业万古千秋;第三:你可在长安设立太学,培养弟子员,保障您的江山千秋万代。"汉武帝一听非常高兴,"你说的正好,就照你说的办"。

教师:至于王国问题的解决,更是绝妙的大手笔。请第七组的同学起来介绍一下他是怎样解决王国问题的。

片段回放:

一个"钦差大臣"手拿圣旨,高声宣读:皇帝推恩,为使更多的皇族子弟领受皇帝的恩泽,允许各位诸侯将自己的封地分给自己的各位子弟,建立侯国,一代一代分封下去,没有止境,让普天之下,所有的皇族都感沐皇上的恩德。

教师:他成功了,他做到了。百余年来一直困扰汉室的王国问题,就这样解决了,他真的很了不起。但他有没有不足的地方呢?有哪些地方还存在过错呢?他到底是功大于过,还是过大于功呢?请同学们讨论。(同样配了一些轻音乐,讨论时间约2分钟)

同学们讨论、辩论。(过程略)

出示板书:汉武帝的功过。

功:思想上"罢黜百家,独尊儒术",并在长安设立太学,培养弟子员;

政治上颁布"推恩令",解决王国问题;

经济上兴修水利,铸造钱币;

民族关系上派卫青、霍去病北击匈奴,巩固边防。

过:他出击匈奴,大肆征兵、征税,给人民带来极大的痛苦。

3.小结:这节课,同学们进行了充分的准备,互相交流,体验深刻。对秦始皇和汉武帝的生平功过都了解清楚了吗?不管怎样,秦始皇、汉武帝毕竟是历史人物,他是成是败,是功还是过,都早已成往事,对今天都不很重要,重要的还是我们的未来,命运把握在我们自己手中,世界的未来是我们的,让我们大声地说:"'数风流人物,还看今朝'我们一定牢记历史,让我们的世界更美丽,让我们的未来更精彩!"

4.布置作业:选择秦始皇和汉武帝其中一人的功过的一个方面,写一篇小论文。

五、活动评价

1.自评。学生根据自己在本次活动中的表现情况给自己做一个评价(20分)。

2.小组评价。各小组根据各成员在活动中的参与、合作情况给每一个成员做出评价(40分)。

3.教师评价。根据学生的活动参与度(活动态度、资料准备、小组配合、举手发言、展示技巧、表演水平等)做出综合评价(40分)。

4.小组奖励。各小组组长和教师综合各小组的活动参与情况评出等级(AAA、AA、A三级),获AAA级的小组成员各加6分,小组长另加2分;获AA级的小组成员各加4分,小组长另加1.5分;获A级的小组成员各加2分,小组长另加1分。最后,将每位学生的得分记入学习档案。

《南方的初步开发》学案设计
（川教版七年级上册）

重庆市万州区新田中学　谭　明

【课标要求】 说出人口南迁和民族交往促进了南方开发的史实。

【重点难点】 重点：南方初步开发的原因和表现。难点：理解人口南迁、民族交往为什么能促进南方的开发？

【资料介绍】

1.三国两晋南北朝时期政权更替：

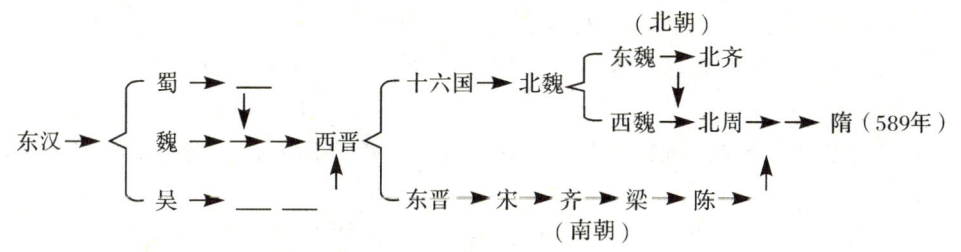

（北方多战乱，社会动荡；南方社会相对稳定）

2.材料：建康（今江苏南京），三国时称"建业"，是东吴都城，东晋及被称为"南朝"的宋、齐、梁、陈是年代相继的5个王朝（317～589年），它们的都城是在建业的基础上扩大而成的，改名叫建康。连同在此之前的东吴，常被人们称作"六朝"，所以南京又有"六朝古都"之称。

【课堂互动】

一、"史实"——知识梳理，内容整合，体系构建。

1.探究主题：南方初步开发的史实。

2.学法指导：根据内容提示，阅读教材，梳理知识，完成填空，构建知识体系。

（一）吴蜀时期南方的开发

吴国：1.农业方面：孙吴政权组织人员开垦＿＿＿＿，推广＿＿＿＿；粮食产量提高。

2.手工业方面：会稽出产的＿＿＿＿是著名特产，丝织业有一定发展。瓷器制作技术提高，能生产各种精致的＿＿＿＿；造船业发达，出现了＿＿＿＿、＿＿＿＿、＿＿＿＿三大造船中心。230年，吴国曾派人到过＿＿＿＿。

蜀国：＿＿＿＿设堰官保护都江堰、屯田、植桑养蚕，推广铁器、牛耕、＿＿＿＿技术，使成都平原和＿＿＿＿地区得到初步开发。

（二）东晋南朝时期南方的开发

1.农业方面：广种水稻，并推广种植原产北方的＿＿＿＿、＿＿＿＿等作物；五岭以南，种植＿＿＿＿，提高粮食产量；人们还在湖边围垦，扩大种植面积，农田普遍施用＿＿＿＿，促进了农业发展。

2.手工业方面:织锦、制瓷、矿冶、造船技术有很大提高。炼钢技术进步,采用了"＿＿＿＿",人们利用＿＿＿＿作为燃料。

3.商业方面:南朝的政治经济中心和最大的都会是＿＿＿＿。

二、"史识"——问题探究,论从史出,形成认识。

1.探究主题:南方初步开发的原因——北民南迁及民族交往。

(1)材料一:西晋永嘉(307～313年)年间,北方由于战乱(八王之乱和五胡南下)而遭到严重破坏,城乡满目疮痍,田地荒芜,一片残败的景象,从西晋永嘉年间到南朝刘宋(420～479年)末年,北方人民陆续南下到巴蜀和长江中下游一带的就有70多万人。其中,定居江苏的约26万,安徽有17万,四川等地有15万,湖北6万,江西、湖南各1万,另有一部分流迁到两广地区。

思考:为什么北方人口在这一时期大量迁移到南方?你认为北方人南迁给南方带来哪些影响?开发南方还有哪些人的功劳?

(2)如果你是孙权或诸葛亮,应采取哪些措施发展国家经济?

(3)诸葛亮为什么对孟获要"七擒七纵"?有何作用?

(4)综合以上讨论,你能归纳出南方初步开发的主要原因吗?(自然条件、社会因素)

【巩固练习】

1.风光秀美的会稽山风景区在三国时期因一项手工业而著名,请你猜猜当时当地的特产是(　　)

　　A.蜀锦　　　　B.藤纸　　　　C.越布　　　　D.青瓷

2."三川北虏乱如麻,四海南渡似永嘉"这两句诗描写了北方人民南迁江南的情况。从材料可以看出,人民南迁主要是因为(　　)

　　A.北方自然条件恶劣　　　　　B.北方战乱频繁
　　C.北方统治者残暴　　　　　　D.南方经济发达

三、"史感"——总结反思,感悟历史,学以致用。

1.智慧果一:我们万州是西部大开发的桥头堡,也处于三峡库区,三峡蓄水后,有人说,我们田地被淹,就到山坡去开垦荒地,提高粮食产量,你认为可行吗?为什么?

2.智慧果二:《三峡都市报》正在征求开发万州的建议,请你出谋划策。

《秦朝中央集权制度的形成》说课设计
[人教版高中历史必修(Ⅰ)][1]

西南大学历史文化学院　谢秀丽

一、课标要求

课标对本课内容提出了两个层次的要求：了解层次，知道"始皇帝"来历与郡县制建立的基本史实，了解中央集权制度的形成过程；理解层次，理解中央集权制度形成的影响。

二、教材分析

政治文明主要表现为社会政治制度和政治生活的进步，作为文明的组成部分，在人类社会的发展进步中起着重要推动作用。本单元主要阐述了中国古代政治制度的发展历程。其中秦朝创建的专制主义中央集权制度，奠定了我国两千多年封建政治制度的基本格局，为历代所沿用，对我国统一多民族国家的形成与发展产生了重要影响。本课主要从皇帝制度、中央官制以及郡县制三方面阐述秦朝中央集权制度的主要内容。

三、学情分析

高一学生在初中已学习过商鞅变法、秦灭六国等基础史实，对皇帝、三公九卿、郡县也有一定了解，但是对中央集权制度缺乏深入的理解与分析。心理学研究表明，高中学生辩证思维、批判性思维均有所发展，能够探究有一定难度的问题，这是引导学生从多角度、多层次探讨本课未知的问题基础。秦朝作为中国历史上第一个统一封建王朝，而且涉及电视电影题材丰富，学生比较感兴趣，课堂参与度高。

四、教学目标

基于课标要求、教学内容与学情分析，从知识与能力、过程与方法、情感态度价值观三个维度确立本课的教学目标，并整合为以下四点：1.知道皇帝制度的确立、中央官制的构成、郡县制等内容。2.理解皇权是封建专制国家的权力中心、秦朝中央官制的特点、郡县制和中央集权制的概念。3.运用材料分析等方法，培养学生阅读材料并从中获取有效信息，解决问题的能力，通过对比郡县制与分封制，学会分析比较历史问题的方法。4.通过认识秦朝创建的中央集权制度对中国历史的深远影响，体会中国古人的政治智慧。

五、教学重难点

教学重点：皇帝制度、中央官制、郡县制构成了秦朝中央集权制度的核心，对后世影响深远。因此，掌握秦朝中央集权制度的主要内容定为本课重点。

教学难点：中央集权制度作为中国古代的基本政治制度，为历代所沿用，因此必须

---

[1] 本教学设计为全国高师院校历史教育专业本科生教学技能竞赛说课一等奖。

正确认识其影响,需要学生有较强的分析概括能力,有一定难度,因此理解秦朝中央集权制度建立的影响定为难点。

六、教法学法

德国教育家第斯多惠说过:教学的艺术不在于传授本领而在于激励、唤醒、鼓舞。新课程理念也强调:改变课程实施过于强调接受学习、死记硬背的现状。因此,在本课教学中,将通过创设情境,设置问题、台阶等方法启发学生进行探究性学习,充分调动学生的主动性,以教师的教来促进学生的学,使学生通过自主与合作学习、材料分析等方法,完成主动获取知识、解决问题、发展能力、生成情感的过程。

七、教学过程

本课教学围绕秦朝中央集权制度的形成,设计三个环节,首先追溯字源,导入新课;新课部分,紧紧把握从旧制度破坏到新制度创立的教学思路和流程,制度入手、从破到立;最后问题探究,结课升华。学生在思、寻、悟的过程中,提高建构知识的能力。

第一环节:导入新课——追溯字源、激发兴趣

计划用时3分钟。从皇帝、丞相、郡县三个词的字源讲起,直击本课核心,导入新课。例如皇帝一词,是取三皇、五帝的次字,组合为皇帝一词,以体现秦始皇至高无上的地位。但是,从字源来看,皇、帝两个字是有区别的,皇是指人间的王者,帝是指人间与天界沟通的使者,皇帝两个字组合在一起,就是上天派到人间代行统治的王者,是王权与神权的结合体。通过解释字源的方法,达到凝神、点题、激趣的效果。

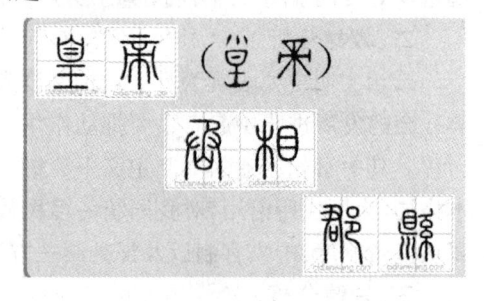

第二环节:探究新课——制度入手、从破到立

计划用时33分钟。新课部分围绕三个主题展开。第一主题:雄图并九州、金戈扫六合,探究中央集权制度的形成背景。将从本课重心"制度"入手,立足"制度"巧过渡,使学生在史实与制度之间建立自然的衔接。

首先展示秦灭六国动态图,了解秦统一的基本史实。然后出示《秦朝疆域图》与《春秋战国形势图》,并设置三个问题:秦朝建立之初主要面临哪些问题?解决途径是什么?又该采取何种具体措施?学生通过分析得出结论:统一的、疆域辽阔的秦王朝需要强有力的政权和政治制度,即中央集权制度。

第二主题:皇帝统百官、郡县辖万民。主要探究秦朝中央集权制度的形成,这是本课的重点内容。包括三个制度:

一、皇帝制度。指导学生阅读课本第二目第一段与历史纵横,讲述"始皇帝"的来历。再通过三则材料,引导学生归纳皇帝制度的特征,即皇帝独尊、皇权至上与皇位世袭。

王初并天下,自以为德兼三皇,功过五帝,乃更号曰"皇帝",命为"制",令为"诏",自称曰"朕"。

——《资治通鉴》

"天下之事无小大,皆决于上""丞相诸大臣皆受成事,倚办于上"。

——《史记·秦始皇本纪》

"朕为始皇帝。后世以计数,二世三世至于万世,传之无穷。"

——《史记·秦始皇本纪》

二、为维系皇帝制度,秦始皇还建立了一套中央官制来帮助他集权,即三公九卿制度。学生阅读课本第二目的第四、五段,归纳三公的主要职能,画出示意图。并提问:根据示意图,你能得出秦朝中央官制具有什么特点?学生分析得出特点1:以皇权为中心的中央行政体制。然后,补充中央官制下诸卿的材料,得出秦朝中央官制的特点:2:充分体现"家天下"。

三、郡县制。引导学生阅读课本引言部分,模拟辩论场景,选出正反方代表展开辩论。通过学生的体验与情景的创设,激发学生兴趣,得出郡县制实行的背景。然后,出示表格,引导学生分别从权力来源、权力界限与历史作用三个方面区别分封制与郡县制,其中将郡县制的消极影响作为课后思考题,学生通过查找资料解决问题。最后,学生补充完整从中央到地方的官制示意图,提高自主建构知识的能力。

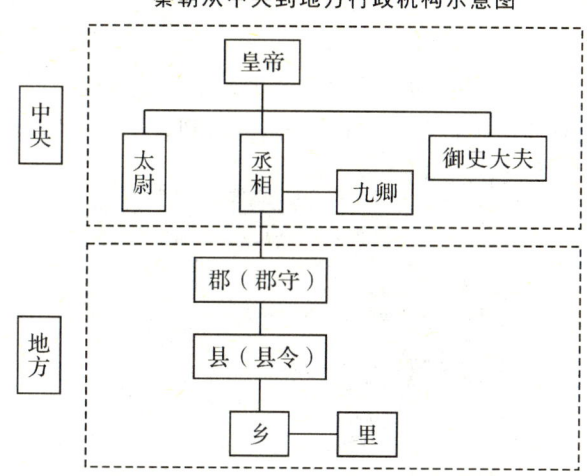

秦朝从中央到地方行政机构示意图

```
        中央
            皇帝
    ┌────────┼────────┐
   太尉    丞相——九卿   御史大夫

        地方
            郡(郡守)
              │
            县(县令)
              │
         ┌────┴────┐
         乡        里
```

秦朝中央集权制度的建立对后世产生了深远影响。进入第三主题:立国虽二世、遗制越千年。这是本课的难点内容,我将通过出示提示思路,引导学生从对秦朝和对后世两个角度进行思考,组织学生通过合作探究的方法突破难点。学生讨论分享观点,在此基础上进行总结,得出秦朝中央集权制度建立的影响。

第三环节:课堂总结——问题探究、主题延伸

计划用时4分钟,回扣导课。皇帝、丞相、郡县这三个关键词是秦朝留给中国封建时代的历史遗产,它对中国封建社会能够延续两千年之久起到了至关重要的作用。但是,为什么作为创始者的秦朝仅二世而亡?出示唐朝柳宗元《封建论》中的一段话,学生分享看法。

> 秦有天下,裂都会而为之郡邑,废侯卫而为之守宰,据天下之雄图,都六合之上游,摄制四海,运于掌握之内,此其所以为得也。不数载而天下大坏,其有由矣:亟役万人,暴其威刑,竭其货贿,负锄梃谪戍之徒,圜视而合从,大呼而成群,时则有叛人而无叛吏,人怨于下而吏畏于上,天下相合,杀守劫令而并起。咎在人怨,非郡邑之制失也。

教师在此基础上进行总结:这三个关键词构成的整个封建社会的王权行政体系,

具有森严的等级性,因此只有由上到下的发布命令与贯彻执行,而没有质疑与监督,那么在这种体系下,必然会产生暴政、苛政、急政,最终导致秦二世而亡。

八、板书设计

好的板书就像一份微型教案,因此在本课教学过程中,采用结构式板书的方式在黑板上呈现出讲解框架,力求将知识点清晰直观呈现给学生,理清课文线索,达到教学过程与教学目标的统一。

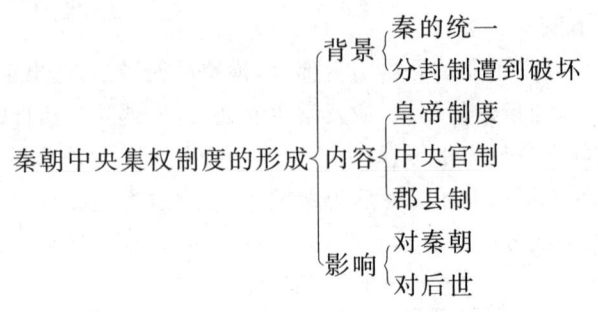

$$
秦朝中央集权制度的形成 \begin{cases} 背景 \begin{cases} 秦的统一 \\ 分封制遭到破坏 \end{cases} \\ 内容 \begin{cases} 皇帝制度 \\ 中央官制 \\ 郡县制 \end{cases} \\ 影响 \begin{cases} 对秦朝 \\ 对后世 \end{cases} \end{cases}
$$

九、教学反馈

为更好地掌握学生的学习效果,教学反馈主要依托表现性评价的思想,以学习日志的形式进行,更加注重学生的学习生成过程,以达到教学相长的效果。

教学反馈	高2015级历史课堂学习日志	
项目	评价内容	自我评价(优、良、中、差)
学习过程	课堂学习兴趣	
	课堂学习参与	
	历史合作学习	
	历史探究学习	
学习成果记录	养成的历史方法	
	探究的历史问题	
	掌握的历史知识	
	得到的历史结论	
	存在的学习疑惑	

十、教学效果预测

通过本课的教学,学生能够知道秦朝中央集权制度的形成过程,了解皇帝制度、中央官制、郡县制的主要内容,并且正确认识秦朝中央集权制度建立的影响。在学习过程中学生可提高分析解决问题的能力、自学以及合作学习能力,"论从史出,史论结合"的历史学习方法得到进一步巩固。

《雅典的民主政治》教学设计
[岳麓版高中历史必修（Ⅰ）]

山东淄博实验中学　毕晓黎

一、教学目标

了解雅典民主制确立的过程，熟悉并理解雅典民主制的基本特点，认识雅典民主制的积极作用与局限性。

分析雅典民主的利弊得失，初步培养学生全面、辩证分析问题的能力。

通过学习雅典民主制度对希腊文明发展的作用，使学生初步认识民主政治对于促进人类文明与社会发展的作用。

二、教学重点与难点分析

《高中历史课程标准》要求"知道雅典民主政治的主要内容，认识民主政治对人类文明发展的重要意义"。结合教材内容和学生的知识基础，我们可以把本课重点确定为理解雅典民主制度的内容和作用。在认识民主政治内容的基础上，学生还要学会运用辩证的观点去客观评价雅典民主制度，即除了认识它的积极作用之外，还要与现代民主制度比较，认识它的局限性，因此，本课的难点是对雅典民主制度的评价问题。

三、教学内容分析

1.雅典民主制确立的漫长过程

教材第一目"从君主制到民主制"，讲述了雅典民主制的确立过程。不管在对"民主"的定义上有何歧义，以古希腊作为民主政治的起源是得到一致公认的。雅典人的政治智慧使现代人惊叹不已，然而历史的每一点进步，都不可能是一蹴而就的。雅典民主制的确立，不是某个天才的瞬间发明，而是雅典志士仁人在平民支持下，经过200多年的长期斗争和发展完善而逐渐确立的。

雅典政体经历了从君主制到贵族制，再到民主制确立的变化历程。古希腊进入文明社会之初，也是实行君主制。由于国王的腐败无能，各邦贵族推翻王权，以贵族制取而代之。而民主制的确立，则是以平民推动贵族改革的方式逐渐确立的。

推动古代雅典民主政体演变的最重要的力量，是广大自由平民的斗争。雅典相对广大的地域、众多人口，加上既能发展农业又能发展工商业、采矿业的自然条件，为中小所有者队伍即平民力量的扩大和发展，创造了有利的条件。这些独立的中小所有者数量众多并且有力量，是发展民主不可缺少的因素。平民（即社会中下层群众）经济状况的改善和政治力量的壮大，构成了民主派的骨干力量和群众基础。这里说的社会中下层群众，主要指活跃于公元前5世纪的、梭伦改革划分的第三、四等级，第三等级包

---

①引自 http://www.jxteacher.com/dxs/column3264/64a6bd88-c219-4d80-a3de-5e6a1ffb69a3.html，略有改动。

括中小工商业奴隶主和小农阶层,第四等级主要是无地贫民。由于工商业与小农经济的发展,民主力量不断壮大,贵族势力相对削弱,引起阶级力量对比的变化。一般认为平民是民主政体的中坚力量,因而社会中下层群众力量壮大,促进了民主制确立并成为雅典民主坚实的阶级基础。

在平民斗争的压力下贵族进行的改革是民主制确立的基本途径。教材简述了最典型的两次改革。一是将国家引上民主轨道的梭伦改革,二是标志着民主制最终确立的克里斯提尼改革。由于这两次改革在选修课中有详细的介绍,本课主要是介绍两次改革在雅典确立民主制进程中的作用,因此将改革内容放在小字部分介绍。梭伦改革按财产的多少划分社会等级,进一步打击了氏族制度的残余,从而奠定了雅典民主政治的基础。而在此基础上,克里斯提尼改革用地域部落取代了血缘部落,设立五百人会议,成立十将军委员会,实行陶片放逐法等,则消灭了氏族制度,确立了雅典的民主制度。教材把"陶片放逐法"作为最能说明雅典民主制确立的措施。这是以投票表决的民主方式对付民主敌人的有效方法,但是投票时只要在陶片上刻上名字即可,无须过失,也无须罪行,只要获得票数超过6000,即遭流放,后来成为各政治集团排除异己的手段,也与现代的民主制度有很大的区别。教材选用了伯利克里的肖像,他作为雅典民主派领袖执掌政权数十年,进一步完善了民主制度。伯利克里执政的时代是雅典民主制的极盛时期,被称为"黄金时代",这在初中教材中已经涉及。

2.民主制的内容与特点

教材第二目"人民主权与轮番而治",主要介绍了雅典民主制的特点和主要机构。雅典民主制的基本特点是人民主权与轮番而治。人民主权,即"政权不是在少数人手里,而是在多数人手里"(伯利克里),全体公民掌握国家的管理大权;轮番而治,即"轮流统治与被统治"(亚里士多德),人人有权参政议政,轮流任职。这些特点主要表现在雅典民主制下的几个主要机构的职能和原则上。

(1)公民大会。公民大会是雅典最高权力机关,约十天召开一次,所有年满20岁的成年男性公民均有权参加。由于参加者众多,往往在市政广场或者雅典西南面的匹尼克斯山举行。为了保证平民尤其是贫穷者的广泛参加,雅典还实行了"公职津贴""观剧津贴"等措施(参考教材提供的资料"开会去")。大会讨论和决定一切国家大事甚至个人小事,公职人员要接受公民的监督和资格审查,即掌握立法、决策和审议权。这是一种直接民主的形式,充分说明全体公民掌握着国家的管理大权。除了公民大会的职权之外,民主的辩论程序也是其民主特点的表现。虽然因为自由辩论,人人皆可发言,一个问题往往要辩论很长时间,一定程度影响效率,但是辩论的程序有两个方面的积极作用,一是避免了决策的失误;二是辩论中人们思维和知识的碰撞交锋,促进了思想文化的繁荣,比如雅典演说术的发展、哲学思想的进步等。总之,民主制度为雅典文化的繁荣提供了条件。

(2)五百人议事会。它由十个部落用抽签的方式各选五十人组成,任期一年,体现了早期的比例代表制和任期制,以及雅典民主轮番而治的特点。它的职能是为公民大会准备提案和主持大会,并在大会休会期间担任最高权力机关的代表,落实大会决议。因此,五百人议事会是公民大会的附属机构,又是最高行政机关。

(3)民众法庭。又称"陪审法庭"。它是雅典的日常司法机关,审判员在30岁以上成年公民中抽签产生,每个部落600人,体现轮番而治的原则。这个总数高达6000人的庞大的法官群体,负责审理许多重要案件,并监督公职人员的工作,对高级公职人员进行考核。为了保持公正,法庭实行了很多详细的制度,如审理案件的法庭、主持人、监票人等都由抽签产生,双方发言时间也用"水时计"准确控制。

其他行政和军事机关的设置原则也基本相似。

总之,雅典的民主政治的实质就是公民政治。公民掌握着国家的立法、行政、审议和司法等管理大权。

3.雅典民主的得失

教材第三目"雅典民主的得失"是在前两目的基础上对雅典民主进行的辩证评价。

首先,雅典的民主制度本身代表了希腊古典文明的最高成就。在君主制盛行的古代社会,雅典民主制为人类创造了一整套全新的管理体系,包括差额选举制、任期制、议会制、比例代表制等。这些成为近代西方资本主义民主制度的源头。公民集体政治有效地防止了专制独裁和以权谋私的出现,保证了决策的相对科学,明显优于君主政体。

其次,民主制为雅典政治、经济、文化的繁荣提供了重要的制度保证。深刻的文化产品在思想相对开放和自由的条件下才可能大量涌现,雅典民主就提供了这样的氛围——以雅典为代表的希腊城邦民主制度,特别重视和强调公民的民主权利和责任感,采用各种方法鼓励公民参政议政,保证了他们较高程度的自由,可以批评官员、提出任何建议并对一切内外政策做出决议,给予公民广阔的思想空间。如雅典哲学、历史、戏剧等多学科知识的繁荣发展,涌现出一大批名垂千古的大家,如唯物主义思想家德谟克里特、赫拉克里特,唯心主义思想家苏格拉底、柏拉图以及大学者亚里士多德,历史学家希罗多德、修昔底德,戏剧家埃斯库洛斯、阿里斯托芬等。总之,雅典民主制度铸就了希腊人主动参与的社会责任感和渴求知识、乐于探究的民族性格,这是希腊文明繁荣的重要原因。

但是,雅典民主的范围仍是十分有限的,具有不同于现代民主的明显的局限性。以下四类人当时是不能享受民主的:一是外邦移民,由于公民是不纳税的,雅典的几万常住外来移民是国家税收的主要来源,但是他们却没有公民权,这是雅典小国寡民的排外性的体现;二是奴隶,正如列宁指出的,"在民主共和国中参加选举的是全体,但仍然是奴隶主的全体,奴隶是除外的"。雅典的民主实质上仍然是奴隶主的民主;三是他国公民,雅典对附属国居民一度进行盘剥,甚至干涉其内政和镇压独立运动;四是妇女,享受公民权的只是雅典的男性公民,在这一点上,雅典与其他地区并没有本质的区别,可见雅典民主具有无法超越的古代世界的时代局限性。

另外,雅典民主制度本身也存在一些弊端,如过分强调民主导致无政府主义和无序状态;过分强调多数人意志而忽视了少数人的权利;用多数人意志代替法律等。

总之,雅典民主一方面促进了雅典政治、经济、文化的高度繁荣,另一方面又具有明显的阶级和时代的局限性。

四、教学策略设计

古希腊有许多美丽的传说,希腊文明的繁荣也为学生所熟知,加上雅典是奥林匹克运动会的发源地,2004年又成功举办了雅典奥运会,所以学生对本课内容比较感兴趣,课前导入教师可由此切入。如,出示雅典卫城遗址、古雅典著名人物等图片,指出

古代雅典政治经济文化的极度繁荣,设问"雅典的繁荣与政治制度有没有关系?雅典的民主制是怎样确立的?有何利弊?"等;或出示公民大会会场图片,提出"雅典城中这样大规模的场地是做什么用的?雅典民主有怎样的特点?"等问题导入。

本课包括三个课目,从君主制到民主制、人民主权与轮番而治、雅典民主的得失,分别讲述了雅典民主制的确立过程、内容特点和评价,课目之间的逻辑关系十分清晰,建议以此为主线教学。为了便于学生掌握,可在三个课目上增加相应的副标题。

教材第一目不属于课程标准要求掌握的内容,初中教材也已介绍了雅典城邦的兴起、建立和繁荣,因此不必再补充内容,主要任务是让学生了解雅典政体向民主方向的演变经过。可采用设问法引导学生阅读教材,既能了解确立过程,为认识雅典民主制的内容做铺垫,又可把非重点的教材内容当作史料,培养学生从史料中提取有效信息,解答历史问题的能力。

设问一:古代雅典的民主制并不是一蹴而就的,经历了怎样的变化过程?由学生浏览教材后找出三种政体形式的变化,先后是君主制、贵族制、民主制。

设问二:贵族制是民主制吗?为什么说它取代君主制为雅典的民主化准备了条件?学生从教材表述中获取信息,可答出贵族制虽不等同于民主制,但是它由个人独裁变为集体领导,由终身制变为任期制,由世袭制变为选举制,由人治变为法治,这些民主制的基本原则已经开始确立,因此为雅典向民主制方向演化准备了条件。

设问三:你能概括出推动雅典民主制确立的因素吗?在学生回答的基础上,教师总结:平民反对贵族的斗争是民主化的动力,而在此压力下执政官进行的一系列改革则是民主制确立的形式。贵族执政官梭伦的改革使民主制开始确立,而平民执政官克里斯提尼的改革则标志着雅典民主制最终确立。这两个因素初中教材都已提及,不必过多解释。最后教师结合教材图文资料简介"陶片放逐法",为下一步评价雅典民主做铺垫,并指出伯利克里任执政官期间雅典民主达到全盛,由此导入下一目的学习。有关伯利克里的内容学生在初中已经学到,不必补充,仅作为过渡即可。

教材第二目和第三目是本课的重点与难点,应为教学活动的集中处。其中第二目内容是第三目评价雅典民主制的依据,而客观评价又是深刻认识民主制内容特点的途径,因此教学活动的设计应将这两目紧密结合。

方案一:分组讨论法

教材直接提出了"雅典民主制的基本特点是人民主权和轮番而治"这个观点,教师首先略做解释:人民主权,即"政权不是在少数人手里,而是在多数人手里"(伯利克里),全体公民掌握国家的管理大权;轮番而治,即"轮流统治与被统治"(亚里士多德),人人有权参政议政,轮流任职。然后推出第一个讨论问题:"人民主权"和"轮番而治"分别有怎样的表现?由小组讨论后各组选代表轮流发言,教师将各组不同的结论用板书列出来,一起进行归纳,让学生体验合作与共享的快乐。

人民主权的表现有:雅典的主要权力机关都由公民掌握,成员由公民选举产生,尤其是最高权力机关公民大会凡是年满20岁的男性公民均有权参加并发言;公职人员产生于普通公民,并接受群众的监督;各机构的具体程序也体现民主,如辩论程序,审判的抽签、监督、计时等程序。各机构实行集体领导和少数服从多数的原则等等。

轮番而治的表现有:议事会等机构成员由适龄公民抽签选举产生,任期一年,并实行轮值制,分组轮流处理国家事务或进行审判。抽签选举和任期轮值制保证了每个人都有机会参与管理。

然后教师总结:可见雅典的民主制保证了公民集体管理国家事务,明显优于君主专制,促进了雅典文明的繁荣,并成为近代民主制的源头。由此推出第二个讨论问题:雅典全体适龄男性公民直接参与管理,是否比现代的间接民主制更加民主呢?你能发现雅典民主的哪些不足之处?

由各组讨论,并以比赛的形式交流讨论结果,在此基础上归纳总结:雅典的直接民主是古代小国寡民的产物,在现代大国中是很难实现的,直接民主不一定比间接民主更民主。而且享有雅典民主的人并不是全体国人,妇女、奴隶、外邦人和他国公民都被排除在外;雅典民主制度本身还有一些问题,如,事无巨细均进行辩论、表决,延长了决策的时间,造成行政效率低下;过分的自由有可能导致无政府主义等。这样,通过讨论,学生加深了对雅典民主制度内容、特点的认识,而板书呈现的两个讨论问题的结论正是对民主制一分为二的客观评价。最后教师总结,雅典民主绝不是现代意义上的民主,它既是伟大文明的催化剂,又是社会不公的一种暴力机器。

方案二:模拟公民大会辩论

教师提前布置预习和查找资料,要求严格按照雅典公民大会的辩论程序,如,自由辩论,任何人皆可发言,但是不能一次提出两个问题或发言两次,不得诽谤和人身攻击,等等。若是在课上进行,最好将辩题定为与本课内容联系密切的,如:"雅典民主制是利大于弊还是弊大于利?"学生或结合民主制与君主制相比的优越性来论证它的优点,或结合雅典民主制的阶级和时代局限性以及它本身的弊端论证其局限性。经过充分辩论之后进行表决,并宣布表决结果。最后再由学生根据亲身体验来总结这种古代辩论方式的利弊。无论结果如何,辩论的过程已使学生深刻认识了雅典民主制的积极作用和局限性,而模拟实践的方式,会使这种认识更加深刻。

方案三:史料或观点的辨析

1.出示教材"阅读与思考"第2题的资料:"铁米斯托克里为公元前5世纪雅典著名政治家,是希腊联军战胜波斯第三次入侵的关键人物,史书记载他曾被陶片放逐。美国考古学家在对雅典遗址的发掘中,发现了刻有他名字的陶片190枚,根据字迹辨认系14人刻写。"教师设问:根据这段史料,你能得出怎样的历史结论?结合史实说明你的理由。

教师鼓励学生畅所欲言,发表自己的看法。对于学生提出的各种观点,只要言之有理有据,都要予以充分肯定。如有的学生提出14人刻写190枚,不一定是作弊,也有可能是参加的平民较多,不识字者请人代写等。至少应考虑到两个方面:一是著名的政治家、为国立下赫赫战功的英雄也可能被放逐,恰恰说明雅典的民主氛围浓厚,没有什么权威,没有人可以有特权,只要是威胁民主的人都会被流放,这体现了人与人的平等。二是国家的英雄也被放逐,说明雅典的民主制也有不够完善的地方,特别是190枚陶片由14人刻写,说明陶片放逐法也曾成为政治集团打击异己,谋取私利的工具,未必公正。总之,雅典的民主制有明显的优势,在古代专制占主导的世界堪称最先进的政体形式,但用单纯的多数人意志决定人是否有罪,并不是真正的民主,存在许多的弊端。

2.出示伯利克里和柏拉图关于雅典民主的不同观点：

伯利克里说:"我们的制度被称作民主制度,那是千真万确的,因为政权不是在少数人手里,而是在多数人手里。"

而柏拉图认为它是"一种使人乐意的、无政府状态的、花哨的管理形式,在这种制度下,不加区别地把一切平等给予一切人,不管他们是不是平等者"。设问:你同意谁的观点？说明你的理由。你认为应该如何评价雅典的民主制。在学生回答的基础上教师引导学生辩证地进行评价。

五、教学评价设计

1.判断对错并说明理由：

①贵族制为雅典进一步民主化准备了条件。

②平民执政官克里斯提尼的改革将雅典国家引上民主轨道。

③公民大会、五百人议事会和民众法庭的成员均由选举产生。

④雅典民主不是现代意义上的民主,而是男性公民的民主。

2.伟大的哲学家苏格拉底以"不敬神和敬事新神"的罪名被雅典的一个人民法庭审判,最后以360票对140票的结果被判处死刑,饮鸩而死。你认为苏格拉底之死说明了什么？对此你怎样评价？

3.雅典民主制的特点是什么？古代中国的政治制度又有何特点？古代中国能否采用雅典的民主制度？从中你能得到哪些启示？

4.查找相关资料,从雅典文明对西方文明的贡献中选取一个方面,撰写历史小论文。

5.假如你是一名雅典的公民,你会怎样行使政治权力？会遇到哪些问题？查找相关资料,发挥你的想象力,以"我在雅典的经历"为主题,撰写成文,形式不限。